Von David Charney sind als
Heyne-Taschenbuch erschienen:

Sensei · Band 01/6879
Sensei: Der Meister des Schwerts · Band 01/7631

DAVID CHARNEY

SENSEI
Der Sieg des Samurai

Roman

Deutsche Erstausgabe

WILHELM HEYNE VERLAG
MÜNCHEN

HEYNE ALLGEMEINE REIHE
Nr. 01/8308

Titel der Originalausgabe
SENSEI III: Warrior Monk
Aus dem Amerikanischen übersetzt
von Walter Brumm

Redaktion: Rainer-Michael Rahn

Copyright © 1991 by David Charney
Copyright © der deutschen Ausgabe 1992
by Wilhelm Heyne Verlag GmbH & Co. KG, München
Printed in Germany 1992
Umschlaggestaltung: Atelier Ingrid Schütz, München
Satz: IBV Satz- und Datentechnik GmbH, Berlin
Druck und Bindung: Elsnerdruck, Berlin

ISBN 3-453-04906-3

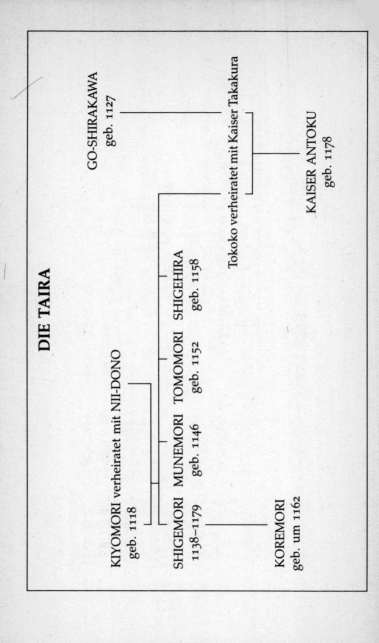

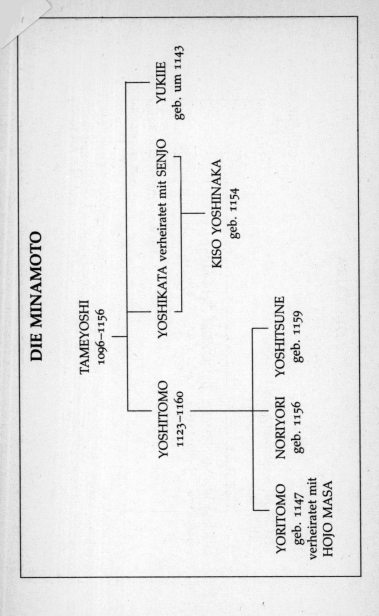

ERSTES BUCH

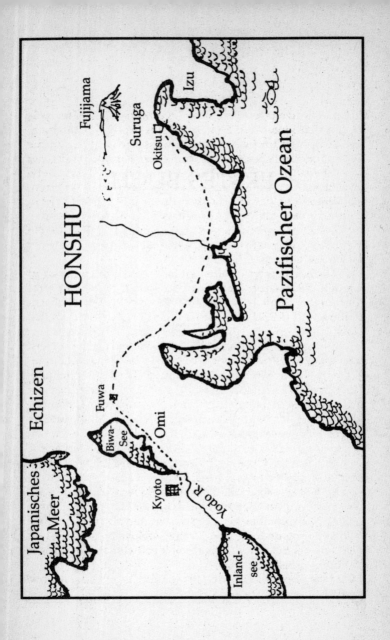

1

Früh am fünfzehnten Tag im zweiten Monat des Jahres 1184 ballten sich hinter den Hügeln Kyotos Wolken zusammen. Ihre seltsamen und verzerrten Umrisse gemahnten an die Köpfe altertümlicher Götter. Auf einer Kuppe abseits der schneebedeckten Straße blickte eine fünf Meter hohe Buddhastatue nordostwärts, um böse Geister abzuwehren. Die Vergoldung des Buddha war durch Einflüsse der Witterung matt und streifig geworden; die Statue neigte sich bedenklich über einen halb umgesunkenen Zaun. Konnte ein so vernachlässigtes Symbol die geistige Kraft zum Schutz der Reisenden aufrechterhalten?

Die Wahrsager der Hauptstadt hatten den fünfzehnten zu einem ungeeigneten Tag für Reisen erklärt, doch trotz ihrer Warnungen mühte sich eine Kolonne von Reitern, Ochsenkarren und Fußsoldaten auf der Straße zu den westlichen Provinzen dahin. Sie kämpfte sich durch Schneewehen vorbei an einem blauen und goldenen Schrein, der dem Geist des Semi Marus gewidmet war, einem berühmten Lautenspieler des 10. Jahrhunderts. Die Vergoldungen des Schnitzwerks am chinesischen Giebel waren abgeblättert, das der Witterung ausgesetzte Holz durch Austrocknung gesprungen. Einige der blau gestrichenen Säulen fehlten, andere zeigten Narben von Axtschlägen, die ihnen während der beiden letzten Winter von notleidenden Bauern auf der Suche nach Brennholz beigebracht worden waren. Dennoch war vom Geist des Schreines noch etwas erhalten geblieben.

Zwei Reiter führten die Kolonne an. Der kleinere der beiden, eine Frau von zierlicher Gestalt, blies den Atem in einer dichten Dampfwolke aus. Sie wies zu den Zeichen der Vernachlässigung und sagte zu ihrem Gefährten: »Erinnerst du dich, wie der Schrein in Schönheit leuchtete, als wir voriges Mal hier vorbeikamen?«

Und sie improvisierte ein *tanka*-Gedicht – die am Hof von Heian bevorzugte Form:

»Schrein vom Semi Maru
Warmes Herz der Ausaka-Hügel
Bewacher der kleinen Flamme.
Klänge des alten Lautenspielers
Gebadet in goldener Erinnerung.

»Was meinst du, Yoshi?« Sie wandte den Kopf zu ihrem Begleiter.

Yoshi nickte und gestattete sich ein kleines Lächeln. »Deine Dichtung zeigt deine empfindsame Seele an, liebe Nami«, sagte er. Dann fügte er seufzend hinzu: »Die Dichtkunst wird in unserem neuen Leben weniger Bedeutung haben. Ich hoffe, wir verlieren die Flamme nicht in der Härte und Mühseligkeit, die ich vor uns sehe.«

Nami war ängstlich und glücklich zugleich, eine wilde, lebhafte Gefühlsmischung. An einem ungünstigen Tag zu reisen, brachte Unheil – und das machte sie ängstlich; aber in der Gesellschaft ihres Gemahls, von dem sie sich geliebt und anerkannt wußte, unterwegs zu ihrem neuen gemeinsamen Heim zu sein, war die glücklichste Lage, die sie sich vorstellen konnte.

Als sie zuletzt vor drei Jahren an diesem Schrein vorübergezogen war, hatte sie sich als junge Witwe auf ein großes Abenteuer eingelassen, das sie beinahe zerstört hätte. Wenn die Geister der Unterwelt es jetzt zulassen würden, daß sie bei ihrem Mann und ihrem ungeborenen Kind blieb... aber konnte man den Geistern vertrauen? Die übereilte Abreise von Kyoto an einem ungünstigen Tag erschien ihr plötzlich unverantwortlich leichtfertig.

Yoshi, in seinen Pelzen eine massige Gestalt, sagte: »Hungersnot, Erdbeben und Krieg haben dem Land übel mitgespielt, aber bis zum nächsten Frühjahr wird Semi Marus Schrein ebenso repariert sein wie das Abbild des Buddha und sein schützender Zaun.« Er wollte Nami Mut machen, aber der Anblick des vernachlässigten Schreins und der verwahrlosten Buddhastatue erfüllte auch ihn mit Unbehagen. Schon am Anfang ihrer langen Reise ungünstige Zeichen, gehäuft auch die Prophezeiungen der Wahrsager!

Er blickte auf zu den in unheimlich brodelnder Bewegung

aufquellenden Sturmwolken und zog den Bärenfellumhang enger um die Kehle, so daß der derbe Pelz Wangen und Kinn besser gegen den treibenden Schnee schützte. Er winkte den nachfolgenden Reitern, sie sollten aufschließen. »Gebt acht«, rief er mit kräftiger Stimme. »Wir durchqueren die Ländereien der Mönche von Enryakuji und Onjoji. Reiter und Ochsenkarren bleiben nahe zusammen, bis wir die Poststation Ausaka erreichen.«

»Yoshi, mein Gebieter«, sagte Nami, »obwohl wir auf ihrem Gebiet sind, hegen wir keine bösen Absichten gegen sie. Glaubst du, daß die Mönche uns angreifen würden?«

»Nicht, wenn wir gut geschützt sind«, antwortete Yoshi. »Sie kämpfen untereinander, streben nach materiellem Reichtum und politischer Macht im Land.« Er seufzte bei dem Gedanken an die Weissagungen der weisen Männer, daß die neuen, ungesetzlichen Zeiten über das Land kämen, der Kultur und überkommenen Ordnung ein Ende zu machen und der Barbarei den Weg zu bereiten. Sollten Zank und Hader niemals enden? Würden die Menschen niemals aufhören, einander zu bekämpfen und zu töten?

In nachdenklichem Ton fuhr Yoshi fort: »Da unser Herr Yoritomo mit unseren Feinden, der Taira-Sippe beschäftigt ist, verlangen die Mönche Wegezoll und Tribut, führen sich wie Banditen auf und verwildern. Hier, zwischen den beiden kriegerischsten Klöstern müssen wir bereit sein, uns selbst zu schützen, oder wir bezahlen mit unserem Leben. Wie traurig, daß diese Jünger Buddhas und Diener der Götter in ihrem Streben nach Reichtum keine Gewalttat scheuen.«

Yoshis Reiter bewachten die Tragtiere, Ochsenkarren und Fußsoldaten in dicht aufgeschlossener Formation; die weißen Banner bildeten eine flatternde Wand um sie. Mit erhöhter Wachsamkeit zogen sie langsam weiter ihres Weges, behindert von den hohen Schneewehen. Von Zeit zu Zeit scheuchten sie einzelne Feldhasen aus ihren schützenden Löchern im Schnee. Einmal sahen sie einen Hirsch mit ein paar Kühen – braune Flecken in der Ferne. Ein Raubvogel kreiste am stürmischen bleiernen Himmel.

Der Wind trieb Menschen und Pferden feinen Schnee prikkelnd in die Gesichter und behinderte die Sicht. Die Straße führte in Windungen abwärts zu einer formlosen Ebene, die unter dichtem grauem Nebel lag. Da und dort reckte ein Baum kahle Zweige in die Luft, knochigen Fingern gleich, die sich hilfesuchend aus der Unterwelt Yomi zum Licht streckten.

Yoshi ritt in gemächlichem Schritt an der Spitze des Zuges, bis sie in Sichtweite eines dichten Nadelwaldes waren, wo er sein Pferd zügelte und eine Hand in die Höhe hielt. Er hatte das Wiehern eines Pferdes unter den Bäumen gehört und Bewegung mehr gespürt als gesehen.

Die Kolonne kam zum Stillstand, und eine kleine Weile herrschte nahezu vollkommene Stille, unterbrochen nur vom Seufzen des Windes und den flatternden Bannern. Dann drangen dumpfe Trommelschläge vom Wald herüber, und gelbgekleidete Mönche kamen singend und Gongs schlagend unter den Kiefern hervor. Berittene Priester mit Kriegerrüstungen unter schweren weißen, mit Gold gesäumten Gewändern folgten den Gongschlägern, ein, zwei, drei Dutzend, fünfzig und noch immer mehr kamen aus dem Wald. Jeder Mönch trug eine Waffe: Schwert, Lanze, Streitaxt, Naginata, Bogen oder Keule.

Yoshis Samurai tasteten nervös nach den Schwertgriffen und Bogen; ihre Pferde hielten die Positionen zu beiden Seiten der Kolonne, stampften den Schnee, schnaubten und warfen die Köpfe hoch. Yoshis Fußsoldaten bildeten in aller Eile eine Linie vor den Reitern, knieten im Schnee nieder, ohne der Kälte zu achten, und stießen ihre Naginatas in den Boden, daß die zweieinhalb Meter langen Schäfte in einem Winkel von fünfundvierzig Grad nach vorn wiesen, eine Wand aus scharfen Stahlklingen zwischen ihnen und den Mönchen.

Yoshi steckte die Hand unter seinen Bärenfellumhang und fühlte nach dem Kriegsfächer, den er im Gürtel trug. Der *tessen* war die einzige Waffe, die er sich erlaubte. Als die Mönche herangekommen waren, trieb er sein Pferd vorwärts, dem Anführer entgegen, einem hochgewachsenen Priester auf einem weißen Pferd, das an einem biegsamen Stab, der hinten am Sattel angebracht war, das Banner der Onjoji-Sekte trug. Des Priesters Gesicht war unter einer dicken weißen Kapuze fast verborgen, aber Yoshi macht breite, flache Wangen, eine scharfe Nase und tiefliegende Augen aus, als der andere den Kopf hob, um ihn anzusprechen. »Wer durchzieht das Land der Mönche von Onjoji?« fragte der Priester, eine Hand am Schwertgriff.

Obwohl Yoshis Kriegsfächer versteckt war und er keine zwei Schwerter an der Seite trug, die das Kennzeichen eines Samurai waren, verrieten seine Pelze und seine Haltung, daß er ein Mann von Bedeutung war. Wenn sich dahinter eine gewisse Unsicherheit verbarg, war sie ihm nicht anzusehen. Yoshis glattrasiertes Gesicht war ruhig und entschieden. Er wirkte völlig gefaßt, als er seine förmliche Erklärung abgab: »Ich bin Kami Chujo Tadamori-no-Yoshi, Gouverneur von Suruga, General der Armeen des Großherren Yoritomo. Ich bin auf dem Weg, den Bewohnern meiner Provinz zu dienen und das Heim meiner Vorfahren wieder in Besitz zu nehmen. Ich habe keinen Streit mit den Mönchen von Onjoji.« Er zögerte einen kurzen Augenblick, und eine leichte Schärfe kam in seinen Ton. »Ich würde gerne in Frieden meines Weges ziehen, obwohl meine Krieger bewaffnet und kampfbereit sind.«

Der Priester antwortete: »Ich bin Encho, Kriegermönch der Onjoji, zuverlässiger Verbündeter des Oberherren Yoritomo. Ich weiß von Euren Taten, General Yoshi. Ich habe gehört, daß Ihr Euer Schwert niemals ohne ein Zeichen von den Göttern zieht und doch niemals im Kampf bezwungen wurdet. Laßt Euch denn warnen, daß wir zwar Eure Freunde sind, die Mönche von Enryakuji hingegen Eure Feinde. Sie sind Verbündete der Taira-Despoten gegen Yoritomo. Sie unterdrücken das Land entlang Eurer Route. Aber wir werden Euch begleiten, um Euch den Schutz Buddhas und der Mönche von Onjoji zu geben.« Er neigte den Kopf in einer knappen Verbeugung und lenkte sein Pferd aus dem Weg.

Yoshi nahm die Ankündigung mit Freude auf. Vielleicht irrten die Seher. Er erwiderte Enchos Verbeugung, atmete tief die nach Harz duftende Luft des Waldes und stieß sie in einer Dampfwolke aus. »Seid bedankt, Priester Encho«, sagte er. »Wir nehmen Euren Schutz mit Freuden an.« Diese hundert zusätzlichen Krieger würden ihm helfen, die Feinde abzuwehren, die er in den äußeren Provinzen erwartete: *ronin* – unabhängige Samurai –, Banditen und Kriegermönche.

Yoshi warf sein Pferd in einer aufstiebenden Schneewolke herum und ritt zurück zu seiner wartenden Kolonne. Daß er den Onjoji bekannt und als ein Freund angesehen wurde, und daß sie ihn eskortieren würden, war in dieser Zeit der Unruhe willkommene Nachricht.

Das politische Gleichgewicht des Landes war bis in die Grundfesten erschüttert. Die Sippe der Taira hatte Kyoto und den Hof von Heian fünfundzwanzig Jahre beherrscht. Damals war Taira Kiyomori *Daijo-Daijin* geworden, Großkanzler von Japan, die Macht hinter dem kaiserlichen Thron. Seine erste Tat als Großkanzler war die Verbannung seiner Rivalen, der Minamoto, in die fernen nördlichen Provinzen des Reiches gewesen. Als Taira Kiyomori 1181 starb, fühlte sich Minamoto Yoritomo, Oberhaupt seiner Sippe, die sich mit den Adelsfamilien der nördlichen Provinzen verbündet hatte, stark genug, die geschwächten Taira anzugreifen. Er und seine Feldherren besiegten die Taira-Armeen, aber Tausende fielen in den Kämpfen, darunter viele von Yoshis Freunden. Die Taira-Hofgesellschaft mußte aus der Hauptstadt fliehen und zog sich in die westlichen Provinzen zurück, die sie von Yashima aus unter der Führung Taira Munemoris und seiner Mutter, der Nii-Dono, regierten.

Yoshi wurde für seine Verdienste im Kampf gegen die Taira zum Gouverneur von Suruga ernannt; er und Nami erhielten die Besitzungen seines Onkels und seines Vaters – beide Opfer der Fehde – als vererbbaren Eigenbesitz.

Yoshi richtete das Wort an seine Gefolgsleute und sagte: »Wieder erweist sich meine Entscheidung, dem Schwert zu entsagen, als nützlich. Wir genießen jetzt den Schutz dieser guten Priester und Mönche. Steckt eure Waffen ein. Wir gehen in Frieden.«

Die Worte waren beruhigend, aber Yoshi fühlte die Bedrückung der sich heranwälzenden dräuenden Wolkenmassen – ein Vorzeichen, das auf kommendes Unheil hindeutete. Die Straße zu seinen Besitzungen in Okitsu in der Provinz Suruga war lang und gefährlich. Nun: *Shigata-ga-nei* – was sein wird, wird sein. Er hob sein Banner als Signal zur

Fortsetzung des Marsches und lenkte sein Pferd in die Dunkelheit des Waldes.

Dreißig Reiter, fünf Ochsenkarren, vierzig Fußsoldaten, Nami und die beiden Frauen ihres Gefolges setzten sich hinter ihm in Bewegung. Die weißen Banner flatterten tapfer im Wind, der unheimlich sausend durch die Wipfel strich. Hundert Mönche zu Fuß und zehn berittene Priester bildeten den Schluß. Immer wieder lösten sich im Wind Schneelasten von den Zweigen der Baumwipfel und gingen in weißen Wolken auf den Zug nieder.

2

Die Kolonne marschierte mit einer gleichmäßigen Tagesleistung von fünfunddreißig Kilometern auf schlechter Straße durch unwirtliches Land. Die Mönche sangen Sutras und begleiteten ihren Marsch mit Trommelschlägen und Gongs. Daß sie sich nicht bemühten, der Entdeckung zu entgehen, bereitete Yoshi Unbehagen; er fragte sich zudem, welche Hilfe diese Mönche im Kampf sein würden. Er hatte den Eindruck, daß sie Amateure der Kriegskunst waren.

Yoshi, Nami und drei ihrer neuen Samurai-Gefolgsleute, Omuro, Izu und Heyaku, bildeten mit dem Priester Encho die Vorhut. Die drei Samurai waren *ronin*, ungebundene Krieger, die Yoritomo als ein Geschenk für Yoshi gemietet hatte. Sie waren alle aus dem gleichen Holz geschnitzt: nüchterne Männer mit harten Gesichtszügen, von Narben gezeichnet, kleinwüchsig, muskulös, krummbeinig von einem Leben im Sattel. Sie hatten erwartet, in die Dienste des großen Oberherrn Yoritomo zu treten, und waren beleidigt, bloße Gefolgsleute eines praktisch unbekannten Provinzgouverneurs zu sein.

Die drei Samurai hatten sich auf die Möglichkeit eines Kampfe mit den Mönchen von Enryakuji vorbereitet und trugen ähnliche blaugraue Lamellenpanzer, die mit schwarzen Lederriemen verschnürt waren, unter ihren Wintergewändern. Auch Encho trug seine Rüstung, weiß und golden mit einem Drachenmotiv auf dem Brustharnisch. Das Tragen der Rüstung war für alle unbequem; es rieb die Haut wund und hielt in jeder Körperhöhlung Ansammlungen von Schweiß zurück.

Am Nachmittag des sechzehnten Tages des Monats umgingen sie das Westufer des Biwasees auf einer Straße, die sich durch waldbedecktes Hügelland schlängelte, und erreichten bei Dunkelwerden die Poststation Ono. Yoshi blickte zurück über die dunkelnden Wasser des Sees und bemerkte zu Encho: »Wir sind dem Schatten des Berges Hiei nahe. Bitte befehlt Euren Mönchen, daß sie Stillschweigen bewahren. Mir ist nicht wohl, so nahe bei der Heimat unserer Feinde unnötigen Lärm zu machen.«

»Wir sind außerhalb ihrer Wahrnehmung«, sagte Encho, »beinahe in den äußersten Bereichen ihrer Domäne. Noch ein Tag, und meine Truppe wird zurückkehren; Ihr könnt dann allein weiterziehen. Die Enryakuji werden Euch nicht verfolgen, sobald Ihr nordöstlich des Sees seid.«

Yoshi nickte. Jenseits des Machtbereiches der Mönche von Enryakuji konnten sie ihre Reise still und unauffällig fortsetzen, und Yoshi war zuversichtlich, daß sie imstande sein würden, sich gegen die einzelnen *ronin* und die kleinen Banden von Wegelagerern, die entlang der Tokaido-Straße Reisenden auflauerten, mit Erfolg zu verteidigen.

Er sah zu Nami und fühlte, wie ihr Anblick ihm das Herz erwärmte. Er war stolz auf sie und ihre Fähigkeit, die Strapazen der Reise klaglos zu ertragen. Tagelang durch rauhes, mit Eis und Schnee bedecktes Bergland zu reiten, war selbst für einen abgehärteten Samurai eine schwere Prüfung.

Der Nadelwald wurde spärlicher, als sie das Tiefland zwischen den Provinzen Omi und Mino erreichten; sie kamen an verstreuten Reisfeldern vorbei, deren Bewässerungskanäle zugefroren waren. Der allgegenwärtige Wind fegte den Rauch aus den strohgedeckten Bauernhäusern waagerecht über das Land. Er roch nach verbranntem Torf und Dung.

Nachdem sie die letzten Felder vor der Fuwa-Sperre hinter sich gebracht hatten, führte die Straße durch ein Gehölz dickstämmiger Eichen. Encho lenkte seinen Schimmel neben Yoshis Braunen und informierte Yoshi, daß der Fujikawa-

Fluß auf der anderen Seite des Eichenwaldes sei, und daß er und seine Männer vor dem Flußübergang umkehren würden.

»Seid bedankt für Eure Begleitung«, sagte Nami. Yoshi nickte und fügte hinzu: »Wie traurig, daß die Onjoji und Enryakuji, beides Tendai-Klöster, nicht in Frieden miteinander sind. Es bedrückt mich, daß zwei Gruppen, die derselben buddhistischen Lehre anhängen, soviel Feindschaft gegeneinander zeigen. Wenn es nur eine Möglichkeit gäbe...« Yoshi verstummte in einer Anwandlung von Melancholie. Feindschaft und Haß mußten früher oder später zum Niedergang und Zerfall des Reiches führen.

Yoshi hatte noch nicht geendet, als Enchos Haltung sich versteifte. »Es wird keinen Frieden geben«, erwiderte er hitzig. »Die Mönche von Onjoji kennen den wahren Pfad; die Enryakuji haben sich an die materielle Welt verloren.«

»Wo kann man eine Sekte finden, die innere Erleuchtung statt materieller Vorteile sucht?«

Encho lachte zynisch. »Im nächsten Lebenszyklus«, erwiderte er.

Die kriegerische Haltung der beiden Tendai-Sekten hatte diesen viel politische Macht verschafft. Nicht einmal Enchos Abt von Onjoji würde Frieden wollen, wenn es die Aufgabe seiner Einflußsphäre bedeutete.

In diesem Augenblick wurden sie von einem Mönch unterbrochen, der mit flatterndem gelben Umhang von einer Erkundung zurückkehrte. Sein Gesicht war bleicher als der fahle Himmel, das Gesicht schmerzverzerrt wie das Antlitz des Dämonengottes Fudo. »Voraus, über dem Fujikawa«, stieß er hervor. »Zweihundert... Enryak...« Seine Worte gingen in ein Gurgeln über, ein Blutsturz ergoß sich aus seinem Mund. Er sackte seitwärts aus dem Sattel und fiel, einen Fuß noch im Steigbügel, so daß er kopfüber in den Schnee hing, unter sich einen wachsenden roten Fleck. Aus der Mitte seines Rückens ragte ein schwarz und weiß befiederter Pfeil.

»Schneidet diesen Mann los und nehmt sein Pferd!« rief Encho. »Alles in Schlachtordnung. Schnell!«

»Wenn am anderen Flußufer zweihundert Enryakuji die

Sperre bemannt haben, sind wir zahlenmäßig unterlegen und ausmanövriert«, sagte Yoshi in ruhigem Ton. »Wir suchen keine Schlacht. Wir sind friedliche Reisende. Laß uns einen sinnlosen Kampf vermeiden, indem wir auf dieser Seite des Fujikawa bleiben, während ihr nach Ono zurückkehrt.«

Ein unberittener Mönch zog den Fuß des Toten aus dem Steigbügel und saß auf. Andere Mönche eilten hierhin und dorthin, um ihre Plätze in der Schlachtordnung einzunehmen. Metall schlug auf Metall, Pferde wieherten, Krieger fluchten. Weißgewandete Priester galoppierten hinter der sich formierenden Linie hin und her und brüllten Befehle. Innerhalb von Minuten hatten die Mönche einen Wall von Naginatas gebildet, hinter dem die Bogenschützen bereitstanden.

Im Lärm und Durcheinander konnte Encho nur mit Mühe sein scheuendes Pferd beherrschen. Er funkelte Yoshi an, zog sein Schwert und schwenkte es über dem Kopf. »Wir greifen den Feind an«, rief er aus. Dann dämpfte er die Stimme und sagte in einem Ton kalter Geringschätzung: »General Yoshi, würdet Ihr Euch lieber bei den Frauen und Dienern verstecken als in einen gerechten Kampf zu ziehen?«

Yoshi war wütend. »Jedesmal, wenn ich dem Pfad des Friedens folge, werde ich von Dummköpfen als Feigling gebrandmarkt. Wenn Ihr im Angriff gegen einen stärkeren Gegner den Fujikawa bei der Furt überschreitet, werden Eure Mönche in Fetzen gerissen, und meine Leute werden für Eure Unüberlegtheit bezahlen ... mit dem Leben! Ist das Eure Vorstellung von einem gerechten Kampf?«

In Enchos Augen brannte fanatische Entschlossenheit. »Der Kampf gegen unsere Feinde ist immer gerecht. Mein Leben wiegt nicht mehr als eine Feder; soll ich sie gegen eine Gelegenheit, die Enryakuji zu schlagen, auf die Waagschale legen? Nein! Wenn Ihr so tapfer seid wie Euer Ruf, so reitet mit mir.«

»Ihr setzt zuviel voraus, Encho«, sagte Yoshi mit zornbebender Stimme. »Ich bin nicht allein. Ich bin verantwortlich für meine Frau, meine Gefolgsleute, Diener und Hilfssoldaten. Um ihretwillen werde ich Eure Beleidigung hinnehmen, aber Ihr könnt sicher sein, daß ich kein Feigling bin.«

»Dann reitet mit den Mönchen von Onjoji zum Ruhm!«

Damit stieß Encho seinem Pferd die Fersen in die Flanken und schwang sein Schwert. »Folgt mir!« rief er seinen Reitern zu und galoppierte davon. Sein Umhang flatterte hinter ihm, das gelbe Banner der Onjoji knatterte an seinem biegsamen Stab.

Omuro, Izu und Heyaku zügelten ihre Pferde an Yoshis Seite. »Folgen wir?« fragte Izu.

»Nein, laßt uns nach vorn reiten und den Angriff anführen«, sagte Omuro.

»Worauf warten wir?« rief Heyaku atemlos. »Wir werden die Gelegenheit verlieren, zu kämpfen und unseren Mut zu beweisen.«

Yoshi sagte schnell: »Omuro, Izu, Heyaku, Ihr seid alle tapfere Krieger. Morgen könnt Ihr Euren Mut beweisen. Heute beweist Eure Loyalität zu Yoritomo und mir; wir müssen unsere Leute beschützen. Wir werden ostwärts reiten und bei der nächsten Sperre zur Tokaido-Straße zurückkehren.«

»Unser Herr Yoritomo würde nicht wünschen, daß ich einem Feind den Rücken kehre«, erwiderte Omuro mit einem herausfordernden Blick. Er schlug seinen Umhang zurück, um die beiden Schwerter an seiner Seite griffbereit zu haben.

Yoshis Gesicht war eine steinerne Maske. Einer seiner Samurai, ein gemieteter *ronin*, forderte ihn heraus und beleidigte ihn! Seine Hand fuhr instinktiv unter das Bärenfell, um den Kriegsfächer zu ziehen, aber Nami zog ihn am Ärmel, beugte sich aus dem Sattel ihres Apfelschimmels herüber und sagte mit halblauter Stimme: »Jetzt ist nicht die Zeit, untereinander zu streiten. Komm, laß ihn in sein Verderben rennen. Der Schutz unserer Leute muß zuerst kommen.«

»Hört, eine Frau spricht!« sagte Omuro mit höhnischem Lächeln. Er zog das Langschwert und rief: »Folgt mir, Krieger von Kamakura!« Damit gab er seinem Pferd die Sporen und jagte davon, ohne sich noch einmal umzusehen.

Izu und Heyaku sahen einander an, blickten beschämt zu Yoshi und rissen dann ihre Schwerter aus den Scheiden. Sie wußten, daß sie unrecht taten, ihren neuen Herrn zu verlassen, waren aber außerstande, der Verlockung des Kampfes zu widerstehen. Im nächsten Augenblick rasten sie hinter Omuro auf das flache Feld, das dem Flußlauf vorgelagert war.

3

Omuro wandte sich im Sattel zur Seite, sah Izu und Heyaku in gestrecktem Galopp nachkommen und rasch aufholen. Das Jagdfieber hatte ihn ergriffen. Dies war höchstes Lebensgefühl; das Schicksal eines Samurai. Zur Yomi mit seinem neuen Herrn. Nach diesem Kampf würde er nach Kamakura gehen und sich Yoritomo zu Füßen werfen – wenn er überlebte. Und wenn er im Kampf fiel, was würde es dann ausmachen? Aber es war keine Zeit, daran zu denken, sein Pferd hatte das Flußufer erreicht.

Omuro sah Izu und Heyaku neben sich, jeden auf einer Seite: verläßliche Freunde. Seine schwielige Faust reckte das Schwert in die Höhe; es sollte nicht eher in die Scheide zurückgesteckt werden, als bis es Blut geschmeckt hatte. Vor ihm war der Fujiwaka, fünfzehn Schritte breit, eine dünne Eisdecke entlang beider Ufer, in der Mitte rasch dahinströmendes schwarzes Wasser.

Am anderen Ufer war die Fuwa-Sperre zu sehen, eine lange Brustwehr aus einem Balkengerüst mit lehmbeworfenen Flechtwerkwänden und einem Strohdach auf einem Mauerfundament. Eine vorgeschobene niedrigere Mauer verlief parallel zum Fluß und bot den Enryakuji zusätzliche Deckung. Es war schwierig, ihre Zahl zu schätzen... Omura glaubte Hunderte von schwarzgekleideten Gestalten auszumachen. Alle paar Sekunden stand einer auf und lief in geduckter Haltung hinter der Sperre entlang, eine Botschaft zu überbringen oder eine neue Position einzunehmen. Die Enryakuji waren zu gut gedeckt und bewegten sich zu schnell, um unter den Pfeilen zu leiden, die über den Fujikawa geschossen wurden.

Encho trieb sein Pferd in den Fluß und winkte seine Truppe vorwärts. Als die erste Reihe der Onjoji-Mönche den

Eisrand am Ufer durchbrach und sich durch das hüfttiefe schwarze Wasser arbeitete, erhoben sich Dutzende von Bogenschützen der Enryakuji hinter der vorgeschobenen Mauer, ließen einen Schwarm von Kriegspfeilen fliegen und gingen wieder in Deckung.

Es gab weder eine formelle Herausforderung, noch wurde ein ›summender Pfeil‹ abgeschossen, um den Beginn der Feindseligkeiten zu signalisieren; nur die Wolke der Kriegspfeile mit ihren scharfen Stahlspitzen, die Rüstungen und Fleisch durchbohrten. Viele Onjoji wurden getroffen, ehe sie das andere Ufer erreichten, und fielen in die reißende Strömung.

Encho war wie durch ein Wunder unverletzt geblieben. Er stellte sich in die Steigbügel und schrie seinen Bogenschützen zu, daß sie die Pfeile fliegen lassen sollten. Aber die Onjoji hatten keine Ziele und waren auf der ungeschützten Auwiese selbst gefährdet. Trommeln und Gongs verstummten, bis nur noch eine Trommel schlug... wie der Klang eines aussetzenden Herzschlages.

Omuros Pferd scheute am Rand des schwarzen Wassers und bäumte sich auf, um seitwärts auszubrechen; es rettete seinem Reiter das Leben, als ihm ein halbes Dutzend Pfeile, die diesem zugedacht waren, Brust und Hals durchbohrten. Das Pferd brach zusammen und fiel auf die Seite. Omuro suchte freizukommen, war aber nicht schnell genug: das Gewicht des Pferdes brach ihm das Bein und nagelte ihn am Boden fest. Trotz der Schmerzen, die ihm Schweißtropfen auf die Stirn trieben, rief er Encho zu: »Zurück! Im Fluß sind deine Männer leichte Ziele. Laß sie die Sperre umgehen.«

Sein Atem pfiff durch die zusammengebissenen Zähne, als er sich abmühte, das verletzte Bein freizubekommen. Unmöglich, es sei denn, er schnitt sich das Bein ab. Er stemmte den Absatz seines anderen Fußes gegen den Sattel und setzte alle Kräfte ein, bis er fühlte, wie die Knochenenden des gebrochenen Beines auseinandergezogen wurden. Er stieß zischend die Luft aus, beinahe ohnmächtig vor Schmerzen. »Nein«, stöhnte er. »Sei verdammt zu König *Emma-O* und der *Avichi*-Hölle.« Er sah, wie der Kampf durch Dummheit verlorenging, und konnte nichts tun, den Ausgang zu verhindern. Wieder rief er: »Umgehe den Feind und greife ihn von flußabwärts an, du Dummkopf!«

Encho trieb sein Pferd in Omuros Nähe im Kreis und feuerte seine Leute an: »Greift an, tötet die Enryakuji!« Wenn er Omuros Rat hörte, gab er es nicht zu erkennen. Weniger als die Hälfte der berittenen Onjoji-Mönche erreichten das jenseitige Flußufer, wo die Pferde sich die vereiste Böschung hinaufwühlten.

Der Anführer der Enryakuji rief Befehle, und hundert Bogenschützen erhoben sich wie ein Mann und ließen einen Regen von Kriegspfeilen fliegen. Nur drei Angreifer entkamen, warfen ihre Pferde herum und flohen durch den Fluß zurück, doch ehe sie sich in Sicherheit bringen konnten, holte sie ein weiterer Schwarm von Pfeilen ein. Nicht einer überlebte.

Izu und Heyaku galoppierten gleichzeitig durch die Furt. Sobald ein Bogenschütze der Enryakuji hinter seiner Deckung aufstand, ließ einer von ihnen einen tödlichen Pfeil fliegen und legte sofort einen weiteren auf. So gelang es den beiden Samurai, das Ende der Sperre zu umgehen. Sie galoppierten auf die Enryakuji zu, bis sie zu nahe waren, um ihre Bogen zu gebrauchen, und griffen ohne zu zögern die Reihen der Bogenschützen mit ihren Schwertern an, um die Stellung von der Seite her aufzurollen.

Unterdessen hatte eine Handvoll Onjoji-Krieger zu Fuß den Fluß durchwatet und arbeitete sich die von einer Mischung aus Schnee und Lehm schlüpfrige Böschung hinauf. Rote Flecken erblühten wie Mohn auf durchnäßten gelben Umhängen.

Nur Encho erreichte die Sperre unverletzt. Die Pfeile trafen ihn nicht, als ob er unter einem schützenden Zauberbann stünde. Sein Pferd übersprang die vorgeschobene Mauer, und er hieb mit seinem langen Schwert nach links und rechts durch die zurückweichenden Bogenschützen, um den Anführer der Enryakuji zu erreichen. Schnaufend zog er die kalte Luft ein, außer Atem und mit wogender Brust. Sein Angriff war so schwungvoll, daß es kurze Zeit den Anschein hatte, er würde die hundert Bogenschützen in die Flucht schlagen. Bald aber war es vorbei; ein Fußsoldat durchschlug mit dem Langschwert seine Panzerung und trennte ihm das

Bein am Knie ab. Encho trieb den tapferen Schimmel mit dem intakten Bein weiter vorwärts, fünf Schritte, zehn... dann, während das Blut aus seiner durchtrennten Beinarterie die Flanke des Pferdes rot färbte, sackte Encho vorwärts und fiel tot über den Hals des Pferdes.

Izu und Heyaku waren nahe genug, ihn sterben zu sehen. »Der Kampf ist verloren«, keuchte Izu. »Holen wir uns ihren Anführer... er soll zahlen!«

Heyaku stieß seinen Kriegsschrei aus und trieb sein Pferd durch die Linien der Enryakuji. Flanke an Flanke kämpften die beiden Samurai wie Berserker, nur um dem Gegenangriff von zwanzig anstürmenden Fußsoldaten zu erliegen.

Der Kampf war in weniger als fünfzehn Minuten vorbei. Die Onjoji waren bis zum letzten Mann gefallen; fünfzehn Enryakuji-Mönche hatten den Tod gefunden.

Omuro war Augenzeuge; am Flußufer unter seinem Pferd eingeklemmt, sah er seine Gefährten untergehen, außerstande, den Verlauf des Kampfes zu ändern.

Er stützte sich auf einen Ellbogen und rief über den Fluß: »Ich bin Taiyo Omuro, *ronin* im Dienste Tadamori Yoshis, des Gouverneurs von Suruga. Ich kämpfte mit meinen Kameraden bei Ishibashiyami und gewann größeren Ruhm für unsere Sippe.« Er tat einen tiefen kalten Atemzug und zwang sich fortzufahren: »Wenn einer unter euch ist, der mir im Kampf entgegentreten will, befreit mich aus meiner Lage, wenn ihr es wagt.« Omuro wiederholte die Herausforderung dreimal mit dem Wissen, daß diese Männer keine Samurai waren, sondern eine Bande von Kriegermönchen, ohne Ehre und Gewissen, denen die Traditionen des ritterlichen Zweikampfes nichts bedeuteten.

Der Anführer der Enryakuji, ein langer, hagerer Mönch, dessen rasierter Schädel trotz der Kälte unbedeckt war, schritt ans Ufer. Er lauschte Omuros Herausforderung und lachte, dann winkte er seinen Bogenschützen. »Ich bin Roben, Oberhaupt der *yamabushi*, der Kriegermönche von Enryakuji. Das ist alles, was du zu wissen brauchst«, sagte er. Der stechende Blick seiner schwarzen Augen bohrte sich in Omuros, sein Mund öffnete sich zu einem dünnen Haifischlächeln. »Tötet ihn.«

Omuros letzter Blick galt einer Gruppe von Schützen, die ihre Bogen spannten. Das Schwirren der Bogensehnen war das letzte Geräusch.

4

Yoshis Verärgerung über den Ungehorsam seiner drei *ronin* war durch das Wissen gemäßigt, daß sie ihr Leben sinnlos geopfert hatten. Er war sich seiner Verantwortung für den Rest der Reisegesellschaft bewußt; er führte sie vom Fujikawa ostwärts, blieb im Schutz des Waldes und mied die Tokaido-Straße. Ein Wetterumschwung brachte warme Luft, ein zweifelhafter Segen, weil schmelzender Schnee die Wege nahezu unpassierbar machte und stille kleine Wasserläufe in Wildbäche verwandelte.

Beim Übergang über den Sunomata-Fluß ging ein Proviantkarren verloren, und kurz darauf brach ein Rad des Wagens, der Namis Begleiterinnen trug. Die Hofdamen waren unfähig, die Reise zu Fuß fortzusetzen, und es gab keine zusätzlichen Pferde und Ochsenkarren. Goro, Yoshis alter Gefolgsmann, ließ aus Ästen und Zweigen eine Art Bahre anfertigen, die mit Schlingpflanzen zusammengebunden und zwischen zwei Pferden getragen wurde. Das Gepäck der Damen wurde auf die Schultern der Männer verteilt.

Der alte Goro wurde schwerhörig, wenn immer es seinen Zwecken entsprach; diesmal schien er die lauten Einwände der Männer kaum zu hören. Die Beschwerden kamen hauptsächlich aus der Gruppe, die Yoshi in Kyoto angeheuert hatte. Es waren nicht die besten Männer, aber Yoshi meinte, daß er sie ausbilden und zu tüchtigen Gefolgsleuten würde machen können, wenn sie Suruga erreichten. Sie hatten sich als treu erwiesen, als Yoritomos drei *ronin* die Reisegesellschaft verlassen hatten. Mehr verlangte Yoshi nicht.

Der Gedanke, daß Encho und seine hundert Mönche und Priester vergeblich gestorben waren – verweht wie trockenes Herbstlaub im Nordwind –, deprimierte alle, und Yoshi am meisten. Er maß sich selbst keine Schuld am törichten Verhalten der fanatischen Onjoji-Mönche zu, aber die *ronin* hätte er mit mehr Festigkeit zurückhalten können... wenn er darauf bestanden hätte, daß sie blieben, statt seinem Unmut Luft zu machen. »Ich ließ sie in den Tod gehen«, sagte er.

»Du hättest sie töten müssen«, erwiderte Nami. »Anders wären sie nicht zu halten gewesen.«

Aber Yoshi ließ nicht von seinen Selbstvorwürfen ab. »Unser Oberherr Yoritomo gab sie in meine Obhut«, sagte er.

»Nicht doch, mein lieber Gemahl. Sie waren gemietet, uns zu beschützen, doch verließen sie uns bei der ersten Gelegenheit. Wären sie am Leben geblieben, hätte Yoritomo ihre Köpfe auf Stangen setzen lassen, zur Warnung und Abschreckung für alle.«

Um die Stunde des Affen, kurz vor fünf Uhr nachmittags, führte Yoshi die Karawane in den Hof eines großen Gasthauses nahe der Poststation Orido. Sie hatten den schwierigen und anstrengenden Marsch vom Fujikawa an einem Tag bewältigt. Im Hof standen mehrere Pferde in strohgedeckten Stallboxen; auf einer Seite saß ein Wagen mit einem steilen Ziegeldach, einem Kasten aus geflochtenen Palmwedeln und eisenbeschlagenen Rädern bis zu den Achsen im Schnee. »Dieser Wagen«, sagte Yoshi, »muß einer Persönlichkeit von hohem Rang gehören.« Er fragte sich, ob der Gast ihm bekannt sei, und, in Erinnerung an frühere unglückliche Begegnungen in Landgasthöfen, ob er einem Freund oder einem Feind begegnen werde.

Das Hauptgebäude des Gasthofes war umgeben von einer breiten Veranda. Als Yoshi und sein Gefolge absaßen und auf die hölzernen Stufen zugingen, wurde die Tür zur Seite geschoben und entließ eine Wolke warmer, dampfender Luft. Yoshi fühlte die feuchte Wärme im Gesicht und atmete tief ein, um sich der schwachen Küchengerüche zu erfreuen, die von der warmen Luft mitgeführt wurden. Der Gastwirt, ein kleiner rundlicher Mann in einem geblümten Übergewand, warf einen prüfenden Blick in die Runde und rief mit der forcierten Aufgeräumtheit, die den Gastwirten überall eigen ist: »Platz für alle im großen Gasthaus von Orido.«

Darauf zählte der Gastwirt die zwei Dutzend Reiter, die vierzig Bediensteten, die drei Karren und die Damen in ihrer behelfsmäßigen Sänfte. »Die Pferde und Ochsen zu den Ställen hinter dem Haus«, ordnete er an. »Die Karren auf den Hof nahe der Wand. Bäder und Essern werden bereit sein, nachdem die Schlafquartiere zugewiesen wurden.«

Yoshi und Nami folgten dem Gastwirt durch einen Korridor und vorbei an Räumen, die durch papierbespannte Schiebewände untereinander und gegen den Korridor abgeteilt waren. Diese Papierwände waren mit Szenen aus Legenden und der Geschichte bemalt: Göttern, Dämonen, Teufeln und Heiligen. Nischen in der Korridorwand enthielten Bildrollen aus feinstem Maulbeerpapier und Blumenarrangements in Rot, Violett und leuchtendem Gelb. Lampen beleuchteten die farbenfrohen Schaustellungen und hinterließen einen schwachen Geruch von verbranntem Öl, der sich mit den Düften von kochendem Gemüse und Fisch aus der Küche vereinigte. Wahrhaft ein feines Gasthaus... beinahe ein Palast.

Yoshi kümmerte sich um die Schlafgelegenheiten und bezahlte den Gastwirt in Gold. Die Samurai übernachteten in einem Flügel, die *ashigaru*, die Bedienten, in einem großen, barackenähnlichen Raum in einem anderen Flügel; die Damen, Nami und Yoshi und der alte Goro erhielten Räume im Hauptgebäude. Yoshi und Nami hatten ein geräumiges Zimmer für sich: dunkel gebeizte und polierte Holzdielen, Wandschirme mit chinesischen Motiven und zwei kupferne Kohlenbecken mit heller Glut. Trotzdem war es kalt im Raum, aber unter einem dicken Futon hofften sie bequem zu schlafen.

Nach einem wohligen heißen Bad legten Yoshi und Nami ihre feinsten Kleider an – die den Ansprüchen der Hauptstadt nicht genügen mochten, aber die besten waren, die sie mit sich führten. Yoshi trug ein burgunderrotes Obergewand über blaßblauen Untergewändern. Statt der weiten Hosen, die er am Hof von Kyoto bevorzugte, trug er eine einfache *hakama*, eine Art Hosenrock, aus dunkelblauer Baumwolle. Nami war in ein Obergewand aus hellviolett gemusterter Seide über mehreren leichten Untergewändern von blaßgrüner Farbe gekleidet. Ihr langes ebenholzschwarzes Haar war im Nacken, im Rücken und im Kreuz von Spangen zusammengefaßt. Sie hatte weder den weißen Gesichtspuder aufgetragen, noch die Zähne geschwärzt oder die raupenartigen Brauen aufgemalt, die zur Hofetikette gehörten; statt dessen strahlte ihre Haut in natürlicher Schönheit.

Der Gastwirt geleitete sie zu einem abgesonderten Speisezimmer, wie es ihrem Rang angemessen war. Dort sahen sie den anderen Gast, ›die Persönlichkeit von hohem Rang‹. Der Gastwirt flüsterte in ehrerbietigem Ton: »Der Priester Eisai«, und zog sich eilig zurück.

Yoshi sah einen bleichen, ausgezehrt dünnen Priester vor einem niedrigen, lackierten Tisch knien. Seine Seidengewänder waren mit Gold gesäumt; ein blaues Untergewand verlieh seiner Kleidung weitere Vornehmheit und Würde. Kein junger Mann mehr... er mußte Mitte bis Ende Vierzig sein, zehn Jahre älter als Yoshi.

Eine einzige Kerze auf einem schwarzen Dreifuß erzeugte tanzende Muster von Licht und Schatten. Als Yoshi und Nami eintraten, bereitete der Priester gerade Tee. Mit einem kleinen Quirl schlug er den Tee zu feinem grünem Schaum und war auf diese Arbeit so vollständig konzentriert, daß er ihre Gegenwart nicht zu bemerken schien. Yoshi und Nami zögerten in der Nähe des Eingangs, da sie die Teezeremonie des Priesters nicht stören wollen. Yoshi flüsterte:

»Süße Düfte von grünem Tee
Und heißem Kerzenwachs
Breiten zarte Flügel
Zu schweben in der kalten schwarzen Luft
Und berühren meinen Ärmel mit Trauer.«

Ein feinfühliges Wortspiel mit dem Schlüsselwort ›Ärmel‹, um das Fallen von Tränen anzudeuten.

Nami antwortete sofort mit einer eigenen Improvisation:

»Du unruhig flackernde Flamme
Erhellst dunkle Räume
Füllst schattige Winkel
Bringst zurück zu Licht und Leben
Eine verloren geglaubte Stimme.«

Yoshi nickte. Wie klug sie eine Spur von Ironie in die Anerkennung seines Gedichtes gelegt hatte. Er sagte leise: »Die Dichtung ist uns nicht verloren, solange wir leben und die Gelegenheit haben, uns daran zu erfreuen, aber unsere Welt wandelt sich. Bald werden die Sitten des Hofes und der Hof selbst verweht und zerstoben sein wie Staub vor dem Wind. Die Künste, die Qualität des *shibui* – der Nüchternheit, Einfachheit, Strenge – werden in unserem Leben nicht mehr wichtig sein.«

Der Priester hörte die Bemerkung; er legte den Quirl neben die Teekanne und sagte mit fester Stimme: »Solange wir das Leben haben und die alten Götter und ihre Reinkarnation als Buddha verehren, wird es immer ein Bewußtsein der Qualitäten des *shibui* geben. Die Dichtkunst ist zur Stimme eines verweichlichten Hofes geworden. Die Winde des Wandels fegen die Korridore der Macht, doch am Ende wird die Menschheit triumphieren.«

»Gut gesagt, Priester«, sagte Yoshi, »aber wie kann die Menschheit triumphieren, wenn die Schüler Buddhas untereinander um weltliche Macht kämpfen?«

Der auf seinen Fersen sitzende Priester lehnte sich zurück und ließ die Hände auf den Schenkeln ruhen. Er seufzte und hob den Blick zur Decke.

Yoshi sah ein asketisches, doch feinfühliges Gesicht: schwere, halb über die Augen gesunkene Lider, eine kräftige Nase, und wohlgeformte Lippen. Die Kerzenflamme warf zuckende Schatten, und einen Augenblick ähnelte das Gesicht des Priesters einer Erscheinung aus der Unterwelt der Zehn Könige. Aber dann nahm er wieder das Wort, und der trügerische Widerschein der Kerzenflamme verwandelte sein Gesicht. Es wurde Yoshi klar, daß der Priester die Verkörperung von Gelassenheit und Menschlichkeit war, der Macht des Guten.

»Nicht alle Mönche sind diesem Drang nach weltlicher Macht erlegen«, sagte der Priester. »Ich wurde am Berg Hiei ausgebildet, doch fand ich die Kraft, die Sicherheit des Klosters zu verlassen. Ich folge einer anderen Lehre, einer Lehre der Selbsterkenntnis. An diesem heutigen Tag trete ich eine Reise nach China an, um bei den Ch'an-Meistern zu lernen.

Ihre Lehre hilft den Menschen, in sich zu schauen und Frieden im alltäglichen Leben zu finden... und wenn sie ihn finden, wird die Welt sich vielleicht vom Krieg und vom Töten abwenden.«

Yoshi sank auf die Knie. Als ein Zeichen des Respekts verbeugte er sich dreimal, so daß seine Stirn die Bodenmatte berührte.

Er sagte: »Wir sind Wanderer auf demselben Weg, und ich würde gern mehr über diese neue Lehre erfahren. Ich bin Tadamori Yoshi und dies ist meine Frau, Nami.«

Nami verbeugte sich und kniete an Yoshis Seite. Yoshi fuhr fort: »Wir sind unterwegs zu unserem ererbten Besitz in Suruga.«

»Und ich bin Eisai, vormals vom Berg Hiei, jetzt ein Wanderer durch die Welt, der einen neuen Glauben studiert, wo *shibui* in verschiedener Weise erhalten bleiben wird. Vielleicht sind die Tage der Hofdichtung ihrem Ende nahe, aber in China studieren sie die Zeremonie der Teebereitung... sie schaffen Gärten aus Steinen, sie lehren die Menschen, bei jeder täglichen Handlung in sich zu gehen, um den Buddha zu erreichen, der in jedem von uns wohnt.«

»Ich würde gern mehr über diesen neuen Glauben lernen«, sagte Yoshi. »Vielleicht, wenn wir denselben Weg gehen...?«

»Ich verlasse morgen die Tokaido-Straße und gehe nordwärts nach Echizen, wo ein Glaubensbruder, Annen, ein Ch'an-Kloster gegründet hat. Von dort werde ich ein Boot nach China nehmen, um meine Studien zu vervollkommnen. Ich empfehle das Kloster in Echizen, wenn Ihr Erleuchtung sucht.«

Nami richtete respektvoll das Wort an den Priester und sagte: »Mein Gemahl war betrübt über die Handlungen der Tendai-Sekte. Er hat seinen Glauben an die Götter verloren, und es ist mein tiefster Wunsch, daß er den Weg zum Glauben wiederfinden möge. Wenn es Euch möglich wäre...«

Der Priester schloß die Augen. »Geht nach Echizen. Annen und seine Schüler werden Euch helfen, den Frieden zu suchen, den Ihr sucht... in Euch selbst. Vergeßt das Äußerliche. Sucht in Eurem eigenen Herzen nach *satori* – Erleuchtung. Die Oberfläche ist Täuschung, die Wirklichkeit ist in Euch selbst.«

»Wie kann ich sie finden?«

»Vergeßt das Rezitieren von Sutras, vergeßt das Hersagen von Gebeten. Vergeßt die Ausführung geistloser Rituale. Entledigt Euch der Äußerlichkeiten der Religion, und Ihr werdet Eure eigene Seele finden.« Der Priester öffnete die Augen und griff zur Keramikschale. Er schlürfte vom Tee. Das Gespräch war beendet.

Yoshi verneigte sich abermals. »*Hai*«, sagte er.

Später, in der Wärme ihres Futon, die Körper aneinandergeschmiegt, murmelte Yoshi: »Wenn nur wahr ist, was Eisai sagt. Wenn die Menschen den Kampf vermeiden und sich damit zufriedengeben könnten, in sich selbst zu suchen. Wenn...«

Nami verschloß ihm den Mund mit einem Kuß. Wieder fühlte er sich von ihrer Wärme umfangen, und sie gaben sich dem alten Rhythmus der Liebe hin, der sie die Außenwelt vergessen und den Rand des Abgrundes über dem Meer der Erleuchtung erreichen ließ.

5

Um die Mitte des zweiten Monats schien der Vollmond hell durch die dunstige Luft auf die Insel Shikoku, einige hundert Kilometer südlich von Kyoto. Salziger Seewind durchdrang die Wände der aus roh behauenen Balken gefügten Burg der Hafenstadt Yashima. Die Zugluft fachte Flammen in einem Dutzend kupferner Feuerschalen an und ließ knisternde Funken stieben. Blakende Öllampen beleuchteten mit mattem Schein eine alte Frau und ein siebenjähriges Kind, die einander auf einem einfachen hölzernen Podium gegenübersaßen. Auf einem mit Gold durchwirkten Tuch aus schwarzer Seide, das zwischen ihnen ausgebreitet war, lagen ein Schwert ohne Scheide, ein Juwel und ein verzierter bronzener Handspiegel im chinesischen Stil.

Die alte Frau sagte: »Der Tag wird kommen, Enkel, da du die sechsundsechzig Provinzen von Yamato regieren wirst. Hier sind die Zeichen deiner legitimen Thronfolge: Die drei Heiligen Kaiserlichen Throninsignien.« Ihre hohe Stimme hallte von Wänden und Decken des dunklen, kahlen Saales wider. Sie faßte den Jungen scharf ins Auge, hielt Ausschau nach frühen Anzeichen von Willensstärke und Führerqualitäten. Er war ein schöner Junge, die einzige Person auf der ganzen Welt, die sie liebte. Aber ihre Liebe konnte sie nicht vor Bitterkeit und Verzweiflung bewahren; die Welt ging der Zerstörung und dem Untergang entgegen, es sei denn, dieses Kind konnte sie retten.

Der Junge, Antoku, einundachtzigster Kaiser von Japan, trug einen Seidenhut, der unter dem Kinn mit einem Band befestigt war; unter dem Hut fiel eine Fülle glänzenden schwarzen Haares über die Schultern und bis auf den Rücken. Er war in schwere Gewänder gehüllt: einen gemusterten feuerroten Umhang und eine Menge seidener Untergewänder, deren Farbtöne von Orange bis zu einem hellen Gelb reichten, das durch die Ärmel zu sehen war. Seine Kleidung machte ihn zu einer leuchtenderen Flamme als die in den Feuerschalen. Das kindliche Gesicht war weich und rund, zeigte aber die ruhige Haltung und Gefaßtheit eines Älteren.

Antokus Stimme war, wie seine Gesichtszüge, noch kaum geformt; er sprach mit weicher, schmelzender Stimme, so unschuldig, daß ihr Klang der alten Frau ans Herz griff. »Verehrte Großmutter Nii-Dono«, sagte Antoku, »ich bin bereit, die Welt zu beherrschen.« Dann, nachdem er sich dieser monumentalen Worte entledigt hatte, fragte er in kindlicher Verwunderung: »Kann ich wieder die Geschichte der Kaiserlichen Throninsignien hören? Nur noch einmal, bevor ich schlafen gehe.«

»Gewiß, Enkel. Einmal noch, dann mußt du mich verlassen.« Sie beugte sich näher zu ihm, so daß er ihre Stimme im Seufzen des Windes hören konnte. Ihr weiß geschminktes Gesicht mit den eingesunkenen Wangen und den tiefen Augenhöhlen gewann eine maskenhafte Eindringlichkeit. Sie öffnete den Mund und zeigte lückenhafte Zähne, die mit einer Mischung von Eisen und Gerbsäure schwarz gefärbt waren.

»Vor vielen Jahren«, sagte sie in einem Singsang, der erkennen ließ, daß sie diese Geschichte schon viele Male erzählt hatte, »schickte die Himmlische Leuchtende Gottheit drei göttliche Schätze auf die Erde herab, die für ihren geliebten Enkelsohn bestimmt waren: den Spiegel, das Juwel und das Schwert. Die Himmlische Leuchtende Gottheit sagte: ›Wann immer du in den Spiegel blickst, wirst du mich sehen, und mit meiner Helligkeit wirst du die entferntesten Bereiche der Welt beleuchten. Mit dem Juwel wirst du weise über alle deine Untertanen herrschen, und mit dem göttlichen Schwert wirst du immer imstande sein, deine Feinde zu bezwingen.‹«

Antoku nickte zu den Worten der Nii-Dono; seine Lippen bewegten sich synchron mit ihren. Er hatte die Geschichte tausendmal gehört.

»Denk daran, Antoku, daß unser Land durch göttliches Recht von einer einzigen kaiserlichen Abstammungslinie regiert wird, die von der Sonnengöttin Amaterasu bis zu dir reicht. Als die Welt ihren Anfang nahm, gab Amaterasu uns die Drei Heiligen Kaiserlichen Insignien, das Symbol unserer göttlichen Abkunft. Wer die Insignien besitzt, herrscht über die Welt. Der Spiegel verkörpert die Sonne, das Juwel den Mond, das Schwert die Sterne.«

Während sie sprach, berührte die Nii-Dono jedes der Stücke mit liebevoller Ehrerbietung. Amida Buddha, hilf mir, dachte sie. Wie kann ich dem Kind die Bedeutung der Botschaft begreiflich machen? Er hört zu, wie ein Kind zuhört; seine tapferen Worte haben keine Bedeutung. Sie fühlte sich alt, zermürbt, geschlagen... die Verantwortung für die Welt war zu groß für eine gebrechliche Frau, zu schwer. Ach, Kiyomori, mein Herr und Gemahl, rief ihre Seele, warum verließest du mich, als ich dich so sehr brauchte, als wir alle deine Weisheit und Stärke brauchten? Aber Kiyomori, der *Daijo-Daijin*, war tot, und alles, was von dem Kaiserreich und seiner Vernichtung übriggeblieben war, war eine alte Frau... und die Throninsignien, deren Besitz den wahren Herrscher auswies.

»Aber genug, lieber Enkel. Du mußt schlafen.« Sie legte das Juwel in einen mit kunstvoller Schnitzerei verzierten Kasten, wickelte den Bronzespiegel in einen Stoffsack und legte ihn in einen anderen Kasten, um als letztes das Schwert in die Scheide zu stecken. Als ihre welken, geäderten Hände diese oft wiederholte Arbeit verrichteten, wehte der Duft ihres Jasminparfüms hinüber zu Antoku. Er atmete es ein und sagte in einem Ton kindlicher Treuherzigkeit: »Ich liebe dich, Großmutter.«

»Danke, Antoku. Ich liebe dich auch... und werde zusehen, daß du die Macht erlangst, für die du geboren wurdest.« Sie läutete nach einer Dienerin. »Bring Seine Majestät zum Schlafgemach«, sagte Nii-Dono. »Dann rufe meine Söhne Munemori und Shigehira zu mir... und meinen Enkel Koremori.«

Hachijo-no-Nii-Dono – ihr Name bedeutete ›Person des zweiten Ranges aus der achten Straße‹ – war die Witwe Taira Kiyomoris, des Mannes, der mehr als vierzehn Jahre lang Japan beherrscht und die Geschicke des Landes geleitet hatte. Offiziell war sie nur die Mutter von Kiyomoris Söhnen; in Wahrheit aber war sie die Macht hinter dem Anspruch ihres Enkels auf die höchste Staatsgewalt. Ja, sie liebte den Jungen, den lieben Antoku, aber er war zu jung, die harten Entscheidungen zu treffen, die erforderlich waren, um die kaiserliche Macht zurückzugewinnen; sie mußte diese Entscheidungen für ihn treffen.

Ihre Miene verdüsterte sich, als sie daran dachte, wie ihr ältester Sohn Munemori, dieser Schwächling, die entscheidende Schlacht gegen Minamoto verloren hatte, so daß die Familie gezwungen gewesen war, aus dem Rokuhara-Palast in Kyoto zu fliehen und mit dem Hof nach Yashima auf der Insel Shikoku zu übersiedeln. Wenigstens war der Nii-Dono die Befriedigung geblieben, die Hauptstadt brennen zu sehen; so war den Minamoto nur ein Monument aus Asche geblieben.

Verflucht sollten sie sein, die Minamoto mit ihrem Oberhaupt Yoritomo an der Spitze, und besonders Tadamori Yoshi, der böse *kami*, der auf die Erde gesetzt worden war, um die Taira zu schlagen.

Nun, Yoshi sollte nicht mehr lange eine Bedrohung sein. Ihr weißes Maskengesicht verhärtete sich, in den schwarzen Schlitzaugen glitzerte Haß. Zur Zeit befand sich General Yoshi auf dem Weg nach Suruga, ohne zu ahnen, daß ein Vertrauensmann der Nii-Dono dort auf seine Ankunft wartete. Sie hatte ihre Vergeltung gut geplant.

Die Nii-Dono saß auf dem erhöhten Podest in der Mitte des Saales, eine kleine, dunkle Gestalt, die das Licht der Öllampen schluckte und bis auf die bleiche Maske ihres Gesichts beinahe unsichtbar war. Zu Ehren der gefallenen Taira-Führer hatte sie Trauerkleidung angelegt: ein graues Übergewand und weiße, graue und schwarze Untergewänder. Sie wartete mit Herzklopfen. Wo blieben ihre Söhne? Wie konnten sie es wagen, sie warten zu lassen?

Eine Schiebetür glitt zurück, und in einer Wolke süßlichen Parfüms trat Munemori ein, gefolgt von seinem jüngeren Bruder Shigehira und seinem Neffen, dem dreiundzwanzigjährigen General Koremori. Munemori trug seine bevorzugte Farbenkombination, die *sakura* genannt wurde, eine Symphonie in Rot und Weiß. Sein rundes, gedunsenes Gesicht war gepudert, die Brauen ausgezupft und nachgemalt, die Zähne geschwärzt. Shigehira trug demgegenüber ein einfaches blaues Übergewand und die zwei Schwerter eines Samurai. Das Haar war zurückgekämmt und im Knoten eines Kriegers zusammengefaßt; sein kantiges Gesicht war frei von Puder und Schminke. Der Gegensatz zwischen den beiden war auffallend genug, so daß manche Leute sich fragten, ob sie wirklich Brüder waren.

Koremori, vier Jahre jünger als sein Onkel Shigehira, sah mehr wie ein Bruder als ein Neffe Munemoris aus. Mit seinem gepuderten Gesicht und den geschwärzten Zähnen kam er dem Schönheitsideal des Hofes nahe; er hatte die gleichen kantigen Züge und kräftigen Schultern wie Shigehira. Koremoris Ehrgeiz, die Führung der Taira-Sippe von seinem Onkel Munemori zu übernehmen, war durch mehrere militärische Rückschläge der Erfüllung ferner denn je; er schrieb diese Niederlagen unglücklichen Umständen zu und suchte ständig eine neue Gelegenheit, seine Fähigkeiten zu beweisen.

Munemori watschelte zu der Plattform. Er verbeugte sich nachlässig vor der Nii-Dono – obwohl sie seine Mutter war, war sie nur eine Frau – und nahm vor ihr Aufstellung.

»Du hast mich von einer Mondbetrachtung abberufen«, lispelte er, kaum bemüht, seine Verärgerung zu verbergen.

Die Nii-Dono lächelte zynisch. Sie wußte genau, was sie von Munemori zu erwarten hatte, und so ignorierte sie seine Beschwerde und beleidigte ihren ältesten Sohn vorsätzlich, indem sie das Wort an den jungen Shigehira richtete. »Wo ist Tomomori?«

»Unser Bruder ist bei den Seestreitkräften, Mutter.«

Darauf wandte sie sich zu ihrem Enkel: »Und wie ist die Lage unserer Seestreitkräfte, General Koremori?«

Munemori preßte die Lippen zusammen und seufzte wiederholt, ohne seinem Zorn Luft zu machen.

»Die Schiffe sind in der Inlandsee zum Schutz Yashimas eingesetzt. Sie beherrschen den Zugang zu den neuen Befestigungen von Ichi-no-tani auf der Hauptinsel«, antwortete Koremori.

Die Nii-Dono richtete ihren Blick wieder auf Shigehira. »Sind die Befestigungen der Fertigstellung nahe?«

Die Befestigungen waren von Shigehira und Tomomori geplant worden und hatten den Zweck, einen Brückenkopf auf der Hauptinsel Honshu zu sichern, von dem aus die Taira Kyoto zurückzuerobern hofften. Auf Honshu Fuß zu fassen und den Hof dorthin zurückzuverlegen, war der erste Schritt eines Feldzuges zur Wiedergewinnung der Hauptstadt und des ganzen Landes. Spione berichteten, daß die Befestigungen unter den Minamoto Verblüffung auslösten.

»Mutter, ich bin erfreut, melden zu können, daß sie so gut wie fertiggestellt sind. Ichi-no-tani ist auf der Nordseite durch Kliffs und Steilhänge geschützt, im Süden durch unsere Schiffe und die See; in wenigen Tagen werden die befestigten Mauern und Palisaden an den östlichen und westlichen Zugängen fertiggestellt sein.«

Munemori schürzte geringschätzig die Lippen. Er sagte: »Der Brückenkopf von Ichi-no-tani ist in der Tat uneinnehmbar, aber während mein jüngerer Bruder und unser Neffe Arbeiter beaufsichtigt und die Konstruktion der Palisaden geleitet haben, trieb ich Steuern ein und stellte eine neue Armee auf. Ich habe hunderttausend Krieger aus den acht Provinzen des Sanyodo und den sechs Provinzen des Nankaido. Sobald der Brückenkopf von Ichi-no-tani gesichert ist, wird unsere neue Armee gegen Kyoto vorstoßen und die Minamoto-Usurpatoren vernichten.«

»Das ist gute Nachricht, mein Sohn. Vielleicht habe ich dich unterschätzt. Mit der Macht deiner Krieger und dem Schutz der Befestigungen, die Shigehira und Koremori errichtet haben, wird die Hauptstadt wieder unser sein, und solange wir die Kaiserlichen Throninsignien besitzen, werden wir die rechtmäßigen Herrscher Japans sein.« Damit nickte die Nii-Dono zu den zwei Kästen und dem Schwert.

Shigehira zog eine Braue hoch und tauschte einen Blick mit seinem Neffen Koremori. Er war bereit, seinem älteren Bruder das Verdienst an der Aufstellung der riesigen Armee zu überlassen, befürchtete jedoch, daß die meisten Krieger beim ersten Zeichen von Widerstand desertieren würden. Shigehira hatte andere Sorgen; er wußte, daß Zahlen allein nicht ausreichten, einen Krieg zu gewinnen. Die Minamoto waren Meister der Täuschung, und wer konnte wissen, welche überraschenden Taktiken sie entwickeln würden, um Munemoris Armee aufzuwiegen. »Ich sorge mich um die Machenschaften der Minamoto und des abgedankten Kaisers, Mutter«, sagte er. »Go-Shirakawa ist schlau und stark. Solange Yoritomos Armee hinter ihm steht, sind wir immer in Gefahr. Denk daran, wie Yoshitsune und General Tadamori Yoshi uns mit Go-Shirakawas Hilfe besiegen konnten.«

»Ich vergesse nicht, mein Sohn.« Die weiße Maske der alten Frau reckte sich ihm entgegen. »Go-Shirakawa beging einen Fehler, als er sich auf die Seite der Minamoto schlug. Seine Schlauheit wird ihn nicht vor meinem Zorn retten. Ich werde an ihnen allen Rache üben: Go-Shirakawa, Yoritomo, Yoshitsune und General Yoshi. An Yoshi zuerst! Bald werde ich sehen, wie Masaka, seine Mutter, um ihren Sohn trauert, wie ich um euren toten Vater trauere.« Während sie sprach, stieg ihre Stimme an, bis sie zu einem durchdringenden Winseln wurde, das mit den winterlichen Windstößen verschmolz, die um die Burg fegten. »Es ist in die Wege geleitet.«

6

Weiße Möwen kreisten über den gischtgestreiften Wassern der Suruga-Bucht. In der Ferne war der reifbedeckte Kiefernwald von Mino als ein sichelförmiger Schatten entlang dem Horizont undeutlich sichtbar.

Waren schon neunzehn Jahre vergangen, seit Yoshi das *shoen*, den Landbesitz seines Onkels Fumio verlassen hatte? In mancher Weise schien die seither vergangene Zeit nicht mehr als ein Augenblick, in anderer Weise jedoch wie eine Lebenszeit. Als er seinen Onkel verlassen hatte, war er ein weicher jugendlicher Höfling von neunzehn Jahren gewesen. Er war geflohen, um sein Leben zu retten, und hatte seine Jugendliebe zurückgelassen. Nun kehrte er mit ihr und ihrem gemeinsamen ungeborenen Kind zurück. Es sollte eine triumphierende Rückkehr sein: als *daimyo*, Land besitzender Grundherr und als Gouverneur der Provinz.

Warum wollte sich kein Triumphgefühl einstellen? Warum bedrückten ihn der graue Himmel, die öden winterlichen Felder und das stürmische Meer?

Der Strand zwischen der Stadt Okitsu und der See lag verlassen, bedeckt mit Schnee, der geschmolzen und wieder gefroren war, bis seine Oberfläche glasigem vulkanischem Boden glich, zu kalt, als daß die Salzsieder ihrem Gewerbe nachgehen konnten. Ihre großen Kessel, in denen das Salzwasser über prasselnden Feuern gekocht wurde, bis das Wasser verdampfte, standen leer in ihren offenen Schuppen. Die Salzsieder waren fort, und das verlassene Ufer lag menschenleer im Salzgeruch der See, mit den schrillen Rufen der Seevögel und den dumpfen Schlägen der rauschenden Brandung, die sich an der gefrorenen Küste erschöpfte.

Yoshi blickte die gewundene Straße hinauf, die zu den Resten des Landhauses führte, wo sein toter Onkel Fumio gelebt hatte. Einen Augenblick glaubte er das ausgebrannte Tor zu sehen, dort oben, jenseits des Tempels von Seiken-ji. Aber es war nur seine Einbildung. Seiken-ji war intakt, aber das Tor zu Fumios *shoen* war längst zerfallen und vom Buschwerk überwuchert.

»Durch die Stadt«, befahl er und lenkte seinen Braunen die Landstraße entlang. »Wir werden auf Chikaras Besitz bleiben.« Es war seltsam, daß er den Besitz in Gedanken noch immer Chikara zuordnete, seinem Vater. Yoshi verspürte einen tiefen Schmerz, das unaussprechliche Bewußtsein der Unbeständigkeit des Lebens, das *mono no aware*. Er runzelte ungeduldig die Brauen. Dies war nicht die Zeit für selbstmitleidige Betrachtungen. Heute begann ein neues Leben. Nichts sollte nun, da er mit Nami und ihrem ungeborenen Kind in Okitsu war, ihr gemeinsames Glück beeinträchtigen.

Yoshi fröstelte unter seiner Winterkleidung. Wenigstens blieb ihm eine Begrüßungsfeier der Stadtbewohner erspart; viele Wohnhäuser, Ladengeschäfte und Gasthäuser waren wegen des Schnees und der eisigen Winde mit hölzernen Läden verschlossen.

Yoshi führte die Kolonne hinauf zur Hochfläche des Satta-Berges, die ungefähr vier *cho* bedeckte – vierhundert Schritte in jede Richtung. Der Zugang zur Burg war ein schmaler Fahrweg, der vor einer weißen Umfassungsmauer endete. Ein massives Tor aus eisenbeschlagenen Eichenplanken unter einem sechs Meter hohen Bogen war der Zugang zur eigentlichen Burganlage. Yoshi, plötzlich freudig erregt über die Aussicht auf ihr neues Leben, schickte Goro voraus, ihre Ankunft anzukündigen.

Pferde stampften den Schnee, Banner flatterten im Wind, die *ashigaru* harrten in fröstelnder Ungewißheit der Dinge, die da kommen würden. Die Kolonne war acht Tage hart marschiert und hatte nun ihr Ziel erreicht ... ein abweisendes Tor und ein Gefühl von Leere und Stille.

Nami sagte: »Ich fürchte, der Besitz ist verlassen.«

»Nein, nein. Es gibt hier einen Verwalter, der ständig anwesend ist, und unser Herr Yoritomo versprach, daß ein Arbeitstrupp die Burg für unsere Ankunft herrichten werde.«

Goro schlug gegen das Tor und rief, bis endlich der Eichenbalken, der die beiden Flügel des Tores verband, in seinen Metallklammern zurückgestoßen wurde und die Torflügel knarrend aufschwangen. Ein dicker Mann in einem schmierigen blauen Gewand stand breitbeinig im Eingang. »Wer verlangt Zugang zum Besitz des mächtigen Herrn Tadamori Yoshi?«

Yoshi gab seinem Braunen die Sporen. Der dicke Mann wich unter Verbeugungen zurück. »Vergebt mir, mein Gebieter«, sagte er. »Ich erkannte Euch nicht.«

»Wer bist du? Wieso kennst du mich?« fragte Yoshi. Das Verhalten des Mannes hatte etwas Öliges, das Yoshis angespannte Nerven reizte.

»Ich begegnete Euch, mächtiger Herr, in Fukuhara. Ich bin Kurando, einstmals Vormann der Arbeiter unseres Herrn Chikara.«

Richtig... Yoshi erinnerte sich. Der fette Aufseher mit dem anmaßenden Namen, der von Arroganz zu Unterwürfigkeit gefunden hatte, als Yoshi nach den großen Stürmen des Jahres 1182 in Fukuhara gewesen war.

Kurando fuhr fort: »Oberherr Yoritomo schickte mich, die Vorbereitungen angemessener Quartiere für Euch und Euer Gefolge zu beaufsichtigen. Alles ist bereit, Herr, und wartet auf Eure Billigung.«

Yoshi hatte den Mann instinktiv abgelehnt, als er ihm in Fukuhara begegnet war, doch mußte er der Gerechtigkeit zuliebe eingestehen, daß er ihn unterbrochen hatte, als er sich seinen Pflichten gewidmet hatte. Es war kaum fair, einen Mann danach zu beurteilen. Andererseits waren Kurandos vernachlässigte Erscheinung und sein Benehmen nicht geeignet, Yoshis Einschätzung zu revidieren. Sein Instinkt sagte ihm, daß er diesem Burschen nicht vertrauen dürfe. Aber er war Teil des Inventars; Yoritomo hatte ihn während Yoshis Abwesenheit mit der Aufsicht betraut. Yoshi entschloß sich, ihm Gelegenheit zu geben, sich zu beweisen.

»Zeig meinen Leuten ihre Quartiere, während ich mich umsehe.«

Als Namis Pferd Kurando passierte, verneigte er sich besonders tief und richtete seinen Blick auf den Boden. Sie beantwortete den Gruß mit der Nennung seines Namens in einem Tonfall, der deutlich machte, daß sie ihm noch mehr mißtraute.

Die Burg bestand aus mehreren Gebäuden, die in scheinbar willkürliche Weise ineinander und aneinander gebaut waren. Die geschwungenen, mit roten Ziegeln gedeckten Dächer über den weißgetünchten Wänden boten in der Gesamtansicht das Bild eines gestuften und verschachtelten Schlosses, das in seinem höchsten Teil fünf Stockwerke erreichte. Die Größe der Dächer nahm mit jedem Geschoß ab; so entstand der Eindruck einer vom breit hingelagerten Fundament kraftvoll aufstrebenden Dynamik.

Yoshi nickte beifällig, als er sein Pferd um den Gebäudekomplex lenkte. Von welcher Art Kurandos Fehler auch sein mochten, er hatte bei der Instandsetzung der Gebäude, die seit mehreren Jahren in Verfall geraten waren, gründliche Arbeit geleistet.

Der nördliche Flügel, wo die Küchen und die Quartiere der Frauen untergebracht waren, hatte einen eigenen Zugang, der über eine von dicken Pfeilern getragene Veranda führte. Das umliegende Gelände innerhalb des Mauerrings war von Schößlingen und Sträuchern befreit worden. Die Arbeiter hatten ein übriges getan und alle Fußwege von Schnee freigeschaufelt.

Durchaus zufriedenstellend. Kurando hatte mehr als erwartet getan.

Nachdem alle untergebracht waren, bereiteten Yoshis und Namis Gefolgsleute ihre Quartiere; sie entzündeten Kohlebecken und Lampen, packten Kleider aus und breiteten den Futon über eine Schlafmatte.

Erst jetzt erlaubte sich Yoshi Entspannung. Er zog Nami an sich, atmete ihr süßes Parfüm, fühlte ihre Wärme als einen Schild gegen die kalte Welt. Er strich ihr übers Haar, ließ seine Fingerrücken über die glatte Rundung ihrer Wange gehen, sah ihr tief in die Augen und sagte: »Die Wahrsager irrten sich. Wir sind hier, unversehrt. Heute beginnt unser neues Leben. Liebste Frau, nichts kann uns jemals wieder trennen.«

7

Ein halbes Dutzend Öllampen breitete einen flackernden Lichterkranz um die vier Männer, die auf dicken Strohpolstern vor dem geschnitzten chinesischen Thron des abgedankten Kaisers knieten. Der Rauch aus kupfernen Feuerschalen zog zu langsam durch die hohe Decke des Saales ab und machte die Augen brennen und tränen.

Der abgedankte Kaiser, Go-Shirakawa, rieb sich die Augen mit dicken Fingern und hinterließ dabei schwärzliche Rußstreifen auf den Wangen. Er hustete und winkte Yukitaka, seinem Leibdiener. Der alte Mann kam hinter einem mit Papier bespannten hölzernen Lattenverschlag hervor und bot ihm ein über beide Hände gelegtes feuchtes Handtuch. Go-Shirakawa wischte sich den glattrasierten Kopf und rieb sich das Gesicht: kleine schlaue Augen, eine große, kühne Nase und ein genießerischer Mund mit wulstigen Lippen. Als er sich hinlänglich gereinigt fühlte, streckte er das Handtuch wortlos von sich. Yukitaka nahm es und zog sich lautlos zurück.

Go-Shirakawa hustete in ein parfümiertes Seidentaschentuch; er senkte den Kopf und sagte: »Wir sind in einer delikaten und gefährlichen Lage. Die Seher behaupten, daß überstürztes Handeln zu verhängnisvollen Folgen führen könne. Doch wage ich nicht zu zögern. Ich benötige Euren weisesten Rat.«

Die vier knienden Männer neigten in Ergebung die Köpfe: Sunemune und Kanezane, die Minister zur Linken und Rechten; Motofusa, der Priester, der für die Mönche sprach; und Minamoto Yoshitsune, ein junger General und Befehlshaber der Armeen seines Bruders Yoritomo. Go-Shirakawa benötigte die Unterstützung dieser Männer, um seine Pläne auszuführen. Wenn er sie beeinflussen konnte, die geeignete Entscheidung zu treffen, würde ihn keine Schuld treffen, sollte sein Plan mißlingen, wie die Seher warnten.

»Kanezane, als Minister zur Rechten seid Ihr in Verbindung mit den Notabeln des Reiches. Wie ist die vorherrschende Stimmung?«

»Ich habe umfangreiche Nachforschungen angestellt, Majestät.« Kanezane war ein paar Jahre älter als Go-Shirakawa, annähernd sechzig: ein grauer Haarkranz, ein tief gefurchtes Gesicht, blasse Hautfarbe. »Die bedeutenden Familien befinden sich größtenteils im Einverständnis.«

»Ja, ja, Kanezane. Fahrt fort.«

»Sie begrüßen Eure Herrschaft, können jedoch nicht außer acht lassen, daß der kindliche Kaiser Antoku und die drei Heiligen Throninsignien zurückkehren müssen, wenn die göttliche Thronfolge die gebotene Beachtung findet.«

»Und wir wissen, daß das Kind und die Insignien von unseren Taira-Feinden irgendwo im Süden versteckt werden.« Der abgedankte Kaiser zögerte. Ja, es schien, daß diese Versammlung zu der erwünschten Schlußfolgerung gelangen würde. Zuvor aber galt es, mehr Druck auszuüben. »General Yoshitsune«, sagte er mit fester Stimme, »Eure Spione haben das Land durchstreift. Was berichten sie?«

Yoshitsune hatte vor kurzem die undisziplinierte, zusammengewürfelte Armee seines Vetters Kiso geschlagen und war jetzt als Abgesandter und Stellvertreter seines Bruders Yoritomo in Kyoto stationiert. Mehr Krieger als Politiker, war General Yoshitsune beauftragt, die Streitkräfte der Taira im Namen seines älteren Bruders zu vernichten. Erst sechsundzwanzig Jahre alt, von schmächtiger Gestalt, mit krummen Zähnen und vorquellenden Augen, befehligte er die Armeen der Minamoto-Sippe. Trotz seines wenig einnehmenden Äußeren genoß Yoshitsune allgemeinen Respekt wegen seiner Tapferkeit, seiner Fechtkunst und des Charismas, das in seinen Kriegern die Bereitschaft weckte, für ihn zu sterben. Nicht im mindesten eingeschüchtert von Go-Shirakawas gebieterischem Ton, sagte er: »Gegenwärtig befinden sich Antoku und die Throninsignien bei der Nii-Dono in Yashima. Sie sind durch die Flotte der Taira geschützt. Solange sie von ihren Schiffen abgeschirmt werden, sind sie unbesiegbar. Wir haben keine vergleichbaren Seestreitkräfte, um ihre Flotte zu bekämpfen.«

Das war nicht, was Go-Shirakawa hören wollte, doch waren die Macht und der Ruf des jungen Generals von einer Art, daß der abgedankte Kaiser sich mit einem finsteren Blick und halblautem Gemurmel zufrieden geben mußte. Zur Ablenkung winkte er abermals seinem Diener, flüsterte einen Befehl und ließ sich stumm in seinen Thron zurücksinken, bis Yukitaka ihm eine Schale mit Früchten reichte. Go-Shirakawa nahm eine, biß zornig hinein und wandte sich zu Motofusa. »Ich nehme an, auch Ihr werdet mir sagen, daß die Taira unbesiegbar seien.« Er kam Motofusas Antwort abwinkend zuvor. »Ich wünsche, daß Ratgeber mir raten, wie zu erreichen ist, was erreicht werden muß. Ich habe meine Loyalität auf den Oberherrn Yoritomo übertragen, weil ich glaubte, er habe die Stärke, die Sippen des Nordens zu einigen und Taira Munemori zu vernichten. Wenn keiner von Euch mir helfen kann, sollte ich vielleicht General Tadamori Yoshi zurückrufen.« Der abgedankte Kaiser beobachtete Yoshitsune hinter halbgeschlossenen Lidern. Die Eifersucht würde das Feuer entzünden, das er brauchte. Um es zu schüren, fügte er hinzu: »Yoshi ist ein meisterhafter Taktiker...«

Yoshitsune nahm wie erwartet den Köder auf. »Ich habe große Achtung vor Yoshi; er war mir eine unschätzbare Hilfe gegen meinen Vetter Kiso, aber er ist weit entfernt im Norden, wo er sich der Früchte seiner Mühen erfreut. Ich würde ihn nicht stören wollen.«

»Er versprach, zur Stelle zu sein, wenn wir ihn benötigen, und ich sage, wir benötigen ihn. Wenn ich erleben will, daß die letzten Reste des Taira-Hofes vernichtet werden, brauche ich ihn hier.«

»Ein Vorschlag, Erhabener«, sagte der Minister zur Linken.

»Ja, Sunemune?«

»Können wir es nicht mit List versuchen? Wenn Gewalt allein versagt, ist es vielleicht an der Zeit, unseren Verstand zu gebrauchen.«

Der Priester Motofusa, der ärgerlich die Stirn gerunzelt hatte, als Go-Shirakawa ihn unterbrochen hatte, warf ein: »Wir müssen Munemori lähmen. Wir müssen den Vorteil seiner Schiffe überwinden. Unsere überlegene Intelligenz muß triumphieren.« Motofusa war ein großer, grobknochiger Mann, beeindruckend durch seine mächtige Gestalt. Sein kahlrasierter Schädel glänzte im Licht der Öllampen. Das gelbe Übergewand, das er über einem weißseidenen Untergewand trug, schien ihn mit einer übernatürlich leuchtenden Aura zu umgeben.

»Gut gesagt, Priester. Ich stimme Euch zu. Das einzige, was uns fehlt, ist der brillante Plan, den unsere Intelligenz hervorbringen wird.« Der abgedankte Kaiser sprach mit einer Andeutung von Ironie, war in Wahrheit aber recht zufrieden, daß der Priester sich in die gewünschte Richtung bewegte. »Wie sollen wir unser Ziel erreichen?«

Motofusa lächelte beseeligend. »Wir müssen den Fuchs in seinem Bau einfrieren, während unsere Hunde ihn umstellen.«

Go-Shirakawa zuckte philosophisch die Achseln und sagte nicht ohne einen Anflug von Humor: »Es gibt drei Dinge, denen ich nicht befehlen kann, mir zu gehorchen: den Fluß Kamo, die Spielwürfel und die Priester.« Er ließ den Humor fallen und fauchte: »Erspart mir die chinesischen Sprichwörter, Priester. Sprecht geradeheraus, wenn Ihr einen Plan habt.«

Yoshitsune übernahm es zu antworten. »Der Priester hat den Weg gewiesen. Eure Majestät werden eine Botschaft an Munemori absenden und ihm einen Waffenstillstand anbieten. Während er überlegt, ob er darauf eingehen soll oder nicht, werde ich unsere Streitkräfte formieren und nach einer Strategie suchen, ihn zu besiegen.«

»Ausgezeichnet, General Yoshitsune. Und ich werde meinen Taktiker Tadamori Yoshi kommen lassen, daß er Euch zur Sicherung des Erfolges zur Seite stehe.«

»Euer Majestät, wir brauchen Yoshi nicht«, erwiderte Yoshitsune. »Er hat genug für unsere Sache getan.«

Go-Shirakawa nahm eine zweite Frucht aus der Schale und biß hinein. Diese zur *yomi* verdammten Minamoto widersprachen ihm unablässig. Vielleicht hätte er Taira Munemori die Loyalität bewahren sollen. Er nahm einen zweiten Biß, so daß Saft auf sein Kinn tropfte... nein, Munemori war ein Dummkopf, und wenn die Minamoto auch eine Plage und eine Last waren, so waren sie andererseits die stärkere Sippe.

Aber wenn der abgedankte Kaiser einen Vorschlag machte, erwartete er dessen Befolgung. Der junge General stellte seine Geduld auf eine harte Probe. War er bloß auf Yoshis Wohlergehen bedacht, oder war er trotz allen Ruhmes, den er bereits gewonnen hatte, bloß eifersüchtig? Go-Shirakawa schätzte General Yoshi, wie er jeden schätzte, der ihm von Nutzen sein konnte, und so bedeutete es ihm nicht viel, wenn er selbstherrlich in Yoshis Zukunft eingriff. Go-Shirakawa hatte das Gefühl, daß Yoshi ihm Glück brachte. Yoshis eigenes Glück konnte angesichts des kaiserlichen Verlangens, die Taira zu bezwingen, nicht in Erwägung gezogen werden. Also würde Go-Shirakawa den Taira die gewünschte Botschaft zukommen lassen... aber Yoshitsunes Impertinenz wurmte ihn. Seine kleinen Augen wurden noch kleiner, blinzelten durch den Rauch der Feuerschale; seine Mundwinkel zogen sich mißvergnügt abwärts. Nein, dachte er bei sich, ich lasse mir nicht widersprechen. »Ich wünsche, daß General Yoshi aus Suruga zurückgerufen wird«, sagte er. »Ich wünschte, daß er bei uns ist, wenn wir unsere Strategie gegen die Taira planen. Wir brauchen seine Fähigkeiten. Um den Erfolg zu sichern.«

Go-Shirakawa war erfreut zu sehen, daß er Yoshitsune aufgebracht hatte. Gut. Der junge General mußte lernen, ihm mit dem gebotenen Respekt zu begegnen.

Der abgedankte Kaiser rief Yukitaka zu: »Bring mir Papier und Tusche und einen Pinsel; ich werde die Botschaft an Munemori sofort aufsetzen... und eine Anweisung bezüglich General Yoshis Rückkehr.«

8

Die Nii-Dono saß mit untergeschlagenen Beinen auf einem Strohpolster hinter ihrem *chodai*. Sie spähte durch die Seidenvorhänge des Wandschirms zu ihrem Sohn Munemori, der vor dem Rahmenwerk kniete. Er sagte: »Wir haben Go-Shirakawas Zusicherung, daß er mit uns zusammenarbeiten wird; er wird uns mit Antoku und den Throninsignien in Kyoto willkommen heißen. Wenn wir bereit sind, sein Angebot in Erwägung zu ziehen, wird er bis zum Monatsende keine Angriffshandlungen unternehmen.«

»Das ist sein Angebot? Munemori, du bist ein Dummkopf, und Go-Shirakawa ist ein Schlaumeier; er fürchtet unsere Stärke und unternimmt diesen Vorstoß, um uns unschlüssig zu machen. Meine Spione sagen mir, daß er in Angst und Schrecken vor einem Angriff unserer Streitkräfte auf die Hauptstadt lebt. Wir haben die größere Streitmacht und beherrschen die Inlandsee. Soll ich deinen Bruder fragen? Oder deinen Neffen, Koremori? Nein! Nur du kannst den Befehl geben. Warum zögerst du?«

»Großer Buddha, wurde jemals einer so bedrängt? Ich werde in hundert Richtungen gezerrt. Was soll ich tun? Was kann ich tun?«

»Tu, wie ich dir sage. Gib deinen Truppen Befehl, gegen den abgedankten Kaiser zu marschieren. Jetzt! Wende sein falsches Spiel gegen ihn. Während er glaubt, wir ließen in unserer Wachsamkeit nach, müssen wir zum Angriff übergehen und Kyoto zurückerobern.«

»Wie aber, wenn...«

»Mein Sohn, sei stark, sei entschieden, höre auf mich. Wir haben Antoku, den rechtmäßigen Kaiser. Wir haben die drei Heiligen Kaiserlichen Throninsignien – die Quelle unserer Macht. Greife an und gewinne unsere kaiserliche Stadt zurück.«

»Ich werde die Astrologen konsultieren. Wenn sie sagen...«

»Während du deine Astrologen konsultierst, bereiten Go-Shirakawa und Yoshitsune ohne Zweifel einen Angriff gegen uns vor.«

»Aber der abgedankte Kaiser versprach...«

»Einfältiger Sohn; sein Versprechen ist nicht mehr wert als das Papier, auf das es gepinselt wurde. Frage deine Astrologen, wenn du ihre Unterstützung brauchst, aber versprich mir einstweilen...«

»Was immer du wünschst, Mutter.«

»Vernachlässige unsere Verteidigung nicht. Stärke sie. Wenn die Astrologen schlechte Vorzeichen für unseren Angriff sehen, werde ich dich nicht drängen. Dennoch darfst du Go-Shirakawa nicht trauen. Sei wachsam zu allen Zeiten.«

»War irgendeiner jemals so unglücklich wie ich?«

Die Nii-Dono ließ seine Bemerkung unbeachtet; ihre Stimme wurde härter: »Tu, wie ich dir sage, und du wirst die Achtung deiner Familie gewinnen.«
»Ja, Mutter. Darf ich jetzt gehen?«
Die Nii-Dono seufzte hinter den Schleiern; sie sagte in überdrüssigem Ton: »Ja, Sohn... geh und tu, was du tun mußt. Ich zähle auf deine Stärke, um den Sieg gegen die Minamoto-Usurpatoren davonzutragen.«

9

Eine Woche nach Yoshis und Namis Ankunft in Okitsu fiel der Regen drei Tage und drei Nächte ohne Unterlaß. Gleichzeitig stiegen die Temperaturen, und die Schneeschmelze setzte ein; Bäche und Flüsse traten über ihre Ufer, überfluteten Reisfelder und verwandelten die unbefestigten Straßen in Schlammpisten.

Während dieses unfreundliche Wetter andauerte, inspizierte Yoshi mit einem breiten, konischen Strohhut und einem Regenumhang aus Stroh jedes Gebäude, sämtliche Räume und Stallungen der Burg, machte Notizen über die geleistete Arbeit, die noch andauernden Instandsetzungen und was in Zukunft noch getan werden mußte. Diese Tage zählten zu den glücklichsten in Yoshis Leben.

Oft begleitete ihn Nami, einen Regenschirm aus geöltem Stoff schützend in die Höhe haltend. Ihre zwei Gestalten, wie sie auf ihren *geta*, den durch Klötze erhöhten Holzsandalen, durch die Pfützen stiegen, wurden für die Arbeiter zu einem vertrauten Anblick. Diese sehnigen Männer, deren Gesichtszüge durch Entbehrungen hart geworden waren, arbeiteten bei jedem Wetter vom Morgengrauen bis in die Abenddämmerung... murrend und fluchend, aber niemals rastend, immer am Werk, wenn Yoshi und Nami des Weges kamen.

Am dritten Regentag ritt Yoshi auf seinem Braunen in die Stadt, deren Straßen zu schlammigen Seen geworden waren. Die Stadt war seit seinem letzten Besuch gewachsen. Gasthäuser, Ladengeschäfte, Kaufleute hatten sich angesiedelt, sogar ein neuer Schrein war in einem jetzt überschwemmten Garten errichtet worden. Die Nachricht von seiner Ankunft hatte sich in Okitsu und Umgebung herumgesprochen, und die Einwohner benahmen sich, als wären sie von dem Umstand, daß der Gouverneur der Provinz Suruga in der Nähe ihrer kleinen Stadt lebte, eingeschüchtert. Yoshi bemerkte, daß die Menschen hinter den Läden und Vorhängen standen und stumm herausspähten, als er vorbeiritt.

Auf einem Hügel im Norden der Stadt stand der Tempel Seiken-ji und überblickte die Suruga-Bucht und die ferne, mit Nadelwald bedeckte Insel Miho. Yoshi saß vor dem Tempel ab, überquerte den kiesbestreuten Vorplatz und erstieg die Stufen zur umlaufenden Veranda. Der Tempeleingang war nicht zugesperrt. Yoshi ließ seine *geta* draußen und trat ein, um dem Amida Buddha und dem Priester seine Ehrerbietung zu erweisen.

Seiken-ji war ein kleiner Tempel aus alter Zeit. Brände und Erdbeben hatten das Gebäude viele Male zerstörte, nicht aber den frommen Geist der Gläubigen, die es nach jedem Unheil geduldig wiederaufgebaut hatten.

Yoshi sprach das *Nembutsu*, das Gebet, welches das nächste Leben im Reinen Land des Paradieses verhieß, *Namu Amida Butsu* – Ich rufe dich an, Amida Buddha.

Eine Weile fühlte er den Frieden, den das Gebet ihm brachte, doch eine hartnäckige innere Stimme verlangte seinem Glauben mehr ab. Am Hof betrachtete man es als subversiv, selbst den ärmsten *eta*, die nicht einmal als Personen angesehen wurden, für das bloße Aufsagen eines Gebetes die Erlösung zu versprechen. Vielleicht hatten sie recht. Sollten die Menschen ihren Weg ins Paradies nicht verdienen müssen? Er dachte an Eisai, den Priester, der von Ch'an gesprochen hatte, und fragte sich, ob seine Lehre die Antwort auf diese Frage bereithalten mochte.

Später erzählte er Nami über seine Gedanken und seine Begegnung mit Taihan, dem Priester von Seiken-ji. »Als ich die Ch'an-lehre Eisais zur Sprache brachte, wurde er zornig. Er sagte, daß Honen, der Gründer der Amida-Sekte, behaupte, Disziplin und persönliches Verdienst seien jenseits der Fähigkeiten der meisten Menschen. Taihan bestand darauf, daß das Gebet des *Nembutsu* der wahrhafte Pfad zum Reinen Land des Paradieses sei.

Er ist ein aufrichtiger Amida-Buddhist. Früher glaubte ich seinen Lehren, aber jetzt bin ich unsicher. Ist die Bemühung, sich selbst zu verstehen und ehrenhaft zu leben, nicht der Belohnung wert? Hat das Gebet des *Nembutsu* die Erlangung des Paradieses zu leicht gemacht?« Yoshi steigerte sich in Erregung hinein. »Warum, liebe Frau, fühlen sich Leute wie Taihan, ansonsten in jeder Weise rechtschaffen und ehrenwert, vom Glauben eines anderen bedroht?«

Nami legte die Arme um ihn, ließ den Kopf an seiner Brust ruhen und murmelte: »So ist es immer gewesen, lieber Mann, und so wird es immer sein.«

»Sollen wir denn immer in der Zeit des *Mappo* leben, des Niedergangs der Gesetzlichkeit, und werden Zwietracht, Totschlag und Krieg niemals aufhören?«

»*Shigata-ga-nei* – was sein wird, wird sein. Das braucht uns jetzt nicht zu bekümmern.«

Der Regen fuhr fort, auf die Dächer zu trommeln. Im Raum war es feucht und dunkel; die glimmenden Kohlen in den Kupferbecken verbreiteten beißenden Rauch, und ihre Strahlungswärme reichte nur eine Armeslänge in den Raum hinein.

Während Yoshi und Nami vom Leben und voneinander sprachen, zügelte ein mit Schmutz bespritzter Bote sein Pferd am Burgtor. Er hatte einen langen und angestrengten Ritt von Kyoto hinter sich. »Dringende Nachricht für Gouverneur Yoshi«, verkündete er, als der alte Goro ihn in die Eingangshalle ließ, wo Kurando und einer seiner Arbeiter einen Wandschirm aus Gitterwerk reparierten.

»Wer schickt diese dringende Nachricht?« fragte Goro. Dies konnte schwerlich gute Nachricht sein.

»Der abgedankte Kaiser, Go-Shirakawa, und ich habe die Botschaft selbst dem Gouverneur zu übergeben«, sagte der Bote.

»Warte hier, bis mein Herr dich empfangen kann«, sagte Goro und ging, Yoshi zu unterrichten.

Kurando und sein Helfer tauschten Blicke, dann zogen sie sich diskret in die Schatten hinter dem Wandschirm zurück.

Yoshi war neugierig, von welcher Art die Botschaft des Kaisers sein mochte. Er und Nami verzichteten auf das Zeremoniell und kamen selbst in die Eingangshalle, wo er sich vom Boten den flachen, mit dem Siegel des Kaisers verschlossenen Kasten übergeben ließ. Er erbrach das Siegel und nahm ein gefaltetes Stück dicken grünen Papiers heraus. Mit ungeten Ahnungen entfaltete er das Papier und las die Pinselstriche des abgedankten Kaisers.

»Was ist geschehen, Yoshi? Was steht darin?« sagte Nami, bestürzt über Yoshis Stillschweigen.

»Ich werde in Kyoto gebraucht«, sagte Yoshi nach einer Pause; seine Stimme knarrte wie ein ungeöltes Wagenrad.

»Aber du kannst nicht... sie haben es versprochen. Ich brauche dich hier.« Nami brach in Tränen aus. »Ich brauche dich!«

»Ich muß gehorchen. Es ist meine Pflicht.«

»Bitte, bleib bei mir, wenn du mich liebst. Wenn du gehst, werde ich dich nie wiedersehen.«

»Nami, nein... sage das nicht, sonst hören es die Götter und bringen uns Unglück. Ich werde zurückkehren, sobald ich kann.«

»Sobald du kannst... und was wird aus unserem Kind? Soll ich hier zurückbleiben und unser Kind allein austragen und aufziehen?«

»Meine Pflicht...« Yoshis Stimme brach; er legte Nami beide Arme um die Schultern, rieb seine rauhe Wange an ihr und murmelte beruhigende Worte. »Bitte weine nicht, liebe Frau, wir haben diese Nacht. Aber zuerst muß ich Vorbereitungen für die Zeit meiner Abwesenheit treffen. Ich werde morgen beim ersten Licht reiten.«

»Du kannst nicht.«

»Ich muß.«

10

Ein Fingernagel von Tsukiyomi, dem Mondgott, leuchtete matt durch die wenigen aufreißenden Lücken in der rasch ziehenden, regenschweren Wolkendecke, die fast ununterbrochen ihre Güsse über Land und Meer niedergehen ließ und den salzigen Geruch aus der Luft schwemmte. Der Regen trommelte auf das hölzerne Schindeldach der Arbeiterquartiere, einen langen offenen Schuppen, der durch herausnehmbare Trennwände aus papierbespanntem Gitterwerk in kleinere Räume unterteilt werden konnte. Ab und zu schlüpfte ein Mann aus seiner Kammer auf den offenen, überdachten Verbindungsgang und ging zu einem Raum hinter den Küchen, wo Kurando wartete.

Bis zwei Uhr früh, der Stunde des Ochsen, hatten sich drei Männer zu Kurando gesellt; sie kauerten um ein Holzkohlenbecken auf den Dielenbrettern. Diese drei waren keine Arbeiter, obwohl sie die derben, ärmlichen Kleider von Arbeitern trugen und ihr Haar ungeschnitten und ungekämmt war. Ihre Bewegungen zeigten nichts von der Unterwürfigkeit, die Männern von niederem Stand eigen war. Sie waren keine Samurai, aber nichtsdestoweniger Kämpfer.

»Der Augenblick, auf den wir gewartet haben, ist gekommen«, sagte Kurando ohne Vorrede. »Eure Geduld wird bald mit mehr Gold belohnt werden, als ihr in eurem Leben ausgeben könnt.«

Die Männer antworteten mit Gelächter und obszönen Bemerkungen.

Kurando fuhr fort: »Morgen früh wird unser Herr« – er betonte das Wort ›Herr‹ mit höhnischer Geringschätzung – »die Burg verlassen und nach Kyoto reisen. Er darf die Hauptstadt nicht erreichen. Es ist eure Aufgabe, ihn aufzuhalten, bevor er den Fuß dieses Berges erreicht.«

Einer der ›Arbeiter‹, ein schmalgesichtiger, bärtiger junger Mann, nickte und sagte: »Sei unbesorgt, Kurando. Tadamori Yoshi mag ein Meister des Schwertes sein, aber er hat niemals Männern mit unseren besonderen Fähigkeiten gegenübergestanden. Ich sage, jedes Mitglied unserer geheimen Gilde könnte seinen Kopf nehmen.«

»Gesprochen wie ein wahrer *ninja*, Hijobu«, sagte Kurando, um mit leichtem Sarkasmus hinzuzufügen: »Obwohl ältere und weisere Männer an ihm gescheitert sind, glaube ich wirklich, daß ihr es könnt... um so mehr, als er praktisch unbewaffnet reist.«

»Er bittet die Götter, uns unsere Aufgabe zu erleichtern«, versetzte Hijobu.

Der größte, kräftigste der drei Männer nahm das Wort und sagte: »Und du, Kurando? Was wirst du tun, während wir die Belohnung für dich verdienen?«

»Ich trage die größere Verantwortung, Sasuke. Wenn ihr versagt, mögt ihr mit dem Leben davonkommen, aber mein Kopf wird anstelle von Yoshis rollen. Ich bin derjenige, der plant und vorbereitet. Ich bin derjenige, der für eure Bezahlung sorgt und der sich vor meinem Herrn verantworten muß.«

»Wir werden wieder darüber reden, wenn Yoshis Kopf im Korb liegt.« Sasuke hob die breiten Schultern, aber seine Stimme war kalt und drohend.

Kurando fuhr mit mühsam unterdrücktem Zorn auf: »Sasuke, ich weiß, daß du gewaltige Kräfte besitzt. Du denkst, du brauchst den armen fetten Kurando nicht, aber vergiß nicht, daß der Kopf keinen Wert hat, solange ich ihn nicht überbringe. Und selbst wenn du wüßtest, wo du ihn abzuliefern hast, würde Yoshis Kopf ohne meine Erfahrung und Umsicht, ohne meine Fähigkeit, den Rest der Vereinbarung zu erfüllen, keinen Wert haben.«

»Warum sagst du uns nicht, was zur Erfüllung der Vereinbarung sonst noch nötig ist?«

»Weil keiner von euch es zu wissen braucht. Tut euren Teil; das Gold wird in gleiche Teile aufgeteilt, obwohl ich die größere Verantwortung übernehme.«

Darauf gab es unterdrücktes Murren seitens der gedungenen Attentäter, bis Kurando besänftigend sagte: »Glaubt mir, Freunde, es gibt mehr für jeden von euch, als ihr euch je habt träumen lassen. Nun macht euch bereit. Yoshi muß außer Sicht- und Hörweite der Burg angegriffen werden. Ich werde mit euch reiten, aber versteckt bleiben, es sei denn, ihr braucht mich.«

Hijobu lachte. »Unwahrscheinlich, daß es dazu kommen wird«, bemerkte er, »aber warum warten wir? Warum töten wir nicht ihn und die Frau im Schlaf?«

»Nein! Der Frau darf nichts geschehen. Sie ist Teil des Planes.«

»Dann töten wir eben ihn.«

»Wieder nein. Ich will, daß er außerhalb der Burg getötet wird. Ich möchte ihr seinen Tod auf meine Weise melden. Wir teilen uns die Belohnung, und wenn wir den vollen Betrag gewinnen wollen, muß die Tat so ausgeführt werden, wie ich sie geplant habe.«

»Wie du willst, Kurando«, knurrte Sasuke. Er wandte sich zu den anderen. »Holt eure Waffen. Wir werden heute nacht nicht schlafen. Der Überfall am Fuß des Berges Satta ist bereits vorbereitet. Yoshis letzter Morgen ist nur Stunden entfernt.«

Nachdem die anderen gegangen waren, blieb Kurando über das Kohlenbecken gebeugt zurück. Bis auf das gleichmäßige Trommeln des Regens herrschte Stille in der Burg. Er hörte die Glocken von Seiken-ji vier Uhr schlagen, die Stunde des Tigers. Ein selbstgefälliges, schmallippiges Lächeln breitete sich über sein Gesicht aus. Er war überzeugt, daß Yoshis Todesurteil in den nächsten Stunden vollstreckt würde. Die Nii-Dono hatte die Art der Vollstreckung Kurando überlassen; seine Entscheidung, drei Mitglieder der Meuchelmördergilde zu mieten, erschien ihm jetzt zweckmäßiger denn je: Es war eine lohnende Investition, die den Erfolg sicherstellen würde.

Die Mitglieder der Geheimgesellschaft der *ninja* versagten nie.

11

In Kyoto, der Hauptstadt des Friedens, hatte der Dauerregen riesige Wasserlachen auf der Suzaki-Oji, der breiten Hauptstraße, gebildet. Die Bewohner der Stadt suchten sich den Weg um im Schlamm steckengebliebene Karren herum und mieden die tiefsten Schlammlöcher. Sie schützten sich mit großen Regenhüten und Umhängen aus Stroh vor den unablässigen Regengüssen.

An der Ecke, wo Gojo, die 5. Straße, Suzaki-Oji kreuzte, lag das *shinden*-Herrenhaus eines früheren Taira-Eigentümers in einem leeren, durchnäßten Garten mit einem von Schilf zugewachsenen künstlichen See. Das Herrenhaus war von General Yoshitsune für seinen persönlichen Gebrauch beschlagnahmt worden.

Im Haupthaus waren Zwischenwände und Wandschirme entfernt worden und hatten eine weiträumige offene Fläche geschaffen. Ein paar runde Strohpolster waren das einzige Mobiliar dieses saalartigen Raumes. Der General hatte zu einer Lagebesprechung eingeladen. Auf einem der Polster neben ihm kniete sein Adjutant Benkai, ein Riese von einem Mönch, dessen breites Gesicht stachlige schwarze Bartstoppeln zierten. Yoshitsune gegenüber waren sein älterer Bruder Minamoto Noriyori, konservativ gekleidet in einen maulbeerfarbenen *hitatare*, und General Doi Sanehira, grauhaarig, aufrecht, soldatisch. Zweck der Besprechung war die Auswertung der Ergebnisse ihrer getrennten Aufklärungsunternehmungen gegen die Befestigungen der Taira.

Susashi-bo Benkai war in der vergangenen Nacht von einer Untersuchung der Kliffs im Norden von Ichi-no-tani zurückgekehrt. Er machte als erster seine Meldung: »Die Kliffs sind vierhundertfünfzig Schuh hoch und nahezu senkrecht. Von dort gibt es keine Möglichkeit, zum Küstenstreifen abzusteigen. Auch die Steilhänge im mittleren Abschnitt sind felsig, mit Geröllhalden durchsetzt und unpassierbar. Wir müssen jeden Gedanken an einen Angriff von Norden aufgeben.«

Yoshitsunes Vertrauen in Benkai war absolut. Seit dem Tag ihrer ersten Begegnung, als sie einen Zweikampf ausgefochten hatten, der in jeder Versammlung von Kriegern noch immer Gegenstand der Erinnerung war, hatte er hundertfach Gelegenheit gehabt, Benkais Intelligenz, Loyalität und analytische Fähigkeit zu schätzen. Als Yoshitsune jetzt den Ausführungen seines Adjutanten lauschte, zog er daraus den Schluß, daß die Nordseite des Brückenkopfes unangreifbar sei. Taira Shigehira hatte seine Verteidigung unter Ausnutzung der natürlichen Gegebenheiten sehr gut geplant.

Yoshitsune nickte und wandte sich zu Doi Sanehira. »General, Ihr wart beauftragt, die westlichen Verteidigungslinien zu erkunden. Welche Feststellungen habt ihr getroffen?«

Doi Sanehira war ein alter Krieger, der es durch todesverachtenden Mut, Hartnäckigkeit und strategisches Talent aus einfachsten Verhältnissen zu Rang und Namen gebracht hatte. Er sagte: »Shigehira errichtete eine Mauer zwischen dem Strand und den Klippen von Ichi-no-tani.«

»Eine Mauer läßt sich erstürmen«, sagte Yoshitsune.

»Ja, gewiß – aber die Mauer ist nicht die einzige Verteidigung. Um uns daran zu hindern, die Mauer zu erreichen, ließ er eine hölzerne Barrikade von zehn Schuh Höhe errichten, die sich gleichfalls von den Kliffs bis ins Meer erstreckt. Sie trägt zugespitzte Pfähle, um unsere Pferde aufzuhalten. Hinter der Barrikade sind Dutzende von geschützten hölzernen Türmen für Bogenschützen errichtet worden. Sie haben den Vorteil der Überhöhung und können auf uns herabschießen, ohne selbst gefährdet zu sein. Ich bezweifle, daß wir jemanden lebendig über die erste Barrikade bringen können.« Doi Sanehira räusperte sich und fügte würdevoll hinzu: »Aber wenn Ihr es wünscht, werde ich meine dreitausend Samurai gegen sie führen.«

»Ich bin an der Vernichtung des Feindes interessiert, nicht daran, das Leben unserer Krieger wegzuwerfen. Bruder Noriyori, was konntest du in den Wäldern von Ikuta in Erfahrung bringen?«

»Die Taira haben eine fünfzehn Schritte tiefe Schneise durch den Wald geschlagen und die gleichen Verteidigungseinrichtungen erbaut, von denen General Sanehira berichtet. Die Westseite ist noch schwieriger zu überwinden als die östliche, da wir keinen Frontalangriff machen können. Sobald unsere Männer die von allen Deckungsmöglichkeiten geräumte Schneise erreichen, sind sie leichte Ziele für die Taira-Bogenschützen.

Wir unternahmen einen Scheinangriff, um ihre Wachsamkeit auf die Probe zu stellen. Zu diesem Zweck ließ ich ein Dutzend Krieger durch den Wald vorgehen.« Noriyori seufzte unglücklich. »Die Taira haben teuflische Fallen mit vier scharfen Spitzen gelegt, die einen unachtsamen Krieger oder ein Pferd verkrüppeln. Ich verlor drei meiner Leute, bevor sie die Schneise erreichten. Die anderen, so mutig sie waren, konnten den deckungslosen Streifen nicht überqueren. Sie starben bei dem Versuch.«

»Konntest du keine Unterstützung gewähren?«

»Doch, gewiß. Meine Bogenschützen trafen ein paar Gegner in den Türmen, aber die Gefallenen wurden sofort ersetzt. Die zahlenmäßige Überlegenheit des Gegners ist groß.«

Als Noriyori seinen Lagebericht gegeben hatte, wartete er auf Yoshitsunes Kommentar, aber sein Bruder saß schweigend und überdachte, was er gehört hatte. Zuletzt brach Doi Sanehira das Schweigen und sagte: »Wenn wir unsere Fußsoldaten und berittenen Krieger nicht durch die Barriere bringen, so daß sie die Mauern im Westen oder im Osten überwinden können, müssen wir von der See her angreifen.«

Yoshitsune schüttelte wie geistesabwesend den Kopf. Er hatte überlegt, daß die Barrikaden, so schwierig sie nach den Meldungen zu überwinden waren, auf irgendeine Weise bezwungen werden konnten, während der Versuch, ein Heer durch die Seestreitkräfte der Taira zu bringen, aussichtslos erscheinen mußte. Vielleicht konnten die Minamoto in einem halben oder einem Jahr genug Schiffe bauen und requirieren, um zu einer Bedrohung der Seeherrschaft der Taira zu werden, aber gegenwärtig war daran nicht zu denken. Die Taira hatten seit Dutzenden von Jahren Schiffahrt und Seehandel beherrscht; die Minamoto befehligten nicht mehr als ein paar hundert Fischerboote.

Doi Sanehira verlagerte das Gewicht auf seinem Strohpolster. Er wollte eine Entscheidung, eine klare Aufgabenstellung. »Wenn wir weder von Westen noch von Osten mit einiger Aussicht auf Erfolg angreifen können, und ihre Seestreitmacht im Süden zu stark ist, müssen wir sie belagern und einen Abnutzungskrieg führen, bis sie hinter ihren Barrikaden verhungern.«

Yoshitsune sah ihn erstaunt an. »Belagern?« fragte er. »Sie beherrschen die See. Sie können hundert Jahre lang Proviant herbeischaffen, während unsere Krieger am Ende der langen Versorgungslinie von Kyoto Hungers sterben würden.«

»Dann bleibt uns nur ein Weg offen«, sagte Benkai. »Wir müssen lernen, wie die Falken zu fliegen.« Er stieß ein humorlos bellendes Lachen aus.

Yoshitsune ignorierte die Bemerkung. »Soll ich dann hingehen und Go-Shirakawa sagen, daß die Minamoto weder den Verstand noch den Mut haben, die Kaiserlichen Throninsignien zu erobern? Und was soll ich meinem Bruder Yoritomo sagen?« Er schloß die Augen und verlagerte sein Gewicht weiter zurück auf die Fersen.

Die anderen drei sahen schweigend ihren Befehlshaber an; keiner wußte eine Antwort.

12

Tsukiyomis silberne Sichel war noch zwischen den aufreißenden Wolkenströmen sichtbar, als die Sonnengöttin einen rotgoldenen Hauch über den Kiefernwald von Mino legte.

Yoshi war seit einer Stunde auf den Beinen, überprüfte die Vollständigkeit seines Reisegepäcks und überwachte die Fütterung und Pflege seines Pferdes. Nach einem Frühstück von getrocknetem Fisch und *mochi* weckte er Nami, um sich zu verabschieden. In ihrem Verhalten war eine Förmlichkeit... war sie ihm böse? Nein. Er sah die Nässe in ihren Augen und verstand, daß die Förmlichkeit nicht Verärgerung war, sondern ihre Anstrengung, den Abschied zu erleichtern.

Wo hatte es je solch eine Frau gegeben? Er improvisierte ein Abschiedsgedicht.

»Heller und wärmender
Leuchten Amaterasus goldene Strahlen
Trocknen den nassen Ärmel
Dessen, der wider Willen auszieht
In die weite Dunkelheit.«

Das brachte sie um ihre mühsam gewahrte Fassung. Nami konnte ihre Gefühle nicht länger beherrschen. Sie hielt Yoshi an sich gedrückt und schluchzte hemmungslos. Als sie sich wieder gefaßt hatte, brachte sie die Kraft auf, in Antwort auf Yoshis Gedicht ein eigenes zu improvisieren, das ihre Befürchtungen ausdrückte:

> »Kind des Sonnengottes,
> Brichst hervor in voller Pracht
> In eine Welt der Kälte
> Und leeren Dunkelheit. Kein Licht
> Keine Wärme... denn die Sonne ist untergegangen.«

Yoshi war überwältigt von Empfindungen der Liebe und Trauer. Wie unfair, ihm wieder das Herz zu zerreißen. Die Forderungen der Pflicht gegen die Forderungen der Liebe.

Aber er hatte keine Wahl... Yoshi drückte sein Gesicht in Namis Haar, atmete den süßen Hauch ihrer Gegenwart. Dann machte er sich mit eiserner Anstrengung los, hielt sie auf Armeslänge und sagte: »Ich werde zurückkehren. Nichts, nicht Gott noch Mensch wird mich daran hindern, zur Geburt unseres Kindes bei dir zu sein.«

Ein fröstelndes Unbehagen überkam ihn. War er zu weit gegangen, indem er das Schicksal und die Götter herausgefordert hatte?

Er wandte sich von ihr, bevor sein Herz ihn zurückhalten konnte, und schritt rasch hinaus.

Kurando verbrachte sorgenvolle Stunden des Wartens, bis seine Falle zuschnappen konnte. Er war im Unterholz eines Kiefernwaldes über der Straße versteckt, die von der Burg zur Stadt führte. Yoshi mußte hier vorbeikommen.

Kurandos *ninja* waren auf der anderen Seite der Straße versteckt. Obwohl er ungefähr wußte, wo sie waren, konnte er ihre genauen Positionen nicht bestimmen, da sie sich verteilt hatten. Sie waren überdies Meister der Tarnung. Kurando war zuversichtlich. Nichts und niemand konnte der List und den Kampftechniken der *ninja* widerstehen.

Er saß hinter einem Busch, niedergekauert über einem

Packen mit seinen Habseligkeiten, zu denen ein schwarz lakkierter Bogen gehörte, den er einem von Yoshis Samurai entwendet hatte. Kurando war kein geübter Bogenschütze, doch wenn es sein mußte, konnte er mit hinreichender Sicherheit ein mannsgroßes Ziel treffen. In seinem Packen befand sich ein *tanto*, ein Kurzschwert, um einem toten Feind den Kopf abzuschlagen. Er war entschlossen, auf der Ehre zu bestehen, Yoshi den Kopf abzuschlagen, nachdem die *ninja* ihn getötet hatten.

Kurandos Kleider waren nicht warm genug, um ihn während seiner Wartezeit vor der Morgenkälte zu schützen; er umschlang seine Oberarme mit den Händen und träumte von einem wärmenden Feuer. Die kalte salzige Luft, die mit dem Regen vom Meer hereinwehte, durchdrang ihn bis auf die Knochen. Im Wald erwachten die Vögel und begrüßten den anbrechenden Tag mit ihren Rufen. Unweit von ihm rief ein Kuckuck in den Wipfeln; eine Drossel in den Kiefern über ihnen hatte ihn ausgemacht und ließ unablässig ihren Warnruf *gickgickgick* hören. Ein böses Vorzeichen – für Yoshi!

In wenigen Augenblicken mußte die Sonne aufgehen. Yoshi würde nicht mehr lange auf sich warten lassen. Kurando wurde nervöser, seine Anspannung wuchs, bis er die Kälte und seine unbequeme Stellung vergaß. Konnten die *ninja* versagen? Er hielt es nicht für möglich, aber Tadamori Yoshi zählte zu den berühmtesten Schwertkämpfern. Nun, sie hatten es mit einem Gegner zu tun, der dem Waffengebrauch entsagt hatte. Wenn das nicht reichte, hatten sie es verdient, in die unterste Hölle hinabzufahren... wo steckten sie? Er bog die Zweige auseinander und sah nichts. Niemand. Aber er vernahm die gedämpften Hufschläge eines nahenden Pferdes.

Die ersten goldenen Lichtfinger tasteten über den Osthorizont. Kurando zog den *obi* um seinen Bauch fester und nahm den Bogen auf.

13

Kurz vor Tagesanbruch war Yoshis Brauner gesattelt und bereit. Er trug eine blaue Jagdjacke und eine weite Hose, die ihm Bewegungsfreiheit erlaubte; bewaffnet war er mit einem Kriegsfächer oder *tessen*, und zwei *bokken*, hölzernen Schwertern. Er hatte gelobt, kein Leben zu nehmen, aber seine Geschicklichkeit im Umgang mit dem Hartholzschwert würde ihn gegen die Banditen schützen, die einsamen Reitern auflauerten.

»Goro, sorge dafür, daß meine Gemahlin beschützt und die Burg instandgehalten werden. Laß dir von Kurando oder den anderen Gefolgsleuten helfen. Ich werde zurückkehren, sobald ich kann.«

»*Hai*, ja, Herr.« Der alte Goro war seit Yoshis Jugendtagen in Kyoto bei ihm. Es fiel ihm schwer, den jungen Herrn an einem Tag von so ungünstiger Vorbedeutung fortgehen zu sehen. Es schnürte ihm die Kehle zu. Armer Herr! Aber Goro vermochte nichts zu tun, als zu beten und zu schwören, daß er die Dame mit seinem Leben schützen würde.

Yoshi lenkte seinen Brauner vorbei an Beständen von Eichen, Kiefern, Ahornen, Sicheltannen und Bambus, bis er das letzte freie Feld vor der Tokaido-Straße erreichte. Er hing seinen Gedanken über Nami und das Ungeborene nach, als wie aus dem Nichts eine einsame Gestalt vor ihm erschien.

Gerade war das Feld noch leer und im nächsten Augenblick stand ein schwarzgekleideter Mann, das Gesicht mit einer schwarzen Maske bedeckt, vor ihm auf dem Weg und zielte mit einem zwei Meter langen Speer auf Yoshis Kopf.

Yoshis Tagtraum zerplatzte. Mit dem Instinkt des erfahrenen Kriegers schätzte er die Situation im Bruchteil einer Sekunde ein. Die einsame Gestalt in Schwarz mußte ein gemieteter Meuchelmörder sein, der die Kunst der Verstohlenheit und Überraschung praktizierte, ein Mitglied einer der geheimen *ninja*-Gesellschaften aus den Provinzen Iga oder Koga, die für jeden töteten, der bereit war, ihren Dienst zu bezahlen. Yoshi wußte, daß es in der Hauptstadt *ninja* gab, doch war der Schleier der Geheimhaltung so undurchdringlich, daß er niemals einem begegnet war. Er fragte sich, wer bereit sein mochte, für seinen Tod zu bezahlen.

Diese Gedanken schossen ihm durch den Kopf, als er mit gezogenem *bokken* absaß. Gegen den Speer war das Pferd verwundbar. Yoshi schlug ihm auf die Flanke und ließ es aus dem Gefahrenbereich trotten.

Dann standen Yoshi und sein Angreifer einander auf drei Schritte Distanz gegenüber, die Füße breitbeinig in die feuchte Erde gestemmt, auf die Andeutung eines Vorteils wartend. Die Morgensonne blitzte von der stählernen Spitze des Speeres. Yoshi konzentrierte sich auf eine scharfe Zinke zwanzig Zentimeter hinter der Speerspitze; sie bildete eine zweite Spitze und einen Haken, der einen Schwerthieb abfangen und ablenken konnte. Jede Schule der *ninja*-Gesellschaften spezialisierte sich auf ihre eigenen Waffen, und die *ninja* von Iga und Koga waren berühmt für ihre Fertigkeit im Umgang mit einer Vielzahl von tödlichen Waffen und Vorrichtungen.

Plötzlich verschwand der Sonnenreflex von der Speerspitze; Yoshi reagierte durch instinktives Ausweichen, drehte sich einmal um seine Achse und schlug nach dem ausgestreckten Speer. Der hölzerne *bokken* traf den Speerschaft hinter der Hakenzinke und lenkte den Stoß abwärts. Die schwungvolle Vorwärtsbewegung des *ninja* führte ihn an Yoshi vorbei, der mit dem Holzschwert aus der Rückhand zuschlug und den Angreifer über dem rechten Ohr traf. Die Wucht des Schlages prellte Yoshis Hände. Der *ninja* fiel neben seinem Speer aufs Gesicht.

Yoshi zog den Kopf des Mannes aus dem Schlamm und entfernte die Maske. Ein Gesicht, das ihm bekannt vorkam, aber woher? Der Angreifer würde überleben, aber lange genug besinnungslos bleiben, so daß Yoshi sein Pferd holen und davonreiten konnte.

Yoshi band dem Bewußtlosen die Hände mit einem Stoffstreifen, den er ihm von der schwarzen Jacke gerissen hatte, als er plötzlich von hinten einen Schlag erhielt. Yoshi taumelte grunzend vorwärts, ging dann in eine Rolle über, sprang auf die Füße und flog herum. Obwohl seine linke Schulter von dem Schlag gefühllos war, zog er seinen *bokken* und hielt ihn mit beiden Händen in Abwehrposition, noch ehe seine Füße festen Stand hatten.

Wie eine Geistererscheinung aus schwarzem Rauch war ein zweiter *ninja* in der Mitte des Weges erschienen. Dieser wirbelte ein Paar *nunchaku*, hölzerne Stäbe, die durch eine lederne Flechtschnur miteinander verbunden waren. Die *nunchaku* pfiffen in der Morgenluft; in ihrer wirbelnden Bewegung waren sie nur verschwommen zu erkennen, und fast unmöglich war es, ihrer Bewegung zu folgen.

Yoshi stand mit gebeugten Knien, den *bokken* in Abwehrhaltung erhoben und war sich mit einer beinahe übernatürlichen Empfindungsfähigkeit aller Dinge um ihn bewußt: des Stechginsters am Wegrand, der sich im Wind wiegte, der in den Bäumen zwitschernden Vögel, der salzigen Seebrise von der Suruga-Bucht, in deren herben Geruch sich der Duft von Frühlingsblumen mischte... Vor allem aber war er sich der pfeifenden *nunchaku* bewußt, deren Luftzug er im Gesicht spürte.

Der *ninja* war sehr geschickt... vielleicht zu geübt; Yoshi merkte, daß er nicht widerstehen konnte, seine Kunst zur Schau zu stellen; nach jedem Wurf wirbelte er die *nunchaku* herum und führte seine Technik vor. Yoshi kannte die Waffe und hatte regelmäßig gegen sie geübt, als er Schwertmeister oder *sensei* der Fechterschule gewesen war. Wenn der *ninja* seine Unterarme treffen konnte, würden sie vorübergehend gelähmt sein; wenn es dem *ninja* gelang, die Lederschnur um Yoshis Arm, Holzschwert oder Hals zu wickeln, würde es aus mit ihm sein.

Der *ninja* schlug zu; Yoshi wich seitwärts aus, fühlte den Luftzug im Gesicht. Zu nahe. Er schwang den *bokken* in einem *gyakute-tsuki*, einem Rückhandschlag, aber sein Gegner sprang außer Reichweite. Yoshi folgte mit einer Finte und traf den *ninja* im Gegenstoß mit der hölzernen Klinge an die Knieseite. Der Mann schrie auf und brach zusammen, beide Hände an seinem gebrochenen Knie. Die *nunchaku* waren vergessen.

Yoshi steckte sein *bokken* in die Scheide und wandte sich um. Sein wacher Instinkt ließ ihn den Kopf einziehen, als er aus dem Augenwinkel die Bewegung des verwundeten *ninja* sah, der trotz seiner Schmerzen eine Handvoll *shuriken* auf ihn schleuderte, scharf geschliffene, stählerne Wurfsterne. Yoshi duckte sich tiefer, aber ein Stern streifte seine Kopfhaut. Die Wunde war oberflächlich, doch rann ihm Blut über die Stirn und in die Augen. Er wischte es mit dem Ärmel ab. Um sicherzustellen, daß keine weiteren tödlichen Überraschungen folgten, setzte er den *ninja* nach einer Finte mit einem Hieb über die Schläfe außer Gefecht. Der Mann fiel hintenüber, am Leben, aber in tiefer Besinnungslosigkeit.

Yoshi ging von einem zum anderen, nahm ihnen die Masken ab und band ihnen die Hände auf den Rücken. Obwohl er den Zeitverlust beklagte, konnte er sie nicht am Weg liegenlassen; er würde im Magistratsbüro vorsprechen und als Gouverneur von Suruga darauf bestehen müssen, daß sie gefangengehalten würden, bis ein Gericht aus Kamakura das Urteil verkündete.

Wer hatte sie gemietet? Yoshi gab sich keiner Selbsttäuschung hin; er hatte viele mächtige Feinde unter den Taira... und wie viele von Yoritomos Generalen waren eifersüchtig auf seine Position? Der Magistrat würde die Gefangenen der Tortur unterziehen müssen, um die Wahrheit zu erfahren.

Der Braune graste unbekümmert am Rand eines Kiefernwäldchens, hundert Schritte weiter bergab. Yoshi wischte sich Blut von der Stirn, steckte sein *bokken* ein und schritt müde zu seinem Pferd. Mit einiger Beunruhigung stellte er fest, daß er schnaufend atmete und daß seine Knie zitterten. Ein Hinweis, daß er seine regelmäßigen Übungen wieder aufnehmen mußte, wenn er nicht die Ausdauer und Geschicklichkeit verlieren wollte, die zu entwickeln er Jahre benötigt hatte.

Auf einmal trat ein schwarzgekleideter Riese von einem Mann jenseits des Pferdes geräuschlos unter den Bäumen hervor. Der *ninja* hielt mit beiden Händen eine sechs Schuh lange Streitaxt. Trotz seiner Größe bewegte er sich schnell und handhabte die schwere Axt, als ob sie eine Feder wäre. Yoshi riß das hölzerne Schwert aus der Scheide und hielt es hinter der Schulter, während er sich wachsam, Schritt für

Schritt dem Braunen näherte. Er schluckte, versuchte sein heftiges Herzklopfen zu beruhigen. Wie viele *ninja* lauerten noch im Unterholz?

Der Riese trat zwischen Yoshi und sein Pferd.

Yoshi blieb stehen, außer Reichweite der Streitaxt. »Wer bist du? Was willst du von mir?«

Der schwarze Riese antwortete mit einem federnden Sprung und einem Axthieb, den Yoshi nur mit Mühe parieren konnte.

»Wer hat dich geschickt?«

Ein weiterer Schlag, und die Axtschneide passierte Yoshis Parade; die schnörkelförmige Finne traf den *bokken* knapp über dem Heft und zersplitterte das Holz in Yoshis Hand. Die Prellung war so stark, daß Yoshi im ganzen Arm das Gefühl verlor. Er sprang zurück außer Reichweite, zog mit der anderen Hand den Kriegsfächer und lenkte den Riesen damit ab, während er sich langsam seitwärts zum Waldrand bewegte. Der Riese drang mit sausenden Axthieben auf ihn ein und zwang ihn vom Waldrand zurück. Der ranzig-saure Körpergeruch seines ungewaschenen Gegners hüllte ihn wie eine Wolke ein, sein Inneres war vor Furcht und Anspannung wie aus Wasser. Er konnte dem Druck nicht mehr lange standhalten. Schweiß trat ihm auf die Stirn und vermischte sich mit dem Blut, das nach wie vor von seiner Kopfwunde herabrann. Er wich weiter zurück, fühlte die nasse Erde durch seine Bärenfellstiefel und glitt aus. Er kam aus dem Gleichgewicht, ruderte mit den Armen, und einen Augenblick drehte sich die Welt in verschwommener Bewegung um ihn: Der Kiefernwald, das Bambusgehölz, die ausgefahrenen Rinnen des Weges, die blitzenden Lichtreflexe auf der Axtklinge, der mit Schäfchenwolken gestreifte, blaßgraue Himmel. Sollte dies sein letzter Blick auf diese Welt sein?

Seine Gedanken flogen zu Nami. Wie traurig, daß er sie niemals wiedersehen und ihr gemeinsames Kind nie kennen würde. O Buddha, sie wird nie wissen, daß mein letzter Gedanke ihr galt.

In einer Agonie von Wut und Verzweiflung versuchte er sich zu fangen, der tödlichen Axt auszuweichen.

Yoshi konnte im schmierigen Lehm keinen Halt finden und fiel zu Boden. Der *ninja* holte zu einem machtvollen Abwärtsschlag aus.

14

Im Unterholz am Waldrand verborgen, beobachtete Kurando die ersten beiden Zweikämpfe mit einer Mischung von Wut und Entsetzen. Er verfluchte die *ninja* als törichte Dummköpfe. Warum hatten sie ihre Angriffe nicht koordiniert? Warum trat jeder einzeln gegen Yoshi an, als ginge es um einen ehrenhaften Zweikampf zwischen Samurai?

Während Yoshi seine Gefangenen band, geriet Kurando mehr und mehr in Panik. Wenn einer der Gefangenen aussagte, würde er, Kurando eingekerkert, verbannt oder hingerichtet. Schlimmer noch... im Falle der Verbannung würde er gebrandmarkt und auf die unterste soziale Stufe eines *eta* herabgestoßen – eine Stufe, von der seine Eltern sich mühsam emporgearbeitet hatten. Yoshi mußte sterben!

Kurando nahm einen Pfeil aus dem Köcher, legte ihn an den Bogen und wollte ihn Yoshi in den Rücken schießen... Aber wenn er ihn verfehlte oder nur verwundete... nein, er hatte Angst. In hilfloser Beklemmung sah er zu, wie Yoshi die gebundenen und bewußtlosen *ninja* liegenließ und zu seinem Pferd ging... um Sasuke zu begegnen.

Kurando betete für Sasukes Erfolg. Sein Leben, seine Zukunft hingen davon ab. Ohne den Pfeil vom Bogen zu nehmen, schob er sich im Schutz der Büsche näher an den Schauplatz des Zweikampfes heran. Er sah Yoshi ausgleiten und wild mit den Armen fuchteln, sah den riesigen Sasuke die Axt heben. Es war Zeit zu handeln. Wenn Kurando ihn verfehlte, würde Yoshi von Sasukes Händen sterben; wenn er ihn traf, würde die erfolgreiche Beseitigung Yoshis sein Verdienst sein, und Sasuke würde in seiner Schuld stehen.

Kurando zielte auf den Rücken des taumelnden Yoshi, spannte den Bogen und ließ den Pfeil fliegen.

Als Yoshi fiel, den Kriegsfächer in einer Hand, um einen

letzten verzweifelten Versuch zu machen, die niedersausende Axt zu parieren, hustete der Riese Blut, brach wankend in die Knie und fiel vornüber in den schmierigen Lehm, einen Pfeil tief in der Mitte seiner Brust.

Yoshi wälzte sich herum, zitternd vor nervöser Anstrengung. »Wer bist du?« rief er in die Richtung, aus der der Pfeil gekommen war. »Komm näher. Laß dich sehen.«

»Ich bin es, Euer Aufseher Kurando«, kam die zögernde Antwort aus dem Kieferngehölz.

»Gepriesen sei Buddha, daß du zur Stelle warst, mir zu helfen. Aber welcher Glücksfall bringt dich zu so früher Stunde hierher?«

Kurando verließ den Waldrand und stieg die Böschung hinunter. Er kam schwerfälligen Schrittes auf Yoshi und den Braunen zu. »Ich war auf dem Weg zum Markt, um Hirse und Süßkartoffeln einzukaufen, als ich sah, daß Ihr angegriffen wurdet. Ich bin kein Krieger, aber ich trage den Bogen immer, um mich zu schützen. Als ich Euch hilflos sah...«

»Das war sehr mutig von dir. Hättest du ihn verfehlt, wäre es vielleicht dein Ende gewesen... aber du fehltest nicht, und ich danke dir, Kurando. Du hast mir das Leben gerettet.« Yoshi musterte den unglücklich dreinschauenden dicken Mann. Wer hätte gedacht, daß dieser ölig-kriecherische Bursche die Geistesgegenwart haben würde, angesichts der Gefahr entschlossen zu handeln? Vielleicht verfügte er über Qualitäten, die Yoshi bisher entgangen waren. Er sagte: »Sprich mit niemandem darüber, was du heute hier gesehen hast; ich möchte nicht, daß meine Gemahlin Nami beunruhigt wird. Versprich es mir.«

»Ihr könnt mir vertrauen, gnädiger Herr Yoshi«, murmelte Kurando.

»Sehr gut. Ich kann nicht noch mehr Zeit verlieren. Kurando, bring die zwei lebenden *ninja* zur Stadt, geh zum Magistrat und verlange in meinem Namen, daß die Gefangenen verhört, gerichtet und bestraft werden.«

»Hai, gnädiger Herr Yoshi. Zum Magistrat.«

»Gut. Ich zähle auf dich. Und denk daran, niemand in der Burg darf davon erfahren, damit meine Gemahlin sich nicht mit unnötigen Sorgen quäle.«

»Ich schwöre es, Herr.«

Yoshi bestieg sein Pferd, atmete tief die salzige Luft ein und setzte seine Reise fort. Mit seinen Anweisungen an Kurando hatte er den besten Weg gewählt. Der Kampf um Leben und Tod wirkte noch in ihm nach, doch allmählich verspürte er Erleichterung. Nachdem er eine Sutra für die Seele des toten *ninja* gebetet hatte, war er ruhig, froh, daß er ihn nicht getötet hatte.

Ja, seine Beine zitterten, sein Atem ging schwer, aber er hatte seine Sache nicht schlecht gemacht. *Ninja* waren schreckliche Gegner. Yoshi hatte den Kampf gewonnen und ohne ernstliche Verletzung überlebt. Er sollte froh sein, aber es gelang ihm nicht. Fragen bedrängten ihn, auf die er keine Antwort wußte. Wer hatte die *ninja* bezahlt? Und warum?

Kurando sah Yoshi den Weg hinunterreiten; sein Herz war voll Haß. Er stand in der Mitte des Weges, die Arme auf der Brust verschränkt, fror im Seewind und verwünschte das elende Leben und die unglückliche Fügung, die ihn zu diesem verlassenen Ort gebracht hatte. Er erinnerte sich seiner Eltern, seines Lebens als Sohn einer Familie von Nicht-Personen, zu einem Leben und Sterben in Elend und Armut verurteilt.

Seine Familie! Seine Eltern hatten ihn an einen alten Zimmermeister in die Sklaverei verkauft. Dort hatte er sechzehn Stunden am Tag gearbeitet, bekleidet mit einem schmutzigen Lendenschurz, hatte statt eines Lohnes zwei Schalen Hirse am Tag bekommen und war gezwungen worden, alles zu tun, was der perverse alte Mann wünschte.

Aber eines Tages zahlte der alte Päderast für seine Behandlung des Jungen. Beim Abtransport gefällter Bäume, die er zur Weiterverarbeitung als Bauholz benötigte, rollte eine Ladung Stämme vom Wagen und zerquetschte dem alten Mann die Beine. Ein Unfall. Kurando hätte ihn rechtzeitig warnen und retten können, hatte es aber unterlassen. Statt dessen setzte er sich zu dem eingeklemmten Mann und lauschte zwei Tage lang seinen allmählich schwächer werdenden Schreien, Flüchen und Drohungen, bis der Zimmermann verstummte. Dann nahm er die Werkzeuge seines Meisters, ging fort und nahm einen neuen Namen an. Mit der Zeit wurde er ein erfahrener Handwerker, ein Aufseher von anderen.

Dann tötete Yoshi Kurandos Meister, und mit ihm Kurandos Chance, einen sicheren Platz in einer rauhen, gleichgültigen Welt zu finden.

Kurando biß die Zähne zusammen, bis es knirschte. Zur *yomi* mit Yoshi!

Seine Schlitzaugen schlossen sich beinahe ganz, als er die Folgen überdachte. Mindestens eine Hälfte der versprochenen Belohnung war jetzt außer Reichweite... aber die andere Hälfte war möglich und würde ihm allein gehören. Diese unfähigen Narren... *ninja*? Hah! Ließen sich von einem Mann mit einem hölzernen Schwert besiegen!

Kurando zog das Gewand über seinen Bauch, rückte den Obi zurecht und ging schwerfällig zu dem ersten der beiden. Es war Hijobu, der bärtige junge Bandit, der den Speer geschwungen hatte. Hijobu öffnete die Augen, als Kurando sich über ihn beugte. Er flüsterte: »Haben wir seinen Kopf?«

»Noch nicht«, antwortete Kurando, als er den *tanto* aus seinem *obi* zog und Hijobu die Kehle durchschnitt. Er watschelte zum nächsten Mann...

Als die Arbeit getan war, schleifte er zwei Tote durch das Baumbusgehölz tief in unwegsames Waldgelände, wo sie Monate unentdeckt bleiben würden. Den dritten Mann begrub er am Wegrand und häufte einen großen Erdhügel auf das Grab. Dieses kennzeichnete er mit einem Stück Holz, das er sorgfältig mit der Inschrift ›Tadamori Yoshi‹ versah.

Alles war nicht verloren. Die *ninja* waren aus dem Weg; sie konnten Kurando nicht mehr kompromittieren. Ja, Yoshi schuldete ihm eine Belohnung. Und Kurando würde sie ohne Yoshis Hilfe einstreichen.

Er kehrte zur Burg zurück, wo er mit lauten Rufen, wild mit den Armen fuchtelnd und sich das Haar raufend, durch den Hof stürzte. »Schreckliches ist geschehen!« rief er. »Weckt unsere Herrin! O weh, o weh...«

15

Nami kniete auf einer Schilfmatte, das grüne Untergewand fließend um sich gebreitet, und bürstete ihr langes Haar vor einem Metallspiegel. Ihre blassen Wangen trugen die Spuren von Tränen; während sie das Haar bürstete, summte sie eine traurige Melodie; ihre einzige Hoffnung, den Trennungsschmerz zu überwinden, sah sie in der Betäubung durch das häusliche Alltagsleben.

Wie einsam sie sich fühlte! Der dunkle Raum, den sie mit ihrem Mann geteilt hatte – war es erst gestern gewesen? – bedrückte sie jetzt. Gestern hatte eine Vase mit Frühlingsblumen sie mit ihren zarten Farben, Düften und Formen erfreut. Heute war der Blumenstrauß nur noch eine traurige Erinnerung an die Vergänglichkeit allen Lebens. Die buntfarbigen koreanischen Wandschirme vermochten sie nicht aufzuheitern. Sie bürstete mit mechanischen Bewegungen ihr Haar und begann wieder zu schluchzen. Yoshi, ach Yoshi. Warum hatte er sie verlassen, wo sie ihn doch so dringend brauchte?

Unruhe draußen in der Halle. Ihre Hand hielt in der Bewegung ein. Wer schrie dort so ungehörig?

Das Stimmengewirr näherte sich. Laute Rufe, Jammergeschrei, Weinen. Was war die Ursache dieser Aufregung? Sie hatte sich die Frage kaum gestellt, als eine eiserne Faust ihr Herz zusammenpreßte. Yoshi. War ihr schlimmster Alptraum Wirklichkeit geworden?

»Gnädige Herrin. Bitte öffnet.«

Nami schloß die Augen und versuchte, das jähe Herzklopfen mit an die Brust gedrückter Hand zu lindern. Sie erhob sich von ihrem Polster, rang nach Atem. O nein, Buddha! Nicht Yoshi! Mit unsicheren Schritten bewegte sie sich zur Tür und schob sie beiseite. Vier Leute knieten vor der Öffnung, die Köpfe am Boden, verbeugten sich, stöhnten, weinten. Kurando, Goro und Namis zwei Gesellschafterinnen. Nein. Nein. Nein. Sie brachte kein Wort hervor, obwohl es heraus wollte, in ihrer Kehle würgte.

»O weh, große Dame«, rief Kurando mit weinerlicher Stimme. »Ich bringe schreckliche Nachricht. Wie kann ich es Euch sagen?«

Nami fühlte sich von ihm abgestoßen. Ihre Abneigung gab ihr die Kraft zu einer kalten, scheinbar gefaßten Antwort: »Sprich, Kurando. Erspare mir dein Drama. Was ist geschehen?« Sie wahrte ihre Würde, aber ihr Inneres schrie vor Schmerz.

»Unser Herr Yoshi, meine Dame. Er ist tot...«

Nein, nicht das. Sag mir nicht das. Es ist mehr, als ich ertragen kann. Sag mir, daß du lügst. Äußerlich beherrscht, sagte sie mit unnatürlicher Ruhe: »Wann? Wie ist es geschehen?«

»Briganten. Straßenräuber. Eine Bande von zehn. Sie überfielen unsern Herrn Yoshi am Fuß des Satta-Berges.«

»Du sahest sie?«

»Hai, meine Dame. Ich war auf dem Weg zum Markt. Zehn derb gekleidete, struppige Männer auf Pferden ritten aus dem Kieferngehölz. Ich sah unseren Herrn Yoshi tapfer kämpfen, aber er wurde von einem Pfeil durch die Brust geschossen. Die Räuber nahmen sein Pferd, seine Besitztümer und ließen ihn tot am Weg liegen.«

»Was tatest du?« fuhr Nami ihn an. Der elende Feigling, natürlich rannte er davon.

»Ich tat nichts.« Kurandos Stimme erhob sich in einem Winseln, das noch weniger anziehend war als seine gewohnte ölige Schmeichelei. »Zehn von ihnen, und ich war unbewaffnet. Ich versteckte mich im Unterholz, bis sie fort waren, dann eilte ich unserem Herrn Yoshi zu Hilfe, so gut ich konnte.«

»Zu spät, Kurando«, knurrte ihn der alte Goro an. »Du hättest sie ablenken und unserem Herrn Gelegenheit geben sollen, sich zu retten.«

Kurando warf dem alten Mann einen finsteren Blick zu. »Du warst nicht da, Goro! Zehn bewaffnete Räuber! Was hätte ich tun sollen? Mein Leben sinnlos wegwerfen? Nein, ich tat für unseren Herrn Yoshi, was ich konnte. Er war noch am Leben, als ich zu ihm kam. Ich versuchte seine Wunden zu versorgen, aber sie waren zu schwer. Er konnte mir noch eine Botschaft für unsere Herrin Nami geben...«

»Botschaft?« Nami schien ihre Selbstbeherrschung durch reine Willensanstrengung zu bewahren, doch in Wahrheit war sie wie betäubt, noch unfähig, die Größe ihres Verlustes zu übersehen.

»Hai, verehrte Herrin. Er wünscht, daß Ihr um Eurer selbst und des ungeborenen Kindes willen sofort Okitsu verlaßt. Er bat mich, Euch zu seiner Mutter nach Yashima zu geleiten.«

»Er bat dich?« Namis Gesicht war versteinert. Sie legte eine Hand an ihre Wange, eine eiskalte Hand. Das Mißtrauen in ihrer Stimme war unüberhörbar. Yoshi hegte eine Abneigung gegen Kurando. Warum würde er einem Mann, den er verabscheute, ihr Leben anvertrauen? Nach Yashima gehen? An den Hof der Taira? Zum Feind?

»Er lag im Sterben, verehrte Herrin. Er nahm mir das Versprechen ab, daß ich Euch sicher geleiten würde.«

»Nach Yashima?«

»Zu seiner Mutter, der Hofdame Masaka.«

Nami schluckte mit trockener Kehle. Yoshis Wunsch war logisch. Wie konnte sie allein in Okitsu bleiben? Und wohin sonst konnte sie gehen? Sie bemühte sich, ihre Gedanken zu konzentrieren, sich darum zu kümmern, was getan werden mußte, wie verdrießlich und zuwider es auch sein mochte.

»Wo ... wo ist sein Leichnam?«

»Auf sein Ersuchen hin begrub ich ihn am Fuß des Berges neben dem Weg, um die wilden Hunde daran zu hindern, sein Fleisch zu zerreißen.«

Nami schloß die Augen.

Kurando fuhr fort: »Ich machte eine Grabmarkierung aus Holz und schrieb seinen Namen darauf. Bevor er starb, sprach er das *Nembutsu*-Gebet, und so ist seine Seele sicher im Reinen Land des Paradieses.«

Die beiden Frauen aus Namis Gefolge weinten und jammerten laut, aber ein schweigsamer Goro beäugte Kurando argwöhnisch. »Ich werde unsere Herrin zu ihrer Schwiegermutter bringen«, erklärte er.

Kurando seufzte und sagte in bekümmertem Ton: »Nein, Freund Goro. Unser Herr Yoshi verlangte, daß du bis zum Tag der Rückkehr unserer Herrin Nami die Burg verwaltest. Mit deiner Erlaubnis, guter Goro, sollte unsere Herrin so bald wie möglich mit einigen Männern aufbrechen, die sie zu ihrem Schutz begleiten. Ich werde heute noch bleiben, um die

Arbeit meiner Zimmerleute zu beenden und aufzuräumen. Dann werde ich folgen und unseres Herrn Yoshis letzte Wünsche ausführen und seine Gemahlin persönlich nach Yashima geleiten.«

»Ich glaube«, sagte Nami mit leiser Stimme, »das Kind sollte hier in Yoshis Stammsitz geboren werden. Aber wir müssen die letzte Bitte meines Gemahls in Ehren halten. Goro, ich vertraue die Burg deiner Fürsorge an. Ich werde bei meiner Schwiegermutter Masaka einen Ort finden, wo man mich willkommen heißen wird. Mein Ärmel ist naß, mein Herz ist gebrochen, aber ich werde Yoshis Wunsch befolgen.«

Bevor Amaterasu ihre Bahn am Himmel zur Hälfte durchmessen hatte, waren Nami, ihre beiden Gesellschafterinnen und eine Handvoll Männer auf der Straße hinab ins Tal, die Männer auf Pferden, die Frauen in einem geräumigen Karren mit Bambuswänden.

Kurando blieb zurück. Mit Goros Erlaubnis entließ er die Arbeiter. Er erklärte ihnen, die Instandsetzungsarbeiten würden bis zur Rückkehr der Herrin unterbrochen.

Goro war nicht glücklich. Sein Herz sagte ihm, daß sein Platz nach dem Tode seines Herrn bei seiner Herrin sein sollte. Gleichwohl sah er die Logik von Yoshis letztem Wunsch ein. Der ererbte Besitz und die Ländereien konnten nicht einem Kurando anvertraut werden. Niemals!

Andererseits mußte Goro zugeben, daß Kurando in seinem Benehmen peinlich korrekt war. Er bat um Erlaubnis für alles, was er tat. Er hatte vorgeschlagen, daß die Männer Nami begleiteten. Er handhabte sachkundig den Abschluß der Instandsetzungen sowie die Entlassung und Abgeltung der Arbeiter. Das Hauspersonal, die Köche und das Gefolge wurden entlassen. Goro bezahlte die Arbeiter und Diener in Reis und Hirse, die Samurai aus Yoshis Gefolge in Goldmünzen. Er behandelte alle so gerecht, wie es in Yoshis Sinn gewesen wäre. Als es Abend wurde, waren nur noch wenige Männer in der Burg: Goro, Kurando und einige, von Kurando ausgewählte Arbeiter, die ihm – mit Goros Erlaubnis – helfen sollten, das Haus zu reinigen und alle Läden zu schließen.

Aber was für ein Gesindel hatte Kurando ausgewählt! Die Männer standen auf dem Hof herum, erschreckten die Pferde und lachten und scherzten in einer Art, die Goro in Zorn versetzte. Warum hatte er Kurando erlaubt, die Leute auszuwählen? Der Herr war kaum unter der Erde, und schon fanden diese Bauernlümmel Grund zur Belustigung. Hatten sie kein Taktgefühl? Keine Achtung vor den Verstorbenen? Er würde Kurando bestrafen und diese Männer aus dem Burghof weisen!

Kurando und zwei seiner Strolche kamen die Eingangsstufen herauf zu Goro, der in steifer Mißbilligung verharrte.

Bevor der alte Mann sprechen konnte, sagte Kurando: »Goro, treuer Diener, es ist Zeit, daß wir gehen.«

Goro murmelte: »Je eher, desto besser.«

»Das Personal ist bezahlt und entlassen. Du wirst allein in der Burg sein... an niemanden wirst du dich wenden können, wenn du Hilfe brauchst.«

»Sei beruhigt, Kurando, ich werde keine Hilfe brauchen«, erwiderte Goro. Er richtete sich auf und fügte in mahnendem Ton hinzu: »Tu deine Pflicht, so gut wie ich die meine, und unsere Herrin wird Yashima sicher und wohlbehalten erreichen.«

»Goro, Goro, du bist ein Dummkopf. Treue hündische Ergebung, die niemand zu würdigen weiß.« Kurando trat eine Stufe zurück und machte eine spöttische Verbeugung, die seinen Bauch über den *obi* drückte. »Selbst deine Herrin wird sie nicht würdigen können«, sagte er ironisch, »denn sie hat sich zu ihrem Gemahl im Reinen Land des Paradieses gesellt.«

»Nein!« Goro hob zitternd die Faust und schüttelte sie zu Kurando. »über so etwas scherzt man nicht, du Flegel.«

»Kein Scherz, Dummkopf. Dachtest du, ich hätte vorgehabt, sie nach Yashima zu begleiten? Glaub mir, sie ist so tot, wie du bald sein wirst.« Er winkte seinen Männern. »Packt ihn!«

Goro flog herum und versuchte in die Eingangshalle der Burg zu entkommen, aber seine alten Beine konnten ihn nicht schnell genug tragen. Die zwei Strolche ergriffen ihn und hielten ihn fest.

»Bindet ihm die Hände«, befahl Kurando. »Und dann bindet ihn mit Stricken an den Türpfosten. Macht feste Knoten. Er soll sehen, wie die brennende *Avichi*-Hölle kommt und ihn verschlingt.«

Die beiden folgten Kurandos Anweisungen. Sobald Goro mit starken Hanfstricken an den hölzernen Türpfosten gebunden war, überprüfte Kurando die Knoten.

»Zufriedenstellend«, meinte er. »Jetzt überlassen wir die Burg dir, treuer Diener. Erfreue dich ihrer, solange du kannst.« Er signalisierte den anderen: »Zündet Fackeln an und legt Feuer!«

Die Männer taten wie geheißen, trugen die brennenden Fackeln ins Haus und zu den Nebengebäuden, um leicht brennbare Zwischenwände im Inneren anzuzünden. Kurando wartete, bis die Brände Nahrung gefunden hatten und die Flammen sich ausbreiteten. Er trat mit breitem Lächeln vor Goro hin, der sich hilflos in seinen Stricken wand, als Flammen und Rauch die Halle zu füllen begannen.

»Es ist Zeit, daß du dich zu deinem Herrn und deiner Herrin im Reinen Land gesellst, Alter. Sag dein *Nembutsu* und sichere dir deinen Platz an ihrer Seite.«

Kurando spuckte Goro an. Als er sich lachend abwandte, hörte er den alten Mann sein letztes Gebet sprechen: »*Namu Amida Butsu*...«

ZWEITES BUCH

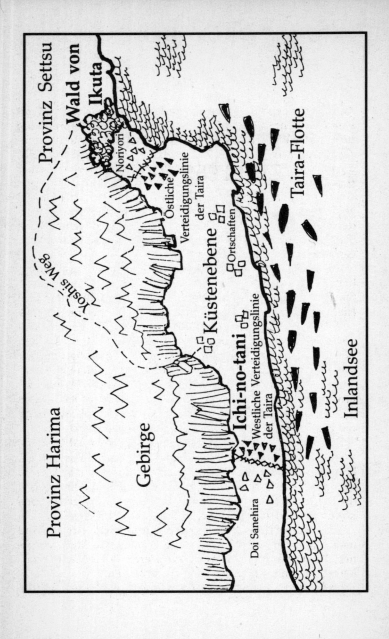

16

Acht Tage nachdem er Suruga verlassen hatte, saß Yoshi mit vierzehn Generalen der Minamoto in einer Lagebesprechung unweit der Wälder von Ikuta. Die Teilnehmer an der Besprechung repräsentierten vierzehn verschiedene Adelsfamilien, die mit den Minamoto verbündet waren. Jeder saß auf seiner persönlichen Matte unter offenem Himmel. Manche trugen Teile ihrer Rüstungen, die Mehrzahl war in einfache *hitatare* gekleidet, lange Mäntel, die unter der Rüstung getragen wurden. Von jenseits der Wälder drangen die gleichmäßigen Schläge der Taira-Kriegstrommeln herüber, eine bedrohliche Geräuschkulisse ihrer Gespräche.

Der kühle Frühlingswind beugte das Elefantengras außerhalb des *jinmaku*, einer Umzäunung aus Stoffbahnen, die an Stangen befestigt waren, um eine zum Himmel offene Einfriedung zu schaffen, die Windschutz und Ungestörtheit bot.

Yoshitsune hatte die Hoffnungslosigkeit der gegenwärtigen strategischen Lage zusammengefaßt. Er schloß mit den Worten: »Ich sehe keine Möglichkeit, die Verteidigungsstellungen der Taira ohne unvertretbar hohe Verluste zu überwinden. Go-Shirakawas Friedensangebot hat die Armee des Feindes gelähmt... der angekündigte Angriff auf Kyoto kam nicht zustande... aber unter Taira Shigehiras Kommando wurden die Verteidigungsanlagen weiter verstärkt.«

Doi Sanehira, der alte Haudegen, sagte: »Wir haben keine Wahl. Ungeachtet dessen, wie schwierig unsere Position ist, können wir nicht abziehen. Das ist nicht unsere Art. Unsere Sache ist gerecht. Laßt mich meine dreitausend Reiter gegen die Mauer im Osten von Ichi-no-tani führen. Einige von uns könnten überleben und die Stellung durchbrechen.«

Yoshitsunes Bruder Noriyori stieß ins gleiche Horn. »Und meine Männer werden durch die Wälder von Ikuta vorgehen. Unser Kampfgeist ist gut. Wir werden viele Männer verlieren, aber am Ende den Sieg davontragen.«

Die anderen Generale aus den Sippen der Miura, Onda,

Kajiwara, Usuki, Hetsuki und Matssura drückten ähnliche Gedanken aus, erhoben die Stimmen, riefen durcheinander, jeder bemüht, die anderen in der Demonstration seines Kampfgeistes zu übertreffen.

Yoshitsune rief zur Ruhe. »Euer Mut ist unbestritten«, sagte er, »aber wir können uns überstürztes Handeln nicht leisten.« Er wandte sich und nickte Yoshi zu, der schweigsam geblieben war. »Was denkt mein Freund aus dem Norden?«

Yoshitsunes Ton machte deutlich, daß Go-Shirakawas Einschätzung seiner Beziehung zu Yoshi unrichtig war. Er war nicht eifersüchtig auf ihn. Ganz im Gegenteil, er betrachtete Yoshi als einen Freund und geschätzten Verbündeten. Yoshitsune war verärgert gewesen, daß Go-Shirakawa die Yoshi zugedachte Belohnung mit einer Handbewegung abgetan und ihn, einer bloßen Laune folgend, zurückgerufen hatte. Ein guter Feldkommandeur – und als solchen betrachtete sich Yoshitsune – kümmerte sich um seine Männer und achtete darauf, daß sie die verdienten Belohnungen auch erhielten.

Aber nun war Yoshi da, und Yoshitsune zögerte nicht, seine Erfahrung und sein strategisches Talent zum Vorteil der Minamoto zu nützen. Als er Yoshi in stoischem Gleichmut dasitzen sah, während die Generale einander mit prahlerischen Ankündigungen zu überbieten suchten, kam Yoshitsune der Gedanke, daß Yoshi eine strategische Idee entwickelt haben könnte, die geeignet wäre, das Schlachtenglück zu wenden. »Nun?« fragte er, als Yoshi nicht gleich antwortete.

Yoshi blieb still, bis der letzte Teilnehmer der Lagebesprechung sich beruhigt hatte. Dann erklärte er mit einfacher Würde: »Ich habe die Nordseite nicht inspiziert, aber man sagte mir, daß Hirsche und wilde Ziegen die Berge bewohnen und zur vorgelagerten Ebene ansteigen. Ich meine, wo Hirsche und Ziegen gehen können, gibt es auch einen Weg für Roß und Reiter.«

»Benkai sagt...« begann Yoshitsune.

»Ich achte Musashi-bo Benkais Kenntnis des Krieges und Geländes, aber ich würde das Gebiet gern selbst in Augenschein nehmen«, unterbrach ihn Yoshi, die Hände mit erhobenen Flächen in höflicher Entschuldigung ausgestreckt. Er bemerkte, daß mehrere der Generale miteinander flüsterten; anscheinend fühlten sie sich von der, wie sie dachten, unbefugten Unterbrechung durch einen Außenseiter herausgefordert.

Yoshitsune war nicht gekränkt, im Gegenteil, seine Stimmung besserte sich. Vielleicht hatte Yoshi recht. Benkai war ein verläßlicher Beobachter und Kundschafter, aber seine Erfahrung mit gebirgigem Gelände war begrenzt. War es möglich, auf einem Wildwechsel von Hirschen und Ziegen abzusteigen und dem Feind in den Rücken zu fallen? Es war nicht viel zu verlieren, wenn sie Yoshis Vorschlag folgten und eine genauere Erkundung vornahmen. Und sollte ein Angriff über die Steilhänge möglich sein, so würden die Verluste sich in Grenzen halten, denn mehr als ein paar hundert Mann würden auf diesem Weg ohnedies nicht eingesetzt werden können. Unterdessen konnte er Befehl geben, die Frontalangriffe bei Ichi-no-tani und in den Ikuta-Wäldern planmäßig anlaufen zu lassen.

»Mein Bruder Noriyori und General Doi Sanehira werden von zwei Seiten vorgehen. Ich weiß, daß sie tapfer handeln werden...« Yoshitsune stockte, denn er sah Vögel auf dem *jinmaku* sitzen und einander Botschaften zuzwitschern. Der Duft von Gras und Frühlingsblumen wurde von der kühlen Brise hereingetragen. Das Leben war gut, aber er würde sich niemals verzeihen, wenn er Yoshi und die anderen zu einem Himmelfahrtskommando befahl und sich selbst ausnahm. Er sagte: »Ich werde Yoshi und Benkai mit einem Trupp von dreihundert Reitern begleiten; wir werden versuchen, den Abstieg von den nördlichen Steilhängen zu erkunden.«

Die Generale waren einverstanden: dreitausend Mann unter Doi Sanehira sollten unverzüglich ihren Marsch um die Küstenberge beginnen, um die Verteidigungsstellungen bei Ichi-no-tani von der Westseite anzugreifen, weitere zweitausend unter Noriyori würden die Ikuta-Wälder im Osten infiltrieren.

Dreihundert Mann bildeten einen verstärkten Stoßtrupp unter Yoshitsune. Der Angriff sollte in sechs Tagen beim ersten Morgenlicht beginnen.

17

Die Nii-Dono war verdrießlich; ein Spion hatte eine Botschaft überbracht, die sie in Zorn versetzt hatte, gerade als sie Antokus *fumihajime* vorbereitet hatte, die Erste Lesung, eine Zeremonie, die den kindlichen Kaiser symbolisch das Lesen lehrte. So ungehalten sie war, die Tradition verlangte ihre Anwesenheit bei der Zeremonie. Sie durfte den Geburtstag des Jungen nicht vergehen lassen, ohne seinen Eintritt in die Welt der Belesenheit anzuerkennen.

Sie schob die Gedanken an die Botschaft beiseite und dachte mit Bitterkeit an vergangene *fumihajime*-Zeremonien, als Hunderte von Adligen sich im Rokuhara-Palast versammelt hatten, um die Söhne hochrangiger Mitglieder des Hofes zu ehren. Heute war nur eine Handvoll alter Männer zugegen, um der Ersten Lesung des kindlichen Kaisers durch ihre Anwesenheit die Ehre zu geben. Die jungen Männer waren jenseits der Inlandsee bei Ichi-no-tani stationiert. Zurückgeblieben waren mit Ausnahme der Palastwache die Alten und Kranken. Frauen erschienen traditionell nicht zu dieser Zeremonie; die Nii-Dono hatte auf einer Seite des Saales eine *chodai* errichten lassen; von diesem Aussichtspunkt konnte sie alles beobachten und doch hinter ihren Vorhängen ungesehen bleiben.

Man zählte den zwölften Tag des dritten Monats, und der Frühling hatte Einzug gehalten. Eine Wand des großen Saales öffnete sich zum Strand; die Geräusche der leise rauschenden Brandung und die schrillen Rufe der Seevögel unter dem strahlend blauen Himmel drangen klar herein.

Die Nii-Dono schob den Vorhang ein wenig zur Seite, um Antoku klarer zu sehen. Das Kind wirkte glanzvoll im Licht des Frühlings. Es trug ein blaßlila Gewand über einem Dutzend seidener Untergewänder in Farben, die von korallenrosa bis zu frühlingsgrün abgestuft waren. Die Säume der Untergewänder zeigten sich durch die weiten Ärmel des Obergewandes. Antokus schwarzer Seidenhut glänzte im indirekten Licht des sonnigen Tages und betonte die weichen Züge seines jungen Gesichts. Er sah prachtvoll aus, und vielversprechend.

Die Nii-Dono betrachtete das Kind mit einem Ausdruck des Stolzes und des Schmerzes. Vor nicht allzu langer Zeit, so schien es ihr, war sie selbst jung und schön gewesen. Der unbarmherzige Gang der Zeit hatte Jugend und Schönheit zu diesem... diesem Ding gemacht, das sie geworden war, zumindest äußerlich. Innerlich fühlte sie sich nicht anders als vor fünfundvierzig Jahren. Obwohl niemand, der sie sah, es für möglich gehalten hätte, brannte in ihr noch dasselbe Feuer, das sie in ihrer Jugend geformt hatte. Wie vergänglich war das Fleisch.

Auf dem Podium im Saal intonierte der *jidoku* oder Leser den Titel und den einleitenden Absatz des Hsiao-ching, des chinesischen Klassikers über kindliche Liebe und Ehrfurcht. Wichtigtuerischer Esel. Er las schlecht, und seine dunklen Gewänder waren geknittert und ungepflegt. Die Nii-Dono erinnerte sich anderer Gelegenheiten, als der *jidoku* ganze Passagen in gerundeten Glockentönen gelesen hatte, als er ein Beispiel altmodischer Rechtschaffenheit und makelloser Kleidung gegeben hatte. Das war vorbei. Mit jedem Jahr hatte er weniger Anmut.

Als der *jidoku* seine Verlesung beendet hatte, nahm ein zweiter Mann das Buch auf und las Worte in einer rauhen, schnarrenden Stimme, die der Nii-Dono durch Mark und Bein ging. Waren diese Pfuscher die besten Männer, die für ihren Liebling Antoku zur Verfügung standen?

Die Zeremonie schleppte sich ihrem Ende entgegen, und mit einem trockenen Rascheln ihrer vielen Seidengewänder schlüpfte die Nii-Dono durch eine Tür hinter dem *chodai* hinaus. Die Gäste würden zu Ehren des Anlasses ein Festmahl halten, aber die Nii-Dono war nicht in Feiertagsstimmung. Sie eilte durch die stillen Korridore zu ihren Quartieren; sie mußte sich der Botschaft annehmen.

Aber... Augenblick! Sie hörte die Stimme ihrer Hofdame Michimori durch das Holzgitterwerk der Wand. Sie verhielt und spähte hinaus auf die Veranda. Dort waren drei Personen im Gespräch: ihre Hofdame, ihr Enkel Taira Koremori und der höchst anstößige Spion aus Okitsu, dessen Bericht sie erwartete. Kurando hatte den Auftrag gehabt, Yoshi zu töten, bevor er nach Yashima zurückkehrte, doch die Meldung, die sie erhalten hatte, besagte, daß Yoshi bei General Yoshitsune vor Ichi-no-tani war. Warum war Kurando gekommen? Sie entblößte die geschwärzten Zähne in einer zornigen Grimasse. Warum tat Kurando so vertraut mit Koremori? Warum war dieser nicht bei seinen Truppen und tändelte statt dessen mit ihrer Hofdame? Sie konzentrierte sich auf Kurando. Was sollte sie mit ihm anfangen? Sie war versucht, die Palastwache zu rufen und ihn in den Kerker werfen zu lassen; doch widerstand sie der Versuchung und setzte ungesehen den Weg zu ihren Gemächern fort.

Dort, hinter ihrem *chodai*, ließ sie ihn rufen.

»Oh, große und verehrte Herrin, ich, Euer getreuer Diener, habe gute Nachricht für Euch.«

Die Nii-Dono biß sich hinter ihrem Vorhang auf die Unterlippe, schmeckte den trocken-scharfen Geschmack ihrer weißen Schminke. Sie setzte zur Förderung ihrer Ziele Spione und Verräter ein, konnte aber weder Gefallen an ihnen finden noch Achtung für sie aufbringen. In kühler Distanziertheit sagte sie: »Sag mir deine Nachrichten, Kurando. Ich erwarte sie mit Interesse.«

»Vor kaum einer Stunde brachte ich Nami, die Gemahlin Tadamori Yoshis, zu ihrer Schwiegermutter, der Hofdame Masaka. Nach neun anstrengenden Reisetagen bat die Dame um etwas Zeit, sich zurechtzumachen, bevor sie Euch ihre Aufwartung macht. Ich bin gekommen, den Erfolg meiner Mission zu melden... und meine künftigen Dienste zu besprechen.«

Die Nii-Dono runzelte die Brauen. Was für ein widerwärtiger Mensch! Sie roch das Aroma des ungewaschenen Reisenden durch die Vorhänge und den Duft ihres eigenen Jasminparfüms. »Ich lobe deinen Eifer, Kurando. Erzähl mir mehr von deinem Erfolg.«

Hörte er einen Unterton von Ironie heraus? Er war im Nachteil, da er ihren Gesichtsausdruck nicht sehen konnte, spürte aber ihre Ungeduld, die ihn drängte. Seine Geschichte war vorbereitet; um die versprochene Belohnung zu gewinnen, mußte er überzeugend sein... und sobald er sie überzeugt hatte, gedachte er mit seiner Belohnung zu verschwinden, bevor sie die Lüge aufdeckte. »Jawohl, erhabene Herrin.

Meine Mission bestand darin, die betreffende Dame zu Euch nach Yashima zu bringen. Das ist getan. In diesem Augenblick befindet sie sich nicht weiter als drei *cho* von Euch entfernt.

Der zweite Teil meiner Aufgabe war, Vorkehrungen zum Tode des Tadamori Yoshi zu treffen. Ich freue mich, Euch zu melden, daß meine gemieteten *ninja* ihn vor acht Tagen in Okitsu töteten.«

»Und... der vereinbarte Beweis deines Erfolgs? Tadamori Yoshis Kopf. Wo ist er?«

Diesmal vernahm Kurando eine unverkennbare Schärfe in ihrem Ton, die ihm auf den Magen schlug. Er verneigte den Kopf bis zum Boden und sagte in seinem unterwürfigstem Ton: »Der Kopf wurde in dem Kampf so schlimm zugerichtet, daß er unkenntlich war. Ich ließ Kopf und Körper Seite an Seite am Fuß des Berges Satta begraben. Ihn in dem Zustand abzuliefern, in welchem er sich befand, wäre einer Beleidigung Eures Schönheitssinnes und Feingefühls gleichgekommen.«

»Und nun bist du hier, deine Belohnung entgegenzunehmen?«

Kurando zitterte. Die Stimme der alten Frau schrillte, und er hörte ein heftiges Rascheln ihrer Gewänder hinter den Vorhängen.

»Erst den Kopf, dann die Belohnung!« Ihre Stimme war jetzt ein zorniges Zischen; das Zischen einer Schlange, die zum Zustoßen bereit ist.

»Ich bedaure, erhabene Herrin...«

»Keine Entschuldigungen, Kurando! Heute früh erhielt ich Nachricht von meinem Spion vor Ichi-no-tani; er informierte mich, daß Yoshi in Yoshitsunes Gefolge gesehen wurde. Daraus folgere ich, daß Yoshi entweder ein Teufel mit übernatürlichen Kräften ist... oder daß du lügst.«

Kurando preßte seine Stirn auf die Matte. Der Herzschlag hämmerte in seinen Schläfen. Er suchte nach einer plausiblen Antwort und murmelte lahm: »Er ist übernatürlich, wenn er von den Toten zurückgekehrt ist. Vielleicht täuscht sich Euer Informant.«

»Es ist kein Irrtum, Kurando. Aber keine Angst, ich werde

einen Kopf bekommen, um den Preis zu rechtfertigen, den ich zahlte.«

»Erhabene Herrin, ich konnte nicht umhin...«

»Ich kann auch nicht umhin.« Sie rief einen Befehl: »Wache!« Augenblicke später erschien eine Abteilung von acht Kriegern. »Ergreift diese Kreatur«, sagte sie mit gifttriefender Stimme. »Schlagt ihm den Kopf ab und steckt ihn auf eine Lanze. Stellt ihn vor dem Palast zur Schau, daß alle sehen, wie wir Versager und Lügner belohnen.«

»Nein, nein, ich bitte Euch... Ihr versteht nicht...«

»Ich verstehe nur zu gut. Hinaus!«

Die Wache führte den zitternden Kurando hinaus auf das Feld hinter dem Nordflügel, um das Urteil zu vollstrecken.

Die Nii-Dono entließ den fetten Betrüger aus ihren Gedanken. Sie mußte sich einem unmittelbareren Problem stellen. Was sollte mit dieser Nami geschehen? In ihrem Zorn war sie nahe daran, auch ihre Tötung anzuordnen, doch zügelte sie den Impuls; in der Zukunft mochten sich subtilere Möglichkeiten der Vergeltung bieten, und bis dahin war Nami ein wertvolles Faustpfand. Sie würde Nami im Palast aufnehmen, wo sie die Frau überwachen konnte, bis die Zeit zum Handeln gekommen wäre. Sie dachte an ihre Hofdame Michimori, und ein dünnes Lächeln zupfte an ihren Mundwinkeln.

Sie ließ ihre Hofdame kommen. »Ich wünsche, daß Nami innerhalb von zehn Tagen das Frauenhaus verläßt. Das arme Ding ist verzweifelt, ihr Mann tot und sie schwanger. Weil auch Ihr schwanger seid und Euer Gemahl bald mit unseren tapferen Kriegern gegen den Feind ziehen wird, ist es passend, daß sie in Eure Obhut kommt.«

»General Yoshis Frau?«

»Witwe.«

»Natürlich.« Die Dame Michimori fragte sich, warum die Nii-Dono Nami von ihrer Schwiegermutter trennen wollte, kannte die Stimmungen der alten Frau jedoch gut genug, um weitere Fragen zu unterlassen.

Die Nii-Dono sah ihrer Hofdame durch die Vorhänge nach. Die Michimori war eine nervöse, labile Frau; die richtige Person, um Namis Leben noch unglücklicher zu machen als es schon war. Sollte Nami glauben, daß ihr Gemahl tot ist. Wenn sie sich der Michimori anschloß, war ständige Überwachung gewährleistet. Die Nii-Dono war nach wie vor entschlossen, Yoshis Kopf zu bekommen; gelang dies über kurz oder lang, sollte Nami ihm in der Unterwelt *yomi* Gesellschaft leisten.

18

General Taira Shigehira, der jüngste Sohn der Nii-Dono, galoppierte den sieben Meilen langen Strand von Ichi-no-tani nach Ikuta, um die Verteidigungsanlagen zu inspizieren. Unter seiner vollen Rüstung trug er einen scharlachroten *hitatare*, darüber eine maulbeerfarbene *karaginu* oder Jagdjacke. Sein kantiges Gesicht war gekrönt von einem gehörnten Helm, auf dessen Krone ein vergoldeter Drache saß; ein Nakkenschutz aus Stahlschuppen hing vom Helm auf seine Schultern. Seine eisernen Beinschienen und Panzerhandschuhe waren versilbert, seine beiden Schwerter mit Gold eingelegt. Er saß auf einem lackierten, mit Goldstaub überpuderten Sattel, dessen Satteldecke mit Quasten gesäumt war. Die rote Standarte der Taira flatterte stolz an ihrem Bambusstab.

Shigehira ließ es sich nicht nehmen, die Kommandeure jeder Einheit aufzusuchen, auch wenn sie nur wenige hundert Mann befehligten. Es waren Männer aus Shikoku und Kyushu, und jede Familie stellte ihr individuelles *mon* auf einem roten Taira-Banner zur Schau. Bei jeder Einheit zügelte Shigehira sein Pferd, begrüßte die Offiziere und diskutierte taktische Fragen, und jedesmal überzeugte er seine Zuhörer von seiner klaren Einschätzung der militärischen Lage. Die Kommandeure lächelten erfreut, wenn Taira Shigehira sich näherte; es war offenkundig, daß er wohlgelitten und geachtet war. Er lebte nach der Devise des Kriegers: Festigkeit in den drei Tugenden, Tüchtigkeit als Reiter und Kämpfer mit Schwert und Bogen, Bescheidenheit im Auftreten.

Der Abend dämmerte, als er sich der Verteidigungsstellung in den Ikuta-Wäldern näherte; der Himmel verfärbte sich rotviolett, dann zu einem tieferen Blaugrau, das nach und nach dunkelte, bis es zu schwarzem, mit Millionen diamantener Sterne besetztem Samt wurde.

Das unaufhörliche Pochen der Kriegstrommeln lieferte eine rhythmische Untermalung der natürlichen Geräusche des Abends: die heulenden Schreie von Affen, die dunklen Rufe von Eulen und das Schnarren der Zikaden.

Nahe der Mauer waren Pferde in langen Reihen angebunden, schnaubten, stampften, klirrten mit metallbeschlagenem Geschirr. Die Türme waren mit Bogenschützen besetzt, und unter ihnen standen Trupps von *ashigaru*, Fußsoldaten.

Shigehira lächelte, als er sie überblickte. Die Fußsoldaten machten den Eindruck eines unordentlichen Haufens, doch obwohl sie nur eingezogene Bauern und keine Soldaten waren, zweifelte er nicht an ihrer Kampfbereitschaft. Die allgemeine Stimmung war gut. Sie trugen eiserne Beinschienen, Oberschenkelschutz aus Baumwolle mit aufgenähten Eisenschuppen, Körperschutz aus hartem Leder und stählerne Schutzhelme; alle waren gut ausgerüstet mit Bogen, Äxten, Schwertern, Ketten, *naginata* und Keulen. Die meisten gingen barfuß, weil sie es so gewohnt waren, einige trugen Strohsandalen oder hatten ihre Füße in Tierfelle gewickelt.

Taira Shigehira ritt auf dem Kamm einer Sanddüne und blickte über ihre Köpfe hinweg; er sah die Minamoto ihre Zelte für die Nacht aufstellen... und sah mehr Pferde, mehr Krieger und mehr Feuer als an den vorausgegangenen fünf Abenden. Sie bereiteten sich auf den Angriff vor.

Er war bereit.

Hinter ihm entzündete seine Armee die Lagerfeuer. Shigehira blickte in die Runde und genoß den prachtvollen Anblick. Hunderte von Lagerfeuern röteten die leise rauschenden Bäume. Eine plötzliche Drehung des Windes blies Funkenschauer wie Legionen von Glühwürmchen in die Dunkelheit. Er improvisierte ein Gedicht:

Tanzende Glühwürmchen
Geheimnisvoll schwebende Sterne
Grüßt ihr den kalten Mond

Mit eurem vergänglichen Kuß
Dessen Hauch keine Spur hinterläßt.

Trauer überkam ihn bei dem Gedanken, daß er in der bevorstehenden Schlacht fallen und nie wieder ein Gedicht schaffen mochte. Dann schüttelte er die unpassende Regung ab. Er führte die größte Armee, die das Land je gesehen hatte, und er hatte die Verantwortung für Sieg oder Niederlage. An ihm war es, dafür zu sorgen, daß die aufständischen Minamoto geschlagen wurden. Dennoch bedauerte er, daß niemand bei ihm war, der sein Gedicht zu schätzen wußte.

Genug. Er wendete das Pferd und ritt hinunter zum Strand. »Die Minamoto werden morgen früh angreifen«, rief er dem Oberhaupt der Kisaichi-Sippe zu. »Haltet Euch bereit. Heute nacht doppelte Wachtposten. Alle vor Tagesanbruch an ihren Plätzen.«

Er galoppierte am Ufer entlang durch das aufspritzende Wasser auslaufender Brandungswellen, um seine Generale in Ichi-no-tani zu warnen, daß die Armeen der Minamoto auf beiden Fronten im Norden angreifen würden. Er spürte es mit der Gewißheit des erfahrenen Kriegers. Falls die Minamoto erwarteten, sie hätten es mit einer verweichlichten, unsoldatischen Taira-Armee zu tun, so würden sie einen Schock erleiden, wenn sie auf eine Streitmacht abgehärteter, gut ausgebildeter Krieger stießen, die von Taira Shigehira selbst befehligt wurden.

In der Bucht von Ichi-no-tani lagen Hunderte von Taira-Schiffen vor Anker: Lichter in Kajüten, die Schattenrisse der Masten vor dem Sternenhimmel, brennende Fackeln zur Beleuchtung der Decks. Er war überzeugt, daß die Seeleute ebenso wachsam und kampfbereit wie seine Krieger waren.

Taira Shigehira gestattete sich ein kleines Lächeln. Er hatte das Menschenmögliche getan. Sie werden sich die Zähne ausbeißen, dachte er.

19

Der Morgen des sechsten Tages graute. Blasses Licht streifte den Osthimmel, im Wald erwachten die Vogelstimmen. Der Geruch von taunassem Gras und Meersalz erfüllte die Luft.

Die Legionen der Minamoto unter General Noriyori machten sich noch vor dem ersten Licht kampfbereit. Lederzeug knarrte, Waffen klirrten, aber sonst hörte man kaum etwas; der weiche Waldboden verschluckte die Hufschläge der zweitausend Pferde und die Tritte der tausend Fußsoldaten, als sie auf breiter Front durch die Wälder von Ikuta vorrückten. Noriyori, in voller Kampfrüstung, führte sein Heer gegen den Feind.

Minamoto Noriyori, illegitimer Sohn einer Dirne, Halbbruder von Yoshitsune und Yoritomo, wußte recht gut, daß er nicht die taktische Begabung und die Erfahrung Yoshitsunes hatte, aber er war ein guter Krieger und Truppenführer und hatte aufgrund seiner früheren Leistungen das Kommando auf diesem entscheidenden Frontabschnitt erhalten. Er sollte nach dem Schlachtplan zuerst angreifen, und er war entschlossen, die gegnerische Verteidigung zu durchbrechen und den Sieg an seine Fahnen zu heften.

Sonnenstrahlen fingerten gelb durch das Geäst der Baumkronen, als die berittenen Samurai die Schneise vor der Verteidigungslinie der Taira erreichten. Noriyori ließ einen ›summenden‹ Pfeil über die Türme der Bogenschützen schießen, um die Eröffnung der Feindseligkeiten zu signalisieren.

Als der Pfeil abgeschossen war, winkte Noriyori einem Minamoto-Offizier, der einen blauen Umhang über seiner vergoldeten Rüstung trug; er war ausgewählt worden, einen herausragenden Krieger der Taira zum Zweikampf herauszufordern. Er trieb sein Pferd auf die freie Fläche und rief mit machtvoller Stimme: »Ich bin Iga-no-Sadatsune, Sohn des Iga-no-Sukuyu. Trotz meiner grauen Haare habe ich in der Schlacht von Hiuchi-Jama gekämpft und Anerkennung gewonnen. Gibt es unter den dekadenten Taira einen Krieger mit dem Charakter und der Tüchtigkeit, mir im Zweikampf gegenüberzutreten?«

Das eiserne Tor in der Mauer wurde halb geöffnet, und ein

junger Tairakrieger in lavendelblauem Umhang kam auf einem prachtvollen braunen Wallach herausgeritten. Er passierte die Palisaden durch eine Lücke, die hinter ihm geschlossen wurde, und machte halt. »Nagai-no-Hirotaka bin ich. Ich verfluche die barbarischen Minamoto. Obwohl ich erst siebzehn Jahre alt bin, begrüße ich die Herausforderung durch den Sohn Iga-no-Sukuyus.«

Mit diesen Worten galoppierte er auf den Minamoto-Offizier zu. In der Mitte der Schneise trafen sie mit einem Geklirr aufeinander, das über dem Rollen der Trommelwirbel weithin gehört wurde. Schwert auf Schwert, Jugend und Kraft gegen Alter und Erfahrung. Beide Krieger waren nach dem ersten Zusammenstoß unverletzt. Sie wendeten ihre Pferde und prallten wieder aufeinander... und wieder.

Weder General Noriyori noch die Krieger in den geschützten Türmen der Taira konnten sehen, was als nächstes geschah... ein Wirbel von blitzendem Stahl, der lavendelfarbene Umhang wehte über und unter dem blauen, die Hufe der Pferde schleuderten Erdklumpen in alle Richtungen, und plötzlich durchschlug die Klinge des Tairakriegers das Handgelenk des Gegners über dessen Panzerhandschuh.

Alle Beobachter sahen in atemloser Stille, wie die Hand des Minamoto-Kriegers in einem Bogen durch die Luft flog und vor sein Pferd fiel. Jugend und Kraft hatten gesiegt. Der ältere Krieger rutschte aus seinem Sattel und fiel zu Boden. Aus seinem Armstumpf strömte das Blut, seine abgetrennte Hand zitterte am Boden nahe seinem Gesicht. Er starrte sie mit Entsetzen an, dann erhob er sich mit letzter Kraft auf die Knie und sprach das *Nembutsu*, um sich einen Platz im Reinen Land des Paradieses zu sichern. Augenblicke später sackte er kraftlos vornüber. Der Taira-Krieger ritt vorwärts, ihm den Kopf zu nehmen.

Noriyori war ergrimmt über den Tod seines ausgewählten Kriegers. Er hob die Standarte und führte die Minamoto mit einem Wutschrei zum Sturm über die Schneise auf die Barrikaden. Der tapfere Versuch des jungen Taira, den Angriff der feindlichen Übermacht aufzuhalten, war fruchtlos. Pferde und Reiter jagten an ihm vorbei, er wurde von einem Dutzend Schwertern zerhauen, sein Körper von einer Seite zur anderen geworfen und von den Pferdehufen zu einer formlosen Masse zertrampelt.

Die Angriffswellen der berittenen Samurai wurden mit einem tödlichen Pfeilregen empfangen, der Hunderten im ersten Ansturm das Leben kostete. Die Schreie verwundeter und sterbender Männer und Pferde vermischten sich mit den gebrüllten Herausforderungen der überlebenden Samurai.

Die Kriegstrommeln der Taira lärmten ununterbrochen; sie deckten das Durcheinander auf dem Schlachtfeld mit einer monotonen Geräuschdecke zu, die in den Köpfen der Angreifer dröhnte. Mit jedem Trommelschlag flogen mehr Pfeile von den Türmen. Die Krieger der Minamoto kamen nicht einmal bis an die Mauer vor; nur an ein paar Stellen gelang es ihnen, schmale Breschen in die vorgelagerten Palisaden zu reißen. Die Zahl der Pferde und Krieger nahm mit jedem neuen Angriff rapide ab.

Einzelne Samurai ließen ihre sterbenden Pferde zurück und versuchten zu Fuß die Mauer zu erreichen. Ein hoffnungsloses Unterfangen. Auf kurze Distanz durchschlugen die Pfeile der Langbogen ihre Rüstungen, und sie fielen, bis sich vor den Palisaden Leichenberge von Mannshöhe und darüber türmten. Der Schlachtplan verlangte die Überwältigung der Verteidigungslinie durch die an einzelnen Punkten konzentrierte Übermacht der Angreifer, aber die Taira-Bogenschützen, geschützt durch ihre Türme, machten den Plan zunichte.

Die Kriegstrommeln pochten weiter, nun unterstützt von den Triumphrufen der Verteidiger, als die abgeschlagenen Minamoto sich in den Schutz des Waldes zurückzogen.

General Noriyori führte seine Krieger persönlich zu drei weiteren Sturmangriffen; als die Mittagsstunde kam, waren fünfhundert Mann getötet und viele weitere verletzt. Auf jeden gefallenen Taira kamen zehn tote Minamoto. Einige wenige Krieger erreichten die Mauer, doch keiner überlebte den Versuch, sie zu erklettern. Der Schlachtplan war gescheitert. Die Minamoto konnten nicht genug Männer an die Verteidigungslinie heranbringen, um sie zu nehmen, doch konnten sie den Angriff auch nicht aufgeben; ihre Ehre und der Erfolg ihrer Sache standen auf dem Spiel.

Noriyori wurde tollkühn; es war, als suchte er den Tod. Wolken von Pfeilen flogen um ihn, seine Rüstung wurde dreißigmal getroffen und eingebeult, aber nicht durchschlagen. Er verschoß seinen gesamten Köchervorrat von vierundzwanzig Pfeilen, und die meisten fanden ein Ziel. Doch so todesverachtend er focht, gegen die unüberwindliche Verteidigungsstellung konnte er nicht gewinnen. Zuletzt mußte er einsehen, daß der Versuch gescheitert war. Er gab den Befehl zum Rückzug, und die Reste seiner Armee kehrte entmutigt zu ihrem Lager zurück, ohne Noriyoris aufmunternde Zurufe zu beachten. Die Trommeln dröhnten unablässig weiter; so laut sie waren, vermochten sie nicht die Schreie und Hilferufe der auf dem Schlachtfeld zurückgelassenen verwundeten Samurai auszulöschen.

20

Eine lückenhafte Kolonne von dreihundert Reitern verließ das Küstenvorland und wand sich auf einem steilen, schmalen und steinigen Gebirgspfad aufwärts. Die steigenden Morgennebel blieben in den bewaldeten, tief eingeschnittenen Bergflanken hängen, und oft war es schwierig, weiter als zehn Schritte zu sehen. Die Pferde suchten ihren Weg über felsige Stufen und umgestürzte Bäume, während die Reiter nicht viel mehr taten, als sich in den Sätteln zu halten und nach Art der Soldaten über den Nebel, das steile Gelände und die Morgenkälte zu murren.

Yoshi ritt in der Mitte der Kolonne. Er trug keine Rangabzeichen, und die Männer um ihn kannten ihn nicht. Aus dem Nebel drangen körperlose Stimmen zu ihm. Eine sagte im Dialekt der östlichen Provinzen: »Lieber von Feindeshand sterben als von diesen infernalischen Bergen fallen.« Eine andere sagte: »Ganz meine Meinung. Wir sollten bei unseren Kameraden sein und in Ikuta Ruhm und Schätze gewinnen.« Andere Stimmen grunzten und fluchten über die Mühseligkeiten des Lebens und weil sie ihre Gelegenheit, Ruhm zu ernten, verloren glaubten.

Ein rauher, bärtiger Bursche wandte sich im Sattel zu Yoshi um. »Was meinst du, Freund? Ist es nicht besser, tapfer auf dem Schlachtfeld zu fallen als über die Felsen in die Tiefe?«

»Vielleicht«, antwortete Yoshi, »ist unsere Mission nicht, den Tod zu suchen, sondern zu leben und für unseren Herrn Yoritomo den Sieg zu gewinnen.«

Der Samurai musterte Yoshis einfachen Umhang, bemerkte die Abwesenheit von Rüstung und Waffen. »Yoritomo ist mir einerlei. Meine Gefolgschaft gilt General Yoshitsune, und ihm zuliebe war ich bereit, diese Höhen zu ersteigen... aber ich bin kein Gebirgsbewohner, Freund. Meine Heimat sind die Ebenen von Kanto, wo wir Pferde züchten und auf ebenem Boden kämpfen. Wer unter uns kennt die Berge gut genug, um diese verrückte Mission zu einem erfolgreichen Ende zu bringen?«

Yoshi lächelte freundlich. »Ich«, sagte er.

Der Samurai faßte ihn genauer ins Auge. »Sind diese Berge deine Heimat?«

»Nein«, sagte Yoshi, »aber ich lebte eine Zeitlang in den Gebirgen des Nordens. Ich kenne mich im Hochland aus.«

Tatsächlich hatte Yoshi noch vor wenigen Jahren das Leben eines Vagabunden geführt und tun müssen, was notwendig war, um in den kargen Gebirgen des Nordens am Leben zu bleiben. Er war nicht stolz auf seine Lebensweise in jenen Jahren, aber er hatte gelernt, unter ungünstigen Bedingungen zu überleben und sich in gefährlichem Gelände zurechtzufinden.

Der Samurai schnaubte, unzufrieden mit Yoshis Antwort. »Was nützt es, die Gebirge des Nordens zu kennen, wenn wir im Süden sind?«

»Wie der Dichter die Kirschblüten von Hatsuse kennt, ohne sie zu sehen, so weiß ein Krieger den Pfad zur Burg seines Feindes.«

Der Samurai runzelte die Brauen, sein Gesichtsausdruck sagte deutlicher als Worte vermochten, daß er sich nicht erklären konnte, wer dieser Mann war, der ohne Rüstung ritt, die Berge zu kennen behauptete und im Akzent des Hofes von Kyoto die chinesischen Dichter zitierte. Er bemerkte aber auch Yoshis breite Schultern und das Selbstvertrauen seines

Auftretens; ein seltsamer Bursche, aber der Samurai war es zufrieden, daß sie auf derselben Seite waren.

Yoshi war erheitert. Es war verständlich, daß sein einfaches Gewand und das Fehlen von Waffen den Mann verwirrte. Er steckte die Hand unter seinen Umhang und fühlte nach der ermutigenden Gegenwart seines Kriegsfächers. Kein Samurai würde verstehen, daß er ein Gelübde abgelegt hatte, fremdes Leben, auch das eines Feindes, zu achten. Wie viele seiner früheren Gefährten hatten sich zum buddhistischen Glauben bekannt und würden niemals einem Tier etwas zuleide tun, doch dachten sie sich nichts dabei, einander umzubringen. Welch eine seltsame Philosophie.

Die Kolonne arbeitete sich langsam aus dem Nebel aufwärts. Der Talboden lag unter einer dichten Decke aus weichem Weiß verborgen. Über ihnen rückte die klare Luft Berggipfel näher, deren Schneekappen golden im Sonnenschein leuchteten.

Sie stiegen, bis sie den Erdgeruch des Tales und den dichten subtropischen Wald hinter sich ließen. Am Spätnachmittag stiegen sie wieder ab, diesmal zu den Abbrüchen, die den Nordrand der Taira-Enklave bildeten.

Bevor es dunkelte, ließ Yoshitsune haltmachen. Trotz ihrer Entfernung vom Schauplatz war das unaufhörliche Pochen der Kriegstrommeln noch immer zu vernehmen. Die Luft kühlte rasch ab, als die Abenddämmerung in die Nacht überging.

Die Krieger schlugen ihre Zelte auf, entzündeten Lagerfeuer und aßen ihren Proviant aus getrocknetem Fisch und Reis.

Yoshi suchte Yoshitsunes Zelt auf, berichtete vom unzufriedenen Murren der Leute und endete mit den Worten: »Feige zu erscheinen bereitet ihnen mehr Sorge als der Tod in der Schlacht.«

»Das überrascht mich nicht«, antwortete Yoshitsune. »Sie verspüren angesichts des Unbekannten eine natürliche Nervosität. Das Murren wird ein Ende haben, wenn ich einen Weg über die Steilhänge hinab finde.«

Yoshi machte sich erbötig, in der Nacht hinauszugehen und nach Abstiegsmöglichkeiten zu suchen, aber davon wollte Yoshitsune nichts wissen. »Die Steilhänge sind im Dunkeln zu gefährlich. Wir werden bis zum Morgen warten und gemeinsam gehen.« Er reichte ihm seine Schale mit *oban*, gekochtem, klebrigem Reis, und Yoshi nahm sie an. Sie aßen beide, lauschten den nächtlichen Geräuschen in der Umgebung des Lagers und dachten daran, was der nächste Tag ihnen bringen würde.

Später brachte Yoshitsune eine Bambusflöte zum Vorschein und spielte eine traurige Melodie.

»Ihr spielt gut, General Yoshitsune«, sagte Yoshi, als der andere geendet hatte. »Eure Musik schlägt eine melancholische Saite in meinem Herzen an. Es schmerzt mich das Wissen, daß meine geliebte Frau allein und weit entfernt ist. Ich weiß, daß die höfischen Sitten in Mißkredit geraten sind, aber würde ein Gedicht heute abend fehl am Platze sein?«

Yoshitsune nickt zustimmend, und Yoshi improvisierte einen fünfzeiligen *tanka*, die am Hof von Heian bevorzugte Form:

»Melancholische Flöte
Du webst weiche Klänge
In den schwarzen Vorhang der Nacht
Erinnerst uns rauhe Krieger
Der Vergänglichkeit von Liebe und Leben.«

»Bravo Yoshi«, sagte Yoshitsune. »Ihr bringt mir Erinnerungen an meine Jugend in Kyoto zurück. Euer Gedicht erfüllt mich mit *mono no aware* – dem Pathos des Lebens und Sterbens. Ich schätze und achte diese Empfindungen, weil morgen unser letzter Tag sein mag, bevor wir in das Reine Land des Paradieses eingehen. Ihr sollt wissen, daß ich, sollte das unser Schicksal sein, mit einem Bedauern gehen werde...«

»Und was ist es, General?«

»Daß ich Euch von Eurer Frau trennte. Ich war gezwungen, Euch von ihrer Seite zu rufen, weil der abgedankte Kaiser darauf bestand.«

»Seid um meinetwillen nicht bekümmert, General. Obwohl ich meine Frau vermisse, schreibt mir die Pflicht meinen Weg vor. Trotz des Trennungsschmerzes diene ich bereitwillig.«

»Ihr dient bereitwillig, gleichwohl tragt ihr keine Schwerter, da wir uns anschicken, in den Kampf zu ziehen. Ich weiß, ihr habt dem Töten abgeschworen, aber ...« Yoshitsune verstummte, zu höflich, seinem Gefährten eine allzu persönliche Frage aufzuzwingen.

Yoshi erriet sie und antwortete, bevor sie gestellt wurde. »Ihr wundert Euch, warum? Ich will es Euch sagen. Ein böser *kami* folgte mir durchs Leben und brachte mich immer wieder in Situationen, wo ich meine Ausbildung als Schwertmeister – ich bin ein *sensei* – gebrauchen mußte, Männer zu töten, die mir in der Fechtkunst unterlegen waren. Es kam so weit, daß ich im Zweikampf junge Krieger tötete, die praktisch noch Kinder waren, und – mögen die Götter mir vergeben – ich tötete meinen eigenen Vater. Als *sensei* empfinde ich Schrecken und Abscheu vor meinen Taten. Diese Taten und Empfindungen gaben mir Anlaß, zu Hachiman um Erleuchtung zu beten. Er schickte mir eine Offenbarung: Wenn ich meine Schwerter ablege und ein Leben des Friedens führe, werden die Menschen um mich und ich selbst nicht zu schaden kommen. Ich glaube an die Götter. Darum trage ich kein Schwert.«

»Aber wenn es notwendig wird?«

»Wenn ich überzeugt bin, daß die Sache es verlangt und des Opfers würdig ist – würdiger als mein Leben, denn was wiegt dieses Leben im ewigen Kreislauf des Werdens und Vergehens? – werde ich Hachiman um Anleitung bitten und dann, wenn die Pflicht es verlangt, das Schwert gebrauchen.«

»Gut gesagt.« Yoshitsune stocherte die Glut auf, und Yoshi glaubte Nässe an seinen Wangen glänzen zu sehen. »Ich wünsche oft, daß ich diesem Kriegerleben entsagen könnte. Auch ich habe eine Frau, die ich liebe und die mit nassen Ärmeln auf meine Rückkehr wartet. Ich würde gern zu meinem Besitz Shizuka gehen, meine Flöte spielen, meine Kinder großziehen und Krieg und Politik anderen überlassen.« Yoshitsune schüttelte achselzuckend den Kopf. »Aber das soll nicht mein Geschick sein. Es ist mir aufgegeben, daß ich kämpfe, bis die Taira vernichtet sind oder ich im Kampf den Tod finde.«

Yoshitsune nahm die Flöte auf und spielte den Anfang des Liedes ›Die Grasmücke im Frühling‹, einer Weise, die älter als hundert Jahre war. Yoshi betrachtete den schlanken, blassen Mann, während er spielte. Wie irreführend war die äußere Erscheinung! Yoshitsune, noch keine dreißig, war mit seinen vorquellenden Augen und den krummen Zähnen die Antithese eines Kriegers, und doch sprachen Charisma, Willensstärke und zielbewußte Kraft aus jeder seiner anmutigen Bewegungen.

Yoshi hatte gehört, daß Yoshitsune am Hof der Taira aufgezogen worden war, nachdem Taira Kiyomori seinen Vater hatte hinrichten lassen. Und daß seine Mutter, die berühmte Schönheit Tokiwa, vom *Daijo-Daijin* verschont und gezwungen worden war, seine Konkubine zu werden. Kein Wunder, daß Yoshitsune die Taira haßte. Die Umstände hatten ihn gezwungen, in den Krieg zu ziehen und Heerführer zu werden. Hätte die Geschichte einen anderen Weg genommen, so würde er vielleicht ein Leben mit Dichtkunst und Musik verbracht haben.

Nun, dachte Yoshi, das Schicksal zwang Yoshitsune, den Hof zu verlassen und den Krieg seiner Familie zu kämpfen, gerade so wie das Schicksal ihn selbst gezwungen hatte, seine Frau zu verlassen, um ein Leben unerwünschter Abenteuer und Gefahren zu führen.

Vor dem Zelt entstand Unruhe. Yoshitsune legte die Flöte weg und schlug die Zeltklappe zurück. Die laute, dröhnende Stimme Musashi-bo Benkais verkündete, daß er einen Spion gefangen habe. Gleich darauf kam er herein und zerrte eine Gestalt ins Zelt. »Dieser hier schlich im Wald um unser Lager, General«, sagte er.

Yoshi sah einen jungen Burschen, kaum dem Kindesalter entwachsen, in Tierfelle gehüllt, barfuß und hutlos mit ungeschnittenem Haar, das ihm wirr auf die Schulter hing.

Yoshitsune bedeutete Benkai, den Jungen loszulassen. »Wer bist du, und was tust du bei unserem Lager?«

Der Junge blickte mit verängstigten großen Augen von seinem Fänger, dem riesenhaften Benkai, der in seiner schwarzen Rüstung und mit dem Stoppelbart ein böser Dämon hätte sein können, zu dem schmächtigen Mann in dem roten Gewand, der sich benahm, als wäre er der Führer. »Ihr Herren«, sagte er schließlich, »mein Name ist Kumao Maru. Ich wohne mit meinem Vater in einer Hütte in der Nähe. Diese Berge sind unsere Heimat, und wir leben von der Jagd auf Hirsch und Ziege.«

»Dann kennst du diese Berge gut?«

»Gute Herren, niemand kennt sie besser als ich.«

»Dann kannst du dir eine Belohnung verdienen, wenn du uns von deinem Wissen mitteilst.« Der Junge lächelte zögernd; vor wenigen Augenblicken hatte er noch um sein Leben gefürchtet, und nun wurde ihm eine Belohnung angeboten. »Mein Wissen ist Euer, Herr.«

»Wir müssen einen Weg über die Steilhänge hinunter finden, einen, der für Pferd und Reiter begangbar ist. Wir möchten, daß du uns zu diesem Weg führst.«

»Oh, Herr, das ist unmöglich. Der Geist des Berges wird keinem Pferd erlauben, diesen Abstieg zu machen.«

»Ziehen Hirsche dort hinunter?« fragte Yoshi.

Der junge Jäger spürte eine mitfühlende Seele, einen Freund in diesem Lager grimmiger Krieger. In seinem Bestreben zu gefallen, wurde er redselig. »Hirsche und Bergziegen kommen in den warmen Tagen des Frühsommers herauf; sie kommen von Harima und ziehen zu den fetten Weiden von Tamba. Dann, wenn der Winter kommt und das Wetter wieder kalt wird, kehren sie zurück zum Tiefland, um zu weiden, wo es weniger Schnee gibt.«

Yoshi sagte: »Wenn Hirsche diese Steilhänge begehen können, dann mag es auch Pferden möglich sein. Zeig uns, Kumao Maru, wo diese Tiere ihren Abstieg machen. Der Wildwechsel wird deutlich zu sehen sein. Du wirst uns führen.«

Der Junge fuhr sich mit den Fingern durch sein wirres Haar, blickte zu Benkais bedrohlicher Gestalt auf und sagte: »Die Götter der Berge werden unzufrieden sein. Wenn Ihr darauf besteht, ihnen zu trotzen, riskiert Ihr Tod und ewiges Leiden. Mein Vater sagt...«

»Vergiß, was dein Vater sagt«, unterbrach ihn Benkai, »und zeig uns, wo die Hirsche absteigen.«

»Am Morgen werde ich Euch hinführen – mögt Ihr dem Zorn der Götter entgehen.«

»Und mit General Yoshitsunes Erlaubnis werde ich dich belohnen«, sagte Yoshi. Als Yoshitsune nickte, fuhr er fort: »Aber Kumao Maru ist ein Kindername. Wenn du uns führen sollst, mußt du den Namen und die Verantwortung eines Mannes auf dich nehmen.«

»Guter Herr, ich bin fünfzehn Jahre, und was ich weiß, das weiß ich von meinem Vater. Ich kenne niemanden, der für die Zeremonie des *gempuku*, der Volljährigkeit, für mich einstehen würde.«

»Wir werden das ändern und die Zeremonie hier und jetzt abhalten, und wenn dich jemand fragt, wer die Zeremonie deiner Volljährigkeit geleitet hat, sagst du ihm, daß es Tadamori Yoshi war, Gouverneur von Suruga.«

Der Junge fiel auf die Knie und drückte seine Stirn auf den Boden; selbst in den südlichen Bergen war Yoshis Name wohlbekannt.

Yoshi winkte Benkai. »Bringt ein Stück schwarzer Seide, das dieser junge Mann an Stelle eines *eboshi* auf dem Kopf tragen kann, und eine Schere. Wir werden die *gempuku*-Zeremonie ausführen, und ich werde sie leiten und für den jungen Mann einstehen.«

Die Zeremonie war kurz und, wenn ihr auch Schliff und Vollkommenheit einer höfischen oder klösterlichen Zeremonie abgingen, voll Ernst und Gefühl. Yoshi schnitt dem Jungen das Haar, faßte es auf dem Kopf zu einem Knoten zusammen und band den symbolischen *eboshi* darum. Er rezitierte die angemessenen Sutras und leitete das Reinigungsritual. Am Ende verkündete er den erhabenen Gottheiten: »Er, der heute ein Junge namens Kumao Maru war, soll von nun an Washio Saburo genannt werden und wird als Mann seinen Platz in meinem Dienst einnehmen.«

Yoshi ließ Washio eine *hakama* und Fußbekleidung geben und sagte: »Du mußt deinen Platz in der Welt der Männer einnehmen und in der richtigen Kleidung auftreten.«

Der Junge war überwältigt. »Dank Euch, Herr«, brachte er

hervor. »Ich verspreche, daß ich Euch nie enttäuschen werde. Ich werde einen Weg über die Steilhänge hinunter finden, trotz des Zornes der *kami* des Berges.«

Seinem entschlossenen Ausdruck war anzusehen, daß Washio sogar bereit sein würde, das Leben für seinen neuen Herrn zu geben.

Yoshi lächelte. Zum ersten Mal glaubte er, daß es ihm und dem jungen Jäger gelingen würde, einen für Reiter gangbaren Weg hinab zu finden.

21

Masaka hatte sich sehr verändert, seit sie Kyoto verlassen hatte; sie war zu einer spröden, verbitterten Frau geworden, einer Einsiedlerin, die sich hinter ihren Wandschirmen verbarg und gesellschaftlichen Umgang mied. Die Nachricht von Yoshis Tod nahm sie äußerlich ruhig auf und akzeptierte sie als Strafe von Seiten der übernatürlichen Welt, aber ihr innerer Kummer verzehrte sie so, daß sie unfähig war, Nami den Trost zu spenden, den sie brauchte. Zum zweiten Mal in drei Jahren war Nami Witwe. Das erste Mal war sie nach einer arrangierten Ehe die Witwe Chikaras geworden, das zweite Mal nach einer Liebesheirat die Witwe Yoshis. Sie war schwanger und in einer Gesellschaft gestrandet, wo sie sich fehl am Platze fühlte. Im Haus der Frauen, wo sie Quartiere mit Masaka und einem Dutzend älterer Hofdamen teilte, fühlte sie sich nicht wohl. Sie wünschte sich mitzuteilen, sie brauchte eine Freundin, die den Aufruhr in ihrem Herzen verstehen konnte.

Von einer Witwe wurde erwartet, daß sie neunundvierzig Tage trauerte und alle sieben Tage Zeremonien veranstaltete, die der Seele des Toten einen Platz im Paradies sichern sollten. Nami glaubt, daß Yoshi im *chuin* schwebe, einem Zustand zwischen Leben und Tod, während die übernatürliche Welt über sein Handeln zu Gericht saß. Die erste Siebentagezeremonie arrangierte sie mit Masaka, die sich weigerte, zum nahen Tempel zu gehen, und darauf bestand, daß die Zeremonie in ihrem Quartier stattfinde. Die alten Damen, die im Haus der Frauen ihr Schattendasein führten, würden die Opfer darbringen, Sutras aufsagen und unter der Anleitung eines Tempelmönches Weihrauch verbrennen.

Für Yoshis Seelenheil war es wichtig, daß der Zeremonie so viele Menschen wie möglich beiwohnten; Nami aber kannte in Yashima niemanden außer Masaka, und so war sie dankbar, daß die älteren Damen sich bereit erklärten, den Gebeten um Yoshis Aufnahme ins *gokuruku*, das Paradies, Gewicht zu verleihen.

Es fiel Nami schwer, die Fassung zu bewahren. Am Morgen waren dunkle Ringe unter ihren Augen, und obwohl sie die Sitten des Hofes gewöhnlich mißachtete und mit ungepudertem Gesicht ging, trug sie heute die maskenhafte weiße Bemalung, um die allzu sichtbaren Spuren ihrer Gram zu verstecken. Sie schwärzte ihre Zähne als ein Zeichen der Ehrfurcht vor den Herren des Unterwelt-Königreiches von *Emma-O*.

Das *shonanuka*, die erste Siebentagezeremonie, war eine stille und beherrschte Feier. Masaka las die erwarteten Gebete, entzündete Kerzen und brachte den zehn himmlischen Richtern ein Speiseopfer. Das alles verrichtete sie mit einer knappen, beinahe geschäftsmäßigen Nüchternheit und unterdrückte alle Gefühle in einer Weise, die Nami bedrückte. Die arme Masaka; die Anstrengung, ihren Kummer zu beherrschen, hatte sie versteinern lassen.

Die weißgeschminkten Gesichter und die starren Blicke der schwarzgekleideten Hofdamen leuchteten geisterhaft aus dem Halbdunkel, als sie ihre symbolischen Opfergaben darbrachten.

Nach dem *shonanuka* kam die Anweisung der Nii-Dono, daß Nami ihre Schwiegermutter verlassen und in den Haushalt ihrer Hofdame Michimori übersiedeln solle. Die gebieterische Form des Befehls verdroß Nami; doch war sie erleichtert, der niederdrückenden Atmosphäre des Hauses der Frauen zu entkommen.

Sie erinnerte sich unbestimmt, der Hofdame Michimori vor einigen Jahren begegnet zu sein. Damals war Nami mit Chikara verheiratet gewesen und hatte im Mittelpunkt der

Hofgesellschaft von Heian gestanden. Wenn ihre Erinnerung sie nicht trog, war die Michimori eine dumme, neurasthenische Frau, die jähen Stimmungswechseln unterworfen war, einen Tag ganz Fröhlichkeit und Lachen, am nächsten unzugänglich und mürrisch. Aber sie mußte ungefähr in Namis Alter sein, und Gerüchte wollten wissen, daß auch sie ein Kind erwarte.

Namis Habseligkeiten wurden zum *shinden* der Michimori gebracht, einer Ansammlung von mehreren Häusern um einen Garten mit einem künstlichen See. Nami erhielt ein Zimmer im Westflügel des Haupthauses mit Blick auf die Inlandsee, wo Hunderte von kleineren und größeren Wasserfahrzeugen vor Anker lagen. Dieser Ausblick hätte sie zu anderen Zeiten begeistert; jetzt erinnerte er sie nur, wie öde und freudlos ihre Leben geworden war.

Kurz nachdem sie sich eingerichtet hatte, erschien ein Diener mit einer schön gepinselten Einladung, mit dem Herrn des Hauses und seiner Gemahlin zu Abend zu essen. Als ihr Gast blieb ihr keine Wahl; sie mußte die Einladung dankend annehmen.

Sie wusch sich Puder und Schminke vom Gesicht und bürstete ihre Zähne, bis das Zahnfleisch blutete. Die Zähne blieben grau, aber sie hatte einen ersten Schritt zur Selbstbehauptung getan.

Einige Zeit später wurde zaghaft an den Rahmen der Schiebetür geklopft. Nami fragte, wer draußen sei.

»Hisako Michimori, darf ich mit Euch sprechen?«

Nami war nicht begierig, Konversation zu machen, konnte sich ihrer Gastgeberin aber nicht verweigern. »Tretet ein«, sagte sie, »und vergebt mir, daß ich nicht auf Besuch vorbereitet bin.«

Die Tür glitt zur Seite, und Hisako Michimori trat ein. Sie trug ein blaues Obergewand über einer Menge blaßgrüner Untergewänder, und ihr Haar glänzte von stundenlangem Bürsten. Ihr weißes Gesicht war sorgfältig mit gemalten grauen und kirschroten Lippen geschminkt. Eine Dame ihres Standes verbrachte einen Großteil ihrer Zeit vor dem Spiegel.

Nami rebellierte gegen die starren Regeln der Hofetikette,

die diese Gesichtsbemalung von beiden Geschlechtern verlangte; sie war froh, daß sie ihr Gesicht abgewaschen hatte.

Die Dame des Hauses lächelte mit geschwärzten Zähnen. »Ich bin erfreut, Euch als Gast in meinem Haus zu haben. Wir werden fröhliche Tage miteinander verbringen, wenn mein Gemahl abwesend ist.« Sie hob schnell eine Hand an den Mund. »Oh, ich hoffe, ich habe Euch nicht gekränkt. Ich dachte nicht daran, daß Ihr Witwe seid.«

Nami nickte kläglich. »*Hai*, mein geliebter Gemahl ist tot. Ich trauere um ihn, aber Ihr habt mich nicht gekränkt. Ich bin sicher, daß wir gute Freundinnen werden.«

»Auch ich bin dessen sicher.« Hisaku Michimori strahlte. »Und wenn ich annehmen darf...« Sie brach ab, schlug den Blick nieder. »Wenn Eure Trauerperiode endet... können wir an Freier denken, Männer von Rang und Ansehen...«

Namis Stirnrunzeln blieb unbemerkt. Sie war entsetzt über die Vorstellung, daß ein anderer als Yoshi ihr den Hof machen oder sie gar berühren könnte.

»Bitte! Ich kann nicht an einen anderen Mann als meinen geliebten toten Gemahl denken.«

Hisaku Michimori hatte ihre Rede kaum unterbrochen. »Einen Mann wie Taira Koremori, der ein lieber Freund von uns ist.«

Nami war doppelt entsetzt. Der Name Koremori rief in ihr eine unerfreuliche Erinnerung wach. Er war der General, der in der Schlacht von Hiuchi-Yama eine Armee von annähernd hunderttausend Mann gegen Yoshis achthundert Verteidiger geführt hatte, ein grausamer General, der nach der Schlacht die Köpfe der gefallenen Gegner einsammeln ließ.

Nami machte eine höfliche Verbeugung. »Obwohl Taira Koremori Euer Freund ist, bin ich nicht bereit, ihn oder irgendeinen anderen als Freier zu empfangen.«

»Ihr müßt mir vergeben. Ich dachte... Oh, es tut mir so leid.« Hisako Michimori trat zurück. »Bitte erlaubt mir, von vorn anzufangen. Vergebt mir, daß ich so anmaßend war.«

»*Hai*, fangen wir von vorn an.«

Eine Stunde später saß Nami auf einer Schilfmatte ihren Gastgebern gegenüber. Die Michimoris musterten sie aus den Augenwinkeln und machten höfliche Konversation, während Diener für jeden einzelnen vierbeinige lackierte Tabletts auftrugen, die Schalen mit Reis, Rüben und getrockneten *koi*, Karpfen enthielten; ein Gericht von glückverheißender Bedeutung, da das Wort *koi* auch ›Liebe‹ bedeutete.

Zuerst kostete Nami nur von dem Essen, um höflich zu sein, entdeckte jedoch rasch, daß sie heißhungrig war. Sobald sie angefangen hatte, konnte sie nicht mehr aufhören, bis die Schalen vor ihr leer waren. Der kräftige Geschmack der Rüben, das salzige Aroma des getrockneten *koi* mundeten ihr besser als die ausgesuchtesten Delikatessen, und sie aß mit dem Appetit eines Arbeiters. Zu spät bemerkte sie, daß der Herr des Hauses, ein noch jüngerer Mann mit rundem Gesicht und einem dünnen Ziegenbart in der Mitte des Kinns, zu ihr herüberstarrte, als wäre sie ein seltenes Tier. Hisako Michimori war angestrengt bemüht, ein Kichern zu unterdrücken.

Nami errötete, dann brach sie in Gelächter aus... es war das erste Mal, daß sie seit Yoshis Tod gelacht hatte.

Ihre Gastgeber machten große Augen. Ein seltsames Geschöpf war ihnen da aufgebürdet worden, eine Frau, die Puder und Schminke verschmähte, deren Zähne – die Grabsteine der Seele – unhöflich aus ihrem Mund leuchteten, die alles, was man ihr vorsetzte, mit dem Appetit einer Bergziege aß. Wie peinlich... und wie komisch!

Michimori legte den Kopf zurück, schürzte die Lippen, hüstelte und schnaufte, bemüht, nicht laut über seinen Gast zu lachen. Seine Frau konnte nicht länger an sich halten und platzte laut heraus.

Der Damm der Zurückhaltung war gebrochen; Namis Anspannung löste sich, ihre Gefühle machten sich in ihrem Lachen Luft, einem unkontrollierten Sturzbach von Gefühlen, der sich bald verausgabte und in erschöpftem Schluchzen endete. Wie konnte sie sich erlaubt haben zu lachen, wenn sie in Trauer war? Ach, Yoshi, wie konnte sie ihn so bald vergessen?

Hisako Michimori versuchte sie zu trösten, bis auch sie von der Stimmung angesteckt wurde und zu schluchzen begann. Michimori verdrehte die Augen mit dem Ausdruck resignierter Verständnislosigkeit. Frauen!

Als ihr Weinen nachließ, waren Nami und Hisako Michimori beide erschöpft. Der Hausherr räusperte sich und sagte zu seiner Frau: »Deine Tränen bringen meinem Herzen Traurigkeit, denn morgen werde ich über die Inlandsee nach Ichino-tani segeln, und ich nehme deine Tränen als ein Zeichen, daß ich dort den Tod finden werde.« Sein Gesicht umwölkte sich, und seine Augen wurden feucht. Seine Frau begann von neuem zu weinen.

Nami suchte sie zu trösten, doch als ihr klar wurde, daß es der letzte Abend war, den die Eheleute zusammen verbringen konnten, entschuldigte sie sich und zog sich zurück, daß die beiden Trost beieinander fänden.

Später, als sie in ihrem Zimmer lag, unfähig einzuschlafen, dachte sie darüber nach, wie falsch sie Hisako Michimori beurteilt hatte. Labil und schwierig? Das Gegenteil war wahr. Gewiß war die Frau nervös und voll Angst über die Aussicht, daß ihr Mann in den Krieg zog... das war natürlich. Aber Hisako Michimoris Mitgefühl hatte Nami über einen Gefühlsausbruch hinweggeholfen. Trotz ihres eigenen Kummers war Nami dankbar, daß sie in Yashima eine Gefährtin gefunden hatte, mit der sie die Ungewißheiten des Lebens teilen konnte.

Ihre letzten Gedanken, bevor sie einschlief, galten der Nii-Dono; sie fragte sich, warum die Witwe des Großkanzlers darauf bestanden hatte, daß Nami in den Haushalt der Michimori aufgenommen werde. Vielleicht irrte sie in ihrem Urteil über die Nii-Dono. Sie hatte angenommen, daß die alte Frau sie wegen ihrer Verbindung mit Yoshi haßte... und doch war sie ihr zu Hilfe gekommen. Hatte sie auch die Nii-Dono falsch eingeschätzt?

22

Eine Stunde nach Tagesanbruch, zur Stunde des Hasen, war der Kampf um die Verteidigungsstellung in den Ikuta-Wäldern wieder in vollem Gang. Taira Shigehira hatte einen Ausfall gegen die geschwächten und verwirrten Minamoto unternommen; seine Krieger waren mit dem ersten Licht durch das Tor vorgestürmt, fünf Reiter nebeneinander und in einer Kolonne von einhundert Pferden, die sich Steigbügel an Steigbügel vorwärtsdrängten. In der Schneise außerhalb der Verteidigungslinien fächerten sie aus und griffen durch den Wald an. Die Haufen toter Männer und Pferde von den Kämpfen des Vortages behinderten anfangs die Entfaltung, aber dann gewann der Angriff an Schwungkraft, und die Taira trieben die bereits desorganisierten Minamoto aus ihrem Lager und weiter zurück.

General Noriyori ritt wie ein Besessener von Abteilung zu Abteilung, sammelte Versprengte, organisierte die Verteidigung und rief seine Krieger auf, standzuhalten und den Feind zurückzuschlagen. Allmählich gelang es ihm so, den Widerstand zu organisieren, seinen Kriegern Mut zu machen, und das Kriegsglück schien sich den Minamoto zuzuwenden, die den fünfhundert angreifenden Reitern zahlenmäßig um ein Mehrfaches überlegen waren. In dem waldigen, unübersichtlichen Gelände löste sich der Kampf in Einzelaktionen auf. Kleine Trupps von Samurai stießen aufeinander, forderten den Gegner heraus und kämpften Mann gegen Mann um Ruhm und Beute. Die Krieger beider Seiten waren gepanzert, aber immer wieder fanden Schwerter und Stoßlanzen Blößen in der Deckung des Gegners und versetzten ihm tödliche Wunden.

Gras und Unterholz wurden zertrampelt und mit Blut Hunderter von Kriegern gedüngt. Die Taira, verzweifelt entschlossen, ihren Anfangserfolg auszunützen und ihr Territorium zu befreien, begannen wieder die Oberhand zu gewinnen. Die Minamoto zogen sich weiter zurück.

General Taira Shigehira sah sich bestätigt; seine Vorbereitungen hatten den erwarteten Erfolg gebracht. Gestern waren die Minamoto vor seinen Verteidigungslinien verblutet, und heute hatte er sie mit seinem Ausfall überrumpelt und in die Flucht geschlagen. Endlich, nach Jahren militärischer Mißerfolge, hatten die Taira ihre Feinde das Laufen gelehrt. Shigehira übergab das Kommando über die Ikuta-Front seinem Stellvertreter und ritt nach Westen, um die Verteidigung bei Ichi-no-tani zu leiten.

Der Taira-Brückenkopf zwischen Ikuta und Ichi-no-tani war elf Kilometer breit. Shigehira wurde, während er die neu angelegte Verbindungsstraße entlangtrabte, überall von Kriegern und Anhängern der Taira gegrüßt; Krieger winkten von ihren Militärstationen, kamen aus ihren hastig errichteten Blockhäusern, sich zu verneigen und ihm Erfolg zu wünschen.

In seinem *hitatare* von dunkelblauer Seide, mit Stickereien von Felsen und Seevögeln in Gold, einer Rüstung mit purpurnen Riemen, einem Helm mit ausladenden vergoldeten Hörnern, war er ganz die heroische Kriegergestalt. Selbst sein Pferd, der berühmte Doji-Kage, trug eine mit Gold bestickte Satteldecke und goldbeschlagenes Zaumzeug.

Als Ichi-no-tani schon in Sichtweite lag, zog Shigehira mit einem so harten Ruck an den Zügeln, daß sein prachtvoller Hengst sich erschrocken aufbäumte. Ein Stück vor ihm jagten zwei Hirsche in hohen Fluchten über den Weg. Sie kamen aus der Richtung der nördlichen Klippen und hielten auf die Küste zu. Was hatte ihre Panik verursacht? Der gleichmäßige Trommelschlag von den Fronten im Osten und Westen? Die lärmenden Kämpfe, Schreie und Rufe? Das alles war nichts Neues, und selbst wenn die Hirsche von dem Lärm, dem Blutgeruch und der Verwirrung in Schrecken versetzt worden waren, blieb die Frage offen, warum sie die Sicherheit der Berge und der bewaldeten Talausläufer verlassen hatten? Ein unbehagliches Gefühl verursachte Shigehira Magendrücken.

Er warf Doji-Kage herum und galoppierte den Hirschen nach. Er konnte nicht glauben, daß etwas in den Steilhängen und Kliffs diese Tiere mehr in Schrecken versetzen konnte als die Nähe der Menschen im Küstenstreifen.

Die zwei Hirsche rannten in ihrer kopflosen Flucht durch einen Weiler aus niedrigen, strohbedeckten Hütten. Männer und Frauen riefen verwirrt durcheinander. »Was ist geschehen?« fragte einer. »Was hat es zu bedeuten?« rief ein anderer. »Greift der Feind von oben an?« rief ein dritter.

Wie aus dem Boden gewachsen, erschien vor den fliehenden Tieren ein Taira in fuchsroten und pfirsichfarbenen Hofgewändern; er spannte seinen Bogen und schoß einen Pfeil auf den Leithirsch. Das Tier war noch nicht gefallen, als ein zweiter Pfeil den anderen Hirsch tötete. Der Taira ging zu den erlegten Tieren und verkündete mit lauter Stimme: »Ich bin Echizen-no-sammi Michimori. Ich bin gerade aus Yashima eingetroffen, aber ich sage Euch, daß der Feind, sollte er versuchen, den Weg dieser Hirsche zu nehmen, das nämliche Schicksal erleiden wird.« Er posierte mit einem Fuß auf seiner Jagdbeute und zeigte geschwärzte Zähne in einem Siegerlächeln.

Shigehira wurde zornig. Ein Angriff über die Steilhänge? Ausgeschlossen! Der Feind konnte dort nicht herunter, er selbst hatte die Höhen des Kliffs und Steilhänge inspiziert und für unpassierbar erklärt. Dieser Geck hatte das Unmögliche kurzerhand für möglich erklärt. Es ging nicht an, derartige Panikmache zu unterstützen. die Bewohner des Weilers umstanden die toten Hirsche, murmelten schlimme Befürchtungen über Minamoto, die von den Bergen herabkämen. Shigehira erkannte, daß sie der Panik nahe waren. Jahre verlorener Schlachten gegen die Minamoto hatten ihre Zuversicht und ihr Vertrauen interminiert.

Shigehira sagte in kaltem und drohendem Ton: »Michimori, Ihr seid der König der Dummköpfe. Ihr vergeudet gute Pfeile mit dem Erlegen von Hirschen. Jeder Pfeil, den Ihr im Köcher habt, sollte einen Minamoto-Barbaren töten. Nach der Schlacht werden wir über eine geeignete Bestrafung Eurer Dummheit sprechen. Bis dahin aber will ich nichts mehr von Minamoto hören, die wie böse Geister aus den Wolken herabschweben.«

Michimoris rundes Gesicht war unter Puder und Schminke erbleicht. Er verneigte sich.

»*Hai*, General Shigehira.«

Shigehira stieß seinem Hengst die Absätze in die Flanken und drehte ihn in einem so engen Kreis herum, daß der ernüchterte Michimori mit Erdklumpen, Gras und Sand bespritzt wurde. Dann ließ er Doji-Kage die Zügel schießen und galoppierte weiter nach Ichi-no-tani.

23

Dreihundert Minamoto-Krieger ritten durch lichten Bergwald über den Steilabstürzen der Kliffs und suchten den Abstieg zur Küstenebene. Sie waren vierhundert Meter über dem befestigten Brückenkopf der Taira. Der mit Unterholz durchsetzte Laubwald wuchs beinahe bis zum Rand der Klippen. An manchen Stellen führte ihr Pfad die Reiter nahe genug an den Abgrund heran, daß sie über die Morgennebel hinaus in die Ferne blicken konnten, wo auf der ruhigen, in der Morgensonne glitzernden See Hunderte von Schiffen und Booten der Taira ankerten. Seevögel und Mauerschwalben zogen ihre Kreise unterhalb der Ebene der Beobachter und durchbohrten die Morgenstille mit heiseren, schrillen Rufen. Das Lärmen der Kriegstrommeln wurde vom ablandigen Wind auf die See hinausgetragen und war hier in der Höhe als ein fernes, schwaches Grollen vernehmbar, beinahe wie ein Naturgeräusch.

Washio Saburo, der fünfzehnjährige Jäger, führte die Reiter zu Fuß an. Yoshi, Benkai und Yoshitsune ritten unmittelbar hinter ihm. »Der Junge hat nichts gefunden«, sagte Yoshitsune. »Vielleicht hatte er recht, und es gibt keinen gangbaren Pfad.« Er nahm seinen Helm ab und wischte sich die Stirn mit dem seidenen Ärmel.

»Der Nebel löst sich auf«, sagte Benkai. »Zu unseren Füßen ist eine Ansammlung von Häusern. Sie könnte genausogut im Land der vier Könige sein; wir kommen nicht hinunter.« Seine tiefe Stimme erhob sich zu einem Winseln enttäuschter Resignation.

»Nicht so laut«, sagte Yoshitsune. Obwohl er nicht mehr daran glaubte, daß sie einen Pfad zur Küstenebene finden würden, wollte er das Unternehmen nicht durch Achtlosigkeit in Gefahr bringen. »Der Feind könnte uns hören.«

»Schwerlich«, erwiderte Yoshi. »Mit dem Brandungsgeräusch und dem Lärm ihrer eigenen Trommeln...« Er ließ den Satz unvollendet, denn in diesem Augenblick sah er in einiger Entfernung Bewegung zwischen den Bäumen. Er winkte Yoshitsune und Benkai, Stillschweigen zu bewahren.

»Nördlich von uns sind mehrere Hirsche«, sagte Yoshi mit halblauter Stimme. »Washio, rechts voraus verbergen sich Hirsche und warten, bis wir vorbei sind. Siehst du... dort...« Er zeigte zu einem kleinen Flecken bräunlich gelber Farbe im verschiedenfarbigen Grün der Büsche und Bäume. »Kannst du sie umgehen und rufen und Lärm machen, wenn du hinter ihnen bist?«

»Zu welchem Zweck?« flüsterte Yoshitsune.

»Wann Washio sie treibt, werden die Hirsche die Flucht ergreifen und auf dem ihnen bekannten Wechsel talwärts fliehen, um uns auszuweichen.«

Yoshitsune war nicht ganz überzeugt. »Und wenn sie uns nicht den Gefallen tun?«

»Dann werden wir nach Ikuta zurückkehren müssen, um uns General Noriyori anzuschließen.«

Yoshitsune preßte die Lippen zusammen. »Das können wir nicht machen. Gut, Yoshi. Euer Plan ist alles, was wir vorerst haben. Wenn er gelingt, werde ich tiefer denn je in Eurer Schuld sein.«

»Die Schuld ist bei mir«, sagte Yoshi höflich. »Wir müssen achtgeben, bevor die Hirsche verschwinden. Los, Washio.«

Der Junge nickte und lief davon, so leichtfüßig und lautlos, wie nur ein Jäger laufen konnte.

Yoshi und Yoshitsune warteten und beobachteten. Nach einer Weile hörten sie Washio rufen und mit einem Stock gegen Baumstämme schlagen. Einen Augenblick später brachen hundert Schritte voraus zwei Hirsche und eine Hirschkuh aus dem Unterholz.

»Aufgepaßt«, sagte Yoshi. »Wohin laufen sie?«

»Ich sah sie kaum, so schnell waren sie.«

»Das Gebüsch dort, nahe am Kamm. Schnell.« Yoshi trieb sein Pferd mit den Knien und ritt langsam, gefolgt von Yoshitsune, auf die Stelle zu, wo das Wild verschwunden war.

»Da ist nichts«, sagte Yoshitsune. »Kein Pfad, nichts.«

»Aber wo Hirsche gehen können, können auch Pferde gehen«, sagte Yoshi. »Da *ist* ein Wildwechsel! Durch die Büsche.«

Benkai kam mit den ersten Reitern der Kolonne nach. Er lenkte sein Pferd neben Yoshi, spähte durch das Gebüsch, reckte den Hals, um den Steilhang einzusehen, und sagte: »Kein Pferd kann diesen Wildwechsel nehmen und lebendig unten ankommen.«

Wenn ein so mutiger und entschlossener Krieger wie Benkai sagte, ein Durchkommen sei unmöglich, wer würde daran zweifeln? Seine Bemerkung entmutigte Yoshitsune und alle, die sie gehört hatten.

Der ganze Feldzug konnte mit einem Fehlschlag enden, wenn die Reiter den Abstieg nicht bewerkstelligten und die Überraschung des Gegners mißlang. Das Opfer, das Yoshi gebracht hatte, als er seine Frau in Okitsu zurückgelassen hatte, wäre nutzlos. Yoshi war ein widerwilliger Krieger, aber er hatte sich bereit erklärt, seine Pflicht zu tun, und, was schwerer wog, er hatte sein Ansehen als Taktiker mit der Durchführbarkeit des Planes verknüpft. Ein Scheitern konnte allzuleicht seinen in Jahren erworbenen Ruf als General und Truppenführer zerstören. Nein, sagte er sich, das Leben war nichts wert – hatte das Gewicht einer Feder –, wenn es in Feigheit verbracht werden mußte.

Er saß ab, bog die Sträucher auseinander, zwischen denen der Wildwechsel hinabführte, und folgte der deutlich ausgetretenen Fährte ein Stück den Steilhang hinab, um ihre Gangbarkeit zu untersuchen. Dann stieg er schweigend wieder hinauf, schwang sich in den Sattel und sagte: »Sind unsere Pferde weniger mutig und trittsicher als ein Hirsch? Sind wir weniger geschickt? Ein guter Reiter kann sein Pferd beherrschen und es dorthin lenken, wo er will. Der Wildwechsel führt durch steiles Gelände, aber er nutzt die Möglichkeiten, die es bietet, sehr klug aus. Ich halte den Abstieg für möglich, wenn jeder die gebotene Vorsicht walten läßt. Wer nicht das Herz hat, mir zu folgen, möge bleiben und als Feigling leben.«

Mit diesen Worten nickte er Yoshitsune zu, der sich im Sattel umwandte und rief: »*Hai*! Ja! Yoshi spricht die Wahrheit.

Mit Mut und Vorsicht werden wir den Abstieg bewältigen. Folgt uns, wenn ihr die Kraft und das Herz dazu habt.« Er lenkte sein Pferd hinter Yoshis, und sie ritten auf dem Wildwechsel durch das Buschwerk zum Rand des Steilhanges und hinunter.

Hinter ihnen rief Benkai mit ruhiger Stimme: »Niemand ist mutiger als der Mönch von Sakuramoto. Ich, Musashi-bo Benkai, werde meinem Führer folgen, und wenn es in den Tod gehen sollte!«

Andere nahmen den Ruf auf, und nach und nach, einzeln und in Gruppen von zwei und drei Reitern, bewegten sich dreihundert Berittene auf dem schmalen Wildwechsel über den Steilhang. Von Yoshi und Yoshitsune geführt, arbeiteten sie sich über Felsstufen, durch Gebüsch und steile Geröllhalden abwärts. Wie jeder Jäger und Waldläufer weiß, nützen Wildwechsel das Gelände sehr geschickt aus, doch gab es immer wieder Stellen, wo die Reiter absitzen und die Pferde am Zügel führen mußten, und überaus steile Passagen, wo die Pferde fast auf der Hinterhand aßen und ihre Reiter sich so weit zurücklehnten, daß sie in ebenerem Gelände von der Kruppe gefallen wären. Drei Pferde verloren den Halt; ihre Reiter konnten noch rechtzeitig abspringen, bevor sie ihre Pferde über Felsen und Geröll in den Tod stürzen sahen. Die Masse der Reiter sammelte sich auf einer breiten Felsterrasse einige fünfzig Meter über den bewachsenen Schuttkegeln, die zum bewaldeten Rand der Küstenebene überleiteten.

Als die Truppe zusammengefunden hatte, standen die Pferde Seite an Seite, und diejenigen am Rand der Felsterrasse schnaubten unruhig, warfen die Köpfe hoch und drängten zurück.

Die Truppe war mehr als zweihundert Höhenmeter über buschbewachsene steile Schutthalten, gestufte Felsen und rutschige Grashänge abgestiegen. Unter ihnen waren große, moosbedeckte Blöcke, zwischen denen sich Bäume angesiedelt hatten. Die Reiter blickten abwechselnd hinunter und den Weg hinauf, den sie gekommen waren, und jeder wußte, daß sie niemals den Aufstieg mit ihren Pferden würden bewältigen können. Der obere Rand der Steilhänge war so unerreichbar wie Tsukiyomis Mondgesicht. Die Gesichter der Reiter waren bleich und angespannt, kaum einer sagte etwas. Sie beteten zu Hachiman, zu Buddha, zum ganzen Pantheon der buddhistischen und shintoistischen Gottheiten. Es war eine Sache, im Kampf zu fallen, eine andere aber, in die Tiefe zu stürzen und auf dem Felsen zerschmettert zu werden. Nicht wenige, die in der Hitze des Kampfes bedenkenlos ihr Leben aufs Spiel gesetzt hätten, bedauerten, daß sie sich zu diesem tollkühnen Unternehmen freiwillig gemeldet hatten.

»Wie können die Hirsche von hier weitergekommen sein?« fragte Yoshitsune.

»Es muß eine Fortsetzung des Wildwechsels geben, und wir müssen sie finden.« Yoshi wußte, was er zu tun hatte. Das Leben hatte ihn gelehrt, daß schnelles und entschiedenes Handeln nötig war, wenn man nur eine Wahl hatte. Auf der Felsterrasse längere Zeit auszuharren, konnte tödlich ausgehen. Es bestand nicht nur Gefahr, daß einzelne Pferde mit ihren Reitern über den Rand zu Tode stürzten, sondern der unvermeidliche Lärm von dreihundert auf engem Raum zusammengedrängten Reitern konnte auch feindliche Posten aufmerksam machen und eine feindliche Streitmacht anlocken, ehe sie Bewegungsfreiheit haben würden.

Yoshi zwang sich zur Ruhe, saß ab und suchte gemeinsam mit Washio den Rand der langen Felsterrasse nach der Stelle ab, wo der Wildwechsel weiterführte. Es war schwierig, da kein Erdreich die Fährten bewahrte. Nur die hellen Kratzspuren der Hufe auf dem Stein, die da und dort beschädigte Moosdecke und vereinzelte Losung zeigten ihnen schließlich, wo es weiterging. Es war ein gefährlicher Abschnitt, zumal die Pferde mit ihren beschlagenen Hufen gegenüber den spreizbaren Hufen der Hirsche im steilen Felsgelände benachteiligt waren.

Yoshi saß wieder auf, gab den anderen das Zeichen, ihm zu folgen und sagte das *Nembutsu*, um seine Seele im Jenseits zu beschützen. Er fügte ein besonderes Gebet für Nami hinzu, erbat ihre Vergebung und ihr Verständnis. Dann drängte er, weit im Sattel zurückgelehnt, sein Pferd über den Rand und hinab durch die halsbrecherisch steile Blockwildnis.

24

Entlang der westlichen Verteidigungsstellung bei Ichi-notani lagen die Leichen der gefallenen Minamoto-Krieger zuhauf.

Doi Sanehira, der Minamoto-General, war ein Soldat der alten Schule, tüchtig, tapfer und auf das Wohl seiner Leute bedacht. Er war nicht dumm, aber die durchgehende Verteidigungsstellung ließ ihm wenig Möglichkeit, taktisches Geschick auszuspielen. Es gab keinen Wald, in dessen Schutz man sich heranarbeiten konnte, nur ein paar hundert Meter struppiges Gras und Sand zwischen dem Kliff und der See. Hinzu kam, daß er den Verteidigern zahlenmäßig zwei zu eins unterlegen war. Trotzdem hatte er wiederholt konzentrierte Angriffe vorgetragen, um die Verteidigungslinie an bestimmten Stellen durch Schwerpunktbildung zu durchbrechen. Alle Versuche waren gescheitert, und für jeden gefallenen Taira hatte er fünf Minamoto-Krieger verloren.

Doi Sanehira war niedergeschlagen und angewidert von seinem Mißerfolg, dem Gemetzel, dem Geruch des Todes und den Schreien der Verwundeten. Er gab seinen Kriegern Befehl, außer Bogenschußweite zurückzugehen. Die Verteidigungsanlagen waren unüberwindlich, und Doi Sanehiras Männer starben vergebens.

Von der Mauer seiner Verteidigungslinie sah General Taira Shigehira den geschlagenen Feind abziehen. Er berief einen Kriegsrat seiner Befehlshaber. Als sie sich versammelt hatten, sagte er: »Unsere zahlenmäßige Überlegenheit und die Stärke unserer Befestigungen haben die Minamoto verwirrt und ihnen schwere Verluste zugefügt. Sobald Doi Sanehiras Armee vernichtet ist, werden wir unsere Anstrengungen auf Noriyori vor Ikuta konzentrieren und seine Streitkräfte dort ebenso vernichten.« Die Kommandeure applaudierten. Shigehira genoß diesen Augenblick des Erfolges, doch blieb ihm bewußt, daß der ganze Sieg noch lange nicht errungen war.

Immerhin war der Erfolg seiner Maßnahmen ein erster Lichtblick nach den schweren Niederlagen der Vergangenheit. Die Nii-Dono, seine Mutter, würde bald von seinem Erfolg erfahren und seinen Namen an die erste Stelle vor den

Munemoris setzen. Mochte sein älterer Bruder sich den Mondbetrachtungen und Dichterwettbewerben hingeben; nach dem heutigen Sieg würde Shigehira das Oberhaupt der Sippe sein.

Er gab seinen Kommandeuren Befehl, die Vorbereitungen für das nächste Stadium der Schlacht zu treffen, einen gleichzeitigen Ausfall an beiden Fronten, um die geschwächten und verwirrten Minamoto gänzlich zu vernichten. Dann ließ er einen Boten kommen. Als er seine Meldung an Munemori und die Nii-Dono auf die Papierrolle pinselte, fiel es ihm schwer, die Erregung zu beherrschen, die in ihm siedete. Das beste Maulbeerpapier und ein fester kalligraphischer Strich würden seiner Mutter verraten, wem jetzt die Führung gebührte. Er faltete die Botschaft, legte sie in einen flachen Teakholzkasten und versiegelte ihn.

Er befahl dem Boten, an Bord eines schnellen Bootes zu gehen und nach Yashima zu segeln, bevor der Gegenangriff eingeleitet wurde. Er lächelte befriedigt. Die versiegelte Botschaft berichtete der Nii-Dono und Munemori von seinem Erfolg und lud den Hof von Yashima ein, an Bord von Schiffen zu gehen und nach Ichi-no-tani zu segeln, wo nach dem Sieg über die Minamoto rasch entschieden werden mußte, ob – die Schwäche des Gegners nutzend – ohne weiteren Verzug eine Offensive zur Rückeroberung der Hauptstadt geführt werden solle.

Shigehiras Pferd stand an der Spitze der Angriffskolonne am Tor der Mauer bei Ichi-no-tani. Er hob seinen *gumbai*, den Signalfächer mit dem roten Drachenmotiv in die Höhe. »Schlagt und zerstreut die Minamoto! Treibt sie in die See, zerschlagt ihre Reihen und vernichtet sie bis auf den letzten Mann. Ich will die Köpfe der Anführer. Keine Gefangenen«, befahl er. Siebentausend Reiter waren hinter dem Tor massiert. Shigehira senkte den Fächer; die Torflügel wurden geöffnet, und die Taira strömten hinaus, überfluteten in Verfolgung der zweitausend kampfmüden Minamoto die schmale Küstenebene.

Yoshis Brauner arbeitete sich ängstlich schnaubend und auf dem nackten Fels immer wieder ausgleitend die steile Blockhalde hinab. Yoshi lag weit rückwärts gebeugt im Sattel, konnte nicht sehen, wohin das Pferd die Hufe setzte, und mußte es dem Instinkt des Tieres überlassen, dem leichter gangbaren Wildwechsel zu folgen; er hatte keine Möglichkeit, dem Tier dabei zu helfen. Hinter ihm ertönten nervöse Kommandos und unterdrückte Flüche, als Yoshitsunes Krieger sich in seinem scheinbar selbstmörderischen Abstieg anschlossen.

Yoshis Sinne waren auf eine übernatürliche Weise geschärft. In diesen Augenblicken, die seine letzten sein konnten, hörte er alles – entfernten Schlachtenlärm, das Rollen der Kriegstrommeln, Vogelrufe, das Kratzen der Hufeisen auf hartem Fels, das Knarren von Lederzeug. Er roch den eigenen Schweiß, das nervöse Pferd, die Salzluft über der Inlandsee, das frische Grün und die Frühlingsblumen, die zwischen den durcheinandergeworfenen Blöcken wuchsen. Er sah das Kaleidoskop von Himmel, Ebene, Wald und See, die Strohdächer von Bauernhäusern am Fuß der Schutthalden halb versteckt zwischen den Bäumen. »Amida Buddha *Nyorai*«, schnaufte er, als sein Pferd auf wankenden Beinen den weniger steilen, mit Gras und Sträuchern halb überwachsenen Schutthang am Fuße des Steilgeländes erreichte. Er blieb still im Sattel sitzen und gab dem Braunen eine Verschnaufpause, bevor er ihn weitergehen ließ.

Nach und nach folgten die anderen in einer langen und lückenhaften Kolonne im Gänsemarsch. Viele Krieger waren abgestiegen und führten ihre Reittiere am Zügel. Als die Truppe sich unter den Bäumen am Fuß des letzten Abhanges versammelte, stellte sich heraus, daß mehrere Pferde Beinbrüche erlitten hatten und getötet werden mußten; ein halbes Dutzend Samurai waren abgeworfen worden oder gestürzt und hatten Verletzungen davongetragen. Ein Mann hatte sich den Hals gebrochen. Aber sie waren auf ebenem Boden im Inneren des feindlichen Brückenkopfes... im Rücken der Verteidigungsanlagen!

Ein paar Bauern aus den strohgedeckten Hütten sahen

sie und rannten brüllend durch den Wald davon zur Küste, um die Taira zu warnen.

Yoshitsune erkannte, daß ihm nicht viel Zeit blieb, wenn er den Überraschungseffekt nützen wollte. Rasch versammelte er Benkai und seine anderen Unterführer um sich. »Ihr, Sato Tsuginobu, greift mit hundert Reitern die Verteidigungslinie bei Ikuta an.« Zu Tsuginobus Bruder, Sato Tadanobu gewandt, sagte er: »Ihr reitet mit weiteren hundert nach Ichino-tani. Yoshi, Benkai und der Rest der Männer werden bei mir bleiben. Wir werden Gefangene machen und eingreifen, wo Not am Mann ist. Aber zuerst ein Signal an Taira Shigehira! Zündet Fackeln an, setzt die Häuser in Brand!«

General Shigehira war kaum durch das Tor, als er hinter sich lautes Geschrei und verzweifelte Rufe vernahm. Dunkle Rauchwolken stiegen zum Himmel auf. Die Siedlungen und Dörfer in der Enklave brannten.

Jemand rief: »Die Minamoto haben die Ikuta-Linie durchbrochen. Sie greifen uns im Rücken an!«

Der Ruf verbreitete sich wie ein Lauffeuer. Im Nu brach Panik aus, völlige, kopflose Panik. Die meisten Krieger waren keine Samurai oder Söldner, denen das Kriegshandwerk Lebensinhalt war. Sie waren Bauern, die man in den Provinzen des Sanyado und des Nankaido ausgehoben hatte. Sie verließen die Front; manche drängten zurück durch das Tor, andere ritten in die See und versuchten die Sicherheit der vor Anker liegenden Boote zu erreichen.

General Shigehira, der den sicheren Sieg innerhalb von Augenblicken ohne Not zuschanden gehen sah, galoppierte den Strand entlang den fliehenden Kriegern nach. »Kehrt um, ihr Feiglinge. Wir sind weit zahlreicher als der Feind. Steht und kämpft!«

Seine Worte verhallten ungehört in der geräuschvollen Panik ihrer Flucht.

»Dummköpfe, Lumpengesindel!« schrie er. »Warum tut ihr mir das an?«

Der Minamoto-General Doi Sanehira hatte seine Krieger aus dem Wirkungsbereich der feindlichen Bogenschützen zurückgezogen. Als die Taira-Krieger in dichten Massen durch das Tor bei Ichi-no-tani drängten und zum Angriff übergingen, war Shigehira bereit, die Niederlage einzugestehen. Dann sah er die Rauchsäulen von den Dörfern im Inneren des Brückenkopfes aufsteigen, und auch er glaubte, Minamoto Noriyori sei bei Ikuta durch die Verteidigungslinie gebrochen.

»Jetzt, Männer!« brüllte er. »Macht kehrt und kämpft. Noriyori ist durchgebrochen. Die Taira sind an ihrem Strand eingeschlossen. Wir könnten sie zwischen Hammer und Amboß zerschmettern.« Unterstützt von seinen Unterführern, setzte er sich an die Spitze und galoppierte zum Angriff gegen die unschlüssig durcheinanderdrängende, ungeordnete Masse der Taira-Krieger.

Wieder prallten die Gegner in Hunderten von individuellen Zweikämpfen aufeinander, in denen die Samurai einander ihre Namen und Vatersnamen und Herausforderungen zuriefen. Obschon in der Minderzahl, hatten die Minamoto jetzt die Schwungkraft und den Kampfgeist auf ihrer Seite. Als die Handvoll von Yoshitsunes Reitern die Taira im Rükken angriff, dachten diese, ihre Verteidigungsstellen im Osten seien durchbrochen worden. Die Panik verbreitete sich durch die ganze Enklave von Ichi-no-tani bis zu den Wäldern von Ikuta. Die Taira-Krieger gaben ihre Sache verloren, flohen zum Wasser und ließen ihre uneinnehmbaren Befestigungsmauern und Palisaden unbemannt. Minamoto Noriyoris Krieger sahen den Widerstand des Gegners dahinschmelzen, griffen die östliche Verteidigungslinie an und rammten das Tor auf. Ihr Erscheinen im Brückenkopf bewirkte den völligen Zusammenbruch jeder organisierten Verteidigung von Seiten der Taira, deren Streitmacht aufgab und zu den Schiffen floh.

Doi Sanehira, der die ins Wasser hinauswatenden Massen der feindlichen Krieger sah, befahl seinen Truppen, den übrigen Taira den Fluchtweg abzuschneiden. »Im Namen unseres Herrn Yoritomo und des abgedankten Kaisers Go-Shirakawa«, sagte er, »bringt mir die Köpfe der Anführer.«

25

Echizen-no-sammi Michimori, in dunkelblauer Rüstung mit schwarzen Lederriemen über Gewändern mit Weidenmuster, befehligte einen Trupp Reiter. Erst vor kurzem aus Yashima gekommen, waren er und seine Krieger unter den letzten, welche die Verteidigungsanlagen räumten. Als er die Rauchsäulen sah und wenig später den Rückzugsbefehl hörte, rief er seine Truppe in der Nähe des Tores zusammen. Wenn Noriyoris Streitkräfte bei Ikuta durchgebrochen waren, war die Schlacht verloren. Er gab seinen Leuten Befehl, sich entlang der Rückseite der Mauer zum Wasser zurückzuziehen. »Wir werden an Bord der Schiffe gehen und leben, um ein andermal einen aussichtsreicheren Kampf zu führen«, sagte er.

Am Ufer aber herrschte ein wildes Durcheinander, wie eine Illustration aus einer Abhandlung über die *Avichi*-Höllen. Zu Hunderten trieben Reiter ihre Pferde ins Wasser, um auf irgendeinem der ungezählten Wasserfahrzeuge – von kleinen Fischerbooten bis zu großen Kriegsschiffen –, die dicht unter Land ankerten, einen Platz zu finden. Ohne auf Rufe und Herausforderungen aus einer Gruppe von Minamoto zu achten, ließ Michimori sich von einem treuen Gefolgsmann, einem Jüngling namens Kenda, den Rücken freihalten und trieb sein Pferd in die See.

Michimoris großer Rappe war bis zum goldlackierten Sattel im Wasser, als ein Minamoto-Krieger seine kostbare Rüstung erspähte und ihm nachjagte. Michimori drängte sein Pferd schneller voran und gab vor, die Herausforderung nicht zu hören, die ihm durch den Lärm ans Ohr drang.

»Ich, Okabe-no-Rokuyata Tadazumi, Krieger aus Musashi, Gefolgsmann des Kriegsherrn Yoshitsune, erkläre mich jedem Taira überlegen. Stellt Euch zum Kampf, wenn Ihr es wagt!«

Michimori war trotz seines rundlichen Gesichts und der maskenhaft aufgetragenen Schminke ein ausgebildeter Fechter. Er hatte sich jahrelang mit der Reit- und Fechtkunst befaßt. Daß er die Herausforderung nicht annahm, gereichte ihm selbst in seinen eigenen Augen zur Schande, doch war er darum nicht weniger entschlossen, den Tag zu überleben. Er trieb sein Pferd vorwärts; es hatte Mühe, sich unter der Last seines gepanzerten Reiters über Wasser zu halten.

Michimori und sein Gefolgsmann waren bereits in Reichweite eines der Boote, als der Wind seine Segel füllte und es seewärts davontrieb.

Der Kampf war nicht zu vermeiden. Michimori befahl seinem Gefolgsmann, sich zurückzuhalten. »Ich werde gegen diesen Barbaren siegen«, sagte er, »doch sollte ich durch einen ungünstigen Zufall erschlagen werden, bring meiner Frau die Botschaft und sag ihr, daß meine letzten Gedanken ihr galten.«

Michimori lenkte sein Pferd herum und in flaches Wasser. Er zog sein Langschwert, und als er Tadazumi passierte, machte er eine hohe Finte und schlug aus der Rückhand auf die Brustplatte des Minamoto-Samurai. Tadazumi geriet aus dem Gleichgewicht, aber seine Rüstung hielt. Mit einem Fluch drehte er sein Pferd und griff Michimori an.

Die Pferde waren bis zu den Bäuchen im Wasser. Schnelle Bewegung war unmöglich, und der steinige, unebene Grund machte jedes Manöver ungewiß. Tadazumi holte zu einem wilden *san-no-do*-Rumpfspalter aus. Michimori parierte und antwortete mit einem gefährlichen *kami-tatewari*, einem Abwärtshieb zwischen Hals und Schultern, der dem Helm des Minamoto ein Horn abbrach.

Um sie herum wogten Krieger beider Armeen im verzweifelten Kampf, in einer Kakophonie von Kriegsschreien, Schwertergeklirr, Pferdegewieher und den Schreien der Verwundeten. Alle waren in ihren eigenen Kampf um Leben und Tod verstrickt, ob sie wollten oder nicht. Tadazumi konnte nicht auf Hilfe von seinen Kampfgenossen zählen. Er war allein inmitten von tausend chaotischen Zweikämpfen Mann gegen Mann und wußte, daß sein Leben verspielt war, wenn er nicht die Oberhand gewinnen konnte. Er mußte einen weiteren Schlag auf seine stählerne Schulterplatte hinnehmen, der seinen Arm gefühllose machte. Die Pferde stampften Flanke an Flanke; Tadazumi kam mit Michimori ins Handgemenge und zog mit verzweifelter Kraft an seinem Arm. Die Pferde drängten auseinander, und im nächsten Augenblick fielen beide Männer aus ihren Sätteln und klatschten ins Wasser. Tadazumi war oben. Er krümmte seinen Schwertarm um Michimoris Kehle und hielt ihn unter Wasser.

Michimori stieß blasigen Schaum aus. Waffenlos zerrte er blindlings an dem Arm, der seine Kehle beengte. Nur der fünfteilige Lamellenhalsschutz verhinderte, daß er erdrosselt wurde.

Plötzlich ließ der Druck auf seine Kehle nach. Er stemmte die Beine gegen den steinigen Boden und hob den Kopf über die Oberfläche. Er blies Wasser aus Nase und Mund, wischte sich die Augen und sah den jungen Kenda im Rücken des Minamoto-Kriegers. Kenda stieß und hackte mit einem Dolch auf den Gegner ein, aber die Klinge vermochte gegen die schweren Schichten aus Stahl und hartem Leder nichts auszurichten. Der Minamoto war im Begriff, Kenda mit dem Kurzschwert zu erledigen, als Michimori seine Aufmerksamkeit durch einen Ruf lange genug ablenkte, daß der junge Mann aus dem Gefahrenbereich waten konnte.

Michimori hatte seinem Gefolgsmann das Leben gerettet, aber nun stand er unbewaffnet und nach Atem ringend da, und Seewasser rann ihm salzig in die Augen; sein blasses rundes Gesicht war blau vor Kälte und Sauerstoffmangel. Er hob einen Arm in einer Geste der Kapitulation, doch der Minamoto-Krieger griff an und schlug mit dem Kurzschwert einen *wakige* von der Seite aufwärts in die Achselhöhle. Die Klinge biß zwischen Michimoris Rumpfpanzer und den Armschutz durch Fleisch und Knochen und durchtrennte die Armarterie.

Michimoris Augen weiteten sich im Schock; er blickte an sich herab und sah mit jedem Herzschlag einen Wasserfall von Blut aus der Wunde spritzen. »Kenda«, keuchte er. »Ich bin erledigt. Entkomme, solange du kannst. Geh und sag meiner Gemahlin, daß ich mit dem Gedanken an sie starb. Schwöre es.«

Kenda platschte rückwärts gehend durch das Wasser, bis er sein Pferd erreichte; er war unfähig, seinen Blick von der schrecklichen Wunde zu wenden, die sein Herr erlitten hatte. Er saß widerwillig auf und sagte: »Ich werde es ihr sagen. Ich schwöre es bei meinem Leben.« Dann trieb er sein Pferd aus dem flachen Wasser auf den Strand.

Michimori kehrte dem Minamoto-Barbaren den Rücken zu, blickte nach Westen und sagte sein letztes Gebet. »O Amida *Nyorai*, die ihr Licht durch die zehn Quartiere der Welt ergießt, nimm mich auf in deinen strahlenden Himmel, wenn ich Deinen Namen nenne. Amida Buddha *Nyorai* ...«

Als Michimori die letzten Worte hervorstieß, blickten seine Augen auf zum Westlichen Paradies. Tadazumi schwang sein Schwert mit aller Kraft und schlug ihm den Kopf ab.

Der Minamoto-Krieger hob den behelmten Kopf aus der See, bevor er versinken und von der Unterströmung hinausgespült werden konnte, dann steckte er ihn auf seine Schwertspitze und reckte diese in die Höhe. Indem er die Trophäe zu den Tausenden von Kriegern schwenkte, die ringsumher am Strand um ihr Leben kämpften, brüllte er triumphierend: »Echizen-no-sammi Michimori, erschlagen von Okabe-no-Rokuyata Tadazumi aus Musashi.« Am Ufer und in der See herrschte jedoch soviel Verwirrung und Lärm, daß niemand ihn hörte oder bemerkte.

26

Am Nachmittag, Stunden nach dem Sieg über die Taira, hielt General Yoshitsune eine Versammlung der Truppenführer ab, um die Verteilung der Streitkräfte auf die Ortschaften des eroberten Küstenstreifens zu besprechen. Yoshi kommandierte keine eigenen Truppen; er war der Pflicht zur Teilnahme entbunden und begrüßte die Gelegenheit, allein zu sein.

Die Taira hatten nur eine vorübergehende Niederlage erlitten. Zwar hatten sie ihren Brückenkopf bei Ichi-no-tani verloren, und die Rückeroberung der Hauptstadt war damit in weite Ferne gerückt, doch hatten sie Tausende von Schiffen und ausgebildete Mannschaften unter ihrem Befehl, beherrschten die südlichen Inseln Kyushu und Shikoku und blieben mithin eine bedeutende Kraft im Lande. Überdies besaßen sie die drei Kaiserlichen Throninsignien, und der junge Kaiser war einer der ihren. Der Kampf zwischen Taira und Minamoto war noch lange nicht zu Ende... Yoshi aber glaubte, daß er seine Pflicht gegen Yoritomo und den abgedankten Kaiser erfüllt hatte.

Er wanderte ostwärts den Strand entlang; in den Schlachten von Hiuchi-Jama und an der Brücke von Uji hatte er genug Brutalität und Greuel gesehen, um gegen menschliche Grausamkeit abgehärtet zu sein. Doch was er am Strand zwischen Ichi-no-tani und den Wäldern von Ikuta sehen mußte, ließ ihn an der Menschheit verzweifeln.

Die meisten Frauen der Taira waren beim Ausbruch der Feindseligkeiten an Bord der Schiffe in Sicherheit gebracht worden. Die wenigen, die zurückgeblieben waren, wurden ebenso wie die Bauersfrauen der Siedlungen gequält, geschändet und ermordet. Männliche Gefangene wurden nicht besser behandelt, es sei denn, man hatte Aussicht, ein Lösegeld für sie zu bekommen. Schreie drangen aus den vom Feuer verschonten Hütten und Häusern, wo gefangene Taira von Kriegern, deren sexueller Appetit nicht zwischen Männern und Frauen unterschied, mißbraucht wurden.

Yoshi war überzeugt, daß die Angelegenheiten der Menschen von einem bösen *kami* gelenkt wurden. Gab es irgendwo eine andere Lebensart, wo Güte triumphierte? Er erinnerte sich des Mönches Eisai und ihrer Begegnung im Gasthaus. Der Mann hatte einen inneren Frieden ausgestrahlt, der vermuten ließ, daß er das Geheimnis von Güte und Glück gefunden hatte. Yoshis Gedanken gingen zu Nami. Würde sie mit ihm gehen, wenn er den Lehren eines Mannes wie Eisai folgte?

Als Yoshi am Ufer entlangwanderte, breitete sich leichter Nebel barmherzig über dem Wasser aus und verbarg die Abfälle des Krieges. Die Lichter der Taira-Schiffe schimmerten herüber; die Schiffe ankerten jetzt in weiterer Entfernung vom Ufer. Da und dort kreuzten Schiffe scheinbar ziellos in Sichtweite des Ufers, als könnten ihre Kapitäne sich nicht entschließen, vor Anker zu gehen.

Viele kleine Boote, die keine Anker besaßen, wurden von der Gezeitenströmung zur Provinz Kii getragen, andere gerieten vor Ashiya in ungeschützte Gewässer, wo sie dem Seewind des Ozeans ausgesetzt waren. Sie waren vor der Felsenküste von Suma, wo sie aus dem Gefahrenbereich der stürmischen See und der Felsklippen zu rudern versuchten, kaum noch auszumachen.

Der Seenebel verfärbte sich im Widerschein des Sonnenuntergangs erst rosig, dann purpurn, um mit der Nacht zu verschmelzen. Die ersten Sterne sprenkelten den samtigen Himmel. Wieder einmal ignorierte die Natur die Bestialität des Menschen und überdeckte Schreckensszenen mit einem Zauberbann von Schönheit.

Yoshis Betrachtungen wurden von dumpfen Hufschlägen unterbrochen, die sich rasch näherten. Ein einsamer Reiter jagte im gestreckten Galopp den Strand entlang. Das Pferd schäumte, sein Reiter war tief über seinen Hals gebeugt.

Tsukiyomi beleuchtete die Szene mit kühlem weißen Licht: Yoshi, vier Schritte vom Rand der auslaufenden Brandung; der Reiter, der Yoshi noch nicht bemerkt hatte und wenige Meter an ihm vorbeikommen mußte.

Der Reiter war eine Person von Rang. Seine Rüstung, farblos im Mondlicht, war von feinster Qualität, sein seidener *hitatare* mit einem Storchenmuster bestickt, der Helm mit ausladendem Gehörn geschmückt, das Pferd kostbar ausstaffiert. Ein dunkelfarbiger Umhang flatterte im Wind, zwei Schwerter schimmerten mit Goldlackierung. Hinter dem fliehenden Reiter galoppierten zwei Verfolger in Pfeilschußweite.

Das Pferd befand sich auf der gleichen Höhe wie Yoshi, als ein Pfeil vom Bogen eines der Verfolger einen Zufallstreffer erzielte und die Pferdekruppe nahe der Schwanzwurzel traf. Das Pferd wieherte, geriet aus dem Tritt und warf seinen Reiter ab. Der Mann fiel schwer in den Sand, verlor seinen Helm und blieb benommen auf dem Bauch liegen. Yoshi ging zu ihm, wälzte ihn herum und sah einen Jungen, eine Vision männlicher Schönheit: kleine Nase, glatte, bemalte weiße Wangen, langgezogene, klare Augen, Gesichtszüge, die zu jung waren, um von den rauhen Realitäten des Lebens gezeichnet zu sein. Der Junge öffnete den Mund und zeigte geschwärzte Zähne. »Tötet mich, Herr«, keuchte er. »Bitte.«

Die Verfolger kamen herangaloppiert; nur Sekunden blieben bis zu ihrem Eintreffen. Yoshi kniete neben dem Jungen nieder und zischte: »Schnell, sag mir deinen Namen. Ich werde dich verschonen, wenn ich kann.«

»Wer seid Ihr?« In der Stimme des Jungen war Argwohn.

»Eine Person ohne Bedeutung. Tadamori Yoshi. Und du?«

Die Augen des Jungen weiteten sich. »Der General«, sagte er in Ehrfurcht. »Ich weiß von Euch. Bitte, Herr, nehmt meinen Kopf, bevor die anderen mich erreichen.«

»Es mag bereits zu spät sein. Dein Name?«

»Taiyu-Atsumori, Sohn von Shuri-no-Taiyu Tsunemori«, rief er in Verzweiflung.

»Amida Buddha, hilf uns.« Yoshi fühlte sich von widerstreitenden Empfindungen hin und her gerissen. Der Sieg der Minamoto würde vom Leben oder Tod des Jungen unbeeinflußt bleiben, aber... sein Vater war einer der meistgehaßten Männer am Hof der Taira. Dieser Junge würde für die Missetaten seines Vaters schreckliche Schmerzen und Erniedrigungen erleiden müssen. Es war zu spät, ihm zur Flucht zu verhelfen. Selbst wenn es gelänge, wohin sollte er sich wenden? Die Taira-Schiffe waren außer Reichweite. Samurai der Minamoto durchkämmten jeden Fußbreit der Küstenebene zwischen Ichi-no-tani und Ikuta auf der Suche nach Versprengten und Beute.

Die Verfolger zügelten ihre Reittiere im aufspritzenden Sand. Yoshi erkannte sie beide: den alten Haudegen Doi Sanehira, Befehlshaber bei Ichi-no-tani, und seinen Adjutanten Kajiwara Kagetoki, einen schmalgesichtigen Mann mit Adlernase und einem stacheligen schwarzen Bart.

»Unser Gefangener, General Yoshi«, sagte Doi Sanehira. »Überlaßt ihn mir.«

Kagetoki echote: »Unser. Übergebt ihn uns, so daß wir ein Exempel statuieren können.«

»Er ist noch ein Kind.« Yoshi wußte, daß Jugend keinen Grund zur Verschonung darstellte; das Tribunal der Minamoto würde sogar den Tod der gesamten Familie Atsumoris verlangen.

»Ein Kind seines Vaters. Er muß für die Taten Shuri-no-Taiyus leiden.«

Yoshi schätzte Kagetoki nicht, einen grausamen, harten Mann aus dem Norden, und ihm mißfiel sein Ton. Hartnäckiger Zorn kam in Yoshi auf. Der Junge war dem Untergang geweiht, nichts konnte ihn retten. Aber als er Atsumoris entsetztes junges Gesicht sah, erkannte Yoshi, daß er den Jungen nicht der Folter ausliefern konnte.

Hatten die Götter Atsumori als ein Zeichen zu Yoshi geschickt? Er wußte es nicht, zog aber seinen Kriegsfächer unter dem Gewand hervor und sagte: »Er ist mein Gefangener.«

Sofort fuhr Kagetokis Hand zum Schwert, doch ehe er es ziehen konnte, hielt Doi Sanehira ihn zurück. »Laßt Yoshi den Gefangenen einbringen«, befahl er. »Es gibt heute abend noch mehr Beute zu machen.«

Kagetokis Augen schienen sich fast zu schließen. »Ich will diesen!«

Ohne ihn zu beachten, beugte sich Yoshi zu Atsumoris bleichem Gesicht und flüsterte: »Ich würde dein Leben verschonen, wenn ich könnte, aber das ist nicht möglich. Soll ich dich diesen Männern übergeben?«

»Bitte, tötet mich zuerst.«

»Ich habe ein Gelübde abgelegt...« fing Yoshi an.

»Bitte, Ihr müßt es tun. Sagt ein Gebet, daß ich den zehn Königen entgehe. Ich spreche Euch von der Schuld an meinem Tod los. Bitte...« Der Junge schluchzte hemmungslos.

Yoshis Kehle war zugeschnürt, er konnte kaum sprechen. Er beugte sich über das Ohr des Jungen und sagte: »Ich habe kein Schwert.«

»Nehmt meins«, sagte Atsumori. »Nehmt rasch meinen Kopf, ich bitte Euch.«

Yoshi seufzte. Zögernd streckte er die Hand nach dem golden lackierten Schwertgriff aus.

Wie schmerzlich war die Pflicht eines Kriegers. Yoshi erreichte in diesen Augenblicken einen Wendepunkt in seinem Leben. Als seine Hand das kühle, glatte Heft des *katana* umfaßte, erkannte er, daß er nicht länger ein Krieger sein konnte. Mochten Yoritomo und Yoshitsune fordern, befehlen und drohen, Yoshi war entschlossen, diese letzte schmerzliche Entscheidung für den Tod zu treffen, dann wollte er zu Nami zurückkehren und sein Leben ihr und der Bevölkerung von Suruga widmen. Es war genug!

Yoshi zog das Schwert aus der Scheide, und ehe er sich eines anderen besinnen konnte, holte er aus und ließ die Klinge in einem sauberen Streich niedersausen, der Atsumoris Kopf vom Rumpf trennte.

Der Körper des Jungen wurde von einer krampfhaften Zuckung geschüttelt, Blut ergoß sich auf den Sand. Schönheit und Jugend waren in einem Augenblick zerstört. Yoshi war angewidert von dieser Erinnerung an die Sterblichkeit des Menschen.

Kagetoki schnaufte zornig, erbittert über die entgangene Beute. Er zeigte zu einem Gegenstand neben dem Toten. »Was ist das? Ich will es.«

Atsumoris letzte Zuckung hatte einen Beutel aus Brokatstoff aus seiner Hand fallen lassen; er lag kläglich in einer Pfütze Seewasser. Kagetoki beugte sich aus dem Sattel, um das Beutestück mit der Schwertspitze aufzunehmen, aber Yoshi kam ihm mit schnellem Zugriff zuvor.

Die Beute war Yoshi gleichgültig, aber um des toten Jungen willen sollte Kagetoki sie nicht haben.

»Das Ding gehört von Rechts wegen mir«, rief Kagetoki. Sein Gesicht lief dunkel an, und mit einer zornigen Geste schwang er das Schwert über dem Kopf.

Yoshi spreizte die Beine mit leicht angewinkelten Knien in Fechterhaltung und hielt das Schwert des Jungen vor sich, so daß die Spitze auf Kagetokis Gesicht gerichtet war. Trauer und Selbstekel über die erzwungene Tötung des Jungen ließ ihn alle vernünftige Rücksicht vergessen. Er hatte den Jungen erschlagen, nun würde er den wahren Mörder töten. Energie strömte aus der Erde, auf der er stand, zu einem Punkt in seiner Mitte, dem Zentrum der *chi*-Kraft. Er war bereit.

Doi Sanehira rettete die Situation. »Kommt, Kagetoki, gegen General Yoshi zu kämpfen ist Selbstmord. Ich befehle Euch, Euer Schwert einzustecken und mir zu folgen.« Er warf sein Pferd herum und ritt davon. Kagetoki funkelte Yoshi an, dann stieß er sein Schwert widerwillig in die Scheide und murmelte: »Eines Tages... General!«

Bevor Yoshi ihn daran hindern konnte, beugte er sich weit aus dem Sattel und ergriff den Haarknoten am Kopf des Jungen. Mit einem höhnisch-triumphierenden Grinsen hielt er die Trophäe in die Höhe, gab seinem Pferd die Sporen und galoppierte Doi Sanehira nach.

Yoshi öffnete den Brokatbeutel; er enthielt eine alte Flöte. Sein Herz krampfte sich von neuem zusammen. Der Junge war ein Musiker gewesen, kein Krieger.

Es war zuviel. Stets schien Brutalität über Schönheit und Güte zu triumphieren. In diesem Augenblick reifte in Yoshi der Entschluß, am nächsten Morgen die Heimreise nach Okitsu anzutreten. Seine Züge verhärteten sich. Nichts und niemand würde ihn zurückhalten. Sei Entschluß war unwiderruflich.

Die ganze Nacht kniete Yoshi im Gebet bei Atsumoris kopflosem Leichnam. Als die Sonne aufging, erhob er sich steifbeinig, überzeugt, daß er alles in seinen Kräften Stehende für den Eingang des Jungen ins Westliche Paradies getan hatte. Die sterbliche Hülle hatte keine Bedeutung mehr; Yoshi ging fort und überließ es den Barbaren, die das Schlachtfeld nach Beute absuchten, den Toten seiner Rüstung zu berauben.

27

Die Hauptkajüte des Staatsschiffes war von einer blakenden Öllampe beleuchtet, die der stickigen Luft einen rauchig-süßlichen Geruch verlieh und mit den stampfenden Bewegungen des Schiffes schaukelte. Es gab keine Bullaugen, aber dünne Lichtbahnen des sonnigen Morgens fielen durch Ritzen zwischen den Balken aus Kampferholz.

Das Stampfen des Schiffes und die schlechte Luft in der Kajüte mit ihren Gerüchen nach Kampferholz, brennendem Öl, Jasminparfüm und Schweiß schlugen Hisako Michimori auf den Magen. Sie war bei Tagesanbruch geweckt und in die Hauptkajüte gerufen worden, um ihrer Herrin aufzuwarten. Sie servierte der Nii-Dono, die hinter einem *kicho*, einem transportablen Wandschirm auf einer kleinen Plattform saß, eine Schale mit Früchten auf einem Tablett. Auf einer Seite des *kicho* saß der junge Kaiser Antoku, verwirrt und von Seekrankheit geplagt. Munemori, in seinen bevorzugten roten und weißen Gewändern, lehnte auf der anderen Seite auf einer Armstütze.

Vor der Plattform stand Koremori, angetan mit einer blauen Rüstung und hellvioletten Gewändern. Sein Haarknoten hatte sich gelockert, sein volles, kantiges Gesicht schien unter der weißen Maske von Puder und Schminke geschrumpft. Er war kurz vor Tagesanbruch an Bord gekommen und mußte noch Munemori und seiner Großmutter Meldung machen. Er war vom Schiffskapitän Tanabe Saburo und seinem Ersten Offizier flankiert.

Gerüchte verlauteten, daß auf dem Festland eine erbitterte Schlacht tobte. Natürlich zerschmetterten die wohlvorbereiteten Taira-Krieger die barbarischen Eindringlinge. General Shigehiras Botschaft vom Vortag hatte das deutlich gemacht; sie besagte, daß die Minamoto sich geschlagen zurückzögen, und regte an, daß die Nii-Dono und Munemori so bald als möglich von Yashima nach Ichi-no-tani segelten, um an Ort und Stelle über das weitere Vorgehen zu entscheiden.

Die Schlacht war gewonnen, denn anderslautende Nachrichten lagen nicht vor. Aber warum war Koremori, der an der Schlacht teilgenommen hatte, so niedergedrückt?

»Laß uns deinen Bericht mit deinen eigenen Worten hören«, forderte Munemori seinen Neffen auf.

Koremori verneigte sich und begann ohne Vorrede: »Wir waren am Tor von Ichi-no-tani und griffen den weichenden Feind an, als uns von rückwärts eine Warnung erreichte; der Feind war bei Ikuta durch die Verteidigungslinie gebrochen. Häuser und Dörfer brannten, Rauch stieg zum Himmel auf.

Die Minamoto waren bereits durch die Ortschaften Fukuhara, Hyogo und Suma vorgedrungen und griffen uns in voller Stärke im Rücken an. Die meisten von Onkel Shigehiras Samurai verfolgten die Reste von Doi Sanehiras Armee. In Ichi-no-tani waren zu wenige von uns zurückgeblieben, um einem Großangriff von hinten zu widerstehen. Onkel Shigehira gab Befehl, wir sollten uns zum Strand zurückziehen, an

Bord der Schiffe gehen und uns retten, um den Kampf an einem anderen Tag fortzusetzen.

Wir galoppierten zum Strand, inmitten von Hunderten individueller Zweikämpfe. Ich war entsetzt zu sehen, wie Freunde und Verbündete – Männer wie Kogo-gu-no-suke Tsunemasa, Bitchu-no-kami Kiyofusa und Echizen-nosammi Michimori ihre Köpfe an die Barbaren verloren...«

Als sie so vom Schicksal ihres Mannes erfuhr, stieß Hisako Michimori einen durchdringenden Schrei aus und brach zusammen.

Die Nii-Dono ignorierte sie. »General Shigehira versicherte mir, daß die Verteidigungsstellungen uneinnehmbar und die Minamoto besiegt wären. Wie konnten sie diese Verteidigungslinien durchbrechen?« fragte sie mit scharfer Stimme hinter ihrem Vorhang. Der jugendliche Kaiser wimmerte. Plötzlich fegte die Nii-Dono ihren Vorhang beiseite und rief: »Wo warst du? Was tatest du? Und wo ist General Shigehira?«

»Ich hatte soeben eines unserer Boote erreicht«, antwortete Koremori, »als ich General Shigehira auf Doji-Kage ins Wasser reiten sah. Er versuchte mein Boot zu erreichen, aber sein Pferd scheute in den Brandungswellen; er saß ab. ›Komm näher‹, befahl er. Wir konnten nicht; unser Kiel stieß auf Sand, und nur die Anstrengungen unserer Ruderer verhinderten, daß wir aufliefen.

Er watete zu uns, bis das Wasser ihm bis an die Brust stand. Bevor er seine Rüstung ablegen konnte, um das letzte Stück zu schwimmen, umringten ihn zehn Reiter. Er muß erkannt haben, daß er verloren war, riß sein *tanto* aus der Scheide und schickte sich an, *seppuku* zu begehen. Ich hörte ihn das *Nembutsu* rufen, doch ehe er sich den Leib öffnen konnte, warf sich der Anführer der Minamoto auf ihn und rang mit ihm im Wasser.

Unser Boot stieß vom Strand ab und fuhr seewärts davon, als ich den General gebunden über den Sattel des Minamoto geworfen sah, als Gefangenen.«

Das Gesicht der Nii-Dono schrumpfte zu einer runzligen, schmerzlichen Maske, als Koremori geendet hatte. Shigehira war ihr Lieblingssohn, der einzige mit militärischen und staatsmännischen Fähigkeiten. Koremori hatte zum dritten Mal versagt. Antoku war zu jung. Nun ruhte die Zukunft der Sippe allein auf Munemoris Schultern.

Munemoris rundes Gesicht drückte widerstreitende Empfindungen aus. Kein Shigehira mehr. Nun würde er nicht nur nominell, sondern tatsächlich Oberhaupt der Familie sein. »Wie schrecklich«, lispelte er. »Welch ein Schicksal für meinen lieben Bruder.« Er zupfte an seinem roten Übergewand. Antoku schnupfte. Koremori hatte den Blick auf die Decksplanken niedergeschlagen.

Die Versammelten schwiegen, bis die Nii-Dono das Wort nahm und in knapper Entschiedenheit sagte: »Ich verlange eine Untersuchung, warum es den Minamoto gelang, unsere Verteidigung zu durchbrechen, und warum mein Sohn außerstande war, sein Leben in Sicherheit zu bringen, während so viele andere das ihre retten konnten.« Sie beugte sich aus dem Vorhangrahmen und zeigte zu Hisako Michimoris leblos liegender Gestalt. »Kapitän Tanabe, lassen Sie meine Hofdame zu ihrer Kabine tragen.« Sie machte eine gebieterische Bewegung mit dem Zeigefinger und wartete dann, bis ihr Befehl ausgeführt worden war.

»Eine gründliche Untersuchung... Wir müssen feststellen, wer für unsere Niederlage und den Verlust unserer besten Krieger verantwortlich war.«

Koremoris Blick blieb auf den Boden geheftet; sein Inneres war in Aufruhr. Die Nii-Dono durfte nie erfahren, daß er es gewesen war, der dem Kapitän des Schiffes Befehl gegeben hatte, vom Ufer abzustoßen und seinen Onkel Shigehira den Minamoto zu überlassen. Was hätte er sonst tun können? Wäre das Schiff näher an den Strand gekommen, hätte es ihn selbst das Leben kosten können.

28

Das flachgehende Schiff war von den steinernen Bugankern bis zu den drei Heckrudern dreißig Meter lang. Auf dem Deck gab es vier mit Giebeldächern gedeckte Aufbauten, die

Kajüten und Kabinen zum Wohnen und Schlafen enthielten. In diesen dunklen, zugigen Räumen hauste die Hofgesellschaft aus Yashima. Mannschaft und Wachsoldaten lebten und schliefen auf dem offenen Deck.

Nami und Hisako Michimori teilten eine der stinkenden Kabinen im Achterhaus. Die Kabine bestand aus zwei Schilfmatten, zwei hölzernen Kopfstützen und Wandschirmen, die sie gegen die anderen Kabinen abgrenzten. Die beiden nächsten Tage verbrachte Hisako Michimori abwechselnd in unruhigem Schlaf und heulendem Elend.

Bestätigende Meldungen über die Katastrophe bei Ichi-notani waren eingegangen. So viele Tote! Als Nami mit den Neuigkeiten zu Hisako Michimori kam, war es weniger der Schrecken der Niederlage, der sie deprimierte, sondern mehr noch ihr persönlicher Verlust und das Schuldgefühl, daß sie Michimoris Ahnung drohenden Unheils nicht ernst genommen hatte.

Hisako Michimori lag auf ihrer Matte, die sie nur zur Erledigung ihrer Notdurft verließ. Sie wusch sich nicht und ließ ihr Haar ungekämmt, was Nami besorgte, da sie die Hofdame als eine überaus reinliche und ordentliche Person kannte. Wenn Nami zu ihr sprach, antwortete sie zwischen den Schluchzern einsilbig und verneinend und verweigerte feste Nahrung. Ohne Schminke, ungekämmt und ungewaschen, mit grauer, ungesunder Haut, bot sie einen jämmerlichen Anblick.

Die meiste Zeit der zwei Tage, in denen das Schiff anscheinend ziellos vor der Küste kreuzte, kniete Nami an der Seite der Trauernden. Ging sie hinaus auf das Deck, um Luft zu schöpfen, sah sie in der Ferne Brände und schwarze Rauchsäulen, die alle Menschen an Bord der Schiffe der Schrecken erinnerten, denen sie entkommen waren. Am Nachmittag des zweiten Tages erbat Nami eine Audienz bei der Nii-Dono; sie wurde mit der Auskunft beschieden, daß die alte Dame in tiefer Trauer sei und niemanden empfange.

Am Morgen des dritten Tages kam Nachricht vom Kapitän, daß sie nach Yashima zurückkehren würden. Als Nami dies ihrer Gefährtin erzählte, rief diese: »Wie kann ich in das Heim zurückkehren, das ich mit meinem Herrn und Gemahl teilte? Wie kann ich leben, umgeben von tausend Erinnerungen an ihn?«

Nami suchte sie zu ermutigen. »Ich werde Euch helfen«, sagte sie. »Auch mein Yoshi ist tot. Ich habe niemanden als Euch... und Ihr habt mich. Gemeinsam können wir allen Entbehrungen und Härten standhalten, die der Kreislauf des Karma uns bringen mag.«

»O Nami, ich bin ein so selbstsüchtiges Geschöpf! Ich verdiene nicht zu leben. Wir kehren nach Yashima zurück und lassen die Körper unserer Männer in den Händen barbarischer Horden. Ohne meinen Mann habe ich keinen Grund zu leben.«

»Nicht doch, liebe Hisako, Ihr tragt sein Kind in Euch. Euer Kind muß leben.«

Hisako Michimori trocknete ihre Tränen und sagte mit bebender Stimme. »Jedesmal wenn ich das Kind sehe, werde ich an meinen Verlust erinnert... besser ist es, jetzt zu sterben und mit meinem Mann auf seinem Lotosblatt im Westlichen Paradies vereint zu sein.«

Nami war tief bekümmert über die hoffnungslose Selbstaufgabe, die sie aus Michimoris Worten heraushörte. Wie konnte sie ihr neuen Lebenswillen einflößen? »Wenn Ihr Eurem Kind ins Gesicht seht, wird es die Reinkarnation Eurer Liebe sein. In Eurem Kind wird ein Teil von ihm weiterleben.«

»Nami, Ihr seid eine liebe Freundin. Ich bin überreizt. Vergebt mir. Mit der Zeit werde ich mich an meinen Verlust gewöhnen.« Schluchzend fügte sie hinzu: »Das schwerste ist, den Mann zu vergessen, den ich mehr liebte als das Leben.« Ihre Stimme hob sich in einem schrillen Ausruf: »Ist die immerwährende Liebe, die ich schwur, nicht mehr als ein flüchtiger Gedanke?«

Nami ergriff ihre Hand, hielt sie fest zwischen ihren und sagte: »Ihr stellt diese Fragen, weil Ihr gequält und von Sinnen seid. Niemand kann sie beantworten. Befreit Euren Geist von den quälenden Gedanken und sagt Euch, daß Euer Karma der Wille der Götter ist. Ruht aus und überlegt dann, was Ihr sagt. Aber einstweilen müßt Ihr mir versprechen, daß Ihr nicht töricht und übereilt handeln werdet.«

»Ich verspreche es.«

Nami musterte sie mißtrauisch. Hisako Michimori hatte allzu bereitwillig geantwortet. Es blieb Nami nichts übrig, als sie im Auge zu behalten, falls sie sich etwas antun wollte. Sie sagte: »Wir brauchen einander, Ihr und ich. Sollte Euch etwas zustoßen, so wird auch mein Leben keinen Wert mehr haben, und ich werde Euch ins Westliche Paradies folgen.«

Am einundzwanzigsten Tag des dritten Monats, zur gleichen Zeit, als Nami das Leid ihrer Gefährtin zu lindern suchte, nahm Yoshi seinen Abschied von Yoshitsune.

»Welche zusätzliche Belohnung kann ich Euch geben?« fragte der Befehlshaber, bevor Yoshi ging. »Ohne Eure Hilfe hätten wir General Shigehira nicht gefangen, wir hätten den Weg über die Steilhänge nicht gefunden und würden noch heute vor den Befestigungen der Taira liegen.«

»Ich danke Euch, General Yoshitsune«, sagte Yoshi mit nüchterner Bescheidenheit. »Aber ich erbitte keine Belohnung, nur Eure Erlaubnis, zu meinem Leben als Landedelmann zurückzukehren. Ich bin angewidert vom Blutvergießen. Wieder war ich gezwungen zu töten... diesmal einen Höfling, der kaum dem Kindesalter entwachsen war.«

»Ihr tatet, was notwendig war, Yoshi. Ich gebe Euch frei. Kehrt nach Okitsu zurück. Ich werde es vor Go-Shirakawa und unserem Oberherrn Yoritomo verantworten. Ihr habt Eure Freiheit verdient, und ich hoffe, sie werden euch niemals weitere Opfer abverlangen. Nehmt an Kriegsbeute, was ihr begehrt, und geht mit meinem Segen.«

»Ich möchte nichts.«

»Dann macht Euch mit dem Schutz Yoshitsunes und der Götter auf den Weg.«

Yoshi, bewaffnet mit seinem hölzernen Schwert und einem Kriegsfächer, ritt seinen Braunen aus dem Lager. Die Sonne schien auf die funkelnde See. Frühlingsblumen wiegten sich in der Seebrise und entließen süßen Duft. Vögel und Insekten sangen, zirpten und trillerten. Sein Herz jubilierte; nur noch Tage trennten ihn vom Wiedersehen mit Nami.

In dieser Nacht war die See ruhig, und nur ein leiser Windhauch bewegte die herabhängenden Segel, als das Schiff mit Kurs auf Yashima langsam über die Inlandsee glitt. Der Mond warf einen geheimnisvollen, silbrig schimmernden Glanz auf die glatte Meeresoberfläche. Um zwei Uhr früh, zur Stunde des Ochsen, öffnete Hisako Michimori die Augen und lauschte Namis regelmäßigem Atmen. Ihr Herz klopfte so sehr, daß sie befürchtete, das Geräusch könne ihre Freundin wecken. Nein, Nami schlief. Michimoris Lippen bewegten sich in stummer Entschuldigung, dann erhob sie sich leise, hielt die dicken Schichten ihrer Gewänder fest an sich gedrückt und ging barfuß hinaus an Deck. Trotz ihres Umhanges fröstelte sie in der kühlen Nachtluft, als sie den Blick zum Viertelantlitz des Mondes hob.

Die Takelage knarrte leise, sie hörte den melancholischen Ruf eines ungesehenen Vogels über der See, das sanfte Klatschen des Wassers gegen den Rumpf und das leise Gemurmel der Wachhabenden an den Rudern. Der Mond verbreitete genug Licht, daß die schlafenden Gestalten der Besatzung auf dem hölzernen Deck klar zu erkennen waren. Hisako Michimori wickelte ihren dunklen Umhang fest um sich, die weißen Untergewänder zu verbergen, und machte einen Bogen um die Schlafenden.

Sie sagte ein stummes Gebet, rief die buddhistischen und shintoistischen Götter an, damit diese ihren Mann in der nächsten Welt leiteten. Sie sog die Seeluft ein, genoß ihr salziges Aroma, dann sagte sie laut: »Namu Amida Nyorai, vereint auf demselben Lotosblatt diese unzertrennlichen Eheleute.« Sie lächelte entschlossen in die Weite der See und des Himmels und trat über die Bordkante.

Nami erwachte mit einem Schreck und bemerkte sofort, daß Hisako Michimori fort war. Ihr Magen verkrampfte sich schmerzhaft, sie sprang auf und warf den Umhang um ihre Schultern. Als sie auf das Deck hinausstürzte, sah sie, daß es zu spät war. Die Rudergänger am Heck zeigten aufgeregt hinaus auf das mondbeschienene Wasser, wo ein weißlicher Fleck trieb. Auf dem Deck wurde es lebendig; Besatzungsmitglieder und Soldaten der Wache erhoben sich, durch den

Lärm aufgeschreckt von ihren Lagern. »Helft ihr!« rief Nami. »Es ist die Hofdame Michimori. Rettet sie... bitte...«

Der Kapitän befahl seinen Rudergängern, das Schiff auf Gegenkurs zu bringen und Fischhaken bereitzuhalten.

Der Mond glitt hinter Wolkenstreifen; das Schiff machte eine schwerfällige Halse und kreuzte langsam gegen die allzu schwache Brise. Dutzende von Männern drängten sich auf dem Deck und riefen durcheinander. Endlich kam der weiße Fleck längsseits: Hisako Michimoris weiße Untergewänder waren wie die Flügel eines Riesenrochens an der Meeresoberfläche ausgebreitet. Ein Matrose stieß einen Fischhaken an seiner langen Stange in die Gewänder und manövrierte die leblos treibende Gestalt an die Bordwand, wo sie von anderen Helfern ergriffen und aus dem Wasser gezogen wurde. Sie wurde auf das Deck gelegt und auf den Bauch gerollt. Wasser rann aus ihrem Haar und den durchnäßten Kleidern. Sie drückten ihr Wasser aus den Lungen, während Nami händeringend vor ihr kniete und rief: »Warum habt Ihr das getan? Warum habt Ihr Euer ungeborenes Kind vergessen? Sprecht zu mir. Bitte, bitte... nur einmal.«

Einer der Matrosen legte die Gerettete so über sein Knie, daß ihr Oberkörper herabhing, und ein Strom Wasser ergoß sich aus Mund und Nasenlöchern. Es sah aus, als ob sie hustete. Namis Herz tat einen Sprung. »Lebt! Lebt für mich... und Euer Kind.«

Nami achtete nicht auf die Seeleute und Mitglieder der Hofgesellschaft, die sie umringten, aber ihr entgingen nicht die verzagenden, hoffnungslosen Bemerkungen. Einige begannen zu beten. Andere ächzten und klagten. Alle waren niedergeschlagen.

Nami sagte sich, daß sie nicht aufgeben dürfe. Sie mußte ihre Freundin aus dem Land der zehn Könige zurücklocken. Sie hielt Hisako Michimori in ihren Armen, redete auf sie ein, drückte sie, suchte sie durch schiere Willenskraft ins Leben zurückzurufen. Aber der Körper in ihren Armen wurde kälter. Hisako Michimoris Seele war fortgeschlüpft, auf der Suche nach dem Lotosblatt, wo ihr Gemahl wartete.

29

Am Abend des achten Tages näherte Yoshi sich dem Satta-Berg. Die Felder der Bauern waren bestellt, es duftete nach feuchter Erde und frischem Grün. Yoshi sog die Luft dankbar und anerkennend ein. Kein Lichtschein drang aus den vereinzelten Bauernhäusern, die er passierte. In Kyoto arbeiteten die ›guten Leute‹ oft die Nacht durch, schrieben Gedichte über den Aufgang Amaterasus und schliefen tagsüber, aber hier, in den fernen Provinzen, bestimmten der Wechsel von Tag und Nacht und der Kreislauf der Jahreszeiten das Leben. Die Setzlinge der Reispflanzen wurden aus den Saatbeeten auf die überschwemmten Felder gepflanzt, und die Bauern arbeiteten vom Tagesanbruch bis zum Dunkelwerden. Sie nahmen sich kaum die Zeit zum Essen.

Der größte Teil der Ländereien, die von diesen Bauern bearbeitet wurden, gehörte zu Yoshis Besitz. Die Bauern waren Pächter, welche die Hälfte ihrer Ernteerträge an sein *shoen* abliefern mußten. Als Gegenleistung genossen sie den Schutz von Yoshis Samurai.

Gegen Mitternacht hörte er die hohlen Klänge der Tempelglocken von Seiken-ji, die die Stunde des Ebers einläuteten, und sein Herz klopfte schneller. Er tätschelte seinem Braunen den Hals und sprach ihm Ermutigung zu; sie hatten einen langen und anstrengenden Ritt hinter sich.

Als Yoshi vorsichtig den ausgefahrenen Weg hinauffritt, wo er gegen die *ninja* gekämpft hatte – war das erst vor drei Wochen gewesen? –, sah er einen seltsamen Hügel am Wegrand. Er zügelte das Pferd und stieg ab.

Ein Grab? Wo vorher keines gewesen war... hier im Feld, wo er die *ninja* bekämpft hatte und von Kurando gerettet worden war? Er führte das Pferd am Zügel näher. Eine Wolke verhüllte Tsukiyomis dünne Sichel und ließ ihn in Dunkelheit. Yoshi führte seine Fingerspitzen über die hölzerne Grabmarkierung, fühlte das rohe Holz an der Handfläche. Ah... die Wolke zog weiter. Er las: »Tadamori Yoshi, Gouverneur von Suruga, starb hier am fünften Tag des dritten Monats 1184.« Yoshi richtete sich auf, unfähig, die Bedeutung dieser Grabinschrift zu erfassen. Sein Name. Sein Titel. Das Datum seiner Abreise!

Seine Hände begannen zu zittern, und ein Frösteln überlief ihn. Mit einem Satz sprang er auf sein Pferd, trieb es mit ungewohnter Heftigkeit an und ritt im Galopp den Weg hinauf zur Burg.

Noch bevor er die letzte Biegung vor dem Tor des Mauerrings hinter sich brachte, roch er verbranntes Holz, einen schalen, alten Geruch, der nur Unheil bedeuten konnte.

Das sieben Meter hohe Tor stand halb offen, die Eisenbeschläge schimmerten matt im Mondlicht vor den schwarzen Eichenplanken. »Amida Buddha«, stöhnte Yoshi; das Tor sollte niemals unbewacht bleiben, geschweige denn offen, damit keine Banditen bei Nacht eindringen konnten. Er ritt in den verlassenen Hof. Sprachloses Entsetzen bemächtigte sich seiner.

Die Vorderfront der Burg war eine ausgebrannte Ruine. Fünf Stockwerke geschweifter Dachbalken und Giebel waren zusammengebrochen und hatten die unteren Geschosse zerstört.

»Ist jemand da?« rief Yoshi. Nutzlos. Wie konnte jemand hier sein? In dieser Ruine?

»Nami. Goro. Kurando.« Yoshis Stimme hallte wider von den geschwärzten Mauern und Höhlen, die sich unter den zusammengebrochenen oberen Böden gebildet hatten. Die Stille um ihn her dröhnte in seinen Ohren. Kein Vogelruf, kein Insektengezirp an dieser Stätte der Verwüstung... nur die leere Stille des Grabes.

Yoshi stieg ab, band den Braunen an und schritt ziellos durch den Brandschutt, suchte nach einem Zeichen, einer Botschaft, irgendeinem Hinweis darauf, was geschehen war und wohin seine Leute gegangen waren. Länger als eine Stunde stolperte er in der Dunkelheit herum, bevor er sich der Entmutigung und Erschöpfung überließ. Warum war dies geschehen? Was hatten sie getan, daß sie dieses Schicksal verdienten? Er kniete auf dem Hof nieder, umgeben von geschwärzten Säulen, verkohlten, durcheinandergeworfenen Balken, und betete um göttliche Hilfe.

Sein Verstand bemühte sich um eine Erklärung. Blitzschlag, Erdbeben, ein Brand durch Unachtsamkeit... Banditen? Was auch der Grund war, die Zerstörung war vollkommen.

Yoshi erinnerte sich Atsumoris und des Entsetzens, mit dem er dem Jungen den Kopf abgeschlagen hatte. War dies eine Bestrafung seiner Barmherzigkeit? »Amida Buddha«, stöhnte er. »Vergib mir, was ich getan habe. Sag mir, daß Nami verschont blieb. Sag mir, daß sie nicht umgekommen ist.« Seine Gedanken gingen zurück zu dem Grab neben dem Weg. Der Schlüssel war in der unerklärlichen Grabbeschriftung zu finden, aber was steckte dahinter? Es mußte einen Zusammenhang mit der vollständigen Zerstörung der Burg geben... nein, nicht vollständig... es gab ein Gebäude, das er nicht überprüft hatte, die *kura*, und sie sollte unversehrt sein. Die *kura* war als Kornspeicher eigens darauf angelegt, den Reichtum der Burg im Falle eines Brandes oder Erdbebens zu bewahren. Er ermunterte sich und tappte in der Dunkelheit durch die Trümmer zum rückwärtigen Teil der Burg, wo die *kura* stand.

Ihre tragenden Pfeiler schienen unversehrt; er strich mit den Händen über die Fachwerkkontruktion und den kühlen Lehmmörtel, mit dem das Flechtwerk beworfen war. Unversehrt! Wenn es ein Zeichen gab, mußte es hier zu finden sein. Laut sprach er ein Gebet, bevor er zur Leiter trat, die an der Tür zum Kornspeicher lehnte. »Amida *Nyorai*, erhöre mein Rufen...«

Und er hörte eine seltsame Stimme schwächlich aus der Höhe herabdringen. »Herr?« Dann das Geräusch schlurfender Schritte.

Herr? Wer redete ihn so an? Die Stimme hatte einen unheimlichen Klang... unkenntlich, kaum menschlich. Yoshi fühlte ein Prickeln im Nacken. Er trat zurück und legte die Hand an den Griff seines hölzernen *bokken*. Vielleicht kam die unmenschliche Stimme aus der Unterwelt und gehörte einer der Kreaturen des gefürchteten Königs *Emma-O*, die ihn in ein falsches Gefühl von Sicherheit einlullen wollte, bevor sie ihn in eine der einhundertsechsunddreißig buddhistischen Höllen schleifte.

»Herr?« wiederholte die klagende, winselnde Stimme.

Yoshi strengte die Augen an, um in der Dunkelheit zu erkennen, welcher Mensch oder Teufel die Leiter herabstieg... so langsam, so bedächtig.

Die Gestalt erreichte den Boden, löste sich von der Leiter, gebeugt, die Hände tastend ausgestreckt. Ein Blinder, in Lumpen gehüllt, die Augen mit einem Streifen Stoff verbunden. »Herr... Herr?« murmelte der Blinde.

Yoshi erkannte ihn. Konnte es sein? Er trat näher. Der alte Goro? Halb taub... jetzt auch blind? »Goro?« fragte er in einer Mischung von Erschrecken, Erwartung und Freude. »GORO!«

»*Hai*, Herr. Ich höre Euch gut. Seid Ihr ein Geist, gekommen, einen alten kranken Mann zu plagen? Nein, nein, ich kenne Eure Stimme. Ihr seid von den Toten zurückgekehrt.« Goro tappte in die Richtung, aus der Yoshis Stimme gekommen war, und strauchelte über einen verkohlten Balken; Yoshi fing ihn auf, bevor er hinstürzte. Eine Stunde später, als das erste graue Licht den Himmel über dem Strand von Miho streifte, versorgte Yoshi die Wunden des alten Mannes und sorgte dafür, daß er ausreichend Nahrung und saubere Kleidung hatte. Goro war seit drei Wochen allein gewesen; die Schleusen der Beredsamkeit öffneten sich, und er berichtete Yoshi alles, was seit seiner Abreise im Schloß vorgefallen war. Yoshi blieb das Schlimmste nicht erspart: der Verrat des niederträchtigen Kurando, die Zerstörung seiner Burg und Kurandos Nachricht von Namis Tod! Goro angebunden, um ihn mit der Burg verbrennen zu lassen!

Aber Goro hatte überlebt, vom Feuer geblendet und halb verkrüppelt. Welche Qualen mußte er erlitten haben, bis der Türpfosten Feuer gefangen hatte und seine Fesseln verbrannt waren.

Kurando hatte das Personal, Krieger und Arbeiter entlassen und gesagt, es geschehe auf Yoshis Befehl. Niemand war zurückgeblieben, um für die Burg zu sorgen, nur ein gebrechlicher, halbtauber alter Mann, nun blind und durch die erlittenen Verbrennungen verkrüppelt. In unwandelbarer Treue zu Yoshis Familie war Goro geblieben, hatte von den Kornvorräten in der *kura* gelebt und auf Rettung gehofft. »Kurando meldete Euren Tod«, sagte Goro. »Er zeigte der

Herrin Euer Grab. Er sagte uns, Euer letzter Wunsch sei gewesen, daß er die Herrin sicher zu Eurer Mutter in Yashima geleite.«

Die Mondsichel kam hinter den Wolken hervor und warf ihren bleichen Schein auf Goros zerfurchtes Gesicht. Die Stimme des alten Mannes stockte; nur mit Mühe konnte er fortfahren: »Er lockte die Herrin Nami aus der Burg und tötete sie, bevor er zurückkehrte, um die Burg anzuzünden und mich in den Flammen sterben zu lassen. Möge er tausend Ewigkeiten in der heißesten der *Avichi*-Höllen brennen.«

Yoshi war entsetzt und empört. Warum sollte Kurando Nami töten? Hatte jemand es ihm aufgetragen? Jemand hatte zweifellos das Gold gegeben, um die *ninja* zu bezahlen. Jemand wollte Yoshi und Nami tot sehen. Wer anders als die Taira konnte es sein? Wenn er Kurando ausforschen, ihn verhören und herausfinden könnte, wer von den Taira die Bluttaten befohlen hatte ... sie würden für Namis Tod bezahlen, und Kurando für seinen Verrat. Nun verstand Yoshi die Bedeutung der Grabinschrift und wußte, daß die *ninja* niemals zum Magistrat gebracht worden waren. Kurando konnte überall in den sechsundsechzig Provinzen sein. Wie unnütz, Vergeltung zu suchen ... einen Weg zu nehmen, den Yoshi in der Vergangenheit beschritten und immer bedauert hatte. Er war niedergeschmettert. Nami tot, das Ungeborene mit ihr. Was war geblieben, wofür zu leben sich lohnte? Seine Gram war grenzenlos; er überließ sich den Tränen. Der blinde alte Mann saß bei ihm und teilte mit ihm die Stunde der Not und der Trauer.

Endlich kehrte Yoshis Geist von der schrecklichen fernen Welt zurück, wohin er gewandert war. Er legte seine Hand auf den Arm des alten Mannes. Er würde seinen treuen Gefolgsmann nicht vergessen: Goro, der ihm zuliebe Erniedrigung und Qualen auf sich genommen hatte.

»Goro«, sagte er, den dünnen knochigen Unterarm mit seiner Hand umschließend, »ich danke dir von ganzem Herzen. Ich werde es dir lohnen!«

»Baut die Burg wieder auf, Herr. Ich brauche keine andere Bezahlung.«

»Die Burg soll wieder aufgebaut werden, damit du den Rest deiner Tage in Ruhe und Bequemlichkeit zubringen kannst. Ich werde mit dem Magistrat alles Nötige regeln, daß dir die Rechte und Privilegien des Burgherren zugesprochen werden. Ich werde auch veranlassen, daß ein junger Mann namens Washio Saburo nach Okitsu kommt, um dein Helfer zu sein. Er ist ein vortrefflicher junger Mann, der mir bei Ichi-no-tani die Treue geschworen hat. Mach ihn zu deinen Augen, deinen Händen. Verwalte die Burg mit seiner Hilfe. Die Felder sind gut bestellt. Wir werden dieses Jahr eine reiche Ernte haben. Ich möchte, daß du die Einkünfte verwendest. Scheue keine Ausgaben. Stelle Arbeiter und Diener für den Haushalt ein. Behandle sie gerecht, wie ich es an deiner Stelle tun würde. Betrachte dies als einen Teil der Bezahlung für deine Treue und Hingabe.«

»Herr? Was werdet Ihr tun? Wohin werdet Ihr gehen?« Goros Stimme krächzte; offenbar befürchtete er, Yoshi werde *seppuku* begehen.

»Bei allem, was du erlitten hast, sorgst du dich um mich! Sei unbesorgt. Ich werde mir nicht den Leib aufschlitzen... aber ich werde dieser Welt entsagen. Seit langem habe ich gefühlt, daß ich ein anderes... besseres Leben führen sollte. Ich habe diese Welt der Grausamkeit und des Todes hassen gelernt. Für mich gibt es hier nichts mehr. Ich werde noch heute aufbrechen.«

»Es ist die Art unserer Welt. Es gibt keinen anderen Weg, Herr, ihr müßt lernen, sie hinzunehmen... mit ihr zu leben, weil sie ist, was wir haben.«

»Ich schätze deinen Rat, alter Freund, denke aber, daß es einen besseren Weg gibt. Ich habe vor, Suruga zu verlassen und nach Echizen zu gehen, um bei einer neuen Sekte, die Buddha in Frieden und Beschaulichkeit dient, mein Gelübde abzulegen.«

DRITTES BUCH

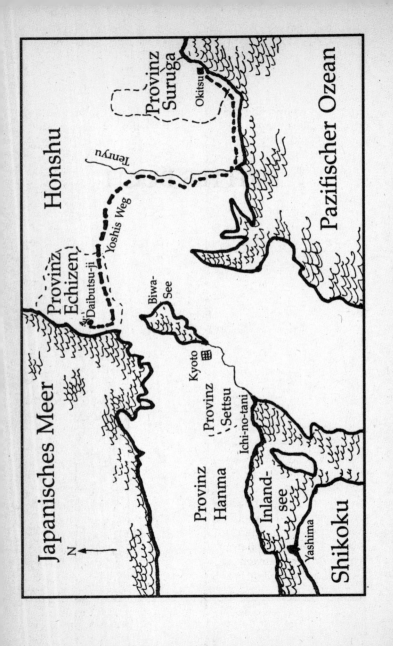

30

Früh am zweiten Tag des vierten Monats suchte Yoshi den Magistratsbeamten in Okitsu auf. Er gab ihm einen versiegelten Brief und sagte: »Sorgt dafür, daß dieser Brief General Yoshitsune bei seiner Rückkehr nach Kyoto ausgehändigt wird. Der General wird einen jungen Mann namens Washio Saburo herschicken, der meinem blinden Gefolgsmann Goro helfen soll. Behandelt die beiden mit dem gleichen Respekt, den Ihr mir erweist, und arbeitet mit ihnen zusammen. Ferner wünsche ich, daß ein Heiler zu meiner Burg entsandt wird, um für Goro zu sorgen, bis Washio eintrifft. Habt Ihr mich verstanden?«

»*Hai*, Gouverneur Yoshi.«

»Auch müssen zwanzig Arbeiter angeworben werden, um den Brandschaden zu beheben, sowie einige zuverlässige Samurai zur Erhebung der Abgaben und Aufrechterhaltung von Ruhe und Ordnung auf meinem Besitz. In meinem *kura* gibt es mehr als genug Reis und Hirse, um dafür zu bezahlen.«

»*Hai*, Gouverneur Yoshi«, sagte der Magistratsbeamte mit einer tiefen Verbeugung. »Es soll geschehen.« Er hob den Blick. »Und Ihr, Herr? Werdet Ihr in Okitsu bleiben, bis die Arbeit getan ist?« Er schlug den Blick nieder, als wäre er erschrocken über die eigene Vermessenheit.

Nach dem Brand im vergangenen Monat glaubte die ganze Stadt, daß die zerstörte Burg verlassen sei; man erwartete, daß aus Kyoto ein neuer Gouverneur geschickt würde. Nun war der Magistrat unschlüssig, was er der Bevölkerung sagen und wie er das unerwartete Erscheinen des vorgeblich toten Gouverneurs nach einem Monat Abwesenheit erklären sollte. Yoshi trug einen einfachen braunen Reiseumhang, einen großen runden Bambushut, der tief ins Gesicht gezogen war. Auf dem Rücken trug er ein Bündel mit persönlichen Habseligkeiten. Sein Pferd hatte er dem örtlichen Stallmeister anvertraut.

Der Beamte wartete geduldig auf eine Antwort.

»Ich trete eine Pilgerfahrt nach Echizen an. Da Ihr und die anderen Magistratsbeamten meine amtlichen Funktionen übernehmen könnt, sehe ich keinen Zwang zu rascher Rückkehr. Ich werde Euch Vollmacht erteilen, an meiner Stelle zu handeln, und ich werde den Magistrat für die richtige Ausführung dieser Aufgaben verantwortlich machen.«

»*Hai*, Gouverneur«, sagte der Magistratsbeamte und verbeugte sich unterwürfig.

Drei Wochen später, am zweiundzwanzigsten Tag des vierten Monats, begann Yoshi seinen Abstieg vom Kamm der Arachi-Berge über die Nordhänge in die Provinz Echizen. Er hatte auf seiner Wanderung die Mühseligkeiten steiniger, steiler Pfade, dorniger Brombeerdickichte und anstrengender Anstiege erlebt. Weil er in früherer Zeit in den Bergen des Nordens gelebt hatte, betrachtete er sich als unempfindlich gegen die Unbilden der Natur, aber diese Arachi-Berge hatten ihn eine neue Lektion gelehrt.

Sie trugen ihren Namen zu Recht; Arachi bedeutete ›Blut von einer Wunde‹, und Yoshi brauchte nur seine Füße zu untersuchen, um dies bestätigen zu können. An einem Waldrand setzte er sich auf einen Stein, um seine zerschundenen Füße neu einzubinden und das Wachhaus zu beobachten, das die Wegkreuzung zum Tempel Daibutsu-ji in Echizen beherrschte. Yoshi sah mehr als hundert Wächter, die wie Ameisen durcheinandereilten. Ein Banner erklärte das Wachhaus zum Eigentum von Tsuruga Hyoe von Echizen.

Yoshi machte einen weiten Bogen um Grenzposten und Wachhäuser, er hatte sich sogar von den vielbegangenen Straßen ferngehalten. Da er keine Waffen trug, ging er fremden Menschen, die für einen unbewaffneten Mann immer eine Gefahr sein konnten, vorsichtshalber aus dem Weg. War Tsuruga Hyoe Freund oder Feind? Er zog es vor, die Frage offenzulassen und das Wachhaus durch den Wald zu umgehen.

Ausgeruht, die Füße mit sauberen Lappen umwickelt, arbeitete sich Yoshi durch unwegsames Gelände die Nordabdachung des Gebirges entlang. Dichter Nebel wälzte sich vom Japanischen Meer heran und erfüllte das Tal unter ihm. Nach mehreren Stunden mühsamen Vorankommens sah er ein verlassenes Gehöft, erstes Zeichen der Stadt weiter voraus. Die Hofstelle war überwuchert von Sträuchern, ausgewachsenen Hecken, dichtem Farn und einer Fülle von Lilien. Das strohgedeckte Dach war eingefallen, und als Yoshi näher kam, flatterten aus dem Inneren Wildgänse auf. Sie kreisten rufend und bildeten einen Keil, der auf die sinkende Sonne wies.

Der Nachmittag wurde zum Abend; Yoshi beschloß, die Nacht in dem Gehöft zu verbringen, dann konnte er am Morgen erfrischt zur Stadt und dem Tempel von Daibutsu-ji wandern. Als er in die ärmliche Hütte eindrang, scheuchte er ein letztes Paar Gänse auf; plötzlich flatterten sie mit laut klatschenden Flügelschlägen aufwärts durch das Dach, so daß ein Schauer von trockenem Dachstroh und Staub niederging. Yoshis Blick folgte ihnen über den dunkelnden Himmel zu den letzten Strahlen der untergehenden Sonne, bevor er in der Hütte Schutt und Unrat beiseite räumte und sich eine Schlafstelle bereitete.

Er zog einen *mochi*-Reisekuchen aus seinem Proviant, und während er den einfachen Reisgeschmack genoß, ersann er ein Gedicht:

Wildgänse fliegen auf
Aus den verlassenen Ruinen
Schwingen schlagen die Luft
Suchen Freiheit von den Banden
Die an diese traurige Welt sie fesseln.

Yoshi rümpfte die Nase. Es war nichts Kluges an dem Gedicht... kein Wortspiel, keine Bedeutungswendungen, und nicht einmal ein zufriedenstellendes Schlüsselwort. Darin entsprach es freilich ganz seiner gegenwärtigen Gemütslage, die ihn drängte, beim Abt von Daibutsu-ji Zuflucht vor den Kümmernissen der Welt zu suchen.

Yoshi erwachte von einem feinen Nieselregen, der sein Gesicht benetzte. Dichte graue Wolken wälzten sich über den Himmel. Er wischte sich das Gesicht mit dem Ärmel ab und verzog sich an eine besser geschützte Stelle. Ein Bissen *mochi* genügte als Frühstück, und nachdem er sich im verwachsenen Hof am Trog gewaschen hatte, schnürte er sein Bündel, hängte es über die Schulter und machte sich auf den Weg zum Tempel.

Der Regen verstärkte sich. Yoshi durchwanderte die Stadt – eher ein Dorf mit zwanzig Holzhäusern in einer geraden Linie, voneinander getrennt durch Bambuszäune und kleine Gemüsegärten. Er hielt den Umhang vor der Brust zusammen und zog unter seinem ausladenden Bambushut die Schultern ein. Die Straße lag verlassen im Regen. Pfützen bildeten sich, die Oberfläche wurde schlammig. Yoshi erreichte das andere Ende der Ortschaft, und zweihundert Schritte weiter sah er den Tempel. Dieser stand am Fuß eines steilen Hügels, umringt von Sicheltannen.

Das Tor war in eine weißgetünchte Mauer eingelassen und fest geschlossen. Yoshi wischte sich Wasser aus den Augen und las die Tafeln zu beiden Seiten der eisenbeschlagenen Torflügel. Auf der linken stand: »Nur jene, die mit den Rätseln von Leben und Tod befaßt sind, sollten hier eintreten.« Auf der rechten: »Wen diese Rätsel nicht kümmern, der hat keinen Grund, durch das Tor einzutreten.«

Der Regen, von scharfen Windstößen getrieben, fegte schräg über die Straße; Yoshi hörte fernes Donnergrollen und sah kalligraphische Blitzentladungen über dem Horizont. Er trat zurück und bemerkte verspätet zwei junge Männer, die, eingehüllt in Regenumhänge aus Bambus, trübselig auf der anderen Straßenseite kauerten.

Es war unsinnig, draußen zu bleiben, wenn es im Kloster einen warmen und trockenen Raum für Gäste gab. Yoshi patschte durch den Schlamm zum Tor und war im Begriff, die grüne Kupferglocke zu läuten, die über dem Tor hing, als sein Blick auf ein kleines Schild unter der größeren Tafel fiel. Darauf stand: »Knie nieder und warte, störe nicht die im Inneren. Jemand wird zur rechten Zeit kommen.«

Yoshi wandte sich zu den beiden jungen Männern um; sie sahen aus, als hätten sie bereits seit Stunden gewartet. Einer blickte zu ihm auf und schüttelte den Kopf, als wolle er ihm abraten, die Glocke zu läuten.

Yoshi kniete nahe dem Tor auf der Straße nieder. Der Saum seines Umhanges hing in das aufspritzende Wasser, das die Straße mit großen Pfützen bedeckte. Er neigte den Kopf, der Regen trommelte auf seinen Bambushut... lauter als die Kriegstrommeln von Ichi-no-tani. Obwohl der weite, konische Bambushut guten Schutz gewährte, drang mit der Zeit Regenwasser durch und rann ihm unter dem Umhang den Rücken hinab. Er schloß die Augen und bereitete sich auf eine lange Wartezeit vor.

31

Das hypnotische Prasseln des Regens auf Yoshis Bambushut wurde unterbrochen vom Klang einer großen Glocke, die vom Glockenturm zu den Hügeln hinter Daibutsu-ji dröhnte. Yoshi war augenblicklich hellwach. Der sternlose, samtschwarze Himmel lastete schwer auf der Erde. Der Regen dauerte unvermindert an. Die Glocke schlug siebenmal. Die Stunde des Tigers, ungefähr vier Uhr früh.

Yoshi nahm den Hut ab und ließ sich vom Regen das Gesicht waschen. Er wollte aufstehen, sich zu erleichtern, doch nach fünfzehn Stunden auf den Knien vor dem Tor gehorchten ihm die Beine nicht. Er ließ sich auf die Seite sinken, um die Beine zu entlasten. Allmählich kehrte das Gefühl zurück, zuerst mit einem Prickeln, dann mit heftigen Schmerzen. Seine Beine zuckten, und er verzog schmerzlich das Gesicht. Es war, als liefen feurige Ströme durch jeden Nervenstrang von den Knöcheln aufwärts zu den Hüften. Seine Füße waren abgestorben, krankhaft weiß wie Gips vom stundenlangen Knien im kalten Regenwasser.

Das Massieren der verkrampften Muskeln verstärkte zunächst den Schmerz, aber bald war er imstande, unsicher aufzustehen. Ich bin zu alt für diese Qual, dachte er bei sich, bin nicht mehr so zäh wie diese jungen Männer... Sein Blick durchdrang die Dunkelheit, suchte die Straße ab, den Bereich um das Tor, die unbestimmten Silhouetten der Sicheltannen; einer der jungen Männer war fort. Anscheinend waren die langen Stunden in bewegungslosem Warten mehr gewesen, als er ertragen konnte.

Der andere stöhnte leise. Yoshi hoffte, sein Leidensgefährte würde nicht aufgeben. Diese Qual war leichter zu ertragen, wenn er sie mit einem anderen teilen konnte.

Aber vielleicht hatte der Mann wenig Erfahrung im Leiden? Yoshi erinnerte sich der Muskelschmerzen, als er in seiner Jugend bei Hanzo, dem Schwertmacher, in die Lehre gegangen war. Damals hatte er gedacht, daß nichts schmerzhafter sein könne. Aber als er später vom Schwertmeister Naonori Ichikawa unterrichtet und ausgebildet worden war, hatte er seinem Körper das Letzte abverlangen müssen... unablässige Schmerzen! Und später, als er sich der Dengaku-Theatergruppe angeschlossen und mit den Akrobaten gearbeitet hatte, Muskeln und Gelenke gedehnt hatte, deren Vorhandensein ihm vorher nicht bewußt gewesen war... Und so weiter. Yoshi erinnerte sich aller Anforderungen, die im Laufe der Jahre an seinen Geist und Körper gestellt worden waren. Kämpfe. Wunden. Schmerzen des Körpers und der Seele.

Ja, diese Lebensweise hatte ihn hart und zäh gemacht. Als Jüngling war er eher weich gewesen, ein Geschöpf des kaiserlichen Hofes, mehr interessiert an Parfüms, Gesichtsbemalung und Dichtkunst als an einem aktiven, kämpferischen Leben, doch er hatte durchgehalten, war kaum jemals schwach geworden. Yoshi glaubte, daß die Fähigkeit, Mühsal und Ungemach zu ertragen, wenig mit dem Alter oder dem persönlichen Werdegang zu tun hatte, sondern von einer inneren Kraft herrührte.

Er tappte in der Dunkelheit zu einem Baum, wo er den angestauten Inhalt seiner Blase dem rauschenden Regen hinzufügte.

Nun war ihm wohler, zumal auch seine Beine ihr normales Gefühl wiedergewonnen hatten. Er ging zurück zu seinem Platz auf der Straße und verbeugte sich vor seinem Gefährten, der den Gruß mit einem apathischen Kopfnicken erwiderte.

Yoshi ließ sich gegenüber dem Tor in einer Pfütze nieder. Er schlang seinen letzten Reiskuchen hinunter und dachte dabei, daß die Mönche einen Haufen Gebeine vor ihrem Tor finden würden, wenn sie es nicht bald öffneten.

Tadamori Yoshi war entschlossen zu bleiben.

Stunden vergingen. Irgendwann nach Tagesanbruch nickte er ein und träumte, seine Beine würden im Höllenfeuer verbrannt. Das dämonische Gesicht Fudos, des Shingon-Gottes, grinste ihn durch die lodernden Flammen an. »Sechs Monate«, verhieß der Dämon. »Sechs Monate über meinem heißesten Feuer.« Das Gesicht zerfloß in den Flammen, und Yoshi fuhr aus dem Traum auf. Er versuchte, ihn im Gedächtnis zu behalten, da er eine Bedeutung darin spürte, aber der Traum verschwand und hinterließ nur eine nebelhafte Erinnerung an Unbehagen und ein Zittern in den Beinen, eine Taubheit der Füße.

Der Regen hatte aufgehört. Er öffnete die Augen zu einem wolkenverhangenen Tag, der mit weiteren Regenfällen drohte. Wieder läuteten die Glocken von Daibutsu-ji, diesmal die Stunde des Affen. Abermals zwölf Stunden waren verstrichen, seit er das letzte Mal aufgestanden war. Er hatte die Schmerzen überwunden und die Nacht und den größten Teil dieses Tages durchwacht.

Das Tor schwang auf. Ein kleinwüchsiger, feingliedriger Mönch trat heraus, blickte nach links, blickte nach rechts, blickte zu Yoshi und bedeutete ihm zu folgen.

Yoshi wandte den Kopf, um diesen Augenblick des Triumphes mit seinem Leidensgefährten zu teilen, aber der junge Mann war fort. Hätte er ihm helfen, ihn ermutigen können?

Der Mönch lächelte und zeigte dabei einen Mundvoll unregelmäßiger brauner Zähne; er verbeugte sich, nickte und wiederholte die einladende Bewegung. Yoshi sah, daß der Mönch einen mißgestalteten Arm hatte. Der Mönch fing den Blick auf, und seine Züge verhärteten sich ärgerlich.

Yoshi mühte sich auf die Füße. Die Feuer der Hölle – diesmal nicht im Traum – verbrannten seine Beine bis zu den Hüften; wankend tappte er auf das Tor zu.

Ichi... ni san... shi. In Gedanken zählte Yoshi jeden Schritt, als er sich dem Tor näherte und den Klosterbereich betrat. Seine Beine zitterten, aber sein Gesicht zeigte keine Regung von Mißbehagen.

Als wäre es ein Zeichen des Himmels, rissen die Wolken auf, und ein breiter goldener Sonnenstrahl fiel auf das Kloster. Yoshis Augen bot sich ein Anblick, der das Westliche Paradies hätte sein können. Die Luft war feucht und rein, und Amaterasus Lächeln blitzte in ungezählten silbernen Tropfen. Daibutsu-ji erstreckte sich zum Fuß des Hügels: Dutzende von Tempeln und Schreinen auf verschiedenen Ebenen, miteinander verbunden durch überdachte Wandelgänge, umgeben von gepflegten Gärten und Bäumen.

Jenseits der Tempel erhob sich der Steilhang wie eine bemalte Kulisse. Ein vom Regenwasser angeschwollener Wasserfall rauschte über die Felsen herab und mündete in einen Teich. Dieser nährte mehrere kleine Wasserläufe, die das Gelände in natürlichen Windungen durchzogen und kleine Becken und Teiche füllten. Hölzerne Bogenbrücken überspannten stille Gewässer, in denen Seerosen blühten.

Überall gingen Mönche ihrer einfachen, friedlichen Arbeit nach und erfüllten die ihnen zugewiesenen Aufgaben.

Trotz seiner zeitlosen Erscheinung war Daibutsu-ji ein verhältnismäßig junges Kloster. An mehreren Stellen innerhalb des Klosterbereiches wurden neue Gebäude errichtet. Das Hauptgebäude – *hondo* – und das Meditationshaus der Mönche – *zendo* – glänzten in ihrem dunklen Holz. Torhaus, Glockenturm, Schule, *kura* und mehrere kleinere Schreine und Nebentempel wurden von braungekleideten Mönchen gepflegt, die auf den Knien lagen und mit Bürsten und Putzlappen Böden scheuerten und polierten. Andere zogen störendes Gras und Kräuter aus dem dichten graugrünen Moos, das Steine, Brücken und Baumstümpfe überzog.

Yoshi atmete einen Duft, in dem sich Räucherstäbchen mit feuchter Erde und üppigem Grün vermischten. Die transzendentale Schönheit und die fleißige Friedfertigkeit seiner Umgebung machten ihn zufrieden.

Der Mönch führte ihn scheinbar endlose Wandelgänge und Korridore entlang, hinauf, hinunter und wieder aufwärts. Von Zeit zu Zeit sah er sich um und zeigte die schiefen Zähne in einem falschen Lächeln; Yoshis körperliche Beschwerden schienen ihn zu erheitern. Es war bekannt, daß die Mönche alles in ihrer Macht Stehende taten, um neue Bewerber zu entmutigen. Das war Teil der Erziehung zur Disziplin, aber hinter dem aufgesetzten Lächeln des Mönches spürte Yoshi eine instinkthafte Feindseligkeit. Der kleine Mann mit dem verkrüppelten Arm mochte ihn nicht.

Und Yoshi erwiderte das falsche Lächeln des Mönches und verspürte seinerseits eine grundlose Abneigung.

Sie erreichten das Gästequartier. Der Mönch machte eine auffordernde Geste, verbeugte sich vor einer Schiebetür aus geöltem Papier und hölzernem Rahmen und schob sie beiseite. Er zeigte hinein und sagte: »Warte.«

Yoshi trat ein. Das Gästezimmer war klein. In einer Ecke befand sich eine Statue von Kannon, dem Bodhisattwa des Mitleids, auf einem Sockel. Die Möblierung bestand aus einer derben Schilfmatte und einem Schild mit gepinselten Schriftzeichen: »Sieh unter deine Füße.« Keine weitere Erklärung.

Was hatte das Schild zu bedeuten? War es eine Art Prüfung? Konnte ein Versagen, das Geheimnis zu lösen, die Verstoßung aus dem Kloster nach sich ziehen?

Sieh unter deine Füße... Er hatte beim Torhaus die durchnäßten Sandalen und die zerrissenen äußeren Fußlappen abgelegt, also konnte es nicht bedeuten, daß er die Schuhe ausziehen sollte. Yoshi kniete vor Kannon nieder und schloß die Augen. Er mußte überlegen. Denken! Eine Prüfung.

Yoshis Nackenhaar prickelte; er wurde beobachtet. Die Schiebetür fügte sich nicht genau in den Rahmen; es gab Ritzen, durch die man sehen konnte. Und er hörte Schritte draußen, die verhielten und sich erst nach einer Weile entfernten.

Keine logische Erklärung stellte sich ein. Er schien unfähig, seine Gedanken zu konzentrieren; sie trieben willkürlich durcheinander, widersetzten sich jeder Organisation und Lenkung. Ihm war, als schwebe er, einem Staubteilchen gleich, in grenzenloser Leere. Draußen verdämmerte der Tag, und bald herrschte völlige Dunkelheit; es gab keine künstliche Lichtquelle im Raum. Yoshi rührte sich nicht von der Stelle. Er hätte das Gegenstück zur Statue des Kannon sein können.

Als die Stunde des Hundes anbrach, ertönten fünf Glokkenschläge und rissen ihn mit einer plötzlichen Erleuchtung aus dem Dämmerzustand: Das Schild bedeutete, daß das Leben eine Illusion sei und unter seinen Füßen eine andere Wirklichkeitsebene!

Als sei diese Erleuchtung ein Signal gewesen, wurde die Tür zurückgeschoben, und ein unglaublich alter Mönch schlurfte herein, eine brennende Kerze in der Hand. Er servierte Yoshi eine Schale mit bitterem grünen Tee und forderte ihn auf, sich ins Gästebuch einzutragen.

»Mach weiter so, junger Freund. Meditiere, bis du die Glocken die Stunde des Ebers einläuten hörst. Dann kannst du zum Hintereingang hinausgehen und die Latrine beim Waschhaus benützen, bevor du schlafengehst.« Er wies auf die dünne Schilfmatte, die als Nachtlager dienen würde. »Wenn du um drei Uhr früh die hölzerne Klapper hörst, komm mit uns zum Frühstück. Du wirst vom Signal der Klapper an drei Minuten haben, dich bereit zu machen.« Das Gesicht des Alten verzog sich zu hundert Runzeln, und er lächelte ein zahnloses Lächeln voll wirklicher Wärme.

In so kurzer Zeit hatte er einen gefunden, der ein Feind sein mochte, und einen anderen, der ihm sicherlich wohlgesonnen war.

32

Um drei Uhr früh wurde Yoshi von einer hölzernen Klapper aus dem Schlaf gerissen; er rieb sich die verklebten Augen, stieß die Schilfmatte beiseite, die seinen Körper halb bedeckte, und nutzte die nächsten drei Minuten, um hinaus zur Latrine zu laufen, sich das Gesicht mit einer Handvoll kalten Wassers aus einem hölzernen Eimer zu erfrischen, das Haar zu kämmen, seine Kleider zu ordnen und vor der Statue Kannons Gebetshaltung einzunehmen.

Ein alter Mönch schob die Tür auf, verbeugte sich und trat ein. »Mein Name ist Chusai«, sagte er. »Ich bin hier, dich über die Erfordernisse deiner Aufnahme in Daibutsu-ji zu belehren.«

Yoshi erwiderte die Verbeugung. »Ich erwarte deine Belehrung.« Er wollte fragen, was von ihm erwartet wurde, hielt seine Neugierde aber im Zaum. Das Kloster hatte seine eigenen Regeln; er war zuversichtlich, daß er in der Lage sein würde, sie zu lernen – zur rechten Zeit.

Chusai zündete ein Räucherstäbchen an und steckte es in eine Öffnung am Sockel der Statue. Er zeigte Yoshi, wie man den Lotossitz einnahm, und half ihm, den linken Fuß auf den rechten Schenkel und den rechten Fuß auf den linken Schenkel zu legen. Dann lächelte er, und seine Gesichtshaut knitterte wie zerdrücktes Maulbeerpapier. »Sehr gut«, sagte er. »Wenige Kandidaten können diese Position ohne jahrelange Übung einnehmen.«

Yoshi erwiderte Chusais Lächeln und dankte den shintoistischen und buddhistischen Göttern für die Jahre seiner gymnastischen Übungen als Schwertfechter.

»Sitze in der Lotoshaltung, meditiere ohne Bewegung. Wenn das Räucherstäbchen abgebrannt ist, ruhe dich fünf Minuten aus. Dann werde ich dich abholen kommen. Du wirst mit Dosho sprechen, dem *shiki* oder Oberhaupt unseres Klosters.«

»Was soll ich ihm sagen?«

»Danke ihm, daß er dich empfangen hat, und sag dann, was du willst.«

Die Stunde vor dem Frühstück schien sich endlos hinzuziehen. Die Lotosposition war gut geeignet für lange Perioden der Meditation, doch obwohl Yoshi sie sofort erreicht hatte, war er nicht gewohnt, sie längere Zeit beizubehalten; der Schmerz an den Außenseiten der Schenkel wurde unerträglich. Seine Erfahrung sagte ihm, daß er sich an den Schmerz gewöhnen würde, aber einstweilen... Er atmete den Duft des Räucherstäbchens und lauschte jedem leisen Geräusch. Das Gebäude war weit von den Aktivitäten des eigentlichen Klosterlebens entfernt, und die Stille lastete mit beinahe spürbarem Druck auf ihm. Hatte Chusai ihn vergessen?

Schließlich gelang es ihm, sein Gewicht so in die Mitte zu verlagern, daß die Schmerzen in den Beinen erträglicher wurden. Um sich von ihnen abzulenken, dachte er an seinen Verlust, und die alten Selbstvorwürfe stellten sich wieder ein. Warum hatte er Nami verlassen und Kurando anvertraut, obwohl sein Instinkt ihn davor gewarnt hatte? Die Welt war ein Ort der Schrecken. Jede Bemühung, ihn zu verbessern, machte es nur schlimmer – für seine Angehörigen, seine Freunde, für die Menschen, die von ihm Führung erwarteten. Yoshi war verbittert. Obwohl ihm bewußt war, daß er selbstsüchtig reagierte, gelang es ihm nicht, die Bitterkeit zu überwinden, die unter seiner ruhigen Oberfläche siedete. Wenn er die Welt nicht verbessern konnte, wollte er sie fliehen! Hier in Daibutsu-ji wollte er einen neuen Platz für sich finden und die Erinnerungen an die Vergangenheit ausschließen.

Mochte es auch leichter sein, diesen Vorsatz zu fassen als ihn zu verwirklichen, die Zeit würde ihm dabei helfen. Geduld, sagte er sich.

Wieder ertönte die hölzerne Klapper, und Chusai kam zurück. »Es ist Zeit, unser Morgenmahl einzunehmen. Laß uns zu den anderen Mönchen gehen und mit ihnen die Sutras singen, dann werden wir essen und nachher Dosho aufsuchen.«

Sie gingen die gedeckten Wandelgänge entlang, bis sie das Ende einer Doppelreihe braungekleideter Mönche erreichten, die zum Schlag einer *mokugyo* sangen, einer Eichentrommel, die mit einem umwickelten Stock bearbeitet wurde. Chusai stimmte in das rhythmische, gebetsmühlenhafte Leiern der Gebete ein. Wenigstens, dachte Yoshi, waren die Mönche nicht völlig stumm; ihr Gesang erzeugte ein Gefühl von Einheit und Gemeinschaft, das er als tröstlich empfand.

Die Mönche verstummten, bevor sie den Speisesaal betraten; die beiden Reihen trennten sich, und sie nahmen ihre Plätze an zwei langen Tischen ein, wo sie einander gegenüber knieten. Sie ordneten ihre Schalen in geraden Linien an. Dosho, der Vorsteher des Klosters, saß an einem Ende zwischen den Tischen und beobachtete.

Chusai führte Yoshi zu einem leeren Platz, wo drei leere Schalen bereitstanden.

Ein älterer Mönch kniete zwischen den Tischen Dosho gegenüber. Neben ihm standen vier hölzerne Kübel von verschiedener Form. Einer war mit Reis gefüllt, einer mit eingelegten Pflaumen und Rettichen, und einer mit gekochtem

Gemüse. Der vierte Kübel war leer und diente zum Einsammeln übriggebliebener Reste, die den Geistern angeboten und dann für die Vögel auf der Veranda zurückgelassen wurden.

Auf ein Signal von Dosho sangen die Mönche eine Art Tischgebet und dankten Buddha für ihre Nahrung. Darauf verstummten sie, und die Mahlzeit wurde in Stille ausgeteilt.

Während Yoshi aß, musterte er Dosho mit verstohlenen Blicken. Er sah einen Mann ungefähr seines Alters, mit einem kantigen Gesicht und breiten Schultern. Der rasierte Kopf betonte die kraftvollen Züge. Wären nicht das Mönchsgewand und der rasierte Schädel gewesen, Yoshi hätte den Mann für einen Krieger gehalten; Nacken und Schultern ließen auf beträchtliche Körperkraft schließen.

Als er sich gesättigt hatte und mit dem scharfen Geschmack von eingelegtem Rettich im Mund und dem Geruch von Räucherwerk in der Nase an seinem Platz saß, war Yoshi momentan zufrieden, aber das Gefühl von Zufriedenheit machte bald Selbstvorwürfen Platz. Wie konnte er Nami so leicht vergessen? Nein... sie war nicht vergessen; sie würde immer einen Platz in seinem Herzen haben.

Nach der Mahlzeit führte Chusai ihn durch weitere Korridore mit glänzend polierten hölzernen Böden, bis sie vor die Räume des Vorstehers kamen. Eine Sicheltanne breitete ihre grünen Zweige über der Veranda aus. Die leichte Schiebetür aus papierbespannten Holzlatten war halb geöffnet; Zweige und Blätter brannten unter einem Teekessel und verbreiteten einen scharfen, rauchigen Geruch, der sich mit dem Duft des Räucherwerks vermischte. In einer Wandnische stand eine Statue des allgegenwärtigen Kannon. Der Klostervorsteher saß in der Lotosposition vor einem bemalten Wandschirm. Er nahm keine Notiz von Chusais und Yoshis Ankunft.

»Warte, bis er dich ruft«, flüsterte Chusai. »Dann verbeuge dich, lege die Hände an der Brust zusammen und tritt ein. Knie nieder und bedanke dich mit deinen eigenen Worten für die Gelegenheit, in Daibutsu-ji zu dienen und zu lernen. Denke daran, daß du während der nächsten fünf Tage beurteilt wirst. Sei natürlich.« Chusai lächelte sein runzliges Lächeln und verließ ihn mit einem aufmunternden Kopfnicken.

Yoshi stand an der Türöffnung und dachte: Natürlich sein? Wie kann ich natürlich sein, wenn ich beobachtet und beurteilt werde?

Die Tempelglocke läutete. Yoshi stand seit fast einer Stunde an Doshos Tür. Überall ringsum arbeiteten schweigsame Mönche, polierten Böden, beschnitten Sträucher, jäteten und hackten. Jeder Mönch schien vollständig auf seine Arbeit konzentriert. Wie schön, dachte Yoshi, imstande zu sein, sich in diese knechtischen Arbeiten zu versenken, als ob sie die wichtigsten Ereignisse der Welt wären.

»Komm herein, Yoshi«, sagte Dosho.

Yoshi legte die Handflächen in der *gassho* genannten Gebärde zusammen, die Chusai ihn gelehrt hatte: »Deine linke Handfläche bedeutet das Herz Buddhas, den Begrüßenden. Deine rechte Handfläche versinnbildlicht denjenigen, der begrüßt wird. Lege sie an deiner Brust fest gegeneinander, die Fingerspitzen nach oben, und verbeuge dich aus der Hüfte.«

Dosho erwiderte die Begrüßung.

»*Ohaio-gozaimasu*, guten Morgen, *shiki*«, sagte Yoshi. »Wie kommt es, daß du meinen Namen weißt?«

Dosho schmunzelte. »Kein großes esoterisches Geheimnis, Yoshi«, sagte er. »Ich las ihn im Gästebuch.«

Yoshi lächelte und verbeugte sich. Natürlich. So einfach war ein Geheimnis aufgeklärt.

»Sag mir, Schwertmeister, warum bist du hier?«

Schwertmeister? Yoshi hatte sich nur mit seinem Namen eingetragen. Also kannte Dosho ihn von früher oder hatte von ihm gehört. Der Gedanke war unerquicklich. Yoshi wünschte diesen Teil seiner selbst im klösterlichen Leben abzustreifen. Nun folgte ihm eine ungewollte Erinnerung an seine Vergangenheit bis hierher.

»Ich habe viele persönliche Verluste erlitten und wünsche meinen Geist zu erneuern und einen anderen Weg zu suchen als das Leben eines Kriegers.«

»Keine einfache Aufgabe. Warum kommst du zu uns, statt zu den Enryakuji oder Onjoji?«

Yoshi berichtete nun von seiner Begegnung mit Eisai, wie dessen Philosophie ihn beeindruckt hatte, und schloß mit den Worten, daß er Eisais Lehren zu folgen wünsche.

»Eisai! Ein großer *roshi*. Gegenwärtig befindet er sich in den Ch'an-Tempeln Chinas, wo er die vollständige Ch'an-Lehre studiert. Wir nennen Ch'an das Studium des achtfachen Weges, Zen, und hier in Daibutsu-ji sind wir unter den ersten, die Eisais Weg zur Erleuchtung folgen.«

»Dann«, sagte Yoshi, »könnt ihr mir helfen, diesen Weg zu einer neuen Bedeutung und neuem Sinn im Leben zu finden, denn das Leben muß ein Ziel haben. Ich bin wie ein entwurzelter Baum in einem reißenden Fluß, losgerissen treibe ich in einer achtlosen Welt. Durch eure Lehren hoffe ich meinen Lebenszweck wieder zu finden. Ich bitte dich, mir zu helfen, mich zu belehren und mir zu sagen, was ich tun muß.«

»Du wirst mit der Zeit deine Richtung finden«, sagte Dosho. »In diesem Augenblick kann ich wenig tun, dir zu helfen. Betrachte das Ziel des Lebens als eine volle Teekanne. Du willst den Tee, aber wenn du ihn in deine Hände gießt, wird er dich verbrühen, und du wirst keine Befriedigung haben. Du mußt eine Schale machen, die den Tee aufnimmt; du mußt in dir selbst suchen und studieren, um Material für die Schale zu finden.«

»Hai, *shiki*«, sagte Yoshi, legte die Hände zusammen und verneigte sich.

»Erzähle mir von deinem Leben. Wir sind nicht in Unkenntnis der Außenwelt. Dein Ruhm als *sensei* ist zu uns gedrungen.«

»Wie ist das möglich?«

»Shinga, der Mönch, der das Tor öffnete, war einst am Hofe. Er erinnert sich deiner aus den Tagen deiner Jugend an der konfuzianischen Schule in Kyoto. Er berichtet, daß du in viele Ereignisse verstrickt warst, die den Bestand und das Gefüge des Reiches bedrohten.«

Yoshi begriff, warum er Shingas Abneigung gespürt hatte. Warum mußte seine Vergangenheit ihn bis an den Ort verfolgen, wo er sie zu vergessen wünschte?

»Das bedaure ich, *shiki*. Wenn Schaden angerichtet wurde, so geschah es niemals durch Vorsatz. Ich versuchte in der Politik, im Krieg und mit meiner Familie gerecht und aufrichtig zu sein, aber meine Belohnung war Schmerz. Darum bin ich hierher gekommen – um zu vergessen und Vergebung zu erlangen, bevor ich zum nächsten Zyklus der Existenz aufsteige.«

»Gut gesagt, Yoshi. Morgen werden wir wieder sprechen.« Dosho verbeugte sich, und Yoshi war entlassen.

33

Fünf Wochen nach seiner Gefangennahme bei Ichi-no-tani wurde General Shigehira nach Kamakura gebracht. Bei der Gefangennahme hatte man ihm Waffen und Rüstung abgenommen, und er trug nur den beschmutzten *hitatare*, den er während der Schlacht getragen hatte.

Der Hauptmann der Wache nahm dem General die Fesseln ab. »Ihr werdet von unserem Herrn Yoritomo erwartet.«

»Bringt mich zu einem Bad und beschafft mir geeignete Kleidung«, sagte Shigehira. Es war eine Zumutung, von ihm zu erwarten, daß er in zerrissenen Lumpen vor seinesgleichen erschien. Er konnte seine Verletzungen und die übrigen Demütigungen seiner Gefangenschaft ignorieren, aber daß man ihn in schmutzigen Lumpen zu Yoritomo führen wollte, war eine Behandlung, wie man sie allenfalls einem *eta* angedeihen ließ, nicht aber einer Person von Stand, einem General und Feldherrn der Taira-Armeen.

Der Hauptmann sagte: »Ihr habt jetzt vor unserem Herrn Yoritomo zu erscheinen. Das ist mein Befehl.«

Die Wachen stießen Shigehira vorwärts.

Der östliche Ozean war in weiße Gischt gehüllt. Brecher schlugen mit dumpfem Donner an das Ufer zu Füßen der Stadt. Yoritomos Hauptquartier befand sich in einem Herrensitz auf einer Anhöhe über dem Meer. Seine weißgetünchten Mauern, das eisenbeschlagene Tor und der kiesbestreute Weg, der zur großen Halle führte, waren von einer funktionalen Nüchternheit, wie sie dem obersten Kriegsherren der Minamoto-Sippe angemessen war.

General Shigehira wurde die Eingangsstufen hinaufgeführt und unter dem Vordach festgehalten, während der Hauptmann der Wache ihn ankündigte.

Es war schändlich, daß es so weit hatte kommen müssen. Gezwungen, in unangemessener Kleidung vor seinem Feind zu erscheinen, ungekämmt und ungewaschen. Aber er war entschlossen, die Ehre seiner Familie hochzuhalten und sich nicht der Verzweiflung zu überlassen. Yoritomo galt als ein intelligenter Mann. Obwohl seine Sippe sich des verräterischen Aufruhrs gegen die rechtmäßige Taira-Herrschaft schuldig gemacht hatte, war er nicht Shigehiras persönlicher Feind, und zwischen Personen von Stand gab es Verbindendes. Man konnte die Taira und die Minamoto als zwei Seiten einer Münze sehen...

Shigehira reckte die Schultern, strich über das blaue und grüne Blumenmuster seines zerrissenen Gewandes und fuhr sich mit den Fingern durch das Haar, bevor er es im Nacken verknotete. Keine Gesichtsbemalung, keine geschwärzten Zähne. Das war bedauerlich, aber wenigstens konnte er ein sauberes Gesicht vorweisen. Wie er Yoritomo gegenübertrat, war wichtig. Vorsichtshalber rieb er sich mit dem Saum des Gewandes die Wangen.

Ein Gong ertönte, und einen Augenblick später kam der Hauptmann der Wache wieder heraus. »Folgt mir, General«, sagte er. »Ihr werdet erwartet.«

Sie gingen durch das Haus. Shigehira sah, daß das Innere des Hauses, so einfach und schmucklos es sich von außen zeigte, gut ausgestattet war. Statuen verschiedener Shinto-Gottheiten standen in manchen Nischen, andere enthielten Blumenarrangements in geschmackvollen weißen, korallenroten und hellvioletten Tönen. An einer Tür, die mit geschnitzten chinesischen Drachen verziert war, sagte der Hauptmann: »Ihr werdet allein eintreten. Ich warte hier.«

Shigehira straffte seine Haltung, hob den Kopf und schritt in die Höhle des Löwen.

In einem großen, luftigen Raum, dessen Läden geöffnet waren, um die frische Seeluft einzulassen, saßen Yoritomo und seine Frau Hojo Masa auf einer niedrigen Plattform und beobachteten seinen Auftritt. Shigehira hielt den Kopf hoch und schritt trotz seiner abgerissenen Erscheinung zuversichtlich über den glänzend polierten Holzboden zu der Strohmatte vor der Plattform. Seine Züge verrieten nichts von dem Aufruhr der Empfindungen, der in ihm tobte. Sollte er knien und die Niederlage eingestehen, oder sollte er mutig stehenbleiben und den Zorn des Usurpators riskieren? Sein Stolz ließ ihm keine Wahl; Shigehira blieb auf der Matte stehen, den Blick auf einen Punkt an der Rückwand über der Plattform fixiert. Er war sich seines beschleunigten Herzschlags bewußt, der ihm das Blut ins Gesicht trieb, des Seewindes, der an den Läden rüttelte, der fernen Brandungsgeräusche, hoher Blumenvasen am Rande seines Gesichtsfeldes... dann richtete er den Blick auf Yoritomo, der schlank, feinknochig und mit kühler Miene getrocknete Früchte aus einer Schale an seiner Seite aß. Schwerlich die Schreckensgestalt, die zu sehen er erwartet hatte.

Yoritomos Gemahlin war eine plumpe Frau mit derben Zügen, in einem tiefblauen Gewand über mehreren Untergewändern in verschiedenen Farbtönen, die von Elfenbeinweiß bis Blaßgrün reichten; sie kniete hinter Yoritomo und hatte den Blick niedergeschlagen. Shigehira erinnerte sich, gehört zu haben, daß sie der feinfühligere, erfahrenere und intelligentere Teil des Paares sei. Der Hofklatsch wollte wissen, daß Yoritomo sie aus politischen Gründen geheiratet habe und mit der Zeit dazu gekommen sei, sie wegen ihrer Fähigkeiten zu schätzen und sogar zu lieben.

Yoritomo legte eine angebissene Dörrpflaume in die Schale zurück, runzelte die Stirn und sagte: »Der große General ist zu stolz, seinen Bezwinger anzuerkennen? Nun, wir können das Protokoll einstweilen außer acht lassen; wir sind keine Taira-Höflinge, die auf dem Zeremoniell bestehen. Wir schlucken unseren Stolz hinunter und grüßen Euch, General Shigehira.«

Shigehira entspannte sich. Er hatte eine andere Reaktion erwartet; dieser Mann war nicht der hitzköpfige Tyrann, vor dem seine Berater ihn gewarnt hatten. »Guten Morgen«, sagte er. »Ich schäme mich, daß ich, ein Vertreter der Taira-Sippe, in diesem zerlumpten Zustand vor Euch geführt worden bin. Ich bitte um ein Bad und ein reines Gewand, bevor wir fortfahren.«

»Später«, sagte Yoritomo und tat das Ersuchen mit einer beiläufigen Handbewegung ab. Seine Stimme bekam tief grollende Untertöne. »Eure Kühnheit spricht gegen Euren gesunden Menschenverstand... aber was kann ich anderes von meinen Taira-Feinden erwarten? Aus drei Gründen habe ich geschworen, Eure Sippe zu stürzen: um das kaiserliche Mißfallen zu besänftigen, um eine gerechtfertigte Beschwerde der Mönche von Nara zu ahnden und um die Ermordung meiner Familie durch Euren Vater, den *Daijo-Daijin*, zu rächen.«

»Die Ausrottung Eurer Familie war eine politische Entscheidung meines Vaters Taira Kiyomori. Ich war ein Kind und wußte nichts davon. Was das kaiserliche Mißfallen anbelangt, so ist anzumerken, daß meine Familie wegen ihrer fortdauernden Unterstützung oft vom Kaiser belohnt worden ist. Wo ist das Mißfallen, wenn wir mehr als sechzig hohe Beamte in der kaiserlichen Regierung haben? Mein Vater war viele Jahre lang Erster Minister der sechsundsechzig Provinzen. Keine andere Familie, nicht einmal die Minamoto, ist dem kaiserlichen Thron jemals näher gewesen.«

»Ihr vergeßt die Beschwerde der Mönche von Nara zu erwähnen. Ihr selbst, General Shigehira, wart verantwortlich für das Niederbrennen ihrer Tempel. Ihr müßt Euch für dieses Verbrechen vor ihnen verantworten.«

»Kein Verbrechen«, sagte Shigehira. Es traf zu, daß die Tempel der Mönche von Nara vor vier Jahren, als Shigehira mit seinen Truppen ihre offene Rebellion niedergeschlagen hatte, niedergebrannt worden waren. Es traf auch zu, daß Hunderte in den Flammen umgekommen waren. Das war im Verlauf der Kämpfe geschehen, ohne Vorsatz. Aber die Mönche hatten Vergeltung geschworen.

Shigehira war kein Dummkopf; es war offensichtlich, daß Yoritomo darauf abzielte, die Verantwortlichkeit für seinen Tod anderen aufzubürden... aber für ihn, Shigehira, machte es keinen Unterschied; ob er von Yoritomos Schergen oder von den Händen der Mönche zu Tode gebracht wurde, war einerlei. Nun war er sicher, daß es keine Begnadigung geben würde.

Er unternahm einen letzten Rettungsversuch. »Meine Familie, die Taira, focht vierzig Jahre lang in allen kaiserlichen Schlachten. Wir brachten große Opfer, und der Thron versprach uns seine Gunst über sieben Generationen. Doch nun blicken wir umher und sehen, daß unsere Regierung gestürzt wird. Unsere Toten düngen die Felder, ihre Gebeine bleichen auf den Bergen und in der Ebene. Ist dies der gerechte Lohn für unsere Dienste? Ich glaube nicht.«

Shigehira faßte sein Gegenüber ins Auge und fuhr mit leiserer Stimme fort: »Ich tat nicht weniger als meine Pflicht, aber wegen Sünden in einem früheren Leben leide ich als Gefangener in Kamakura. Es ist keine Schande, im ehrenhaften Kampf zu fallen, keine Schande, bei der Gefangennahme getötet zu werden... also ersuche ich Euch um die Gunst eines raschen und ehrenhaften Todes.«

Hojo Masa beugte sich zu Yoritomo und flüsterte: »Er spricht gut. Ein feiner Soldat. Können wir es über uns bringen, ihn zu verschonen?«

Yoritomo wandte stirnrunzelnd den Kopf zur Seite. Auch ihn hatte Shigehiras Verteidigung nicht unberührt gelassen, aber Yoritomo hatte seine führende Position nicht dadurch erlangt, daß er persönlichen Gefühlen nachgab. Er richtete das Wort an Shigehira und sagte: »Ich betrachte Euch nicht als meinen persönlichen Feind. Ich habe legitime Beschwerden gegen Euren Vater; er vernichtete die meisten meiner Familienangehörigen, doch... mich verschonte er, so daß ich heute hier zu Gericht sitzen kann.« Er hielt inne. »Ich würde Euch nichts zuleide tun.«

Shigehira schluckte; die Spannung in seinen Zügen löste sich.

»Mein kaiserlicher Befehl verlangt Euren Tod«, fuhr Yoritomo fort, »aber ich werde ihn außer acht lassen. Solange Ihr in meiner Obhut seid, sollt Ihr jede Rücksichtnahme erfahren, die Eurem Rang zukommt. Ich bin jedoch verpflichtet, die Forderungen der Mönche von Nara zu unterstützen. Ihr werdet ihrem Gericht übergeben, und Euer Geschick wird in ihren Händen liegen.« Yoritomo griff nach einer getrockneten Frucht. Hojo Masa hob die Hand vor den Mund. Die Audienz war beendet.

Shigehira ließ sich nichts anmerken, aber seine gerade aufkeimende Hoffnung war dahin. Von den Mönchen konnte er keine Gnade erwarten. Sein Schicksal war besiegelt.

34

Während Yoshis erster Woche im Kloster lehre Chusai ihn jeden Morgen die Sutras, Schriften im originalen klassischen Chinesisch, und half ihm, die einundzwanzig Regeln zu verstehen, die dem Leben der Mönche in Daibutsu-ji zugrunde lagen. Sie schrieben vor, wie zu singen, zu gehen, zu essen und zu meditieren war, wie die Mönche alle Funktionen des klösterlichen Lebens auszuführen hatten. Die Regeln endeten mit Nummer einundzwanzig: Wer die Regeln nicht befolgt, behindert das klösterliche Leben und die Vervollkommnung anderer und sollte des Klosters verwiesen werden.

Jeden Tag kam er nach dem Frühstück mit Dosho zusammen, der philosophische Fragen stellte und ihm klarmachte, daß Yoshi die Lösungen seiner Probleme in sich selbst trug. Er würde sich von den Sorgen der Außenwelt freimachen müssen, bevor er Frieden finden konnte.

Am dritten Tag stellte Yoshi die Frage, die ihn seit seinem Eintritt ins Kloster beschäftigt hatte. »Als ich Eisai begegnete«, sagte er, »sprach er von diesem neuen Glauben; er sagte, wir würden in der Lage sein, auf Gesänge und Rituale zu verzichten, um den achtfachen Weg in uns selbst zu finden, doch...«

Dosho unterbrach ihn lachend. »Du bist ungeduldig wie ein Kind. Der Weg zu jedem lohnenden Ziel ist mit Anstrengung übersät. Ja, wenn du so erleuchtet wärst wie Eisai, würdest du dieser äußeren Manifestationen der Frömmigkeit und Hingabe nicht bedürfen. Da du es nicht bist, mußt du zuerst diese kleinen Schritte tun, um den Weg zu beschreiten, den du so inbrünstig erstrebst. Dann...« sagte Dosho, und ein Lächeln erhellte seine Züge, »... dann wirst du dein Herz unmittelbar erreichen und ein Erleuchteter werden können.«

Am siebten Morgen führte Chusai ihn von seinem Gästezimmer zum zentralen Teil des Klosters, der Meditationshalle, wo er so lange bleiben würde, wie er in Daibutsu-ji lernte. »Du wirst an diesem deinem ersten Tag den vorderen Eingang benutzen. Tritt still ein. Verbeuge dich vor dem Schrein Monju Bosatsus, des Wächters der Meditation und

Weisheit. Versprich ihm, daß du Daibutsu-ji erst verlassen wirst, wenn deine Ausbildung abgeschlossen ist. Dann nimm deinen Platz auf der Plattform ein. Dein Name ist dort auf eine Tafel geschrieben. Geselle dich in Gebet und Meditation zu den anderen, bis du entlassen wirst. Später werde ich dir helfen, dich in deinem neuen Quartier einzurichten.«

Die Meditationshalle war frisch gereinigt und duftete von Räucherwerk. Yoshi erwies dem Monju Basatsu seine Ehrerbietung und fand seinen Namen mit Pinselstrichen auf eine hölzerne Tafel über einem leeren Platz auf der Plattform linker Hand gemalt. Es war ein schmaler Platz, zwischen einem vierschrötigen Mönch mit dem wettergegerbten Gesicht eines Bauern und einem kaum dem Kindesalter entwachsenen Novizen.

Die Halle war zwölf Meter breit und mehr als zwanzig Meter lang. Zwei Plattformen, ungefähr einen Meter über dem Boden, nahmen die beiden Längsseiten der Halle ein. Die Plattformen waren dicht besetzt mit Mönchen – bis auf Yoshis freien Platz. Jedem Mönch stand eine Fläche von ungefähr einem mal zwei Metern zur Verfügung. Der Schrein Monju Bosatsus, geschmückt mit purpurroten Blumen und von einer einzigen Kerze erhellt, stand an der Schmalseite der Halle zwischen den Plattformen und dem Haupteingang gegenüber.

Yoshi nahm seinen Platz ein und fühlte die teils verstohlenen, teils offenen Blicke der Mönche auf sich, unter denen er von nun an leben würde.

Das klösterliche Leben war in zwei Halbjahresabschnitte gegliedert. Yoshi war rechtzeitig aufgenommen worden, um mit dem Sommerhalbjahr anzufangen. Seine wenigen persönlichen Dinge wurden in ein großes, quadratisches Seidentuch gewickelt und in einem Kasten hinter ihm untergebracht; Eßschalen, Rasiermesser und seine Schriften lagen auf einem Regal darüber. Ein Vorhang aus grobgewebter Baumwolle verbarg diese Dinge.

Der gleichförmige Tageslauf des klösterlichen Lebens begann.

Sutras wurden gesungen, es wurde schweigend meditiert und gegessen. Für geselligen Umgang blieb wenig Gelegenheit. Jeden Abend, nachdem der letzte Glockenton das Ende der Studien verkündete, entrollten die ermüdeten Mönche ihre Schlafmatten, streckten sich aus und schliefen augenblicklich ein.

Links neben Yoshi saß Myozen, der jugendliche Mönch, besessen von religiösem Eifer. Myozen war noch im Alter der Heldenverehrung, und als er Geschichten über Yoshis Vergangenheit hörte, bemühte er sich eifrig, mehr über ihn zu erfahren.

Zu Yoshis Rechten hatte Jitsue seinen Platz, ein großer, schwerfälliger Mönch von melancholischer Gemütsverfassung, dessen Gespräche aus Grunzlauten bestanden. Wie Yoshi bereits aus seiner äußeren Erscheinung geschlossen hatte, war Jitsue ein Kleinbauer gewesen und hatte ein hartes Leben hinter sich. Nachdem er sein Gehöft an Tsuruga Hyoe, den Herren von Echizen, verloren hatte, war er Landarbeiter gewesen und hatte zuletzt als *ashigaru* oder Fußsoldat gedient, bevor er dieses ungewollte Leben in Mühsal und Wurzellosigkeit mit dem Leben eines Mönches vertauscht hatte.

Und da war Shinga. Shinga war Doshos Assistent und fungierte als *keisaku*, der im Kloster die Disziplinargewalt ausübte. Seinen Namen hatte er von dem vier Fuß langen Züchtigungsstock, der das Zeichen seiner Würde war. Yoshi war überzeugt, daß Shinga ihn weit über die Erfordernisse der Disziplin hinaus schikanierte, daß er ihn mit dem *keisaku* heftiger und häufiger schlug als jeden anderen. Chusai sagte ihm, es geschehe zu seinem Besten, und Shinga habe keine Freude daran, den Stock zu gebrauchen. Yoshi nickte dazu, aber insgeheim glaubte er Chusais Worten nicht.

Der fünfte Tag nach Yoshis Aufnahme als Klosterbruder war der Tag des allgemeinen Hausputzes, Badens und Schädelrasierens. Die Mönche bekamen eine Stunde Zeit, in der sie ihre Köpfe kahlrasieren mußten. Yoshis Haarschnitt erzeugte Heiterkeit unter den Mönchen. Sie hatten Spaß an der Zeremonie, die eine der wenigen Gelegenheiten in ihrem von strengen Regeln eingeengten Leben war, da sie sich entspannen konnten.

Yoshi sah sein Haar mit einem Gefühl von Erleichterung fallen. Jitsue besorgte das Schneiden und Rasieren, während Myozen Bemerkungen und Kritik beisteuerte.

Yoshi nützte die Muße zu einem improvisierten Gedicht:

Das Haupthaar fällt
Gewichtiger Kopfschmuck der Außenwelt
Enthüllt es den achtfachen Weg
Dessen ehrwürdiger Ursprung
Einst des Buddhas kahler Scheitel gewesen.

Myozen bekam einen Lachanfall; sogar der stoische Jitsue grinste.

Jitsue hielt Yoshi einen achteckigen Metallspiegel vors Gesicht. Wie seltsam! Seinen Kopf ohne die Einrahmung aus Haar zu sehen. Yoshis breite Backenknochen und sein kräftig ausgebildeter Unterkiefer schienen jetzt unvorteilhaft betont. Der rasierte Kopf verlieh ihm den Anschein von spiritueller Erleuchtung, aber niemand wußte besser als er, daß die Substanz fehlte. Er fühlte sich momentan entmutigt, aber die gute Laune seiner Gefährten verhalf seinem Sinn für Humor und Selbstironie zum Durchbruch, und er lachte mit ihnen.

35

Nach seinem Gespräch mit Yoritomo wurde General Shigehira vom Hauptmann der Wache in einen großen, luxuriös eingerichteten Raum im Westflügel des Herrensitzes gebracht. Hier gab es Blumen, einen Schrein, eine Schlafmatte und eine leere Kleidertruhe. Er hatte ein neues Gewand, die Abzeichen seines Ranges und seiner Position, aber nicht die Freiheit. Er bat um Pinsel, Tusche und Papier, erhielt das Gewünschte und setzte ein Gesuch an das Tribunal der Mönche von Nara auf.

Die Stunden verstrichen langsam. Bei all seinen Bekundungen guten Willens schien es, daß Yoritomo ihn vergessen hatte.

Am Abend kam der Hauptmann zurück und unterrichtete ihn, daß ein Abgesandter der Mönche von Nara gekommen sei. Obwohl die Ankunft des Mönches seinen bevorstehenden Tod ankündigte, begrüßte Shigehira sie als das Ende der Ungewißheit.

Der Abgesandte der Nara-Mönche war ein kleiner, beleibter Mann mit dem Lächeln eines Politikers am Hof. »Kane-no-suke Munemochi aus Izu«, stellte er sich vor.

Shigehira war überrascht von dem höflichen, beinahe freundlichen Auftreten Kane-no-sukes. Er hatte erwartet, daß man ihn wie einen der Sünder aus der Shaba-Unterwelt behandeln würde. Statt dessen begegnete ihm dieser umgängliche Mann ohne ein unfreundliches Wort.

»Ihr seid meinem Gewahrsam übergeben«, sagte Kane-no-suke. »Vielleicht wünscht Ihr zu baden und Eure Kleidung zu wechseln?«

Shigehira traute seinen Ohren nicht. Ein Bad! Statt als Sünder vor den zehn schrecklichen Königen der Unterwelt zu stehen und ihre Foltern zu erleiden, wie er erwartet hatte, wurde ihm geboten, was er mehr als alles andere in der Welt wünschte ... ein Bad, das erste seit Wochen. Nun konnte er getrost sterben.

So plötzlich von der Unterwelt Yomi zum Westlichen Paradies zu fliegen! Er wischte sich die Augen und verneigte sich mit aller Würde, die er aufbringen konnte. »*Arigato*, Kane-no-suke. Ein Bad wäre sehr schätzenswert.«

Kane-no-suke lächelte strahlend; er nickte eifrig. »Dann sollt Ihr es ohne weiteren Zeitverlust haben. Folgt mir.«

Vor wenigen Minuten noch hatte Shigehira sich wie ein zum Tode Verurteilter gefühlt. Jetzt sah er Hoffnung. Er würde Kane-no-suke überzeugen, daß der Brand der Tempel von Nara eine nicht beabsichtigte Zufälligkeit des Kriegsgeschehens gewesen war. Er würde seine tiefe Trauer beweisen, indem er um Aufnahme in den Orden von Nara bitten würde, um auf diese Weise Buße zu tun. Shigehira hatte den Brand seinerzeit als ein Mittel begrüßt, die verbissen kämpfenden Mönche auszuräuchern, aber er hatte nicht gedacht, daß er so rasch um sich greifen und das ganze Kloster vernichten würde. Also *war* es, genau genommen, ein Unfall gewesen.

Der Mönch führte ihn zu einem privaten Badehaus. In der Mitte war ein Bottich, in welchem zehn Personen Platz finden konnten. Er war umgeben von einem Boden aus Holzlatten; Kleiderhaken waren an den Wänden befestigt. An einem Ende stand eine lange Bank mit frischen Kleidern.

Kane-no-suke nickte zu den sauber zusammengelegten Kleidern. »Für Euch, General«, sagte er, nickte und lächelte fröhlich.

Shigehira überließ sein Gewand einem Wärter und stieg in das dampfende Wasser. Himmlisch! Er schloß die Augen und versank bis zum Hals in der wohligen Wärme, fühlte, wie der Schmutz und Schweiß eines Monats sich auflöste und die Muskeln sich in warmer Schwerelosigkeit entspannten.

Eine Tür wurde geöffnet und geschlossen. Eine junge Frau mit blassem Gesicht und langem Haar, das offen über ihren Rücken fiel, gekleidet in einen bunten Badeumhang, kam mit gleitenden Schritten auf ihn zu. Ihr folgte eine vielleicht vierzehnjährige Helferin, die eine Schüssel mit Seife, Bürsten und Kämmen trug. Die Frau warf den Umhang ab und stieg mit schüchternem Lächeln zu Shigehira in den Bottich. Die Helferin reichte ihr Seife und Schwamm, stellte die Schüssel an den Rand des Bades und ging.

Shigehira verspürte eine fast vergessene Regung. So viel Zeit war verstrichen, seit er mit einer Frau zusammengewesen war... und diese war schön und zierlich, mit schmalen Augen, feinen, nach oben gebürsteten Brauen, geschwärzten Zähnen und glatter Haut.

Die Frau sagte: »Laßt mich die Reste Eures unglücklichen Aufenthalts in Kamakura abwaschen.«

Während sie ihn mit Seife und Schwamm bearbeitete, fügte sie hinzu: »Mein Name ist Senshu-no-Mae, und ich bin von unserem Herrn geschickt worden, für Eure Bequemlichkeit zu sorgen.«

Ihre Berührung drohte Shigehira um den Rest seiner Selbstbeherrschung zu bringen. Der Duft parfümierter Seife, das heiße Wasser, der Anblick ihres Haares, das wie ein Fächer ausgebreitet an der Oberfläche schwamm... ahh! Und die Berührung ihrer Hände: so leicht und fest zugleich, so kenntnisreich. Er vergrub sein Gesicht in ihrem Haar, das die Beschaffenheit von Seide und den Duft des Paradieses hatte.

Sie entzog sich seinen Händen und stieß ihm spielerisch den Schwamm ins Gesicht. »Geduld«, sagte sie.

Seit seiner Gefangennahme hatte Shigehira nicht daran gedacht, ein Gedicht zu improvisieren, doch nun, da dieser jähe Umschwung des Schicksals seine Sinne überwältigte, suchte er seine Gemütsaufwallung durch die Konzentration auf ein Gedicht zu beruhigen:

»Der Haare schwimmender Fächer
Spinnennetz aus Sommerfäden
Das mein Herz umgarnt
Mit Seerosenduft
Erinnerungen an ferne Tage.«

Senshu-no-Mae lächelte und erwiderte:

»Wärme des reinigenden Bades
Belohnung des tapferen Kriegers
Heißer als die Tränen
Die nach der Schlacht vergossen werden
Das härteste Herz erweichen.«

Shigehira nahm sie bei der Hand und zog sie in seine seifigwarme Umarmung. Er streifte ihr das Haar aus dem Gesicht und vollzog ihre Vereinigung so leicht, daß er fertig war, ehe den beiden ganz bewußt wurde, was geschah.

Senshu-no-Mae kicherte über seinen beschämten Gesichtsausdruck. »Macht nichts«, flüsterte sie ihm ins Ohr. »Wir werden andere Gelegenheiten haben.« Dann löste sie sich von ihm und erklärte in praktischem Ton, sie müsse ihm das Haar waschen.

Als sie mit Waschen und Bürsten fertig war, rief sie ihre Helferin und verließ den Badebottich. Shigehira überließ sich noch der entspannenden Wärme des Wassers und bewunderte ihr glänzendes schwarzes Haar, ihren elfenbeinweißen schlanken Körper, beperlt mit blitzenden Wassertropfen. Ihr Anblick beflügelte seine Fantasie zu einem weiteren Gedicht:

»Schwarze Kaskade, du strömst
Herab auf die bleiche Landschaft
Dein Anblick senkt Trauer
Das Pathos verlorener Schönheit
in des Betrachters Herz.«

Getrocknet und wieder in ihren Umhang gehüllt, kam Sen-shu-no-Mae an den Rand des Bottichs und sagte: »Ich hoffe, Ihr seid zufrieden. Unser Herr Yoritomo wünscht, daß Ihr mit aller Zuvorkommenheit behandelt werdet, die Eurem Rang gebührt. Betrachtet mein unwürdiges Selbst als ein Geschenk von ihm. Wünscht Ihr noch etwas? Kann ich noch etwas für Euch tun?«

»Was könnte ich noch wünschen? Ich bin vollkommen glücklich. Ich danke ihm für seine Freundlichkeit. Ich danke dir für deine Zuwendung.«

»Da ich zu Yoritomos Haushalt gehöre, kann ich Eure Bitten weitergeben. Einem Mann mag die Selbstachtung untersagen, etwas für sich zu erbitten. Eine Frau als Mittlerin hat mehr Möglichkeiten.«

»Wie könnte ich mehr verlangen, als in deinen Armen zu sterben?«

Sie schürzte die Lippen und erwiderte mit einem Anflug von Ungeduld: »Bitte, General Shigehira. Ich mache mich erbötig, Euch das Leben zu retten.«

»Ja, in diesem Fall habe ich eine Bitte. Seit Jahren bekümmern mich die Ereignisse, die den Brand im Kloster von Nara verursachten. Wenn du deinen Herrn überreden könntest, daß er mich büßen läßt, indem ich mir den Kopf rasiere und einer der Mönche von Nara werde...«

»Gemacht«, sagte sie.

36

Am siebten Tag nach seiner Aufnahme wurde Yoshi endlich vom *roshi* empfangen, dem religiösen Führer des Klosters, der auch als Abt diente. Annen war ein kleiner, feinfühliger

Mann mit eindringlichem Blick, ungefähr zwanzig Jahre älter als Yoshi. Dieser begriff sofort, warum Eisai ihn empfohlen hatte; Annen strahlte geistige Kraft aus.

Yoshi verbeugte sich mit zusammengelegten Händen, dann streckte er sich dreimal in respektvoller Begrüßung am Boden aus. Der *roshi* nickte nachdenklich. »Unser neuester Bruder«, sagte er mit leiser Stimme. »Einer, der Glück und Ruhm in der Außenwelt aufgegeben hat, um einer der unsrigen zu werden. Willkommen.«

»Danke, *roshi*. Ich habe geduldig unsere Zusammenkunft erwartet. Die Rituale und Regeln des Klosters beschäftigen mich. Chusai erklärte, was ich tun müsse; er erklärte nicht, warum ich es tun muß.«

»Es steht dir nicht zu, nach dem Warum zu fragen. Obwohl unser Kloster vergleichsweise neu ist, blicken unsere Regeln und Bestimmungen auf eine lange Geschichte buddhistischer Erfahrung zurück. Tu, was wir von dir verlangen, und mit der Zeit wirst du nicht mehr fragen müssen, warum... du wirst es *wissen*.«

»*Roshi*, ich bin ausgebildet, meinen Verstand logisch zu gebrauchen. Ich weiß nicht, ob ich das ändern kann. Ich habe Zweifel an meiner Eignung, in Daibutsu-ji zu bleiben. Manchmal... manchmal frage ich mich, ob...«

Der *roshi* nickte. »Jeder hat seine Zweifel. Das ist die menschliche Natur. Selbst Erleuchtung kann uns nicht davor bewahren. Vergiß nicht, daß die Anforderungen, die wir an dich stellen, deine geistige Wiedergeburt zum Ziel haben. Du mußt lernen, demütig zu sein, bevor du den Sprung auf die Ebene des *satori* machen kannst.«

»Aber es gibt so viele Lehren, die ich nicht verstehe, *roshi*. Warum muß ich unter den Schlägen des *keisaku* leiden, warum muß...?«

»Frage nicht... erfahre«, unterbrach ihn der *roshi*. »Der *keisaku* handelt zu deinem Besten. Um Demut zu lernen, mußt du die Vergangenheit vergessen.«

»Hai, *roshi*.«

»Heute werde ich dir ein *koan* aufgeben, ein Rätsel, das nicht durch Logik, sondern nur durch Erfahrung gelöst werden kann. Wenn du meditierst, wenn du arbeitest, selbst wenn du die Schläge des *keisaku* erleidest, wirst du immer an der Lösung des *koan* arbeiten. Wenn ich mit deiner Lösung des ersten *koan* zufrieden bin, werde ich dir ein zweites aufgeben, dann ein drittes und so fort, bis du alle achtzehnhundert *koans* gelöst und den Zustand der Erleuchtung erreicht haben wirst. Nun das erste: Meister Hakuins klassisches Rätsel: Welches ist das Geräusch, wenn eine Hand klatscht?«

»Aber wenn nur eine Hand...?«

»Nein, nein, Yoshi«, unterbrach ihn der *roshi* mit erhobener Stimme; seine Züge verrieten Ungeduld und ein wenig Enttäuschung. »Das ist kein mathematisches Problem. Du kannst die Antwort nicht mit Logik finden. Es ist ein Mittel, das dir die wahre Realität deines eigentlichen Selbst bewußtmachen soll.«

»Hai, *roshi*«, sagte Yoshi.

Annen nahm eine kleine Glocke auf, die neben ihm stand; er bimmelte damit vor Yoshis Gesicht, zum Zeichen, daß das Gespräch beendet sei. Yoshi warf sich vor ihm zu Boden, stand auf, verbeugte sich und ging rückwärts aus dem Raum.

Einhandklatschen? Yoshi hatte eine Klärung seiner Zweifel und Fragen gewünscht und war statt mit einer Antwort mit einem Rätsel beschieden worden.

37

Yoritomo las eine beunruhigende Botschaft seines Bruders Noriyori. Nach dem Sieg der Minamoto bei Ichi-no-tani hatte Yoritomo seinen jüngeren Bruder in die südwestlichen Provinzen Nagata und Suo entsandt, um dort die Taira und ihre Vasallen zu unterwerfen, aber Noriyori meldete, daß er an Boden verloren habe. Er verlangte weitere Truppen, Pferde, Waffen und Schiffe. Er schrieb, seine Offiziere seien entmutigt, und seine Streitkräfte befänden sich inmitten einer feindseligen Bevölkerung, die mit den Taira sympathisiere; jede ihrer Bewegungen würde von Spionen dem

Feind gemeldet, noch ehe sie ganz ausgeführt sei. Er schilderte seine Lage als bedrängt und wünschte, daß Verstärkungen und Nachschub sofort auf den Weg gebracht würden.

Yoritomo war in einer schwierigen Position. Die Familien der Hojo, Chiba und Ashikaga, allesamt zuverlässige Verbündete, waren in Noriyoris Armee vertreten; Yoritomo konnte sich nicht leisten, sich diese Verbündeten zu entfremden, indem er ihnen Hilfe verweigerte. Andererseits aber war er mit großen Anstrengungen bemüht, weitere mächtige Familien des Ostens für sich zu gewinnen und unter seinem Banner zu sammeln. Wenn Noriyori Verstärkung erhalten sollte, mußten die Mannschaften und Waffen von Yoritomos östlicher Armee kommen. Der Abzug dieser Kräfte aber würde seine Position in einer Zeit schwächen, wo er seine künftigen Verbündeten durch seine Kraft und Unfehlbarkeit beeindrucken mußte.

Eine Stunde verging, während er die möglichen Folgen überdachte, die sich aus der Erfüllung von Noriyoris Verlangen ergeben mochten. Schließlich legte er den Brief beiseite. Er hatte seine Entscheidung getroffen. Er würde ihn beruhigen und seines Beistands versichern, ohne ein Versprechen zur Entsendung von Verstärkungen zu geben. Noriyori und seine Armee würden sich weiterhin mit den vorhandenen Kräften behaupten müssen.

Yoritomo bedauerte jetzt, daß er nicht Yoshitsune nach Nagata und Suo geschickt hatte; Yoshitsune war ein brillanter Taktiker und hätte vielleicht Mittel und Wege gefunden, um zu einem entscheidenden Sieg zu kommen. Aber Yoshitsune war in Kyoto bei dem abgedankten Kaiser, und die Westarmee stand unter dem Befehl des fantasielosen Noriyori. Er konnte sich nicht leisten, seine politischen Verhandlungen durch den Austausch von Armeeoberbefehlshabern zu stören.

Ein Diener klopfte an die Tür. »Was gibt es?« fragte er gereizt.

Der Diener drückte die Stirn auf den Fußboden und meldete Hojo Masa und Senshu-no-Mae.

»Bring sie herein«, befahl er.

Sekunden später glitt Hojo Masa herein, gefolgt von Senshu-no-Mae. Hojo Masa nahm vor der niedrigen Sitzplattform ihres Gemahls Aufstellung und verbeugte sich mit einer ironischen Schaustellung von Respekt. Offensichtlich hatte sie ein Anliegen. Yoritomo ging in die Offensive und sagte: »Ich bin mit wichtigen Fragen der Regierung beschäftigt, doch um deinetwillen unterbreche ich meine Überlegungen. Bitte fasse dich kurz.«

»*Hai*, mein Gemahl. So kurz, wie ich mich fassen kann. Senshu-no-Mae ist zu mir gekommen und bittet um Milde für General Shigehira.«

»Das ist ganz ausgeschlossen. Er ist ein Gefangener der Nara-Mönche; ihr Gericht wird über Freilassung oder Bestrafung entscheiden.«

Hojo Masas breites Grinsen verhärtete sich. »Ich würde es zu schätzen wissen, wenn du dieser Angelegenheit mehr Überlegung zuwenden würdest! Der General wünscht als Mönch in das Kloster einzutreten. Sicherlich können wir es über uns bringen, seiner Bitte nachzukommen und an die Mönche zu appellieren.«

»Ich soll für sein Leben bitten?«

»Es ist in deiner Macht, die Mönche zu beeinflussen. Ich möchte dir ans Herz legen, es zu tun.«

»Meine Liebe«, erwiderte Yoritomo in würdevollem Ton, »ich kann es nicht. Sein Schicksal ist nicht in unseren Händen. Die Delegation aus Nara ist auf dem Weg hierher. Das Schicksal des Generals liegt allein in ihren Händen. Sie mögen sein Bedauern als wahrhaftig akzeptieren und ihn in ihren Orden aufnehmen. Einstweilen wird er als ein vornehmer Gast behandelt. Ich bin nicht herzlos. Habe ich ihn nicht befreit, ihn ins Bad geschickt und in deine Obhut gegeben«, er blickte mit einem Lächeln zu Senshu-no-Mae, »daß du dich seiner Bedürfnisse annimmst?«

Frauen verstanden nichts von den Pflichten eines Staatsmannes. Wenn Yoritomo den Mönchen von Nara in einer sie selbst betreffenden Angelegenheit Vorschriften machte, würde er sie sich in einer Zeit entfremden, in der er ihre Unterstützung brauchte. Sollte ein Wunder geschehen und die Mönche Shigehira am Leben lassen...

Aber Yoritomo wünschte nicht, daß die Mönche Shigehira verziehen! Er würde nimmermehr ruhig schlafen, wenn er wüßte, daß der einzige tüchtige Feldherr der Taira am Leben und in Freiheit war. Solange ein unfähiger Dummkopf wie Munemori Oberhaupt der Taira war, konnte kaum noch etwas die endgültige Niederlage der Taira aufhalten. Shigehiras Freilassung konnte das Machtgleichgewicht zu ihren Gunsten verhindern.

Shigehira mußte sterben!

»Aber wenn Ihr...«

»Ich kann nicht. Es tut mir leid«, sagte er mit allem Mitgefühl, das er aufbringen konnte. »Die Mönche werden in drei Wochen eintreffen. Bis dahin wird es dem General an nichts fehlen.«

»Darf ich ihn sehen?«

»Kind, um deinet- und um seinetwillen wird es das Beste sein, wenn er allein bleibt, um für die Vergebung seiner Sünden zu beten. Gebet ist seine einzige Hoffnung auf Errettung.«

»Aber ich muß...«

»Wenn der Zeitpunkt für das Zusammentreten des Tribunals festgesetzt ist, werde ich es dir sagen, und du magst General Shigehira in seiner letzten Nacht vor dem Urteil der Mönche Gesellschaft leisten.« Yoritomo lächelte der jungen Frau zu und vermied es dann Hojo Masas kaltem und wissendem Blick zu begegnen, als er mit gewichtiger Miene Noriyoris Botschaft aufnahm. Das Gespräch war beendet.

38

Mehrmals im Monat verließen die Mönche das Kloster Daibutsu-ji in Gruppen von jeweils drei, um in die Dörfer und kleinen Städte der Umgebung zu gehen, wo sie Geld oder Nahrungsmittel erbettelten. Yoshi fand das Betteln schwierig; es stand im Widerspruch zu allen Überzeugungen seines früheren Lebens.

Eines Morgens, als Yoshi in der ruhigen Beschaulichkeit

saß, die den Wohnraum des *roshi* auszeichnete, und dem leisen Zischen des Teekessels lauschte, wagte er seinem Unbehagen Ausdruck zu geben. »Warum muß ich betteln?« fragte er Annen. »Ich kann dem Kloster von meinen Besitztümern mehr geben, als ich durch Betteln zusammenbringen könnte.«

Annen nickte. »Ich weiß.« Er griff zum Teekessel und füllte eine Schale für sich und eine für seinen Schüler mit grünem Tee.

»Warum also?« beharrte Yoshi.

Der Abt wurde ungeduldig. »Wann wirst du lernen, daß du deine Bande zur materiellen Welt durchtrennen mußt. Wenn du bettelst, lernst du die natürliche Harmonie des Gebens und Nehmens. Du lernst Liebe zu deinen Mitmenschen und erlaubst ihnen gleichzeitig, zu ihrer eigenen Erlösung beizutragen. Betteln ist die ideale buddhistische Übung. Der Gebende und der Nehmende haben beide ihren Nutzen davon. Laß uns nicht mehr davon sprechen.« Der *roshi* unterstrich seine Worte mit einer abschließenden Handbewegung. »Wie kommst du mit deinem neuen *koan* voran?«

Yoshis Fortschritte ließen sehr zu wünschen übrig. Der Wunsch war ebenso da wie der gute Wille, aber Yoshi konnte seinen rationalen Verstand nicht abschalten, wie das Infragestellen der ehrwürdigen Praxis des Bettelns bezeugte.

Das Betteln auf den Straßen der Stadt war Yoshi unerträglich; er verstand nicht, warum er es so schwierig fand, während seine Gefährten sich nichts dabei dachten. Yoshi unternahm die wöchentlichen Bettelgänge mit Myozen und Jitsue. Myozen betrachtete sie als willkommene Ausflüge und Abwechslungen vom Einerlei des Klosterlebens, Jitsue grunzte bloß und nahm seine Rolle an.

Tage verschmolzen zu Wochen, und als Yoshi einen guten Monat in Daibutsu-ji zugebracht hatte, war er auf die Antwort des ersten *koan* gekommen und begann sich an seine Rolle als Bettler zu gewöhnen.

Das Wetter wurde warm, und in den benachbarten Ortschaften hörte man Gerüchte über Unruhen in den Zentralprovinzen. Aber Echizen schien Yoshi und den anderen schweißbedeckten Mönchen weit entfernt von allen Ereignissen, die die Welt bewegten. Sie durchwanderten die Straßen, die Bettlerschale in der Hand, und baten in einförmig-müdem Singsang um Gaben. Es geschah nicht selten, daß die Bettelmönche von den Gebern eingeladen wurden, sich auszuruhen und Tee mit ihnen zu trinken. Eine Ruhepause war ebenso willkommen wie eine Schale Tee, und es wäre unhöflich gewesen, die Großzügigkeit des Gebers nicht anzunehmen. Wie Annen zu sagen pflegte, übt die Person, die einer anderen Tee anbietet, ihr eigene Frömmigkeit.

»Habt Ihr von dem Kampf zwischen den Enryakuji und Onjoji gehört?« fragte ein Gastgeber. »Es wird davon gesprochen, daß die Mönche von Enryakuji hierher kommen könnten, um von euch Unterstützung zu verlangen.«

Yoshi wußte aus eigener Erfahrung von den Streitigkeiten der beiden Klöster; er hatte Enchos Tod im Kampf miterlebt und war Zeuge der Grausamkeit der Mönche von Enryakuji gewesen. Aber er sagte nichts davon und begnügte sich damit, in unbehaglichem Schweigen zwischen seinen Gefährten zu sitzen.

Myozen nahm seinen Bambushut ab und wischte sich die Stirn; sein glattes junges Gesicht glänzte von Schweiß, sein grobes wollenes Übergewand klebte durchnäßt an seinem schmalen Körper. Er sagte: »Wer wahrhaft an den achtfachen Weg glaubt, wird niemals kämpfen. Ich jedenfalls glaube nicht, daß diese Mönche im Krieg gegeneinander sein können. Es sind geistige Menschen... außerdem sind wir weit vom Berg Hiei entfernt.«

Jitsue grunzte.

»Es ist Zeit, daß wir unseren Rundgang fortsetzen«, sagte Yoshi. Er gab seine leere Teeschale dem Gastgeber zurück, faltete die Hände, verbeugte sich und bedeutete den Gefährten, ihn zu begleiten.

Als sie außer Hörweite waren, sagte Yoshi: »Unterschätzt nicht die Wildheit der *yamabushi* der Enryakuji. Es sind Kriegermönche, keine geistigen Führer. Wenn sie nach Echizen kommen, sind wir in Gefahr.«

»Aber wir sind ein friedfertiger Orden, der sich der Gewaltlosigkeit verschrieben hat«, erwiderte Myozen.

»Ich bezweifle, daß unsere Friedfertigkeit Eindruck auf die Enryakuji-Mönche machen wird«, sagte Yoshi. »Sie kämpfen um diesseitige Macht. Wenn sie uns als eine Bedrohung ihrer Expansion sehen, werden sie nicht zögern, hierherzukommen und uns zu vernichten. Vielleicht sollte unser Kloster daran denken, für diesen Fall Verteidigungsanlagen zu bauen.«

»Niemals«, sagte Myozen. Jitsue grunzte.

39

General Shigehira kniete vor dem Schrein Kannons, dem Gott des Mitleids, und betete um seine göttliche Fürsprache. Hatten die Götter nicht seine erste Bitte erfüllt – eine geringfügige im großen Plan der Dinge, aber wichtig für ihn? Ein Bad! Saubere Kleider! ja, er schätzte sich glücklich, daß er reinlich sein konnte und dieses feine blaue Gewand aus schwerer Seide trug, bestickt mit Blättern und Vögeln. Auch hatte er in den vergangenen drei Wochen gut gegessen; er war nicht mehr der abgemagerte, hohlwangige, abgerissene Gefangene, der in Fesseln nach Kamakura gebracht worden war.

Sein Quartier war luxuriös. Wächter waren immer in der Nähe, aber sie zeigten sich höflich und diskret.

Draußen rauschte der Regen gleichmäßig auf die Dächer, gurgelte aus den Dachrinnen und schien sich zu einem langdauernden Landregen zu entwickeln. So sehr Shigehira sich bemühte, mit den Gedanken bei seinen Gebeten zu sein, es gelang ihm nicht; eine tiefe Niedergeschlagenheit lastete auf seinem Gemüt.

Warum war Senshu-no-Mae nicht zu ihm in sein luxuriöses Gefängnis gekommen? Hatte sie ihn vergessen? Warum kehrten seine Gedanken immer wieder zu ihr zurück? Bilder von ihr beschäftigten seine Fantasie.

Am selben Abend, als Senshu-no-Mae plötzlich mit Kaneno-suke und einem Gefolge von Dienern erschien, die Speisen und Wein auftrugen, war alle Trübsal vergessen.

Senshu-no-Mae schenkte ihm aus einem kleinen Keramikkrug Sake ein. Dann sang sie für ihn und begleitete sich selbst auf der Biwa, der japanischen Laute. »Selbst die Zehn Gesetzesverstöße sollen getilgt werden...« Als die letzten Töne des Gesangs verklungen waren, sagte Kane-no-suke: »Unser Herr hat uns befohlen, alles in unseren Kräften Stehende zu tun, um diesen Abend zu einem glücklichen zu machen, also wollen wir den Sake fließen lassen.« Sein rundes Gesicht strahlte Jovialität aus, als er den Dienern winkte, die Schalen aufzufüllen.

Senshu-no-Mae stimmte ein weiteres Lied an. Draußen trommelte der Regen auf die Dächer; der Wind klapperte mit den Läden, in der Ferne grollte Donner. Im Quartier des Generals achtete niemand auf das Wetter. Der Wein ließ alles in einem goldenen Licht erglühen, und trotz der unguten Vorbedeutung des Regensturms entspannte sich sogar Shigehira bei den Freuden der Tafel und der Musik.

Nachdem Senshu-no-Mae einen alten *shirabyoshi*-Refrain ›Die sich unter einem Baum verstecken...‹ gesungen hatte, sagte Kane-no-suke: »General, würdet Ihr für uns spielen und singen? Eure Meisterschaft auf der Biwa ist in allen Provinzen berühmt.«

Shigehira lächelte traurig, trank seine Schale Reiswein leer und sagte: »Da ich dem Untergang geweiht bin, habe ich wenig Ursache zum Singen, doch wenn es meine Trauer nur ein wenig lindern kann, wird es nicht schaden. Also will ich Euren Wunsch erfüllen.« Er stellte die Schale weg, nahm die Laute, stimmte sie, bis sein Gehör ihm sagte, daß sie auf den richtigen Kammerton gestimmt war, und sang vor einem empfänglichen Publikum zur eigenen Begleitung das Lied ›Ich eile zum Himmel‹.

Als er Senshu-no-Maes hingerissenen Gesichtsausdruck sah, ließ er ein zweites Lied folgen, ein beliebtes Stück aus dem alten China, betitelt ›Die Tränen von Yu Chi‹. Es erzählte die Geschichte eines Herrschers aus alter Zeit, der auf der Flucht vor seinen Feinden mit seiner schönen Begleiterin von feindlichen Truppen eingekreist wurde. Bevor er unter den Schwertstreichen seiner Gegner fiel, rief er aus: »Die Angriffe meiner Widersacher bedeuten nichts; ich bin nur traurig, von Yu Chi scheiden zu müssen.« Es kam Shigehira nicht schwer an, sich wie der sagenhafte Herrscher zu fühlen.

Er begleitete den traurigen Gesang so vollkommen auf der Laute, daß seine Zuhörer sich mit den Ärmeln die Augen wischten.

Das Fest nahm seinen Fortgang bis gegen Morgengrauen, als Kane-no-suke sich taktvoll verabschiedete und mit den Dienern ging. Nur Senshu-no-Mae blieb bei Shigehira.

»Ich erbat die Erlaubnis, diese Nacht mit dir zu verbringen«, sagte sie. »Morgen tritt das Nara-Tribunal zusammen. Die Mönche sind nicht grausam, das kannst du daraus ersehen, wie freundlich du von Kane-no-suke behandelt wirst; also dürfen wir hoffen, daß sie deinen Wunsch, Buße zu tun, annehmen werden. Aber wer kann das Ergebnis voraussagen?« Sie zögerte einen Augenblick. »Wir sollten leben, als ob es unsere letzte Nacht vor der Reise zum himmlischen Königreich wäre.« Sie schlang die Arme um seinen Hals und legte den Kopf an seine Brust.

Shigehira hielt sie fest umfangen, murmelte Zärtlichkeiten und hatte Mühe, die Fassung zu bewahren. Im Laufe der langen Abendunterhaltung war ihm klar geworden, daß er sie mehr liebte als seinen Stolz, mehr als sein Leben, mehr als seine persönliche Ehre.

Ihr Liebesakt vollzog sich ohne Eile, aber nicht weniger leidenschaftlich als in jenem unkontrollierten Augenblick im Bad. Shigehira gab sich seinen Gefühlen hin, wie er es bei keiner anderen Frau vermocht hatte. Als sie einander in den Armen lagen, legte er seine Wange an ihre und war überrascht, als er spürte, daß ihre Tränen sich vermischten.

Als der Morgen kam, hörte der Regen so plötzlich auf wie er eingesetzt hatte, und nicht viel später brach die Sonne in majestätischer Pracht durch die aufreißende Wolkendecke. Die Liebenden sahen das Schattenmuster der Fensterläden über den Boden kriechen. Um zehn Uhr, der Stunde der Schlange, klopfte ein Abgesandter des Mönchstribunals an die Tür, um General Shigehira vor Gericht zu bitten.

Senshu-no-Mae packte mit ihren kleinen Händen den Seidenstoff auf seiner Brust. »Sie müssen dich freilassen«, sagte sie. »Sie müssen, oder ich bin verloren.«

Shigehira lächelte über ihre Naivität, aber es war ein warmes, liebevolles Lächeln ohne eine Spur vom Stolz eines Taifa-Höflings. »Was auch das Ergebnis sein wird, es ist lediglich die Strafe für Sünden, die ich in einem früheren Leben beging. Ich bin auf das Urteil der Mönche vorbereitet. Aber bevor ich dich verlasse, mußt du wissen, daß ich dich liebe. Und das kommt aus tiefstem Herzen.« Er hielt inne und küßte sie auf die Stirn, dann vergrub er sein Gesicht in ihrem Haar.

»Und ich liebe dich«, flüsterte sie und schmiegte sich an ihn.

Sie hatte den ganzen Tag hinter ihrem Wandschirm zugebracht, sich um Shigehira geängstigt und für ihn gebetet. Warum kam niemand mit Nachricht? Sie schwankte zwischen Optimismus und Verzweiflung. Schließlich konnte sie die Ungewißheit und Abgeschlossenheit in ihrem Zimmer nicht länger ertragen und ging hinaus.

Es war vier Uhr nachmittags, die Stunde des Affen, als sie den Kiesweg vor dem Haupttor des Herrensitzes hinunterging. Sie hatte sich vergebens bemüht, Hojo Masa zu sprechen; sie und Yoritomo waren nicht erreichbar. Nun wollte sie allein mit ihren Gedanken zum Strand gehen und zu den Göttern des Himmels und Wassers beten. sie hatte nichts von General Shigehira gehört, noch war es ihr gelungen, etwas über die Entscheidung der Mönche zu erfahren.

Ein strahlender Tag; der Regen hatte Luft und Erde gereinigt. Frei von Sünde, dachte sie, und der frische, sonnige Tag ermutigte sie. Welch ein schöner Tag guter Vorbedeutung! Sicherlich würden ihre Gebete erhört ... die Götter lächelten.

Der Kies knirschte unter ihren Füßen, als sie sich dem Tor näherte. Zwei von Yoritomos Gefolgsleuten zogen die schweren Flügel auf, um sie durchzulassen.

Der Ozean, ganz in blauen und grauen Tönen, hatte sich beruhigt und rauschte leise an den Strand. Es herrschte Ebbe, und auf dem trockenen Strand liefen geschäftige Vögel – Strandläufer und Austernfischer – zwischen den Gezeitentümpeln und pickten nach unsichtbaren Meeresbewohnern. Senshu-no-Mae sog tief die frische, salzige Luft ein und wandte sich nach Westen.

Was war das?

Entlang der äußeren Mauer war eine Reihe von Spießen aufgepflanzt; in ihrem Eifer, zum Strand zu gelangen, war sie vorbeigegangen, ohne sie zu bemerken. Vier Spieße zu jeder Seite des Tores, und auf jedem Spieß steckte ein Kopf. Ihr Herz krampfte sich zusammen.

General Shigehiras Kopf war der zweite auf der rechten Seite.

Senshu-no-Mae fühlte die Beine unter sich nachgeben. Die Sonne war über, nein unter ihr, es wurde dunkler, dunkler... sie fiel besinnungslos zu Boden, aller Hoffnung beraubt.

40

Am letzten Tag des sechsten Monats wurde in Yashima die große Reinigungszeremonie abgehalten. Man hatte keinen Aufwand gescheut, um diesem Tag einen besonderen Anstrich zu verleihen. 500 Arbeiter hatten seit Wochen an der Verbreiterung und Verbesserung der Straße gearbeitet, die von der Küste zu dem Fluß führte, wo die Zeremonie stattfinden sollte. An dem Abhang über dem Fluß waren zwei Zuschauertribünen errichtet worden. Die Mitglieder des Hofes hatten Befehl, an der Zeremonie teilzunehmen.

Nami zog den Vorhang zurück, der die Zurückgezogenheit ihres Aussichtspavillons schützte, und beugte sich hinaus, um die Prozession zu sehen. Während der drei Monate, die seit der unglücklichen Schlacht bei Ichi-no-tani vergangen waren, war Nami wieder in das Frauenhaus zurückgekehrt. Zum Zeichen ihrer Witwenschaft hatte sie das Haar kurz geschnitten. Nach dem Tod ihres ersten Mannes hatte sie sich geweigert, diesem Brauch zu folgen; nach Yoshis Tod hatte sie keinen anderen Wunsch, als seinen Verlust zu betrauern. Sie trug die traditionellen zwölf Gewänder in Schattierungen von Hellgrau bis Schwarz, die, zusammen mit ihrem kurzen Haar, den Witwenstand einer *mibojin* und ihren Rückzug aus dem öffentlichen Leben anzeigten.

Die Zeremonie stellte einen shintoistischen Ritus dar, doch waren Buddhismus und Shintoismus in Namis Bewußtsein bereits miteinander vermischt; sie fand nichts Seltsames dabei, daß die Prozession von sieben buddhistischen Priestern angeführt wurde. Diese trugen Kleider von reinem Weiß und Gold und führten Weihrauchfässer mit sich. Nami genoß den Duft von Weihrauch und Sommerblumen in der salzigen Meeresbrise.

Hinter den Priestern gingen acht Mönche, die an Stangen einen Schrein mit der lebensgroßen Statue des kindlichen Kaisers trugen. Weitere Mönche folgten und sangen zum Rhythmus ihrer Handtrommeln. An die Zuschauer am Weg wurden Abschriften der Lotos-Sutra verteilt.

Als nächstes folgte der kaiserliche Prunkwagen, dessen mächtige, eisenbereifte Räder den frisch aufgeschütteten Kies knirschend zusammenpreßten; auf seinem spitzen chinesischen Giebeldach glänzten Gold- und Silberlack. Das Fahrzeug beförderte den kindlichen Kaiser Antoku und seine Großmutter. Die Nii-Dono war unsichtbar bis auf eine graue Seidenschärpe, die am Wagenfenster befestigt war und ihre Trauer um den Tod ihres Sohnes Shigehira anzeigte.

Acht Samurai, darunter der Minister zur Linken und der Minister zur Rechten, eskortierten den kaiserlichen Prunkwagen. Nami war beeindruckt von ihren Rüstungen und der Ausstattung ihrer Pferde: blau mit aufgemalten Drachen, goldbestickte Pferdegeschirre und Sättel, an denen hinten das rote Banner der Taira befestigt war.

»Schau hinaus, Mutter«, sagte Nami zu Masaka und hielt ihr den Vorhang auf.

»Ich habe kein Verlangen, diese Dummköpfe zu sehen«, erwiderte ihre Mutter. »Ich bin auf Befehl des Kaisers hier, aber es ist mir unmöglich, die Vergeudung unserer wenigen verbliebenen Mittel zu bejubeln.«

Nami widersprach ihr nicht. Sie sagte: »Mutter, ich bin hier so unfreiwillig wie du, aber es würde das Beste sein, wenn wir versuchten, uns zusammen des Tages zu erfreuen.«

Eine der schwarzgekleideten Damen, mit denen sie den

Pavillon teilten, rief die anderen zum Fenster, und ein halbes Dutzend ihrer Gefährtinnen umdrängten sie und reckten die Hälse, um hinauszusehen. Nami blickte mit hochgezogener Braue zu Masaka, die mit einem Kopfschütteln antwortete.

Nami gesellte sich zu den anderen Hofdamen, um eine Szene von strahlendem Glanz zu betrachten: fünfzig vergoldete, versilberte und rotlackierte Wagen, begleitet von hundert berittenen Kriegern in prachtvollen Rüstungen.

Zwölf Reiter, angeführt von Taira Koremori in weißer Rüstung mit rotem Besatz, bildeten den Schluß. Als Koremori am Pavillon vorüberritt, grüßte er Nami mit einer Verbeugung aus dem Sattel. Er schien sich von der Schlacht bei Ichino-tani erholt zu haben und war wieder der stattliche, stämmige Krieger vergangener Tage.

Koremoris Aufmerksamkeit schmeichelte Nami, verwirrte sie aber auch. Sie war *mibojin* und schwanger. Weil sie sich von ihm angezogen fühlte, kam sie sich wie eine Verräterin vor. So erwiderte sie seine Verbeugung mit gemischten Gefühlen.

Die Damen flüsterten und kicherten; Koremoris Verbeugung war ihnen nicht entgangen. Nami beachtete sie nicht und beobachtete die Zeremonie, bis der Schrein den Fluß erreichte und die acht Mönche Antokus Statue hinaustrugen. Der Oberpriester Jichin, Abt des örtlichen Tempelklosters, badete die Statue nach dem Reinigungsritus im Fluß.

Nami verließ ihren Aussichtsplatz und ging zu Masaka, nahm sie bei der Hand und sagte: »Wir dürfen wegen Yoshis Tod nicht aufhören zu leben. Wir beide liebten ihn wie unser eigenes Leben. Aber nun müssen wir sein Kind zur Welt bringen. Bitte, Mutter – um des Kindes willen.« Masakas Hand lag klein, blaß und zerbrechlich in der ihrigen. »Bitte hilf mir dabei.«

»Ich habe keinen Grund weiterzuleben, außer um das Kind geboren zu sehen«, sagte Masaka. »Bis zur Geburt werde ich bei dir bleiben.«

Im Anschluß an die Zeremonie bestellte die Nii-Dono ihren ältesten Sohn Munemori in ihre Gemächer. Die Luft dort war feucht und heiß und roch nach Jasminparfüm; Munemori, der noch die volle Prunkrüstung und einen Umhang darüber trug, geriet sofort ins Schwitzen. Sein schlaffes rundes Gesicht war verdrießlich. »Warum wurde ich so gebieterisch hierherbestellt? Mir mißfällt die Art und Weise, wie du mich herumkommandierst. Ich bin das Oberhaupt der Familie, und mir steht es zu, Befehle zu erteilen.«

Am Vortag war die Nachricht eingetroffen, daß Shigehira von den Nara-Mönchen in Yoritomos Residenz enthauptet worden war. Sobald die Nii-Dono davon erfahren hatte, hatte sie zehn gefangene Minamoto köpfen lassen. Seit der Niederlage der Taira bei Ichi-no-tani war sie unberechenbar und noch despotischer geworden.

Sie ignorierte Munemoris Beschwerde. Es kam sie schon so hart genug an, die Fassung zu bewahren. Sie hatte ihren Lieblingssohn verloren! Damit blieben ihr nur noch der unfähige Munemori, der einfallslose Tomomori und Koremori, dieser pfauenhafte Wichtigtuer. Die Zukunft ruhte allein auf ihr und den Schultern eines achtjährigen Jungen, der Kaiser war.

Die Nii-Dono biß die Zähne zusammen, um einen Ausbruch von Wut und Verzweiflung zurückzuhalten. Sie mußte stark bleiben, wenn sie die Streitmacht der Taira durch Willenskraft zusammenhalten wollte. Disziplin und Loyalität mußten wiederhergestellt und gestärkt werden, anders konnte es keinen Erfolg geben. Sie sagte mit kalter Stimme: »Wo war Kono-no-shiro heute?«

»Ich weiß es nicht.«

»Dummkopf! Kono-no-shiro war ausdrücklich eingeladen, hatte Befehl, an der Zeremonie teilzunehmen. Ich nehme an«, sagte sie in sarkastischem Ton, »daß dir seine Abwesenheit nicht aufgefallen ist.«

»So ist es. Vielleicht wurde er durch persönliche Angelegenheiten in Iyo zurückgehalten.«

Die Stimme der Nii-Dono verstärkte sich zu gellender Schärfe. »Er war eingeladen! Er hat den Kaiser und unsere ganze Familie beleidigt. Schlimmer noch, unsere Verteidigungsanlagen in Yashima sind geschwächt, weil er seine Truppen zurückzog.« Sie holte tief Atem, fuhr ruhiger und langsamer fort, als versuchte sie, einem Kind etwas zu erklären. »Yoritomos Bruder, Noriyori, hat die Initiative ergriffen und ist in Suo und Nagata eingefallen, der südwestlichen Spitze der Hauptinsel. Er kommt dort nicht voran, weil dein Bruder – gedankt sei Buddha für Tomomori – die Straße von Shimonoseki beherrscht. Außerdem ist er von unseren Anhängern und Verbündeten umgeben. Er wird Schwierigkeiten haben, seine Truppen zu versorgen.«

»Also ist er eingeschlossen, wie du sagtest.«

»Zweimal Dummkopf. Noriyori kann nicht weiter, er kann auch nicht bleiben, also wird er sich früher oder später zurückziehen müssen – in unsere Richtung.«

Munemori wurde unruhig. »Was sollen wir tun? Was können wir tun?«

»Zunächst dürfen wir nicht zulassen, daß Kono-no-shiro deine Autorität verhöhnt. Wir haben die militärische Stärke, Noriyori zu vernichten – aber nur, wenn wir fest zusammenhalten. Unsere Verbündeten müssen wissen, daß unser Bündnis heilig ist. Wenn sie uns schwach sehen, werden wir untergehen. Und wenn Kono-no-shiro deine kaiserliche Einladung unbeachtet ließ, gab er damit zu verstehen, daß er ein Verräter an unserer Sache ist. Es muß ein Exempel statuiert werden, ohne Schwanken, ohne falsche Rücksichtnahme! Ich will, daß Kono-no-shiros Kopf nach Yashima gebracht und zur Schau gestellt werde, damit jeder sehen kann, was der Lohn des Verrats ist.«

»Wie können wir... wir haben nicht... Ich weiß nicht...«

»Das hatte ich erwartet! Wie schmerzlich vermisse ich deinen Bruder! Shigehira hätte gewußt, was zu tun ist. Du verstehst nichts... also höre auf mich. Entsende Shuro Dennai mit dreitausend Mann gegen ihn. Es muß eine Lektion erteilt werden.«

»Aber Mutter...«

»Kein Aber, du törichter Mensch! Tu, wie ich dir sage!«

Munemori schluckte. Der Schweiß hatte die weiße Puderschicht auf seiner Stirn durchdrungen. Wenn er Shuro Dennai mit dreitausend Mann gegen Kono-no-shiro ziehen ließ, was sollte aus Yashima werden?

»Nun?«

»Ja, Mutter. Ich werde sofort das Nötige veranlassen.« Munemori zog den Umhang um seine Schultern und verließ eilig den Raum, froh, seiner Mutter den Rücken kehren zu können.

41

Yoshi kniete auf einer Matte vor Dosho und sagte: »Ich meine, es gibt etwas in der kollektiven Seele der Menschheit, was ein vollkommenes Verständnis nicht erlaubt. Menschen, die du erleuchtet nennst, zeigen allzu menschliche Schwächen und Fehler... eine Unfähigkeit, sich klar auszudrükken...« Yoshi erinnerte sich an Ereignisse in seinem vergangenen Leben, die wegen vermeidbarer Mißverständnisse zu Tragödien und dem Tod Unschuldiger geführt hatten.

Doshos Gesichtsausdruck veränderte sich nicht, aber etwas in seiner Haltung verriet Yoshi, daß er ihm nicht zustimmte.

Endlich seufzte Dosho, und nicht zum ersten Mal, seit Yoshi ins Kloster eingetreten war. »Solange du selbst nicht erleuchtet bist, kannst du jene nicht beurteilen, die es sind.«

»Ich habe erlebt, wie Männer, die als erleuchtet galten, unbesonnen handelten, ihre Frustration an anderen ausließen und die heiligen Gebote unbeachtet ließen.« Yoshi hatte diese Gedanken früher schon vorgetragen; seine Erfahrung mit menschlicher Unvollkommenheit bewirkte, daß sein nüchterner Verstand sich gegen die spirituellen Wahrheiten – wenn es wirklich Wahrheiten waren – des Klosters wehrte.

»Die Gebote?« sagte Dosho. »Nicht zu töten, stehlen, lügen, trinken, verleumden, begehren, zürnen? Nicht unwahr von Buddha zu sprechen? Sind sie so schwierig zu verstehen und zu befolgen?«

»Die Worte sind wahr, der Geist edel, aber es gibt Menschen, die diesen Geboten zu folgen scheinen und in ihrem Eifer jene verletzen, die anderen Glaubens sind. Meine Erfahrung sagt mir, daß es so ist.«

»Ah, Yoshi, immer kommen wir auf deine Erfahrung zurück. Du wirst niemals die Ebene des *satori* erreichen, wenn du nicht die Bürde deiner ›Erfahrung‹ abwirfst. Der Mensch ist seinem Wesen nach gut. Du mußt es glauben. Der Buddha wohnt in uns allen; wir müssen nur tief genug graben, um ihn zu finden.« Dosho seufzte wieder. Er verstand Yoshi – schließlich war er in seiner Jugend selbst ein Krieger gewesen; er erinnerte sich, glaubte die Heftigkeit des Blutes aber überwunden zu haben. Er füllte zwei Schalen mit Tee. Der bittere Duft des frisch aufgegossenen Tees beruhigte ihn. Er reichte Yoshi eine Schale und sagte: »Ich verzweifle beinahe an dir. Du bist seit fünf Monaten bei uns und hast in deinen Studien Fortschritte gemacht, aber in dir ist ein ruheloser *kami*, den ich nicht erreichen kann. Du hast nicht gelernt, demütig zu sein. Du bettelst, hältst aber einen Teil von dir selbst zurück. Ich weiß nicht, ob du den Schmerz überwunden hast, den du mit dir brachtest. Ich fürchte nicht; und ich habe das Gefühl, dich enttäuscht zu haben.«

»Das ist nicht so, *shiki*. Dich trifft keine Schuld. Ich muß mich mehr bemühen. Die Schuld liegt allein bei mir.« Yoshi war betroffen. Er wollte Dosho nicht die Seelenruhe rauben, die er so an ihm bewunderte.

»Yoshi, morgen endet der Jahresabschnitt. Viele der Mönche werden Daibutsu-ji für die nächsten vier Wochen verlassen, um zu ihren Heimattempeln, Familien und Freunden zu gehen. Wirst du auch gehen?«

»Nein, *shiki*. Ich habe keine Ursache, das Kloster zu verlassen. Ich werde bleiben und arbeiten, um zur Weisheit zu gelangen.«

»Ich bin erfreut.« Doshos Gesichtsausdruck entspannte sich. »Ich hege große Bewunderung für dich, Yoshi. Wenn du fortfährst, beharrlich gegen deinen *kami* zu kämpfen, mag es dir schließlich gelingen, trotz deiner ›Erfahrung‹.«

Yoshi berührte dreimal die Matte mit der Stirn. Er bewunderte seinerseits den *shiki*. Als er Dosho das erste Mal gesprochen hatte, war er von der geistigen Kraft des Mannes beeindruckt und angezogen gewesen, und jedesmal wenn sie miteinander sprachen, war Yoshi überzeugt, daß Dosho seine Lehren selbst musterhaft befolgte. Wenn er nur wie Dosho sein und an das inhärente Gute im Menschen glauben könnte. Warum konnte er das nicht?

Es war die Zeit von Yoshis *niya-shinichi*: zwei Nächte und drei Tage in einsiedlerischer Freiheit. Mit Ausnahme der Bettelexpeditionen, bei denen er stets von Myozen und Jitsue begleitet wurde, hatte Yoshi das Kloster seit seiner Ankunft nicht verlassen. Nun packte er nach dem Morgengebet einen zusätzlichen Umhang und eine Rolle Reiskuchen ein und lenkte seinen Schritt zu den Bergen, die das Tempelgelände überragten.

Der Morgennebel hob sich, und die Temperatur stieg. Amaterasu strahlte auf seinen rasierten Kopf herab und brachte Schweißtropfen zum Vorschein. Eine leichte Brise kam auf, und er lockerte sein Gewand, um der kühlenden Luft Zugang zu gewähren. Das Rauschen des Wasserfalles, der in Kaskaden den Hang herabstürzte, das Summen der Fliegen, das Quaken der Frösche in den zahlreichen Tümpeln, an denen sein Weg ihn vorbeiführte, gaben Yoshi das Gefühl, eins mit der Natur zu sein.

Yoshi hatte von der Möglichkeit der *niya-shinichi* Gebrauch gemacht, weil er Zeit und Zurückgezogenheit benötigte, um die Lehren des Klosters durchzugehen. Nicht die individuellen Lektionen; über denen grübelte er während der Meditation, während der Gartenarbeit, während der Putzarbeit und während der Bettelexpeditionen. Nein, dies war etwas anderes, ein Bedürfnis, seine Beziehung zu den Lehren Buddhas zu überlegen. Es war ihm nicht gelungen, den rationalen Teil seines Denkens aufzugeben. Vielleicht würde ihm die Zeit in der Abgeschiedenheit helfen, davon zu lassen.

Der steile Weg war trocken und gut zu begehen. Yoshi zählte die Statuen Kannons, die in Abständen am Wegrand standen, jede in ihrer Nische. Er kam auf mehr als ein Dutzend, bevor er ein ebenes Feld auf der Höhe des Hügels erreichte. Eine Seite fiel wohl mehr als hundert Meter steil zum Klostergelände ab. Das hohe Gras und die bunten Blumen bewegten sich im leichten Wind; der Duft der Gräser und Blüten zog in unsichtbaren Wolken übers Land. Ungezählte Bienen und andere Insekten erfüllten den Tag mit ihrem Gesumm.

Yoshi machte halt, breitete den zweiten Umhang aus und setzte sich auf eine Felsbank am Rande der Hochfläche, wo er tief unter sich die grauen Schieferdächer und tiefgrünen Gärten von Daibutsu-ji wie ein chinesisches Gemälde ausgebreitet sah. Alles war ihm vertraut; er erkannte alle Gebäude, die überdachten Wandelgänge, die Wasserläufe, Teiche, Brücken und Gärten, wo Gestalten von der Größe brauner Ameisen fleißig ihrer Arbeit nachgingen. Zum ersten Mal seit Monaten fühlte er sich angeregt, ein Gedicht zu improvisieren:

Daibutsu-ji
Braune Ameisen auf einer Bildrolle
Grüner Gärten, rauher Dächer.
Jede sucht in ihrem verborgenen Herzen
Nach dem Geheimnis Buddhas.

Er verscheuchte Fliegen von seinem Bündel und aß einen Reiskuchen. Er liebte das Kloster, liebte und achtete Dosho und Annen, große Männer, ehrlich und aufrichtig in ihrem Glauben. Warum konnte er ihnen nicht nacheifern? Gab es einen Makel in seinem Charakter?

Yoshis Gedanken gingen weiter zu den anderen Mönchen, dem fanatischen jungen Myozen, dem stoischen Jitsue, dem alten Chusai – alle waren gute Menschen. Und Shinga? Er zögerte. Dosho beharrte darauf, daß Shinga der Erleuchtung nahe sei und Yoshi ohne Gefühle persönlicher Abneigung züchtige, nur zu Yoshis Bestem. Yoshi aber sah Shinga als ein vollkommenes Beispiel seines Problems. Shinga erfüllte die Gebote des Glaubens, aber Yoshis Menschenkenntnis erspürte Niedertracht und Schlechtigkeit in dem Mann.

Yoshi breitete seinen Umhang aus und streckte sich ins Gras. Die Sonne schien ihm warm ins Gesicht. Zeit verging, die Sonne sank, und er hörte eine Trommel unten im Tal die Stunde des Hahnes schlagen, ein weiches, dumpfes Dröhnen, das mit der Natur harmonierte. Der Abend dämmerte.

Er schlief ein. Und erwachte von den Geräuschen eines Hirsches, der sein Bündel auf der Suche nach Nahrung herumstieß. Yoshi verharrte bewegungslos und beobachtete den Hirsch, der seine Nüstern in die Falten des groben Baumwollstoffs, wo er die Reiskuchen witterte, aber nicht erreichen konnte, steckte. Wie dem Hirsch, dachte Yoshi, erging es auch ihm. Es gab Nahrung für seine Seele, und sie war so nahe, aber er konnte sie nicht erreichen. Der Morgen graute bereits, und er hörte den Ruf des Kuckucks und aus den Bäumen die ersten schüchtern schnarrenden Töne der Zikaden. Wald und Wiese rochen nach Nässe. Es hatte geregnet, während er geschlafen hatte. Yoshi wunderte sich, daß er nicht davon aufgewacht war und die Glocken nicht gehört hatte, die mit dem Morgengrauen den neuen Tag einläuteten.

Dann bemerkte er einen anderen Geruch, die leise Spur von... von Holzrauch. Von schwelendem feuchtem Holz. Mit einer stummen Entschuldigung bei dem Hirsch stand er auf. Die großen, tiefbraunen Augen des Tieres begegneten einen Herzschlag lang seinem Blick, dann war es auf und davon.

Yoshi ging zum Rand des Steilabfalls. Er rieb sich die Augen und spähte durch den Nebel. Nur undeutliche Umrisse waren zu erkennen, keine Flammen – aber der Geruch von schwelendem nassem Holz war deutlicher wahrnehmbar. Er ging zurück, packte seine Sachen und warf die Reiskuchen für den Hirsch ins Gras. Vielleicht würde dieser die Erleuchtung finden, die ihm entging.

Die Tempelglocken ließen sich noch immer nicht vernehmen, und auch die Trommelschläge, welche die Stunden anzeigten, blieben aus. Dafür der Geruch von Feuer. Mit Herzklopfen machte er sich auf den Rückweg.

Der Regen hatte den steilen, staubigen Pfad aufgeweicht und schlammig gemacht. Immer wieder glitten die Füße unter ihm weg, und er rutschte auf dem Hinterteil durch den Schlamm. Die Kannonstatuen schienen ihn zu verspotten; wie viele hatte er passiert? Es schienen mehr zu sein als beim Aufstieg. Eine Halluzination?

Das Vorgefühl nahenden Unheils, das ihn immer stärker in seinen Bann zog, wurde zu einer spürbaren, drückenden Furcht, die ihn nach Luft schnappen machte. Seine Fantasie machte die Furcht rasch zur Gewißheit, und er beschleunigte seinen Abstieg. Ausgleitend, mehr fallend als laufend, suchte er mit den Händen Halt an den Zweigen der Sträucher zu beiden Seiten des Pfades. Er versuchte seine Panik zu unterdrücken. Dies war schlimmstenfalls ein kleiner Unfall. Die

Mönche wußten ein zufällig ausgebrochenes Feuer zu bekämpfen. Es fehlte nicht an Wasser, und da sie in Häusern aus Holz und gewachstem Papier wohnten, waren sie auf die Möglichkeit von Bränden vorbereitet. Buddha, betete er atemlos, laß es nichts anderes sein.

Aber seine Intuition sagte ihm, daß es etwas anderes war.

Seit Monaten waren Gerüchte im Umlauf, daß die Mönche von Enryakuji Klöster rivalisierender Sekten angriffen. Er hatte Dosho und Annen gewarnt, doch hatten ihm beide versichert, daß die Enryakuji niemals Daibutsu-ji angreifen würden. Hier gebe es keine Konkurrenten um die weltliche Macht, wie etwa bei den Mönchen von Onjoji. Warum sollten die Enryakuji das Kloster überfallen, wenn es keine Bedrohung darstellte?

Am Vortag hatte Yoshi sich bei der Ersteigung des Hügels Zeit gelassen; an diesem Morgen stürzte er hinunter, als ob die zehn Könige hinter ihm her wären, und erreichte den Fuß in weniger als einer halben Stunde. Die letzten zehn Meter des Weges rannte er in vollem Lauf durch nasses, überhängendes Gesträuch, über glitschigen Lehmboden und loses Geröll, um schließlich atemlos und durchgeschüttelt auf dem Rücken zu landen. Der Brandgeruch war stark in seiner Nase.

Er war nicht weit von der hohen rückwärtigen Mauer des Klosters. In einem ersten Impuls dachte er daran, die Mauer zu überklettern, aber sie war so gebaut, daß gerade dies verhindert werden sollte. Yoshi kannte einen Mauerabschnitt, wo einige der jüngeren Mönche bisweilen mit Hilfe eines Obstbaumes hinüberkletterten, um sich in die Stadt zu stehlen. Dieser Abschnitt war jedoch auf der anderen Seite des Geländes und schwierig zu erreichen. Er tat besser daran, der Mauer zu folgen und durch das Haupttor zu gehen.

Yoshi trabte die Außenmauer entlang. Der Tempelbezirk lag der Einmündung der Straße von der Stadt gegenüber, doch als Yoshi sich der Zufahrt näherte, gebot ihm der Instinkt, sich abseits zu halten.

Bald kam das Tor in Sicht. Aus dem Inneren des Klosterkomplexes stieg Rauch. Eine Gruppe von acht Mönchen in schwarzen Hanfgewändern bewachte das offene Tor. Jeder trug die zwei Schwerter eines Kriegers. Anders als die Mönche von Daibutsu-ji benutzten diese Mönche keine Hüte. Ihre Haare waren wirr, weißer Stoff bedeckte die untere Hälfte ihrer Gesichter und verlieh ihnen ein unheimliches Aussehen. Sie beobachteten die Straße, ohne darauf zu achten, was hinter ihnen im Klosterbereich vorging.

42

Acht bewaffnete *yamabushi*, Kriegermönche! Früher hätte Yoshi nicht gezögert, seine Fechtkunst gegen sie einzusetzen, aber er hatte Monate in Daibutsu-ji verbracht und gelernt, Zorn und Vergeltungsdrang zu bezwingen. Er konnte die Gebote nicht so rasch vergessen noch zulassen, daß sie beim ersten Hindernis außer Kraft gesetzt wurden. Er mußte sein Gleichgewicht bewahren, seine innere Stärke.

Dennoch konnte er die Aggression dieser *yamabushi* nicht untätig hinnehmen. Bevor er sich aber zum Handeln entschloß, mußte er mehr wissen. Er zog sich zurück, blieb nahe an der großen Mauer und tappte in seiner Hast, den geheimen Zugang der Mönche zu finden, durch Pfützen und Rinnsale. Sein Atem ging keuchend, sein Magen war zusammengekrampft. Er betete zu Buddha, er möge seine Freunde vor Schaden bewahren und ihm helfen, sie zu finden. Und dann erreichte er die Stelle; außerhalb der Mauer stand eine Sicheltanne, drinnen ein hochstämmiger alter Apfelbaum, und ihre Äste schoben sich über die Mauerkrone ineinander. Yoshi hörte laute Stimmen von der anderen Seite, aber er zögerte nicht und erkletterte den rauhen Stamm, bis er über die Mauer sehen konnte.

Zwei *yamabushi* gingen langsam unter ihm vorbei. »Hast du das Gesicht des alten Mannes gesehen, als wir kamen? Er sah aus, als ob ihm ein Stück Pökelfleisch im Hals steckengeblieben wäre.«

Der andere lachte laut auf. »Dummköpfe. Was erwarteten sie? Unserem Tempel ungestraft Konkurrenz machen? Narren...« Das war das letzte Wort, das Yoshi hörte, bevor sie außer Hörweite waren. Er biß die Zähne zusammen und schloß einen Moment die Augen. Verdammt sollten sie sein, in die tiefste Yomi.

Die *yamabushi* kamen außer Sicht. Yoshi stieg über einen Ast auf die Mauer und kletterte in den Apfelbaum hinüber. Als er sein Gewicht verlagerte, schnellte der Ast hinter ihm unangenehm laut hoch, und er hielt inne, um zu lauschen. Schweißperlen traten ihm auf die Stirn. Er drückte sich an den Stamm, fühlte die rauhe Rinde an den Wangen. Ruhig, sagte er sich. Sei ruhig. Er verlangsamte die Atmung und wartete, bis sein Puls sich normalisiert hatte, bevor er sich weiterbewegte. Der dicke, etwas krumme Stamm und das dichte Laub des Apfelbaums schützten ihn, verhinderten aber auch, daß er sich einen Überblick verschaffen konnte.

Aus der Richtung des *zendo*, der Meditationshalle, drangen Rufe. Anscheinend bekämpften die Mönche dort das Feuer. Wieder roch er den typischen feuchten Holzrauch.

Er hielt den Baumstamm zwischen sich und dem *zendo*, umschlang ihn mit Armen und Beinen und ließ sich langsam herunter.

Niemand war in der Nähe, aber Dutzende von schwarzgekleideten Fremdlingen mit weißen Halbmasken, bewaffnet mit Schwertern, Äxten, Bogen und Spießen, überwachten die Feuerlöschtrupps am *zendo*. Andere *yamabushi* zwangen braungekleidete Mönche, Wertgegenstände des Tempels und Lebensmittelvorräte in Ochsenkarren zu laden.

Yoshi blieb hinter dem Baum. Der Morgennebel löste sich allmählich auf, Sonnenstrahlen liebkosten das moosige Gras unter den Bäumen. Das tragische Geschehen wurde ihm schmerzlich klar: Leichen unbewaffneter Mönche von Daibutsu-ji lagen, wo sie in ihrem vergeblichen Bemühen, den Marodeuren Einhalt zu gebieten, gefallen waren. Yoshi zählte zwei, die mit den Gesichtern nach unten im Teich schwammen, ein halbes Dutzend, die achtlos an den Wegrand geworfen worden waren, und vielleicht ein weiteres Dutzend Mönche, die über Geländern hingen oder in den gedeckten Wandelgängen und Veranden lagen. Wie viele weitere waren im Inneren der Gebäude getötet worden?

Die Entfernung war zu groß, um Tote zu identifizieren,

aber darauf kam es nicht an. Jeder getötete Mönch war eine Blasphemie. Zorn wallte in ihm auf, und diesmal ließ er ihm freien Lauf, zitterte, knirschte mit den Zähnen, spannte die Muskeln. Am liebsten hätte er zu den Göttern aufgeschrien. Wie konnte dies geschehen sein? Wie?

So rasch er vom Wutausbruch übermannt worden war, gewann er die Selbstbeherrschung zurück und überlegte, was zu tun sei. Er konnte fortgehen, die Mauer überklettern und dem verwüsteten Kloster den Rücken kehren. Seine persönlichen Habseligkeiten waren ohne Wert. Vielleicht war es ihm nie bestimmt gewesen, das Leben eines Mönches zu führen.

Wenn er durch die Arachi-Berge wanderte, konnte er sicher nach Okitsu zurückkehren. Aber nein. Nein! Er reagierte zornig auf diese schwächlichen Gedanken. Diese Blasphemie durfte nicht ungestraft bleiben. Dosho, Annen und die anderen mußten gerächt werden. Die Mönche und Priester von Daibutsu-ji hatten ihn aus der Tiefe seiner persönlichen Verzweiflung gerettet; sie hatten ihm einen Sinn gegeben und ihn gelehrt, ohne Nami zu leben. Er verdankte ihnen, was er war.

Er entschloß sich zum Bleiben. Solange das Gelände von Feinden wimmelte, mußte er sich versteckt halten. Nutze die Geduld, die Dosho dich lehrte, sagte er sich. Verhärte deinen Geist, entleere ihn, vergiß alles. Die Gelegenheit wird kommen.

Yoshi stieg wieder auf den Apfelbaum und machte es sich in seiner Krone bequem, um auf die Dunkelheit zu warten.

Am Nachmittag wurden die Toten auf Karren geladen und zum Friedhof geschafft. Die Spuren der Eindringlinge – Blutflecken auf Erde, Kies und Böden – wurden beseitigt. Die meisten der schwarzgekleideten Mönche zogen mit den Schätzen des Tempels und den Lebensmittelvorräten des Klosters ab. Die überlebenden Mönche von Daibutsu-ji wurden in den *hondo* getrieben, die Türen geschlossen und verriegelt.

Yoshi beobachtete die Vorgänge voll Bitterkeit aus seinem Baumversteck, bis es dunkel wurde und das dreiviertelvolle Antlitz Tsukiyomis seinen blassen Schein auf die Klostergärten legte; dann kletterte er hinunter. Von der anderen Seite der Mauer rief traurig ein Käuzchen. Sein Ruf schlug in Yoshis Brust eine empfängliche Saite an. Er war voll Scham – außerstande, etwas für seine Mitbrüder zu tun, gezwungen, hilflos zuzusehen, wie Fremdlinge sie nicht besser behandelten als *eta*, Nichtpersonen, sie zwangen, die toten Mitbrüder fortzuschaffen und ihre Tempelschätze herauszugeben und auf die Karren der Räuber zu laden. Die Fremdlinge waren Mönche, vorgeblich Anhänger des achtfachen Weges. Diese Gottesmänner hatten sich wie Raubtiere benommen und die Gebote ihrer Religion ignoriert. Wie konnten sie das getan haben?

Das Feuer im *zendo* war anscheinend gelöscht, obwohl der Brandgeruch weiterhin über dem Klostergelände lag. Yoshi verließ den Baum und näherte sich vorsichtig dem *zendo*. Innerhalb von Minuten war er nahe genug, um bewegte Schatten zu sehen, die vom Kerzenschein auf die durchscheinende Wandbespannung projiziert wurden. Wie viele Überlebende gab es? Yoshi war froh, daß Sommerferien waren und mehr als ein Drittel der Mönche und Priester das Kloster verlassen hatten, um ihre Heimattempel aufzusuchen. Wären sie nicht fort gewesen, so hätten die Mitbrüder jetzt mehr Tote zu begraben gehabt. Und weitere vierzig unbewaffnete, unausgebildete und unvorbereitete Mönche hätten am Verlauf des Überfalls nichts geändert. Dank Buddha waren wenigstens ihre Leben gerettet.

Yoshi riß ein Stück Stoff vom Saum seines Umhangs und wickelte es sich um den rasierten Kopf, um Tsukiyomis Widerschein zu dämpfen. Er verließ den Schutz der Bäume und lief durch das Gartengelände zur Seite des *hondo*. Über ihm waren im gedeckten Wandelgang Schritte zu hören... ein feindlicher Wächter.

Yoshi hatte gelobt, keinem Menschen mehr das Leben zu nehmen und nur noch in Selbstverteidigung zu kämpfen. Würde die Tötung des Wachtpostens zur Rettung seiner Brüder gerechtfertigt sein?

Der Wächter entfernte sich. Yoshi zwängte sich in den engen Raum unter dem Wandelgang und wartete in der Dunkelheit. Die Schritte näherten sich wieder und gingen weiter.

Er hatte Zeit zu überlegen. Schwere Gedanken und schmerzliche Erinnerungen drängten in sein Bewußtsein. Vor drei Jahren war er mit Nami von Kyoto nach Kamakura gereist, voll des Glückes und der Hoffnung auf ein neues gemeinsames Leben; er hatte dem Schwert bereits entsagt. Zu viele Leben hatten wegen seines Rufes als Schwertfechter ein vorzeitiges Ende gefunden. Jeder junge Krieger in den sechsundsechzig Provinzen hatte seine Meisterschaft beweisen wollen, indem er Yoshi zum Zweikampf herausforderte, und Yoshi war des Tötens überdrüssig geworden. Er hatte seine Schwerter abgelegt, im buddhistischen Tempel nahe seiner Heimat in Okutsi um Anleitung gebetet und dem Buddha versprochen, daß er hinfort den Weg des Friedens gehen wolle.

Einige Tage später hatte er Nami in Kamakura zurückgelassen und war allein zum Shintoschrein Hachimans gegangen; er erinnerte sich lebhaft des Schreins: eine eckige Architektur, eine große Mittelsäule, ein Schindeldach, einfache hölzerne Stufen. Er war in den vom Fackelschein erhellten Schrein gegangen und hatte vor Hachiman sein Gelübde abgelegt. »Ich werde in deinem Namen das Schwertfechten lehren, aber ich werde die Schwerter meines Standes nicht mehr tragen. Ich werde mich selbst und meine Familie schützen, aber mein Schwert nicht gebrauchen, um zu töten.«

Er hatte sich an das Gelübde gehalten, sich im Notfall mit dem *bokken* und dem Kriegsfächer verteidigt, aber außerhalb des Krieges niemals ein anderes Leben ausgelöscht.

Obwohl er sein Gelübde nach den Regeln sowohl der buddhistischen als auch der shintoistischen Religion abgelegt hatte, war seine Familie von den Göttern nicht beschützt worden. Nami war tot, das Kloster in Gefahr, vernichtet zu werden. Auf einmal fühlte Yoshi sich den Tränen nahe. Er betete zu Buddha, zu Hachiman, daß sie ihn von seinem Gelübde freisprechen sollten. Es gab niemanden in Daibutsu-ji, der sich gegen die Marodeure zur Wehr setzen konnte. Doch bevor er handelte, mußte er die Zustimmung der Götter durch die Vergebung des *roshi* und den Segen des *shiki* erhalten.

Stundenlang kauerte Yoshi im stillen Gebet in der finsteren

Enge unter dem Wandelgang, während die in Strohsandalen steckenden Füße des Wächters über ihm auf und ab gingen.

Keine hölzernen Klappern, keine Trommel kündete vom Gang der Stunden, keine Glockentöne verkündeten den neuen Tag. Als Yoshi schätzte, daß noch eine Stunde Dunkelheit blieb, kroch er aus seinem Versteck.

43

Sobald der Wächter vorbeigegangen war, zog Yoshi sich zum Wandelgang hinauf und drückte sich in eine Nische neben eine zwei Schuh hohe steinerne Statue Kannons.

Es gab hier nur einen Wachtposten, der nach ereignislosen Stunden im Dienst wahrscheinlich ermüdet und unaufmerksam war. Es kam darauf an, ihn kampfunfähig zu machen, bevor er einen Warnruf ausstoßen konnte. Der Mönch war bewaffnet; Yoshi hatte nur seine Hände. Er betete zu Kannon um Anleitung.

Und fand Erhörung. Yoshi bewegte die Statue hin und her, bis sie sich von ihrem Sockel löste, dann hob er sie über den Kopf und wartete. Bald zitterten seine Arme unter dem Gewicht und seiner nervösen Spannung. Schweiß rann ihm über Brust und Rücken; konnte er diese Position halten, ohne zu versagen? Wie lange mußte er hier stehen?

Endlich näherten sich Schritte.

Der Wächter ging an der Nische vorbei. Yoshi trat hinter ihm in den Gang und ließ die Statue auf seinen Kopf niedersausen. Der Mönch brach ohne einen Laut zusammen. Yoshi fühlte ihm den Puls; er war am Leben! Yoshi fühlte sich noch immer durch seine Gelübde gebunden. Er nahm dem Mönch Schwerter und Naginata ab, dann riß er den schwarzen Umhang in Streifen und band ihm Hände und Füße. Die weiße Maske verwendete er als Knebel. Er schleifte den Bewußtlosen in die Nische und stellte die Statue wieder auf ihren Sockel. Der Mann war in der Dunkelheit unsichtbar.

Yoshi steckte die Schwerter in seinen Gürtel. Sie lagen gut in der Hand. Er sagte sich, daß er die Waffen nicht bei dem

Mönch zurücklassen dürfe, sonst würde dieser sie finden, sobald er das Bewußtsein wiedererlangte. Er nahm die Naginata in die Hand und lief zum Haupteingang des *hondo*. Ein dicker Stangenriegel blockierte die Tür, so daß sie von innen nicht geöffnet werden konnte. Yoshi zog die Stange heraus und legte sie beiseite. Die Stimmen im Inneren des *hondo* übertönten die unvermeidlichen Geräusche, die er machte. Die Mönche flüsterten, ächzten, beteten, sangen Sutras. Yoshi öffnete die Tür und ging hinein.

Myozen blickte von seinen Gebeten auf und sagte: »Yoshi? Wie bist du hierhergekommen?«

»Keine Zeit für Gespräche. Ich muß sofort mit Annen reden. Wo ist er?«

Im matten Schein der Kerzen sah Yoshi Trauer in Myozens Augen. »Annen wird dir nicht helfen können.«

»Ist er verletzt?«

»Schlimmer. Ein böser *kami* hat seinen Geist angegriffen. Er schläft, aber es wird nichts nützen, wenn du ihn weckst. Er ist verrückt.«

Yoshi verzog das Gesicht. »Und Dosho?«

»Schwer verletzt. Als er erkannte, daß Gebet und guter Wille die *yamabushi* nicht hindern konnten, das Kloster anzuzünden und auszurauben, wehrte er sich – ohne Waffen. Ich fürchte...«

»Führe mich zu ihm.« Yoshi atmete die abgestandene, schlechte Luft im *hondo*, wo es nach Blut, Schweiß, Lampenöl und Kerzenwachs roch. Ihn schauderte.

Myozen führte Yoshi zu einer kleinen Kammer abseits von der Haupthalle. Sie enthielt nur einen Strohsack, eine Kerze und einen Wandschrein. Dosho lag auf dem Strohsack. Als Yoshi eintrat, wandte er ein wenig den Kopf. Sein Gesicht war unter den dicken Verbänden weiß wie ein Fischbauch, das Gewand quer über dem Rumpf zerschnitten und blutverkrustet. Doshos sonst so kräftige Züge waren erschlafft, der Stärke beraubt.

Buddha, Hachiman, Kannon, Amaterasu: alle Götter des Himmels und der Unterwelt, gab es keine Möglichkeit, auf Erden den Frieden zu bewahren? Er hatte dem Schwert entsagt, weil es Tod und Zerstörung nicht beenden konnte. Das

Ergebnis war mehr Tod und Zerstörung. Warum hatten die Götter sie verlassen? Warum?

Yoshi sank neben Doshos Strohsack auf die Knie. Dosho öffnete die Augen, stumpfschwarze Achatschlitze im knochigen Gesicht. »*Shiki*, ich bin es, Yoshi. Was soll ich tun? Wie kann ich helfen?« Die Stimme versagte ihm.

Doshos Augen schienen ihn nicht gleich zu finden. Seine Stimme bebte. »Yoshi... Die geistigen Kräfte, von denen ich glaubte, daß sie uns beschützen würden, waren unzureichend. Von welcher Art müssen Mönche sein, die fromme Mitbrüder, welche ihnen keine Gefahr sind, überfallen und erschlagen?« Seine Hand ergriff Yoshis, und er drückte sie beinahe mit der alten Kraft. »Du mußt unsere *unsui*, unsere Novizen lehren, sich zu schützen. Du mußt Daibutsu-ji von den Eindringlingen befreien. Töte sie, wenn es sein muß!«

Yoshi war verblüfft. »*Shiki*... Ich gelobte Buddha und Hachiman, daß ich nicht wieder töten würde. Ich leistete einen heiligen Eid.«

»Du bist von deinen Gelübden entbunden. Räche uns. Die Renegaten müssen bestraft werden. Unsere Mönche können sie ohne deine Führung nicht bestrafen.«

»Ein Zeichen. Ich muß ein Zeichen haben.«

»Dann laß meinen Tod dein Zeichen sein.« Doshos Griff festigte sich.

Yoshi war entsetzt. »Nein!« keuchte er.

Dosho hob ein wenig den Kopf, und Yoshi war, als durchbohrte ihn der Blick bis in die innerste Seele. Der Abt sagte durch zusammengepreßte Zähne: »Nur du kannst es tun. Sie werden... wiederkommen. Daibutsu-ji muß... bereit sein. Schwöre mir und dem Buddha... daß du uns lehren wirst... zu kämpfen... uns zu schützen. Und du, Yoshi... du wirst unsere Männer führen. Du bist von deinen Gelübden... entbunden. Kämpfe für uns... töte, wenn es nötig wird.« Doshos Stimme wurde zusehends schwächer, die Anstrengung des Sprechens erschöpfte ihn, sein Griff löste sich, er schloß die Augen und ließ den Kopf aufs Lager zurückfallen. Yoshi hörte Myozen im Hintergrund schluchzen.

Plötzlich öffnete Dosho die Augen und rief mit kräftiger Stimme: »Schwöre!« Yoshi fühlte seinen festen Griff in der

Hand. Ohne zu zögern sagte er: »Ich schwöre, *shiki*, ich schwöre.«

Dosho lächelte. Ein Wunder!

Myozen flüsterte ehrfürchtig: »Buddha!«

Dann drückte sich Doshos Rücken in einem heftigen Krampf durch, und er starb – noch immer lächelnd.

Yoshi streckte den Toten aus, faltete ihm die Hände auf der Brust, dann drückte er ihm zärtlich die Augen zu. Der Kummer durchbohre Yoshi das Herz, als seine Gedanken dem Verstorbenen zum himmlischen Königreich folgten. Myozen und die anderen stimmten mit ihm die gesungenen Totengesänge an. Dann bedeckte Myozen den Toten mit einem weißen Tuch und folgte Yoshi in den großen Saal des *hondo*. Die Totengebete hatten Yoshis ersten Schmerz ein wenig gedämpft, und er konnte überdenken, was zwischen ihm und dem *shiki* besprochen worden war. War er wirklich von seinen Gelübden entbunden? War dies das Zeichen, um das er gebeten hatte? Fragen und mehr Fragen. Sein Geist war eine Wirrnis von Erwartung und Furcht.

Myozen berührte seine Schulter. »Hilf uns, Yoshi«, sagte er. »Du kennst die Art des Kriegers. Tu, wie Dosho sagte. Hilf uns, seinen Tod zu rächen.«

Yoshi konnte seine Empfindungen nicht bestimmen: Furcht? Freude? Erleichterung? Er war von seinen Gelübden entbunden. Er hatte gesehen, daß Güte und der Glaube an die Gebote keinen Schutz gegen die Bestialität des Menschen boten. Dosho und viele andere gottesfürchtige Menschen starben, weil sie glaubten, ihre Philosophie sei stärker als das Böse. Seine Hand tastete nach den beiden Schwertern, die auf der linken Seite im *obi* steckten. Er fühlte den Griff des *katana* und es durchfuhr ihn wie ein Blitz. Ein Gefühl von Macht durchströmte ihn. Myozens Gesicht nahm einen Ausdruck von Verständnislosigkeit an, als Yoshi unvermittelt den Kopf zurückwarf und wild auflachte, ein Lachen ohne Humor. Ja, er kannte die Art des Kriegers. Ja, er würde Doshos Tod rächen!

»Gibt es welche unter euch, die Erfahrung als Krieger haben?« fragte er die Gruppe um ihn.

Nur Jitsue grunzte eine Antwort. Yoshi musterte ihn: groß und kräftig genug, aber Jitsues Herkunft aus dem Bauernstand ließ ihn für den Schwertkampf ungeeignet erscheinen. »Kannst du mit dem Schwert umgehen?«

»Ich war *ashigaru*, Fußsoldat. Gebrauchte *naginata*«, sagte Jitsue.

»Sonst jemand? Gibt es einen unter Euch, der mit dem Schwert fechten kann?« fragte Yoshi die anderen Mönche.

Sie regten sich unbehaglich, und keiner sprach, bis Myozen sagte: »Gib mir ein Schwert, und ich werde dir zeigen, was ich kann.« Yoshi sah Entschlossenheit in den Zügen des jungen Mannes und wußte, daß Myozen tapfer vom Schwert Gebrauch machen würde... und töricht.

»Ich brauche dich für andere Pflichten«, sagte Yoshi. Myozens enttäuschter Blick sagte Yoshi, daß er etwas würde finden müssen, um den gutwilligen Jungen zu beschäftigen. Seine Verbindung von Enthusiasmus und Unerfahrenheit könnte sich als verderbenbringend erweisen. »Du wirst die Evakuierung der Verwundeten beaufsichtigen, außerdem wirst du unser Kundschafter, unser Spion sein. Sag mir, wie viele Feind noch hier stationiert sind.«

»Es waren acht Bewacher, als die anderen gingen. Einer versieht draußen Wachdienst...«

»Nicht mehr«, unterbrach ihn Yoshi mit grimmigem Lächeln.

»Die anderen haben die Priesterwohnungen bezogen...« Myozen brach ab. Draußen wurden Rufe und Flüche hörbar.

»Der Wächter muß zu sich gekommen sein und sich von den Fesseln befreit haben«, murmelte Yoshi. »Tut mir leid; es ist meine Schuld.« Er hob die Stimme und richtete das Wort an die versammelten Mönche. »Helft mir, die Halle zu räumen, bevor der Feind eintrifft.«

Yoshi, Myozen, Jitsue und ein halbes Dutzend andere machten sich ans Werk. Die Halle war angefüllt mit hilflosen, aufgeregten Mönchen. Einige waren verletzt, meistens nur geringfügig, aber ein paar Schwerverwundete lagen auf dem polierten Boden. »Myozen«, befahl Yoshi, »laß die Halle freimachen. Helft den Verwundeten in die Nebenräume. Dann lösch die Lampen und Kerzen und folgt ihnen hinaus.«

Draußen rief der Wächter: »Ein Eindringling! Im *hondo*. Wir haben ihn in der Falle.« Yoshi hörte rennende Schritte, dann ein Durcheinander von Stimmen, Waffengeklirr und das Getrappel vieler Füße, die von den Priesterwohnungen herüberliefen.

Innerhalb von Sekunden mußten die *yamabushi* an der Tür sein. Yoshi nahm seinen befehlsgewohnten Tonfall an und rief: »Mönche von Daibutsu-ji, wir werden angegriffen. Schafft die Verwundeten aus dem Weg und sucht mit ihnen Zuflucht in den Nebenräumen. Folgt Myozens Befehlen. Ich habe ihm die Leitung anvertraut.«

Die Mönche starrten Yoshi an, erschrocken, verständnislos. Einer stieß hervor: »Wer ist dieser *unsui*, daß er uns Befehle gibt?« Ein anderer jammerte: »Wo ist Dosho?« Niemand gehorchte.

Laute Schritte kamen näher. Yoshi gab Myozen einen Stoß. »Lichter aus! Macht den Saal frei!« Myozen kam in Bewegung, zwang die Mönche mit wilder Entschlossenheit und kräftigen Stößen, Yoshis Befehl Folge zu leisten. »Löscht die Lichter!« rief er. Und plötzlich war alles in Bewegung. Draußen versammelten sich die *yamabushi*. Nach kurzer Beratung im Flüsterton – von Flüchen unterbrochen –, rief der Anführer: »Komm heraus, du da drinnen. Wirf Jikakus Waffen heraus. Niemand wird bestraft, wenn du dich sofort ergibst.«

Ein schwacher Widerschein des Mondlichts glomm durch die papierbespannten Rahmen der Fenster – gerade genug, um den dunklen polierten Boden auszumachen. Myozen hatte die letzten Minuten genutzt, um die Verwundeten in Nebenräume zu treiben und die letzten Kerzen und Öllampen zu löschen. Yoshi sah Jitsue neben sich, einen schwärzeren Umriß in der Dunkelheit. Er packte den Mann beim Arm und flüsterte: »Schnell. Kein Geräusch. Geh zum Eingang. Wenn der erste Mann hereinkommt, setzt du ihn mit der Naginata außer Gefecht, dann rennst du laut an mir vorbei. Sie sollen denken, daß du dich in Panik zurückziehst. Verstehst du?«

Jitsue grunzte unverbindlich und schlurfte davon zu seinem angewiesenen Platz.

Gut! Yoshi glaubte nicht, daß ein Bauer mit begrenzter

Kampferfahrung eine große Hilfe gegen ausgebildete *yamabushi* sein würde, aber wenn es Jitsue gelang, Verwirrung zu stiften und Unsicherheit über die Zahl ihrer bewaffneten Feinde zu erzeugen...

Die Tür wurde eine Handbreit geöffnet, und eine Stimme knurrte: »Sie sind im Dunkeln.« Eine andere Stimme fügte hinzu: »Dafür werden sie zahlen.«

Yoshi fühlte einen Schatten neben sich. »Yoshi, bitte gib mir ein Schwert.« Es war Myozen. Seine Stimme bebte ein wenig, verriet aber Entschlossenheit. Hartnäckiger Dummkopf!

»Geh weg. Ich sagte dir, was du zu tun hast. Tu es!«

»Es ist getan, Yoshi. Die anderen sind in den Nebenräumen, wie du befahlst. Ich bin hier, um zu kämpfen. Gib mir eine Waffe; ich bin bereit, mit dir zu sterben.«

»Sei kein Schafskopf, Junge. Ich will nicht, daß einer von uns stirbt. Aber du darfst mir nicht im Weg herumstehen. Geh jetzt!« Yoshi stieß ihn von sich. »Versteck dich. In diesem Kampf ist kein Platz für dich.«

Myozen schlich in die Schatten davon.

Eine heisere Stimme von der schmalen Türöffnung: »Du hast deine Chance gehabt, Narr. Nun zahle mit deinem Leben.«

Die Türöffnung vergrößerte sich. »Letzte Gelegenheit...« Die Stimme hatte einen nervösen Unterton. Die Vorstellung, in unbekannte Dunkelheit zu treten, war anscheinend einschüchternd. »Wo bist du?«

Yoshi zog das Schwert aus der Scheide und hielt es zweihändig über dem Kopf. Bis auf das Zischen der gezogenen Klinge war die Stille vollkommen.

Dann explodierte die Tür mit einem Schauer von zersplitterndem Holz einwärts, und mit einem Kriegsschrei auf den Lippen stürmte der erste Mönch herein, gefolgt von einem zweiten, dritten und allen übrigen.

44

Die acht *yamabushi* brachen mit blanken Schwertern durch die Türöffnung herein, verhielten aber schon nach wenigen Schritten in einer geschlossenen Gruppe, um sich in der Dunkelheit zu orientieren. Plötzlich stieß einer ein Schmerzgeheul aus, und sein Schwert klapperte auf die Bodenplanken; er fiel und schlug schreiend um sich. »Ich bin verwundet... Beine... ooh!«

Ein weiterer Schrei, und ein zweiter *yamabushi* brach zusammen. Die Eindringlinge wandten ihre Aufmerksamkeit der Tür zu.

Da er wußte, daß sie Körperpanzer trugen, hatte Jitsue ihnen mit der Naginata die ungeschützten Kniekehlen durchschnitten.

Zwei *yamabushi* waren kampfunfähig; die restlichen sechs gingen nun gegen Jitsue vor. Yoshi wußte, daß der Mönch verloren war. Warum hatte er seine Anweisung nicht befolgt und war nach dem ersten Streich entkommen? Ein mutiger Mann, aber zum Untergang verurteilt, sobald die Augen der Eindringlinge sich der Dunkelheit angepaßt hatten.

Ein Wutschrei; einer der *yamabushi* hatte Jitsues Umriß ausgemacht und griff ihn an. Yoshi reagierte instinktiv, ohne zu überlegen. Das Schwert war in seinen Händen wie ein Lebewesen. Er glitt wie ein Schemen zur Tür und stieß seinen Kriegsschrei aus, um den *yamabushi* abzulenken. Der Mann flog mit katzenhafter Schnelligkeit herum, ging in die Knie und schlug aufwärts. Yoshi parierte. Der Mönch kehrte den Schlag um und versuchte Yoshis Kopf zu treffen. Sie fochten in fast vollständiger Dunkelheit, und zunächst konnte keiner einen Vorteil gewinnen, aber Yoshi verlor Boden. Das Schwert des *yamabushi* schlitzte ihm das Gewand auf und verfehlte seinen Oberkörper um Haaresbreite. Yoshi ging einen Schritt zurück, achtete nicht auf den nervösen Schweiß, der das Heft seines Schwertes schlüpfrig machte. Er wehrte sich mit kreuzweise geführten Schlägen, aber wieder schlitzte die Klinge seines Gegners ihm das Gewand. Ein zweiter *yamabushi* drang auf ihn ein. Yoshi parierte den neuen Angriff und versuchte die Gegner in Linie zu halten, so daß sie nicht gleichzeitig angreifen konnten.

Mitten im Schlag wechselte der *yamabushi* von der Schmetterlingstechnik zum Wagenrad. Mondlicht glänzte wie kaltes Feuer von der Klinge. Yoshi war mit einem Bein aus dem Gleichgewicht und in seiner Reaktion behindert, aber der tödliche Streich ging über seinen Kopf hinweg. Der *yamabushi* fluchte. Er war über einen seiner verletzten Gefährten gestolpert. Er faßte sich schnell, aber nicht schnell genug Yoshis Schwert bohrte sich durch eine Schwachstelle in seiner Rüstung. Mit einem gellenden Aufschrei fiel er rücklings zu Boden. Yoshi ging ohne Zögern auf den zweiten Angreifer los und traf ihn in die ungeschützte Achselhöhle. Warmes Blut, unsichtbar in der Dunkelheit, spritzte Yoshi ins Gesicht und über die Hände, durchnäßte sein Gewand; er hatte die Schlagader des Mannes durchschnitten.

Er wischte sich das Gesicht und wich zurück in tiefere Schatten.

In der Hitze des Gefechts hatte Yoshi rein instinkthaft reagiert. Seine alte Gewandtheit und Schnelligkeit als Schwertfechter stand ihm nach wie vor zur Verfügung, und er operierte aus einem Quell innerer Kraft jenseits seines rationalen Verstandes. Nun verschnaufte er einen Augenblick, fuhr sich mit dem Ärmel über die Augen und wartete, daß sein jagender Puls sich ein wenig beruhigte. Der erste Augenblick euphorischer Kampfbegeisterung war verflogen, und er konnte daran denken, was geschehen war. Wie er es auch nennen wollte – Notwehr, Schutz von anderen, göttliche Gerechtigkeit –, er hatte zwei Männer getötet und war von ihrem Blut durchnäßt.

Daibutsu-ji hatte ihn gelehrt, daß alles Leben heilig sei, sogar das der Tiere, der Vögel und Fische, doch Dosho hatte ihn von seinen Gelübden entbunden und ausdrücklich gebeten, das Kloster und die getöteten Mitbrüder zu rächen.

Hoffnungslose Verwirrung. Er mußte Klarheit in seine Gedanken bringen und versuchte den Zustand des *mizu-no-kokoro* herzustellen, eine stoische Gemütsruhe wie ein unbewegter Wasserspiegel.

Er wischte sich die Hände trocken und beobachtete seine Gegner.

In der Finsternis waren sie im Nachteil gewesen. Überdies hatten sie geglaubt, daß ihre Gefangenen, selbst wenn sie im Gebrauch von Waffen bewandert wären, keine Gegenwehr wagen würden. Die Begrüßung, die Jitsue und Yoshi ihnen bereitet hatten, war sehr unerwartet gewesen. Die vier überlebenden *yamabushi* gruppierten sich um und suchten eine neue Taktik. Sie waren Berufskrieger und gewohnt, Männer im Kampf zu verlieren. Einer übernahm den Befehl. Er zischte Anweisungen, und sie bildeten einen engen Kreis, nach außen gewandt, die Schwerter vorgestreckt.

Während Yoshis Kampf war Jitsue in den Schatten geblieben, bereit, einen Angriff abzuwehren. Jetzt hörte Yoshi ihn die Fensterseite entlanglaufen. Dabei hielt er sich so gebückt, daß er unter den Fenstersimsen und praktisch unsichtbar blieb.

Kaum zwei Minuten waren vergangen, seit die Mönche hereingestürmt waren. Yoshi hörte den Anführer flüstern: »Still, wartet, bis eure Augen und Ohren sich angepaßt haben. Sie sind bewaffnet.« Dann hob er die Stimme und rief in die dunkle Halle: »Wir wollten euch nichts zuleide tun. Jetzt werdet ihr mit eurem Leben dafür bezahlen, was ihr getan habt.«

Drohungen zum Zweck der Einschüchterung. Vier *yamabushi* waren noch übrig. Zwei waren von Yoshis Hand gefallen. Zwei weitere waren dank Jitsues Naginata außer Gefecht gesetzt; sie wanden sich in Schmerzen am Boden, unbeachtet von ihren Gefährten.

Außer dem Stöhnen der Verwundeten herrschte im *hondo* vollkommene Stille. Die Sekunden zogen sich hin, beschwert von Anspannung. Zum kupferigen Blutgeruch und dem Räucherwerk von tausend früheren Zeremonien gesellte sich der Geruch von Schweiß und Angst.

Die *yamabushi* hielten ihre Position zur Rundumverteidigung und warteten auf einen Befehl ihres Anführers. Yoshi sah die vier Männer als deutlich sich abzeichnende Schattenrisse. Der Anführer tippte einem seiner Männer auf die Schulter und zeigte nach rechts. Der Mönch schlüpfte fort und umging die Halle entlang der Außenwand. Ein anderer Mann wurde nach links geschickt. Yoshi merkte, daß die *yamabushi* nicht mehr halbblind waren; ihre Augen hatten sich angepaßt. Yoshi hielt sein Schwert abwärts, damit die Klinge nicht das einfallende Licht reflektierte.

Während Yoshi den beiden Mönchen gegenüberstand, wurde er von ihren Gefährten in die Zange genommen, und der Vorteil der Nachtsicht lag nicht mehr allein bei ihm. Warum zögerte er? Bevor er Hachiman sein Gelübde abgelegt hatte, wäre er sofort zum Angriff übergegangen. Instinktives Handeln war die beste Waffe des Schwertfechters. Warum rührte er sich nicht? Er schluckte aufkommende Übelkeit hinunter. Los jetzt, sagte er sich. Angriff ist die beste Verteidigung! Ein Licht. In der Türöffnung zum *enjudo*, dem Krankenzimmer, flammte ein einzelnes Kerzenlicht auf. Es löste die Finsternis auf. Gestalten erstarrten, wo sie gerade waren, schwarze Umrisse an den Wänden, zwei Mönche bei der zersplitterten Tür, Rücken an Rücken; zwei weitere kauerten rechts und links unter den Fenstern, ein Stück weiter an der Wand eine größere Gestalt... Jitsue?

Im Kerzenschein sah Yoshi Annen in der Türöffnung zum *enjudo*; der *roshi* war in ein weißes Zeremoniengewand gekleidet und glich einer geisterhaften Erscheinung. Er bewegte sich langsam und scheinbar geistesabwesend wie ein Schlafwandler in die Mitte des Kampfplatzes.

»Der *roshi*!« rief der Anführer der *yamabushi* seinen Leuten zu. »Nehmt ihn als Geisel!« Damit wandte er seine Aufmerksamkeit wieder Yoshi zu, der breitbeinig dastand, die bloßen Füße auf dem polierten Boden, und seinen Griff um das Schwert festigte.

Annen tappte mit geschlossenen Augen in die Halle. Sein Kerzenlicht warf grotesk taumelnde Schatten auf die Wände. Mit einem Gesichtsausdruck ahnungsloser Friedfertigkeit sang er das Gebet an den Buddha und die Bodhisattwas der Vergangenheit, Gegenwart und Zukunft in den zehn Himmelsgegenden. Jitsue stieß sich von der Wand ab und strauchelte in seiner Hast, zwischen den nächsten *yamabushi* und Annen zu kommen. Seine Naginata kreiste vor dem Angreifer und hielt ihn einstweilen in Schach.

Yoshi durfte nicht länger zögern. Wenn Annen überwältigt oder getötet wurde, wäre Daibutsu-ji erledigt, sein Herz herausgerissen.

Yoshi griff den Anführer der *yamabushi* an, täuschte links und rechts und parierte Gegenstöße. Es fiel ihm schwer, sich zu konzentrieren. Wie hielt sich Jitsue? Wo waren die anderen *yamabushi*? Annens frommer Gesang erzeugte Dissonanzen in Yoshis Kopf. Wie konnte er kämpfen, wenn er abgelenkt wurde?

Aber wieder kam ihm sein Instinkt zu Hilfe. Ohne bewußte Überlegung parierte er Schwertstreiche, die ihn hätten töten oder kampfunfähig machen sollen, antwortete mit Finten und schnellen Vorstößen und wartete auf seine Gelegenheit. Eine Blöße! Yoshis Klinge stieß hinein; Stoff zerfetzte, Bambuspanzerung explodierte unter der Wucht des Hiebes, und Blut ergoß sich in einer dunklen Eruption.

Ein zweiter Mönch warf sich von links auf ihn. Yoshi wich mit einem Sprung seitwärts aus und nutzte den Bewegungsimpuls zu einem beidhändig geführten Rückhandschlag. Es gab kein Gefühl von Kontakt; die Klinge war scharf, der Hieb so kraftvoll, daß Yoshi auf der Ferse herumgerissen wurde. Der *yamabushi* starrte ihn im Kerzenschein an, ein wildes Funkeln in den Augen. Dann verlosch es, und der Kopf des Mönchs löste sich vom Körper, polterte auf den Boden.

Ein schneller Blick zeigte Yoshi, daß Jitsue sich behauptete und Annen beschützte. Ein Gegner war noch übrig. Wo steckte er? Yoshi spähte umher. Dort schlich einer die Wand entlang zur Tür, wollte sich davonmachen. Sollte er ihn entkommen lassen? Nein, wenn die Mönche eine Überlebenschance haben sollten, konnte er nicht zulassen, daß der *yamabushi* die Nachricht davon, was in Daibutsu-ji geschehen war, nach Hause brachte.

Der Kampf hatte alle Zweifel in ihm ausgebrannt; seine Gedanken waren klar. Er katapultierte sich zur Tür, um dem Mann den Weg abzuschneiden, und sah eine zweite Gestalt hinter dem Flüchtigen aus dem Schatten kommen. Im selben Augenblick glitt er in einer Blutlache aus, fiel auf die Knie und ließ sein Schwert mit einer Hand los, um das

Gleichgewicht zurückzugewinnen. Der Mönch erreichte die Tür und war außer Yoshis Reichweite.

Da sprang die zweite Gestalt wie ein böser Dämon aus der Unterwelt von rückwärts auf den *yamabushi*, riß ihn zu Boden und stieß ihm ein Kurzschwert in den Rücken. Der Kriegermönch blieb auf der Türschwelle liegen, und sein Verfolger stieß in wilder Raserei, begleitet von unartikulierten Schreien, weiter auf ihn ein, besprizt vom Blut des Sterbenden. Es war der junge Myozen, das frömmste, friedliebendste Mitglied der Mönchsgemeinde von Daibutsu-ji.

»Myozen!« rief Yoshi. »Laß ihn.« Myozen wandte den Kopf und starrte zu Yoshi, als kenne er ihn nicht; dann fuhr er fort, das Kurzschwert in den Leichnam zu stoßen.

Annen intonierte in leerer Geistesabwesenheit eine neue Sutra. Er lebte in einer anderen Welt.

Jitsue stand triumphierend über dem Leichnam des letzten *yamabushi*, schwang seine Naginata und grinste.

Die Mönche von Daibutsu-ji krochen aus den Nebenräumen und nahmen die Toten in Augenschein. Jitsue sammelte die Waffen der Getöteten. Eine Öllampe wurde angezündet, Kerzen an ihre Plätze gestellt.

Myozens Raserei war in Bestürzung umgeschlagen. Er kniete neben dem *yamabushi* und betete schluchzend eine Sutra für den Toten.

Yoshi trat zu den beiden verwundeten *yamabushi*, die nun ganz still lagen. Als er sah, warum sie so bewegungslos lagen, wandte er sich betroffen ab. Die gottesfürchtigen, alles Leben achtenden Mönche von Daibutsu-ji hatten die Verwundeten mit deren eigenen Waffen umgebracht.

Erleuchtete Männer waren grausamer Mordtaten fähig, wenn ihre Blutgier geweckt war. Sie waren Menschen. Nicht besser als alle übrigen, nicht schlechter. Mit dieser Offenbarung fühlte er sich wahrhaft von seinen Gelübden entbunden. Er war der *sensai*, der Schwertmeister; er war in seine eigene Welt zurückgekehrt.

Er ging hin und half Myozen auf die Beine. »Du hast deine Sache gut gemacht«, sagte er. »Du hast mir das Leben gerettet.« Es stimmte nicht, aber Myozen würde diese Überzeugung brauchen, um zu akzeptieren, was er getan hatte.

Der Junge beruhigte sich allmählich. »Dank sei Buddha. Es ist vorbei.«

Yoshi legte einen Arm um Myozens magere Schultern und sagte in ruhigem Ton: »Ja, Dank dem Buddha, aber der Kampf ist noch nicht zu Ende. Nein. Er hat erst begonnen.«

VIERTES BUCH

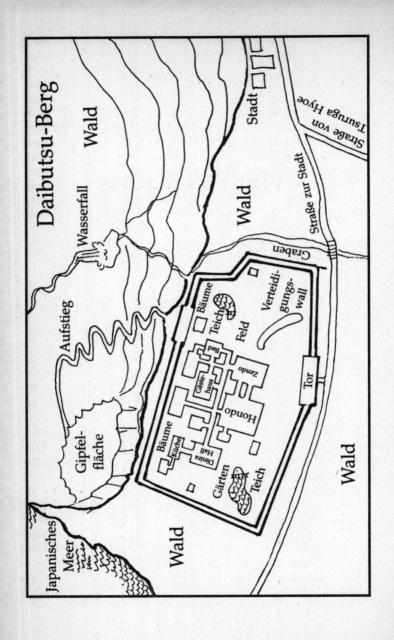

45

Am Tag nach dem Angriff herrschte im Kloster eine verzweifelte Stimmung. Die Mönche von Daibutsu-ji waren wie braunes Herbstlaub, das vom Wind mitgenommen wird und zu Boden sinkt, wo die Böen es hingetragen haben. Der bei allen beliebte Vorsteher Dosho war tot. Der Abt, *roshi* Annen, schien den Verstand verloren zu haben. Shinga, der *keisaku*, befand sich auf einer Pilgerfahrt. Es gab niemanden, der vom Alter oder der Ausbildung her die Voraussetzungen zur Leitung des Klosters mitbrachte. Yoshi, der im weltlichen Bereich Verwaltungserfahrung hatte, übernahm einstweilen die Verantwortung und füllte das Vakuum in der Stuktur der Autorität.

Annen lag zwei Tage bewußtlos. Hin und wieder öffnete er die Augen und sang Sutras und andere Gebete, schien aber niemanden zu erkennen. Der Mönch, in dessen Obhut Annen sich im *enjudo* befand, hatte von Yoshi Anweisung, ihn unter keinen Umständen zu verlassen.

Vor dem Kampf mit den feindlichen *yamabushi* war Myozen der eifrigste Mönch von Daibutsu-ji gewesen. Einem anderen Lebewesen Verletzungen zuzufügen oder es gar zu töten, war ihm unmöglich. Nachdem die erhitzte Wildheit des Kampfes verflogen war, bereute er sein Handeln, verbrachte seine wachen Stunden mit *zazen*, in sitzender Meditation, und wünschte Buße zu tun. Yoshi sah sich außerstande, den Jungen zu trösten, der von ungewohnten Empfindungen zerrissen wurde.

Yoshi sorgte für die Reinigung und Instandsetzung der beschädigten Klostergebäude. Jitsue machte er zu seinem Stellvertreter. Er sprach zwar wenig, aber Yoshi fand ihn zuverlässig und organisatorisch begabter, als seine äußere Erscheinung vermuten ließ. Jitsue besaß viele Fähigkeiten; er verstand sich auf das Verzapfen von Balkenverbindungen mittels Holzpflöcken, auf Dachdeckerei und die Herstellung einfacher Möbel. Während Jitsue die Instandsetzung der vom Feuer beschädigten Gebäude in Angriff nahm, teilte Yoshi die nicht für diese vordringliche Aufgabe benötigten Mönche in Arbeitstrupps ein. Einige wenige widersetzten sich, aber die meisten waren von den Ereignissen der letzten Tage so verwirrt und verunsichert, daß sie seine Führerschaft ohne weiteres anerkannten.

In der ersten Nacht schliefen die Mönche im *hondo* auf dem Boden. In der zweiten Nacht konnten sie schon wieder ihre Plätze im wiederhergestellten *zendo* einnehmen. Verwirrung und Ziellosigkeit waren überstanden; die Mönche konzentrierten sich auf jene Arbeiten, die notwendig waren, um die Zerstörungen und Beschädigungen durch die Eindringlinge zu beseitigen.

Am dritten Abend rief Annen nach Dosho. Er wirkte vernünftig und einsichtig und akzeptierte die Auskunft seines Pflegers über Doshos Tod. Er stand auf und beharrte trotz der späten Stunde auf einer sofortigen Inspektion der Schäden, die das Kloster davongetragen hatte. Annen ging durch den *zendo*, bemerkte die leeren Schlafstellen und verglich die Namen mit denen der Dienstliste. Er sagte: »Es sind zwanzig, über deren Verbleib ich nichts weiß. Bis auf den Geruch von Rauch gibt es kein Zeichen, daß wir angegriffen wurden. Wer hatte die Leitung, während ich bewußtlos war?«

»Der neue Mönch, Yoshi«, sagte sein Pfleger. »Er kehrte von seinem *niya-shinichi* zurück und erschlug beinahe ganz allein die acht zu unserer Bewachung zurückgebliebenen *yamabushi*. Dann wies er den Überlebenden Aufgaben zu und ließ die Wiederherstellung der Gebäude in Angriff nehmen.«

Annen ging hinüber, wo Yoshi zwischen Jitsue und Myozen an seinem Platz schlief. Minutenlang beobachtete er Yoshis gleichmäßiges Atmen. Zuletzt sagte er zu seinem Pfleger: »Schicke Yoshi am Morgen zu mir.«

Der Abt von Daibutsu-ji hatte sich erholt und war wieder im vollen Besitz seiner Fähigkeiten.

Yoshi trat ein, verbeugte sich mit gefalteten Händen, kniete auf der Matte nieder, berührte sie mit der Stirn und nahm seinen Platz zu Annens Füßen ein. Er ließ sich nichts anmerken, sah aber die Veränderung in den Zügen des *roshi*; Annen war in der kurzen Zeit seit dem Überfall deutlich gealtert. Die von ihm ausstrahlende innere Wärme, die einst seine Persönlichkeit gekennzeichnet hatte, war verschwunden. Er war ein trauriger und etwas unsicherer alter Mann.

Yoshi bemerkte den kleinen Schrein in seinem Winkel, die in einer Schale davor brennenden Räucherstäbchen, den unvermeidlichen Teekessel, die Vase mit dem einfachen Blumenarrangement. Der Raum war unverändert – was die Veränderung im *roshi* noch augenfälliger machte.

Der *roshi* machte eine vage Handbewegung und sagte mit dumpfer Stimme: »Zwanzig Mönche tot... Dosho... andere, die ich genauso liebte. Unsere religiösen Schätze gestohlen. Unser *zendo* in Brand gesteckt. Unverzeihlich! Die Enryakuji werden für alle Ewigkeit in den Avichi-Höllen brennen.«

»*Hai, roshi*.« Im Zimmer des Abtes zu sitzen, Tee zu trinken und von einem Erleuchteten zu lernen, hätte eine stille, erkenntnisreiche Erfahrung sein können, aber durch den Überfall war alles anders geworden. Ein schwerer Klumpen lag in Yoshis Magen, ein metallischer Geschmack war in seiner Kehle. Er hätte gern die verlorene Unschuld des Klosters beklagt, aber er beugte nur den Kopf und wiederholte: »*Hai, roshi*.«

»Es steht nicht in unseren Geboten, Vergeltung zu suchen, aber dies darf nie wieder geschehen!« Annen betonte jedes Wort mit bitterem Nachdruck.

Yoshi hielt den Blick niedergeschlagen. »*Hai, roshi*.«

»Yoshi, du hast gerade begonnen, in deinen Studien Fortschritte zu machen. Ich bedaure, dich um etwas bitten zu müssen, was deinen Fortschritt zur Erleuchtung für immer behindern mag.« Der *roshi* zögerte, suchte nach Worten.

»*Roshi*, bevor du mehr sagst, laß mich dir meine Gedanken mitteilen«, sagte Yoshi. »Sie mögen deine Bitte erleichtern.«

»Dann sprich.«

»Ich habe entdeckt, daß ich nicht für ein Leben in Beschaulichkeit gemacht bin«, sagte Yoshi, schmerzliches Bedauern in der Stimme. »Diese Erkenntnis verursacht mir viel Kummer, aber ich muß wahrhaftig mir selbst gegenüber

sein. Einmal beschuldigtest du mich, unfähig zu sein, die
Bürde meiner Erfahrung abzulegen...«

»Nein, nein«, unterbrach ihn Annen.

»Du hattest recht; die vergangenen Tage haben mich gelehrt, damit zu leben. Als Dosho mich von meinen Gelübden entband – als ich die Klinge des *yamabushi* in den Händen hielt und die Macht durch mein Blut pulsieren fühlte, war ich ganz und gar lebendig. Ich werde dem *satori* niemals näher sein. Ich bedaure, daß ich dich und das Kloster enttäuscht habe, aber so schwach und verbogen wie ich bin, muß ich mir selbst treu sein.«

Annen schüttelte den Kopf und sagte: »Ich kann keine Schuld darin finden, daß du getan hast, was Dosho von dir erbat. Vielleicht bin ich meinen Lehren nicht treu, wenn auch ich deine Hilfe erbitte. Ich wußte von deiner Vergangenheit, bevor du hierherkamst; dein Ruf eilte dir voraus. Nun bitte ich dich, das für uns zu tun, was du am besten kannst: Bilde die Mönche aus. Verstärke und verbessere unsere Verteidigungsanlagen. Wir werden niemals andere angreifen, aber wir müssen bereit sein, uns zu verteidigen.«

Yoshi entspannte sich. Ein Lächeln ging über sein ernstes Gesicht. »Ich habe bereits damit begonnen. Manche zögern, meine Autorität anzuerkennen. Ich bin noch nicht lange in Daibutsu-ji, aber mit deiner Billigung kann ich weiterarbeiten. Ich bin ein *sensei*, und es ist meine Aufgabe zu lehren.«

Annens Stirn glättete sich, und etwas von einer alten inneren Ausstrahlung glänzte in seinen Augen. Er nickte und sagte: »Laß uns zusammen Tee trinken. Du hast nichts mehr von mir zu lernen.

46

Der abgedankte Kaiser Go-Shirakawa erließ ein kaiserliches Dekret, das Antoku durch einen neuen kindlichen Kaiser ersetzte. Der sechste Tag des achten Monats wurde für die

Zeremonien der Thronbesteigung bestimmt. Der fünfjährige Go-Toba sollte der 82. Kaiser in direkter Linie von Jimmu Tenno sein, dem vergöttlichten ersten Herrscher Japans.

Am Vorabend der offiziellen Feierlichkeiten wurde Go-Toba in ein zeremonielles Bad gesteckt, und anschließend in weiße Seidengewänder gehüllt, die mit Gold besetzt und dem blauen kaiserlichen Chrysanthemenmuster geschmückt waren. Ein schwarzer *eboshi* wurde ihm aufgesetzt und unter dem Kinn festgebunden. Obwohl er unter dem Hut und in den Gewändern zu verschwinden drohte, trat er bemerkenswert selbstbewußt auf.

Um drei Uhr früh, zur Stunde des Ochsen, wurde Go-Toba von kaiserlichen Sänftenträgern zum Schrein der Sonnengöttin getragen, wo ihn eine zeremonielle Mahlzeit aus gekochtem Reis und Hirse erwartete. Von dort ging es zum Kashikodokoro, dem Palast der Ehrfurcht, wo er an einer Huldigungszeremonie vor einer Nachbildung des heiligen Spiegels teilnahm.

Dann, kurz vor Tagesanbruch, brachten die vier *naishi*, Hofdamen, die normalerweise die wirklichen Throninsignien bewachten, Nachbildungen des Schwertes und des Juwels, um sie dem fünfjährigen zukünftigen Kaiser zu Füßen zu legen. Die Damen, jede in zwölf dünne Gewänder aus blasser Seide gekleidet, mit weiß bemaltem Gesicht und geschwärzten Zähnen, die Augenbrauen aufwärts in die Stirn gebürstet, warteten, bis der kindliche Kaiser die Throninsignien als echt anerkannte, dann wickelten sie die Gegenstände wieder ein, verbeugten sich und zogen sich zurück, bis sie aufgerufen wurden, die Insignien zur öffentlichen Krönungszeremonie zu tragen.

Go-Shirakawa sagte zu General Yoshitsune und Kanezane, dem Minister zur Rechten: »Mit unserer Anleitung wird der Junge die Forderungen der Bevölkerung zufriedenstellen. Mögen Antoku und die Nii-Dono im Exil in Yashima bleiben. Sie werden nicht mehr gebraucht.«

Kanezane war nicht überzeugt. »Der Junge ist eine göttliche Erscheinung. Aber wir handeln voreilig.«

Als Yoshitsune dem zustimmte, preßte der abgedankte Kaiser verdrießlich die vollen Lippen zusammen. »Ihr verspracht uns vor einem halben Jahr die Wiedergewinnung der Throninsignien«, sagte er. »Eure Heerführer haben keinen Erfolg gehabt. Ich kann nicht länger warten. Der neue Kaiser wird unserer Regierung die Glaubwürdigkeit verschaffen, die sie sucht.«

Der Tadel ließ Yoshitsune unbeeindruckt. Es hätte eines scharfen Beobachters bedurft, um das leichte Anheben der Schultern, die winzige Verengung seiner vorstehenden Augen zu bemerken. Politisch war es ein Fehler, die Thronbesteigung des Kindes zu erzwingen, aber Yoshitsune hatte nicht die Macht, den Plan des alten Mannes zu ändern. Er blickte zu Kanezane, um Unterstützung zu finden, aber der Minister zuckte mit der Schulter. Die Wünsche der Bevölkerung waren ihm bekannt; auch er glaubte, daß die Zeremonie von vielen als Peinlichkeit gesehen und dem Ansehen des Thrones schaden würde. Er war jedoch alt und weise genug, um diese Meinung für sich zu behalten.

Sunemune, der Minister zur Linken, beugte sich nach einem verschwörerhaften Blickwechsel mit Yoshitsune zum abgedankten Kaiser und fragte: »Was werden die *naishi* bei der öffentlichen Zeremonie präsentieren? Ich kann mir nicht denken, daß die Leute sich mit Nachahmungen zufriedengeben werden.«

Go-Shirakawa wischte sich den rasierten Schädel mit einem parfümierten Taschentuch und ließ die Frage unbeantwortet. Obwohl der Tag noch nicht recht begonnen hatte, war der abgedankte Kaiser bereits müde und gereizt.

Kanezane legte seinem Ministerkollegen eine Hand auf den Arm und schüttelte warnend den Kopf. Beide blickten zu Yoshitsune, der in vollkommenem Einverständnis nickte. Go-Shirakawa war an der Macht, und kein Rat, den sie ihm gaben, würde eine Sinnesänderung in ihm bewirken. So standen die drei Berater in unbehaglichem Schweigen beisammen und verzichteten auf weitere Umstimmungsversuche.

Um acht Uhr früh, zur Stunde des Drachen, stand die Sonne ein gutes Stück über dem Horizont, und ein unerträglich heißer Tag kündigte sich an. Die Thronbesteigungszeremonie begann mit einer Versammlung wichtiger und hochgestellter Persönlichkeiten des Staates auf dem Hof südlich vom *seiryo-den*, dem privaten Quartier des Kaisers. Die Teilnehmer waren ausgewählte Angehörige einer erblichen Kaste von kaiserlichen Gefolgsleuten und Hofbeamten. Sie zogen feierlich zum südlichen Eingang des *seiryo-den*, wo die Innere Palastwache in zwei einander gegenüberstehenden Reihen die Treppe flankierte.

Die *naishi* erschienen und erstiegen die Stufen zum *seiryoden*. Abermals präsentierten sie die Nachahmungen des Schwertes und des Juwels dem kindlichen Kaiser.

Kanezane und Sunemune blickten während der Präsentation starr geradeaus; Schweiß rann ihnen in die Krägen ihrer Hofumhänge. Nur einmal begegneten sich ihre Blicke in wortlosem Einverständnis: Ohne die echten Throninsignien war die Zeremonie bedeutungslos.

Nach der öffentlichen Präsentation überquerten die Gefolgsleute des Kaisers den grünen Vorhof zur *shishin-den*, der Halle des Purpurnen Drachen, dem eindrucksvollsten Gebäude des kaiserlichen Bezirks. Sie blieben vor dem Kind auf seinem eigens angefertigten Thron stehen und verbeugten sich gleichzeitig.

Auf ein Zeichen von Kanezane legten zwei Archivare, die beauftragt waren, die Ereignisse festzuhalten, ihre Schriftrollen beiseite und verbrannten in einem Zeremonienofen Räucherwerk. Der Rauch stieg himmelwärts und symbolisierte die Unterwerfung des Kaisers unter die Shinto-Gottheiten.

Go-Shirakawa winkte Motofusa zu sich, den Priester von Matsu. Er befahl ihm, Boten zu den bedeutendsten Schreinen zu schicken, um die *hohei* zu überbringen, Papierstreifen, die eine Botschaft an Amaterasu darstellten. Um zehn Uhr war es so heiß, daß man es in der Sonne kaum aushalten konnte. Das Südtor des Palastbezirks zur Suzaki-Oji wurde aufgestoßen. Eine Parade, die vom schwitzenden abgedankten Kaiser, dem neuen kindlichen Kaiser, General Yoshitsune, den Ministern zur Rechten und Linken, Motofusa und den Hofbeamten angeführt wurde, an der auch die kaiserliche Palastwache, Soldaten der Garnison und Abordnungen von Mönchen aus den umliegenden Klöstern teilnahmen.

Die Prozession dauerte den ganzen Tag. Am Abend jedoch

waren der prächtige Anblick von tausend berittenen Soldaten, fünfhundert Ochsenkarren, dreihundert singenden Mönchen sowie der Lärm von Trommeln, Glocken, Hörnern und den Hochrufen Tausender von Zuschauern schon wieder Vergangenheit. In den Straßen von Kyoto verliefen sich die letzten Schaulustigen; Ruhe und Frieden kehrten wieder ein in die ›Stadt der Purpurnen Hügel und Kristallenen Wasser‹. Im Nordosten leuchtete die Schneekappe des Berges Hiei in den letzten Sonnenstrahlen. Lange Abendschatten erstreckten sich von den hohen Weidenbäumen entlang der Suzaki-Oji. Die lähmende Hitze, die an diesem ansonsten glückverheißenden Tag besonders drückend gewesen war, verflüchtigte sich allmählich, als der Himmel ein tieferes Türkisblau annahm und das goldene Licht im Westen verschluckte.

47

Annen erteilte Yoshi bis zum Beginn des neuen Jahresabschnittes die Befehlsgewalt über die Mönche. »Die Brüder sind verwirrt von den jüngsten Ereignissen«, sagte er. »Sie sind harte Arbeit und intensive Konzentration gewohnt, aber sie wissen mit den Dingen der Welt nicht umzugehen. Diese Männer sind wie du nach Daibutsu-ji gekommen, um sich von der Außenwelt zurückzuziehen. Ihr Leben ist geordnet; manch einer mag sagen, es sei gleichförmig und langweilig, aber sie brauchen den Rahmen ihrer regelmäßigen religiösen Rituale. Du kannst sie in den nächsten zwei Wochen ausbilden. Beschäftige sie. Laß ihnen keine Zeit, an die Schreckensbilder zu denken, die sie gesehen haben; bereite sie auf das vor, was getan werden muß.«

»Zwei Wochen sind nicht genug«, erwiderte Yoshi. »Die *yamabushi* werden zurückkehren. Wir müssen vorbereitet sein.«

»Was erwartest du?«

»Wenn der Führer der Enryakuji-Plünderer keine Nachricht von den *yamabushi* erhält, die er zu unserer Bewachung zurückließ, wird er einen Kundschafter schicken, um die Ursache zu erfahren. Wir werden ihn abfangen müssen.«

»Ich überlasse dir unsere Verteidigungsanstrengungen, Yoshi, aber meine Pflicht als *roshi* ist es, die Mönche in ihrer religiösen Ausbildung anzuleiten«, sagte Annen. »Auch ist es meine Pflicht als Abt, nicht zuzulassen, daß Daibutsu-ji von Feinden zerstört wird. Wie können wir diese Ziele erreichen?«

Nach langer Diskussion, die einen Nachmittag in Anspruch nahm, gelangten Yoshi und der Abt zu einem Kompromiß: Sobald der nächste Jahresabschnitt beginnen würde, sollte die religiöse Ausbildung ihren Fortgang nehmen, aber Yoshi sollte Gelegenheit erhalten, die Mönche nach Meditation, Gebet und Vorlesungen weiterhin auszubilden. Die ältesten Mönche wurden von der Ausbildung freigestellt und bekamen Reinigungs- und Gartenarbeiten zugewiesen.

Unter Yoshis Anleitung gab es kein Nachlassen in der täglichen Routine; um drei Uhr früh wurden die Mönche von der hölzernen Klapper geweckt; nach dem Morgengebet und ihrem stummen Frühstück aus Reisbrei, Gemüse und eingelegten Pflaumen arbeiteten sie an den Verteidigungsanlagen des Klosters. Jeder, vom Jüngsten – einem Jungen von zwölf Jahren – bis zum Ältesten – einem Mann von neunzig Jahren – konzentrierte sich auf seine Arbeit; die Konzentration war eine Umsetzung der klösterlichen Lehre, daß jede Aufgabe, ganz gleich, wie niedrig oder unwichtig sie auch erschien, einen Schritt auf dem Wege zur Erleuchtung darstellte und mit größter Aufmerksamkeit und Hingabe zu erfüllen war.

Tage vergingen. Mönche kehrten von Pilgerfahrten zurück und erfuhren von dem Überfall. Auch sie übernahmen eifrig ihren Anteil an der Arbeit. Am Ende der zweiten Woche war nur Shinga nicht zurückgekehrt.

Am zweiten Tag des achten Monats kam Chusai von Ise zurück. Er wurde sofort zu Annen in den *joju* bestellt, ein kleines Büro, wo die weltlichen Angelegenheiten des Klosters verwaltet wurden. Nach den Formalitäten und der Begrüßung berichtete Annen ihm von dem Überfall der *yamabushi*, ohne zu verschweigen, daß Yoshi sie gerettet und den Fortbestand des Klosters gesichert hatte. Die beiden Mönche besprachen fast eine Stunde lang die Implikationen, die sich aus diesen schrecklichen Ereignissen ergaben, bevor Annen zu erkennen gab, warum er Chusai gerufen hatte. »Dosho starb vor zwei Wochen. Ich betrauere seinen Verlust, aber ich muß daran denken, einen Nachfolger zu bestellen.«

»*Hai.*« Chusais Gesicht legte sich in tausend Runzeln, als er nachdenklich nickte. »Aber wer ist würdig, *shiki* zu sein?«

»Du«, antwortete Annen.

Chusai neigte den Kopf, um seine Überraschung zu verbergen. Er wußte nichts darauf zu sagen.

»Du!« wiederholte Annen nach einer Weile.

Chusai fand seine Stimme wieder. »Ich bin geehrt...« sagte er.

»Dann ist die Sache entschieden.«

»...aber ich bin nicht geeignet für solch einen hohen Posten. Ich habe mein Leben mit religiösen Studien und Meditation verbracht. Ich habe keine Erfahrung mit den Verantwortlichkeiten der Stellung. Ich bin nicht geeignet...«

»Du wirst es lernen.«

»Leider bin ich bald achtzig Jahre, zu alt, um mich zu ändern.«

»Es gibt keinen anderen.«

»Yoshi?«

»Yoshi hat weder die Erfahrung noch die wahre Hingabe, um in dieser Stellung zu arbeiten.« Annen suchte nach den rechten Worten. »Er ist der einzige Mönch in Daibutsu-ji, der die zur Verteidigung des Klosters benötigten militärischen Kenntnisse und Erfahrungen besitzt.«

»Wie wäre es mit Shinga? Er ist nach Dienstjahren der logische Nachfolger Doshos.«

»Er ist von seiner Pilgerfahrt nicht zurückgekehrt. Wir können nicht warten. Die Mönche brauchen einen Vorsteher, und ich habe dich ausgewählt. Laß es damit sein Bewenden haben.«

Chusais Ernennung zum Vorsteher wurde mit allgemeiner Befriedigung aufgenommen; er war wohlgelitten und geachtet. Nur eine Stimme stellte seine Ernennung in Frage; ein Mönch namens Kuya, der auf dem Strohsack neben Shinga geschlafen hatte, wollte wissen, warum nicht der *keisaku* zum Vorsteher ernannt worden war. Er sei schließlich der nächste im Rang gewesen.

Einer der Mönche antwortete: »Bevor wir angegriffen wurden, hatte Shinga das Kloster verlassen und seine Pilgerfahrt angetreten. Er ist noch nicht zurückgekehrt. Wie könnte er zum Vorsteher gemacht werden, wenn niemand weiß, ob er jemals zurückkehren wird?«

Und ein junger Mönch, der des öfteren unter den ›Aufmerksamkeiten‹ des *keisaku* gelitten hatte, sagte: »Das Klosterleben muß weitergehen.«

Shingas Freund Kuya erwiderte: »Es ist eine lange Reise zu seinem heimatlichen Tempel. Sicherlich wird er innerhalb der nächsten Tage hier sein.«

Yoshi beendete die Diskussion mit den Worten: »Shinga hat seinen Urlaub überschritten, und der Abt hat die offizielle Ernennung Chusais bekanntgegeben. Mehr gibt es darüber nicht zu sagen. Laßt uns für Shingas Sicherheit beten und unserer Arbeit nachgehen.«

Die Tage vergingen. Yoshi merkte, daß Myozen außerstande war, den Zwiespalt zwischen seiner religiösen Ausbildung und den turbulenten Gefühlen zu überbrücken, die ihn zur Tötung des Eindringlings geführt hatten. Der Junge kannte kein anderes Leben als das im Kloster – er hatte seit seiner frühen Kindheit hier gelebt. Die Entdeckung einer animalischen Natur konnte ihn entweder ruinieren oder ein tieferes Verständnis seiner Menschlichkeit lehren. Es gab keine Worte, die seine Unsicherheit überwinden konnten, aber Yoshi hatte die Möglichkeit, ihn von nutzlosen Grübeleien über etwas, was nicht rückgängig gemacht werden konnte, abzuhalten. Er gab ihm Arbeit.

Myozen wurde einer Gruppe von dreißig Mönchen zugeteilt, die außerhalb der Klostermauern einen Graben auszuheben hatten. Myozen war schmächtig und nicht muskulös, aber er ließ sich in seinem Arbeitseifer von keinem übertreffen und inspirierte die übrigen Mitglieder seiner Gruppe zu größeren Anstrengungen. Yoshi war angenehm überrascht, wieviel der Arbeitseifer der Mönche bewerkstelligte.

Der Stoiker Jitsue hatte keine Schwierigkeiten, seine Handlungsweise während des Überfalls zu verarbeiten; er betrachtete sie als ein notwendiges Übel. Als Leiter der Zimmerer war er von unschätzbarem Wert. Yoshi hatte es ihm überlassen, seine Arbeitsmannschaft selbst zusammenzustellen: eine Mannschaft, die imstande war, an den gedeckten Wandelgängen zwischen *zendo*, *hondo*, Priesterwohnungen und Küchen bestimmte Veränderungen auszuführen. In den dunkelsten Partien der Wandelgänge legten sie attrappenhafte Verlängerungen ohne Böden an, um Ortsfremde, die diese Gänge entlangliefen, zu täuschen und zu Fall zu bringen. Dem gleichen Zweck diente eine Anzahl von Falltüren, die durch verborgene Hebel ausgelöst werden konnten. Außerdem wurden mehrere einziehbare Leitern angefertigt, über welche die Mönche sich auf die Dächer in Sicherheit bringen konnten.

Eine weitere Gruppe von Zimmerern und Maurern unter Leitung Taichis, eines älteren Mönches, der in seinem früheren Leben Baumeister gewesen war, nahm Veränderungen am *zendo* vor. Über dem zentralen Schrein wurde ein Oberlicht angebracht; von unten nahm es sich harmlos aus, in Wirklichkeit aber verbarg es eine geheime Kammer, die zehn Mann aufnehmen konnte. Ferner ließ Taichi eine Pforte in die rückwärtige Umfassungsmauer bauen, wo diese an den Steilhang stieß. »Hätten wir diese Bergpforte schon früher gehabt«, bemerkte einer der jüngeren Arbeiter, »wäre es viel einfacher gewesen, in die Stadt zu entwischen.«

Nachdem die Mönche die ihnen zugewiesenen Arbeiten beendet hatten, meldeten sie sich jeden Nachmittag bei Yoshi zur Kampfausbildung. Eine nahezu hoffnungslose Aufgabe. Mit Ausnahme von Jitsue hatte keiner irgendeine Erfahrung im Umgang mit Waffen, und Jitsues Kenntnisse waren begrenzt auf den Kampf als *ashigaru* mit Naginata und Axt.

Unweit von Daibutsu-ji gab es Bambusgehölze; die Mönche schnitten die geradesten und stärksten Bambusschößlinge, um Speere daraus zu machen. Die Schößlinge wurden auf die richtige Länge zugeschnitten, geschliffen und zugespitzt. Ein Speer war als Waffe gegen einen Schwertfechter nahezu wirkungslos, aber eine Phalanx von Speeren konnte selbst in vergleichsweise ungeübten Händen eine wirksame Abwehrwaffe gegen Reiter sein.

Die Mönche wurden in Abteilungen gegliedert, und Yoshi bildete persönlich jede Gruppe aus. Nach zwei Wochen waren die Mönche in der Lage, abgestimmt zu handeln. Die Geschicklichkeit im Umgang mit der Waffe verbesserte sich noch rascher, als Yoshi eine Reihe von Wettbewerben einführte. Viele waren von den Übungen so angetan, daß sie dazu übergingen, auf eigene Faust zu üben – nach einem Achtzehnstundentag, ausgefüllt mit Meditation, Gebet, Arbeit und Gruppenausbildung. Hier zeigte sich, wie unzutreffend die Annahme war, daß diese Mönche hilflos seien.

Chusai übernahm seine Pflichten als Vorsteher, als hätte er sie sein Leben lang erfüllt. Er ernannte einen neuen *keisaku* und entschied sich für Taichi wegen dessen Alter und Erfahrung. Taichi machte leidenschaftslos vom Züchtigungsstock Gebrauch, und viele, die unter den übermäßigen ›Aufmerksamkeiten‹ Shingas gelitten hatten, reagierten gut auf Taichis Disziplin.

Am sechsten Tag des achten Monats, als Shinga am Haupttor erschien, waren die Instandsetzungen und Renovierungen so gut wie beendet. Sein Freund Kuya übte gerade den neu eingeführten Wachdienst aus. Shinga hatte den Bambushut so tief ins Gesicht gezogen, daß Kuya ihn nicht auf den ersten Blick erkannte. Sein braunes Gewand war verschwitzt und staubig von der Straße, seine Strohsandalen befanden sich im Zustand der Auflösung. Shinga war offensichtlich weit gewandert, seit er seinen Heimattempel verlassen hatte.

Yoshi bildete auf einer freien Fläche gegenüber dem Tor eine Abteilung Speerträger aus. Als er den Gong hörte, ließ er die Männer eine Pause einlegen und ging näher zum Tor, wo er den Besucher in Augenschein nehmen konnte. Niemand wurde erwartet, schon gar nicht so spät am Tag. Shinga kam in Begleitung Kuyas zum Tor herein. Seine Augen glitzerten, sein Mund öffnete sich zu einer Grimasse, die seine lückenhaften braunen Zähne bloßlegte. Sein weiter konischer Hut ließ sein Gesicht im Schatten. Yoshi fühlte sich an eine Statue des Fudo Myo-O erinnert, einem der fünf grausamen Könige, der Beobachter mit seinem furchterregenden finsteren Blick unterwarf.

Yoshi hatte den Eindruck, daß Shinga vor Wut kaum an sich halten konnte; vielleicht hatte Kuya ihn bereits von der neuen Ernennung unterrichtet. Aber ein Mönch sollte frei von Neid sein. Was machte es aus, wenn ein anderer zum *shiki* befördert worden war, ein anderer ihn als *keisaku* ersetzte? Waren sie nicht hier, ihren Mitbrüdern zur Selbsterkenntnis zu verhelfen? Vielleicht ärgerte sich Shinga über die Aussichten, einem neuen Vorsteher Rechenschaft ablegen zu müssen und dem neuen *keisaku* unterworfen zu sein. Aber waren diese Geringfügigkeiten ernst genug, um den Ausdruck unaussprechlichen Hasses zu rechtfertigen, mit dem Shinga seinen Blick über Daibutsu-ji gleiten ließ?

Nachdenklich kehrte Yoshi zu seiner Übungsabteilung zurück.

48

Nach der Thronbesteigung Go-Tobas erteilte Go-Shirakawa dem militärischen Befehlshaber von Kyoto, General Yoshitsune, den Auftrag, der Bevölkerung den neuen Kaiser schmackhaft zu machen. Viele der ›anständigen Leute‹ weigerten sich, die Rechtmäßigkeit Go-Tobas anzuerkennen, den der abgedankte Kaiser zu seinem Kandidaten gemacht hatte. Sie flüsterten, daß Antoku die drei kaiserlichen Insignien besitze und darum der wirkliche Kaiser sei. Am Hof wurde außerdem gemunkelt, daß die Feierlichkeiten anläßlich der Thronbesteigung Go-Tobas hinsichtlich der Großzügigkeit der Geschenke weit hinter jenen Antokus zurückgeblieben seien. Für die Unzulänglichkeiten machte man Yoshitsune und das Militär verantwortlich. Man sagte, die Krieger der Minamoto seien Kämpfer – schließlich hatten sie die Hauptstadt erobert –, doch verstünden sie sich nicht auf die Kunst, Festlichkeiten zufriedenstellend auszurichten.

Eine Woche nach der Thronbesteigung, am sechsten Tag des achten Monats, läuteten fünf Glocken die Stunde des

Hundes ein – die Dämmerstunde. Die Tore zum Gelände des Regierungspalastes wurden für die Öffentlichkeit geschlossen. Im großen Beratungssaal hallten Echos wider aus den weiten leeren Räumen über den Köpfen der fünf Männer, die sich eingefunden hatten, die Ereignisse des Tages zu besprechen: Go-Shirakawa, Yoshitsune, Sunemune, Kanezane und Motofusa, der Priester von Matsu.

Go-Shirakawa saß auf einem geschnitzten chinesischen Thron, der auf einer Plattform stand, vor einem zehn Schuh hohen, mit einer Darstellung der Erschaffung der Welt durch den Gott Izanage und die Göttin Izanami bemalten Wandschirm. Er trug ein weißes und goldenes Zeremonialgewand über weiten hellvioletten Hosen. Er hatte die Sitzung einberufen, um seinem wachsenden Mißvergnügen Luft zu machen, und sein Unmut lastete wie eine düster grollende Gewitterwolke über der Versammlung.

»Ich bin enttäuscht«, erklärte er. »Wir sind der Beschaffung der Insignien nicht näher, als wir es vor sechs Monaten waren. Kanezane!« fuhr er den Minister zur Rechten an. »Was hört man am Hof aus den anderen Landesteilen?« Er hatte nicht vergessen, daß Kanezane sich gegen eine überstürzte Thronbesteigung Go-Tobas ausgesprochen hatte.

Kanezane antwortete zögernd, das von tiefen Falten durchzogene Gesicht von Besorgnis gezeichnet: »Es gibt viel Unzufriedenheit. Unsere Freunde sind unruhig, unsere Feinde suchen den Vorteil. Kurzum, nichts hat sich geändert. Es gelang uns nicht, die Insignien zu beschaffen, und man gibt uns die Schuld an diesem Versagen.«

Das waren unwillkommene, wenn auch nicht unerwartete Worte. »Wir besiegten die Taira bei Ichi-no-tani«, sagte Go-Shirakawa. »Shigehira wurde von den Nara-Mönchen hingerichtet. Munemori und die Nii-Dono sind im Exil in Yashima. Ich habe dem Volk Go-Toba gegeben, einen Kaiser, der allen Erfordernissen des Thrones gerecht wird – nur die Insignien fehlen ihm. Warum sind die Leute nicht zufrieden?«

Sunemune, der Minister zur Linken, antwortete nach einer Verbeugung: »Als die Götter unseren Kaisern das göttliche Recht zur Herrschaft gaben, ist die kaiserliche Thronfolge durch den Besitz der Insignien legitimiert worden. Der Hof und der Adel des Landes möchten Go-Toba anerkennen, aber die Tradition hindert sie daran. Solange Antoku und die Nii-Dono im Besitz der Insignien sind, wird es Personen geben, die sich vor ihnen verneigen...« Sunemune machte eine Armbewegung, die die gesamte Halle einschloß. »Unsere Macht wird immer angefochten bleiben, solange wir die drei Insignien nicht haben.«

Go-Shirakawa nickte ungeduldig. »Wir müssen sie haben, das sage ich schon lange.« Er wandte sich zu Yoshitsune. »General, unsere Position würde eine Stärkung erfahren, wenn Euer Bruder Yoritomo in Kyoto wäre. Wir müssen ihn bewegen hierherzukommen... und wo in den zehn Höllen von *Emma-O* ist Euer anderer Bruder, Noriyori?«

Yoshitsunes blasses Gesicht blieb ausdruckslos. »Zwar kann ich nicht für meinen Bruder Yoritomo sprechen, doch werdet Ihr, Kaiserliche Hoheit, die Brisanz seiner Mission verstehen. Er muß das Machtgleichgewicht unter den Sippen aufrechterhalten. Die Familien des Ostens sind kriegerisch, unabhängig und unruhig. Mit jedem Tag gewinnt er mehr Zutrauen bei ihnen, aber dieses Zutrauen ist leicht zu untergraben. Käme er nach Kyoto, bevor seine Verhandlungen abgeschlossen sind, könnte das uns allen zu dauerndem Schaden gereichen.«

»Aber Noriyori?«

Yoshitsune überdachte seine Antwort, bevor er sagte: »Yoritomo hielt es für zweckmäßig, meinen Bruder zum Feldherren der Minamoto-Armeen zu machen. Ich werde ihn deswegen nicht kritisieren. Noriyori wurde nach Nagata entsandt, und dort sind seine Streitkräfte jetzt von Verbündeten der Taira eingeschlossen; die Minamoto finden in Nagata keine Unterstützung. Es gebricht Noriyori an Lebensmitteln und Nachschub, an Menschen und Material für eine größere Offensive.«

»Es gebricht ihm an Verstand und Initiative«, sagte Go-Shirakawa in kaltem Ton.

»Sei dem, wie es sein mag«, sagte Yoshitsune, ohne dem Blick des abgedankten Kaisers zu begegnen.

»Warum im Namen Hachimans bestand ich nicht darauf, General Yoshi zu Noriyori zu entsenden?« sagte Go-Shirakawa. Er machte eine grüblerische Pause. »Wo ist General Yoshi jetzt?«

»Yoshi hat seinen Teil beigetragen«, antwortete Yoshitsune. »Ihr hattet recht, darauf zu bestehen, daß er mir bei Ichi-no-tani helfen sollte; ohne ihn hätte die Schlacht anders ausgehen können. Aber, Kaiserliche Hoheit, Ihr wißt von seinem Gelübde... Yoshi weigert sich, von seinem Schwert Gebrauch zu machen.«

»Ihr habt meine Frage nicht beantwortet«, versetzte Go-Shirakawa. »Yoshis Schwert war mir in der Vergangenheit von großem Wert, aber heute interessiert mich mehr seine Begabung für Strategie.«

Yoshitsune sprach weiter, als wäre er nicht unterbrochen worden. »Seine Abneigung gegen jede Form von Kampf und Gewalt mindern seinen Wert für uns. Ich entließ ihn auf seinen Wunsch, und er kehrte zurück zu seinem Besitz in Suruga.«

»Ihr habt ihn entlassen? Ihr habt General Yoshi entlassen, ohne mich zu konsultieren? Ohne Yoshis taktischen und strategischen Rat wird Noriyori weiterhin in Nagata stagnieren, unfähig, eine Entscheidung zu treffen und zu handeln... nutzlos. Ich wünsche, daß General Yoshi von Suruga zurückgerufen wird; es ist seine Pflicht, unserer Sache zu dienen.«

Motofusa, der Priester von Matsu, räusperte sich, um Go-Shirakawas Aufmerksamkeit auf sich zu ziehen. »Kaiserliche Hoheit...«

»Sprecht, Priester von Matsu. Wo stehen die Mönche? Haben wir Eure Unterstützung?«

»Kaiserliche Hoheit...« Schweiß glänzte auf dem rasierten Schädel des Priesters. »Die Sekten halten nicht fest zusammen; sie sehen diese weltlichen Angelegenheiten auch nicht vom gleichen Standpunkt wie andere Menschen. Kann ich für die Mönche von Nara sprechen, wenn ich für die Mönche von Onjoji spreche? Und werden die Mönche von Onjoji mit jenen vom Berg Hiei übereinstimmen?«

»Ihr werdet ermüdend, Motofusa. Eure inneren Streitigkeiten interessieren mich nicht. Ich wünsche eine Antwort. Habe ich Eure Unterstützung?«

Motofusa verbeugte sich und sagte zögernd: »Die Mönche und Priester sind verpflichtet, die göttliche Tradition aufrechtzuerhalten. Die Kaiserlichen Insignien müssen zurückgegeben werden, sonst werden nicht alle Klöster Go-Toba unterstützen.«

»Wenn die Orden das gleiche wollen, warum liegen sie dann ständig miteinander in Streit? Warum fügen sie sich nicht meinen Wünschen?« Go-Shirakawa fuhr sich mit der dicken Hand über den kahlen Kopf. »Als ich das Mönchsgelübde ablegte, tat ich es mit der Gewißheit, daß sie mich als einen der ihren akzeptieren würden. Welcher böse Kami treibt sie, sich meinen Absichten entgegenzustellen und meine Ziele zu durchkreuzen?« Des abgedankten Kaisers Augen verengten sich zu dünnen Schlitzen, und er wandte sich wieder dem General zu: »Yoshitsune, ich habe den Gegenstand unseres Gesprächs nicht vergessen. Ich wünsche, daß Yoshi von Suruga herbeigeholt werde. Ist das klar?«

Motofusa hüstelte. »Verzeiht, Kaiserliche Hoheit...«

»Bringt vor, was Ihr zu sagen habt.«

»Yhoshi... Ich nehme an, Ihr wußtet nicht...«

»Was wußte ich nicht? Motofusa, Ihr stellt meine Geduld auf eine harte Probe!«

»General Yoshi wurde in Suruga das Opfer einer persönlichen Tragödie...«

Die beiden Minister, Yoshitsune und der abgedankte Kaiser sprachen alle gleichzeitig: »Tragödie?«

»Wann?«

»Warum haben wir nicht davon erfahren?«

Motofusa verbeugte sich und faltete die Hände auf der Brust. »Vor fünf Monaten wurde seine Burg niedergebrannt und seine Frau von einem Taira-Verräter ermordet. Er entsagte der Welt und schloß sich der neuen Zen-Sekte von Daibutsu-ji in Echizen an.«

»Vor fünf Monaten! Warum wurde ich nicht unterrichtet?« Go-Shirakawas Gesicht lief rot an. »Wird von mir erwartet, daß ich selbst die Lebensumstände eines jeden meiner Untertanen verfolge? Yoshitsune, wußtet Ihr davon!« Ein Blick in Yoshitsunes betroffenes Gesicht überzeugte den abgedankten Kaiser, daß er nichts wußte.

»Woher wißt Ihr dies?« wollte Yoshitsune von Motofusa wissen. Seine vorstehenden Augen glänzten naß im schwachen Licht der Öllampe. »Nami tot? Yoshi ein Mönch? Das kann nicht sein!«

Motofusa sagte: »Die Mönche pilgern zu ihren Heimattempeln, wenn die Zeit des sommerlichen Jahresabschlusses kommt. Einer der Zen-Mönche von Daibutsu-ji ist ein Spion der Enryakuji. Er besuchte seinen Heimattempel und erzählte die Geschichte. In jeder Sekte und jedem Orden gibt es Mönche und Priester, die mir treu ergeben sind; erst vor wenigen Tagen brachte mir einer meiner Vertrauensleute die Nachricht.«

Go-Shirakawa sagte: »Meine Beziehungen zu den Enryakuji sind gespannt, aber ich zähle auf Euch, daß Ihr diesen Spion zu einer persönlichen Audienz bei mir einladet.«

»Leider, Kaiserliche Hoheit, hat er den Berg Hiei vor einigen Tagen verlassen.«

»Schickt einen Boten nach Daibutsu-ji«, sagte Go-Shirakawa. »Übermittelt Yoshi mein Beileid und dann meinen Befehl, sogleich nach Kyoto zu kommen.«

»Kaiserliche Hoheit, Daibutsu-ji wurde von einem Trupp *yamabushi* der Enryakuji niedergebrannt. Yoshi ist entweder tot, oder er hat den Ruinen des Klosters den Rücken gekehrt.«

Go-Shirakawa wandte sich von Motofusa ab. »Dann müssen wir unsere Pläne abändern. Ohne Yoshi als Strategen ist Noriyori wertlos. Ihr, Yoshitsune, werdet die Insignien an meinen Hof zurückbringen.«

Go-Shirakawas nüchterne Einstellung verblüffte Yoshitsune. »Bedeutet Yoshis Leben nichts?« fragte er. »Sollen wir diese Berichte aus zweiter Hand unbesehen hinnehmen?«

»Der Spion nahm in Daibutsu-ji eine wichtige Stellung ein. Er verschaffte den *yamabushi* Zugang zum Kloster. Bevor er ging, stand der *zendo* in Flammen, und viele Mönche waren bereits tot.«

»Und Ihr akzeptiert den Bericht dieses Spions als wahr?«

»Ich glaube ihm. Shinga hat keine Veranlassung zu lügen.«

49

Shinga hatte nicht die Absicht gehabt, nach Daibutsu-ji zurückzukehren. Das Kloster brannte und war unter Kontrolle der Enryakuji. Dank seiner Bemühungen würde die Lehre des Zen nicht länger die Gläubigen verwirren und die reine Lehre des Berges Hiei verfälschen.

Die *yamabushi* gaben ihm einen Platz auf einem ihrer Ochsenkarren. Bevor sie Kyoto erreichten, entluden sie die gestohlenen Wertgegenstände in einem ihrer befestigten Nebenklöster. Shinga verließ sie hier, um die letzten Meilen zu seinem Heimattempel am Uo-jama, dem Fischberg, zu gehen. Die Straße war staubig, das Wetter heiß und trocken. Um seine Gedanken von den Unannehmlichkeiten der Gegenwart abzulenken, erinnerte er sich der Zeit, als er – unansehnlich, behindert, ohne Talent zu Dichtkunst, Musik oder den Künsten – in Kyoto gelebt hatte.

Damals war Shinga ein Hofbeamter des sechsten Ranges gewesen, verantwortlich für die kaiserlichen Archive. Er hatte sich hingebungsvoll seiner Arbeit gewidmet. Einem kleinwüchsigen, wenig anziehenden Mann mit einem verkrüppelten Arm war wenig anderes geboten. Die Hofdamen hatten ihn übersehen oder gemieden. Um seine Bitterkeit zu verbergen, hatte er sich einer Maske falschen Lächelns bedient. Shinga vergaß nie die Zurücksetzung und Unzulänglichkeit des Lebens am Rande der Hofgesellschaft. Er war eifersüchtig auf viele der Höflinge, aber insbesondere auf Yoshi. Yoshi war bei allen beliebt, während Shinga beiseite geschoben wurde, so daß ihm nichts blieb als die von niemandem anerkannte Arbeit in den kaiserlichen Archiven.

Gleichwohl hatte seine Arbeit am Hofe es mit sich gebracht, daß er die politischen Intrigen verfolgen konnte. In den langen leeren Stunden hatte er jede Nachricht und Meldung gelesen, die durch seine Hände gegangen war. Sie waren ihm ein Fenster in die Zukunft gewesen. Er hatte den Niedergang der Taira vorausgesehen. Aber die Zukunft... wer konnte sich ihrer sicher sein? Die Nii-Dono war klug und politisch versiert, und nach dem Tode ihres Mannes, des *Daijo-Daijin*, benutzte sie den kindlichen Kaiser und die Throninsignien geschickt, um ihre Macht zu bewahren. Sie mochte sogar über die Minamoto den Sieg davontragen.

Die Bitterkeit und Zurücksetzung seines Lebens als untergeordneter Hofbeamter in Kyoto hatte Shinga schließlich veranlaßt, der Welt zu entsagen und in den Tempel am Fischberg einzutreten.

Eine Stunde verging mit diesen bitteren Erinnerungen. Der Weg führte Shinga nun an einem steinernen Bildwerk Jizo Bosatsus vorbei, der einen Stab und ein Juwel in den Händen hielt. Jizo, der Wächter über Kinder und Reisende, würde ihn beschützen und ihm helfen, den Sieg über seine Feinde davonzutragen. Shinga verweilte vor der Statue. In Daibutsu-ji hatte er das Wissen vermißt, daß seine Gebete allein genügen würden, ihn zum Westlichen Paradies zu tragen. Er haßte den *roshi* von Daibutsu-ji wegen seines beharrlichen Insistierens, daß er Einkehr halten und in sich selbst schauen und die Erleuchtung verdienen müsse, indem er Geist, Körper und Seele anstrenge.

Shinga entledigte sich der Strohsandalen und des Bambushutes. Er legte sie auf die Stufen des kleinen Schreines. Das feste Mauerfundament, die einfachen, verwitterten Holzsäulen, das Ziegeldach mit den aufwärts geschwungenen Enden – alles fügte sich vollkommen in den natürlichen Hintergrund ein. Er kniete nieder, beugte den Kopf und wiederholte hundertmal das Nembutsu, bevor er die Stufen erstieg und vor die Statue trat.

Am nächsten Tag erreichte Shinga seinen Heimattempel, aber innere Unruhe vergällte ihm den Aufenthalt. Das Gift des Hasses und der Eifersucht zirkulierte in seinem Blut, und er war unfähig, sich im Gebet zu verlieren. Am dritten Tag traf ein Bote ein. Die acht *yamabushi*-Wächter waren nicht zum Berg Hiei zurückgekehrt. Shinga erhielt Befehl, sofort den Fischberg zu verlassen und nach Kyoto zu Roben zu gehen, dem Vorsteher der *yamabushi*.

Zwei Jahre zuvor war Roben auf Shinga aufmerksam geworden – nicht wegen der Frömmigkeit oder Erleuchtung des Mönches, sondern wegen seiner Kenntnisse der Hofpolitik und ihrer Schliche. Roben und Shinga waren in ihrem Glauben an Buddhismus und Shintoismus aufrichtig, aber beide glaubten, daß religiöse Führerschaft und weltliche Macht zusammengehörten und daß die Aufgabe dieser Macht den Untergang herbeiführen müsse.

Nachdem die Neuigkeit der Gründung eines Zen-Klosters in Daibutsu-ji die Enryakuji am Berg Hiei erreicht hatte, sandte Roben seinen Vertrauten Shinga dorthin, daß er die neue Sekte infiltriere und über die Entwicklung Nachricht geben. Shingas Berichte waren beunruhigend. Daibutsu-ji wuchs mit jedem Tag. Roben, der bereits im Kampf mit den Mönchen von Onjoji und Nara stand, wollte nicht, daß eine weitere Sekte stark genug würde, seine politische Macht herauszufordern.

Einen Tag nach dem Aufbruch von seinem Heimattempel erschien Shinga in Robens *joju*, der Amtsstube für weltliche Angelegenheiten des Klosters Enryaku-ji. Er kniete auf einer Binsenmatte nieder und erstattete dem Oberhaupt der Kriegermönche Bericht. »Daibutsu-ji ist zerstört. Ich sah die Gebäude brennen, die Zen-Mönche erschlagen. Unsere Ochsenkarren trugen bereits die Tempelschätze fort, bevor ich ging.«

Aber Roben war nicht zufrieden. »Ihre jämmerlichen religiösen Wertsachen kümmern mich nicht«, knurrte er. »Wo sind meine acht Krieger?«

»Ich weiß es nicht. Sie sollten am Morgen nach meinem Weggang das Kloster verlassen«, sagte Shinga.

Roben war eine eindrucksvolle, sogar furchterregende Gestalt: hochgewachsen und schlank bis zur Abgezehrtheit, mit einem großen, knochigen Schädel und kohlschwarzen Augen – brennenden Kohlen, wenn er zornig wurde. Sein dünnlippiger Mund war in den Winkeln abwärts gezogen und trug einen Ausdruck, der Zorn und Verachtung vereinte. »Ich glaube nicht, daß du mir alles sagst«, erklärte er. »Ich wünsche die ganze Wahrheit. Geh zurück nach Daibutsu-ji und vergewissere dich, was meinen Männern zugestoßen ist.«

»Ich kann nicht zurückgehen, Roben. Ich verriet sie und...«

»Lüge, was deine Pilgerfahrt angeht. Gehe noch heute.«

Shingas Magen krampfte sich zusammen. Er war kein Soldat, er war ein Mönch. Weil er den Enryakuji Loyalität schuldete, verriet er die Häretiker im Zen-Kloster, aber Roben verlangte von ihm, daß er sein Leben aufs Spiel setzte. Wenn die Mönche von Daibutsu-ji argwöhnten, daß er ein Verräter war – er ächzte in sich hinein. Wer konnte sagen, wie sie reagieren würden? Er sagte: »Ich fürchte, daß...«

Roben brachte ihn zum Schweigen. »Du wirst nach Daibutsu-ji gehen. Du wirst mir einen Bericht über das Schicksal meiner Männer senden. Die Mönche von Daibutsu-ji werden einen hohen Preis bezahlen, sollten meine acht Krieger zu Schaden gekommen sein.«

Roben gab ihm die nötigen Instruktionen und den Namen eines Kaufmannes in der Stadt außerhalb des Klosters, der Botschaften zum Berg Hiei weiterleiten würde. Das Gespräch war beendet. Roben läutete eine Handglocke, und ein Mönch erschien, um Shinga hinauszugeleiten.

Sechs Wochen nach seiner Abreise von Daibutsu-jii kehrte Shinga dorthin zurück. Er erwartete, verlassene Ruinen zu sehen, bewacht von einigen der *yamabushi*. Statt dessen öffnete Kuya, der ein Schwert im Gürtel trug, das Tor. Shinga erbleichte. Kuya bemerkte es und sagte: »Die Wanderschaft muß sehr anstrengend gewesen sein, daß du so spät und so erschöpft zurückkommst. Wir sind um deine Sicherheit besorgt gewesen.«

Shinga ermahnte sich hinreichend, um zu sagen: »Warum bist du bewaffnet? Was ist hier geschehen?«

»Später, Shinga«, sagte Kuya. »Tritt ein. Iß etwas, ruhe dich aus, und dann wirst du von den jüngsten Ereignissen erfahren.«

Shinga runzelte verdrießlich die Brauen. Kuya war bei weitem nicht der Hellste; um die Wahrheit zu sagen, er war ziemlich dumm, und Shinga empfand seine Erwiderung als gönnerhaft und anmaßend. »Ich muß wissen, warum du das Tor mit einem Schwert bewachst. Sag es mir jetzt! Ich bin zu müde für Überraschungen.«

Kuya willigte ein. »Wir wurden von einer Armee von *yama-*

bushi angegriffen. Das Kloster wurde in Brand gesetzt, und viele unserer Mitbrüder wurden getötet«, sagte er. »Ich wurde zum Wachdienst eingeteilt.«

Shinga konnte kaum an sich halten. Der verfluchte Dummkopf! »Wie seid ihr davongekommen?«

Kuya lächelte ein beseligtes Lächeln. »Yoshi rettete uns.«

Heißer Zorn kochte in Shinga auf. Yoshi! Verdammt sollte er sein! Wie konnte er acht Enryakuji-Wächter überwältigt haben? Shinga biß die Zähne so fest aufeinander, daß ein scharfer Schmerz durch seinen Kiefer lief. »Was in den zehn Höllen ist aus den *yamabushi* geworden?« Er spuckte die Worte aus.

»Es war nur eine Handvoll zu unserer Bewachung zurückgeblieben. Yoshi tötete sie.«

Yoshi, der böse Kami. Immer Yoshi! »Führe mich hinein, Kuya«, knurrte Shinga. »Ich muß selbst sehen.« Um seine Erregung zu verbergen, drückte Shinga sich den Bambushut tiefer in die Stirn. Beinahe gelang es ihm, doch als er aufblickte und Yoshi mit einer Abteilung bewaffneter Mönche sah, verzerrte sich sein Gesicht wie im Krampf.

Er war verwirrt. Hundert *yamabushi* hatte er zum Tor eingelassen, hatte im Hintergrund verborgen abgewartet. Er hatte gesehen, wie Mönche getötet wurden, wie andere in kopflosem Schrecken durcheinandergelaufen waren, wie das Kloster gebrannt hatte, und nirgendwo ein Zeichen von Widerstand. Als er seine Pilgerreise angetreten hatte, war er überzeugt gewesen, daß Daibutsu-ji zerstört war. Aber nun?

Shingas Hut beschattete zwar sein Gesicht, doch war er sicher, daß Yoshi seine unwillkürliche Grimasse gesehen hatte. Er mußte vorsichtiger sein. Er wandte sich von Yoshi ab, verbeugte sich mit gefalteten Händen zu Kuya und ging den Weg zum *zendo*.

Im Inneren des *zendo* war keine Spur von einem Brand zu sehen. Was sollte er Roben melden? Das Kloster schien unbeschädigt. Die Zen-Mönche waren wachsam und bewaffnet. Roben würde den Widerspruch zwischen dieser Meldung und den vorausgegangenen nicht verstehen.

Shinga verstaute sein Bündel, spähte durch die Läden;

Mönche waren mit Bauarbeiten, Übungen und Verteidigungsvorbereitungen beschäftigt.

Nun, dachte Shinga, morgen werde ich ihre Arbeit in Augenschein nehmen. Wenn meine Freunde kommen, werden wir sehen, wer besser vorbereitet ist.

50

Im zehnten Monat zogen Regenstürme von Nordosten kommend über das Land, setzten alles unter Wasser und zogen ab. Die Temperaturen sanken, und die Mönche froren des Nachts unter ihren dünnen Schilfdecken. Aber am fünften Tag des Monats, nachdem die Morgennebel sich aufgelöst hatten, kehrte noch einmal der Sommer zurück.

Nachdem die Mönche ihre Meditationen, Gebete und Lesungen beendet hatten, meldeten sich die körperlich Kräftigen bei Yoshi, der sie in den Techniken des Abwehrkampfes drillte. Auf das Signal eines vorgeschobenen Kundschafters an der Straße rief Yoshi: »Auf die Plätze!« Und zweiunddreißig mit Speeren bewaffnete Mönche, neue Bogen und Pfeile auf den Rücken, eilten zu ihrer Stellung. Dort angekommen, setzten die Männer ihre Speere mit dem stumpfen Ende in den Boden, so daß die Spitzen in einem Winkel von 45 Grad zur Straße zeigten; jeder Speer war eine Schulterbreite von seinem Nachbarn entfernt, und alle zusammen bildeten ein schachbrettartiges, vier Reihen tief gestaffeltes Muster.

Die Mönche nahmen die Bogen von den Rücken und legten Pfeile auf die Sehnen. Yoshi nickte befriedigt. Die Bogenschützen schossen abwechselnd; eine Reihe kniete, um den nächsten Pfeil aufzulegen, während die nächste schoß. In den vier Wochen, seit Shinga wieder in Daibutsu-ji erschienen war, hatten sie dieses Manöver ungezählte Male geübt.

»Kein Pferd wird in eine Sperre laufen, durch die es keinen Weg sieht und die es nicht überspringen kann.« Die Sperre der gestaffelt in die Erde gesteckten Speere ließ den verteidigenden Bogenschützen Bewegungsfreiheit, während berittene Angreifer absitzen und das Hindernis zu Fuß nehmen mußten, was sie zu leichten Zielen für die Bogenschützen machte.

»Zurück!« Yoshi winkte seinen Männern, daß sie auf die nächste vorbereitete Verteidigungslinie zurückgingen. Ein sechs Schuh tiefer Graben war ausgehoben und durch die Zuleitung eines Wasserlaufes gefüllt worden. Der Graben durchschnitt die Straße zehn Schritte vor dem Eingangstor. Eine hölzerne Brücke, die hinüberführte, war so gebaut, daß der letzte Mann, der sie vor dem nachdrängenden Feind überschritt, einen hölzernen Zapfen ziehen und dadurch bewirken konnte, daß sie zusammenbrach, sobald der Gegner ihre Mitte erreichte. Die Mönche trotteten in Zweierreihen über die Brücke und weiter durch das Tor. Yoshi folgte und hielt inne, um das Ziehen des Zapfens zu simulieren.

Yoshis Plan lief darauf hinaus, daß die *yamabushi* gezwungen sein sollten, den Graben zu durchschwimmen; in den Boden und die Wände des Grabens eingerammte zugespitzte Pfähle, die unterhalb des Wasserspiegels lagen, sollten die Reihen der Angreifer lichten und sie so lange aufhalten, daß nur wenige gleichzeitig das Tor erreichen würden.

Zweiunddreißig Mönche nahmen ihre Plätze hinter einer hüfthohen Barrikade ein. Annen hatte gegen ihren Bau Einwände erhoben und gesagt, sie sei häßlich. Yoshi besänftigte ihn, indem er die Anlage unauffällig machte: sechs dekorative Lauben zur Aufnahme von Tempelstatuen erhoben sich über den Wall, und Ziersträucher bedeckten den Rest.

Yoshi beabsichtigte, daß die Mönche sich hinter den Lauben verbergen, einzeln aus der Deckung treten, ihre Pfeile abschießen und wieder in Deckung gehen sollten. Auch dieses Hindernis würde die Angreifer aufhalten. Rüstungen aus hartem Leder und Bambus mochten die meisten Pfeile abweisen, aber auf kurze Distanz mußten einige der Geschosse sie durchschlagen.

Als nächstes zog die Abteilung sich zu den Klostergebäuden zurück, wo sie die Rolle der Angreifer übernahm und den wenigen tüchtigen Schwertfechtern Gelegenheit gab, den Abwehrkampf gegen eine Übermacht zu üben und sich gleichzeitig mit den Fallen vertraut zu machen.

Die älteren Mönche und die wenigen, die durch körperliche Gebrechen daran gehindert waren, nahmen nicht an der Ausbildung teil; sie arbeiteten wie bisher in den Gärten und an der Instandhaltung und Reinigung der Gebäude. Shinga bat trotz seines verkrüppelten Armes um den Auftrag, die Wandelgänge zu pflegen und zu wischen. Diese Arbeit gab ihm die Möglichkeit, aus dem Schatten seines Bambushutes unauffällig die militärischen Übungen zu beobachten und sich die Taktiken der Verteidigungsabteilungen einzuprägen.

Jeden dritten Tag verließ Shinga das Kloster, um zu betteln. Gewöhnlich zogen die Mönche in Gruppen von drei oder mehr aus, aber Shinga überredete Chusai, ihn als besondere Bußleistung allein gehen zu lassen. Chusai hatte Ärger und Widerstand von Shinga erwartet, der sich Hoffnungen gemacht haben mochte, selbst *shiki* zu werden. So war Chusai überrascht und erleichtert, als Shinga sich reuig und bereit zeigte, in seiner Suche nach Erleuchtung Erniedrigung auf sich zu nehmen.

Shinga durchwanderte allein die Stadt, den Hut tief im Gesicht, rief in einförmigem Singsang »Ho-u, Ho-u« und nahm die Gaben – Reis und Münzen – von den Stadtbewohnern an. Die mit seiner Bettelschale eingesammelten Gaben brachte er in einem umgehängten Beutel unter. Niemand bemerkte, daß er, wenn sein Sammelbeutel nahezu voll war, einen kleinen Nudelladen an der rückwärtigen Straße aufsuchte. Ryoma, der stämmige Ladeninhaber, kam stets heraus, ihn zu begrüßen. Er gab Reis in Shingas Schale, verbeugte sich höflich und kehrte zurück, in seinen Laden. Worte wurden nicht gewechselt, aber ein Stück Papier fand seinen Weg von Shingas in Ryomas Hand.

Am sechsten Tag des zehnten Monats, als Ryoma den Reis in die Bettelschale schüttete, flüsterte er ein Wort: »Morgen.«

Shinga neigte den Kopf zum Zeichen, daß er verstanden hatte. Der weite Hut verbarg das triumphierende Glitzern in seinen Augen. Endlich... Vergeltung... die strafende Gerechtigkeit. Yoshi würde seinem Schicksal nicht entgehen.

Shinga schüttete den Reis in seinen Sammelbeutel, legte

auch die Bettelschale hinein und eilte die Straße zurück nach Daibutsu-ji.

Vom kapanischen Meer drang fernes Donnergrollen herüber. Es war noch früh am Nachmittag, aber der Himmel hatte sich bezogen, und die gewohnten Geräusche des Tages – Vogelrufe, Grillengezirpe, das Quaken der Frösche – verstummten.

Totenstille. Dann wieder ein Donnergrollen. Ein Wetterleuchten.

51

Der Tag begann wie gewohnt um drei Uhr früh mit der hölzernen Klapper. Die Mönche von Daibutsu-ji – mit Ausnahme einiger weniger Wächter – wuschen sich eilig und nahmen ihre Plätze in der Haupthalle ein, um den Tag mit Gebet und Meditation einzuleiten. Nachdem sie dem Buddha und dem Patriarchen Ehrerbietung erwiesen hatten, sangen die Mönche eine halbe Stunde lang Sutras. Wieder ertönte die Klapper; alle erhoben sich und gingen zum *zendo*, um dort mit weiteren Gebeten und Gesängen den Buddha anzurufen. Eine Dreiviertelstunde später gingen sie wieder hinaus zum Frühstück.

Gewöhnlich durchflutete die Morgensonne Hallen und Wandelgänge, wenn sie zum Frühstück gingen, aber heute blieb der Himmel finster. Die Luft roch nach Regen, die Wolken waren schwer und drohten mit neuem Unwetter. Plötzlich zerrissen dröhnende Gongschläge die Stille... das Alarmsignal!

Yoshi dankte dem Buddha mit einem stummen Gebet, daß er den Mönchen die Wochen ungestörter Übungen erlaubt hatte. Er rief: »Auf die Plätze!« und die zweiunddreißig Bogenschützen nahmen ihre Bambusspeere und Bogen auf. Hundertzwanzig Mönche eilten zu den ihnen zugewiesenen Positionen. Yoshi nahm seine Schwerter an sich und eilte mit den Bogenschützen zum Tor.

Der Torwächter schlug wieder den Gong. Yoshi erreichte

ihn, faßte seinen Arm und fragte: »Wo sind sie – und wie viele?«

»Mehr als hundert Pferde, Wagen und Fußsoldaten... ungefähr eine Meile entfernt.«

»Gut. Gib den Kundschaftern das Zeichen zur Rückkehr.«

»*Hai*.« Der Mönch winkte seinen Signalfächer zum ersten Kundschafter, der in Sichtweite des Klosters war und das Signal sofort weitergab. Die im weiteren Umkreis des Klosters postierten Kundschafter eilten zurück in den Schutz der Klostermauern.

Es war unnatürlich dunkel. Yoshi witterte Ozongeruch. Ein Unwetter braute sich zusammen. Der Zorn der Götter!

Die Verteidigungsstreitmacht war rasch in Stellung gebracht: Bogenschützen, Schwertfechter, Speerträger. Yoshi war zufrieden. Seine Taktik würde den ahnungslosen Angreifern eine böse Überraschung bereiten. Er spähte die Straße entlang. Allmählich sollte der Feind in Sicht kommen. Hundert Reiter? Geduld, Geduld. Die Zeit verging langsam. Der Feind würde früh genug in Sicht kommen.

Ein Flächenblitz erhellte die Wolken von innen, Donner polterte dumpf über den Bergen. Die Vorhut der *yamabushi* kam in Sicht; die Reiter waren wie Gespenster, verschwommene Umrisse im Dunst; beinahe lautlos bis auf ein gelegentliches Klirren von Metall.

Yoshi versuchte sie zu zählen. Es war unmöglich; die Pferde und Reiter erschienen und verschwanden, verteilten sich fächerförmig und blieben außer Reichweite der Bogenschützen. Ihr Verhalten machte ihn stutzig. Die *yamabushi* hätten das Tor angreifen sollen. Warum machten sie halt? Yoshi brachte keine genaue Zählung zustande, aber es waren nicht annähernd hundert Mann dort draußen.

Etwas war faul. Sehr faul!

Aus der Ferne drangen gedämpfte Rufe an Yoshis Ohr. Es war schwierig, die genaue Richtung zu bestimmen, aber sie schienen aus dem Inneren des Klosterbereiches zu kommen.

Buddha! Sie waren getäuscht worden... und er trug die Verantwortung. Yoshis Magen zog sich schmerzhaft zusammen, Schweißperlen traten ihm auf die Stirn; ihm war, als verstopfte Watte seine Atemwege – er konnte nicht genug Luft bekommen.

»Schnell, zurück hinter die Mauern!« befahl er. »Laßt die Speere zurück.« Die Mönche starrten ihn an, und keiner gehorchte; waren sie nicht für diese Situation ausgebildet worden? Hatte Yoshi den Verstand verloren? Sie zögerten, waren es nicht gewohnt, auf Veränderungen der Taktik zu reagieren.

»Los!« rief Yoshi. »Zweite Linie besetzen!«

Endlich gehorchten die Mönche; sie formierten sich zu einer Zweierreihe und gingen über die Brücke zurück.

Yoshi folgte. Am Ende der Brücke blieb er stehen und spähte zurück. Reiter näherten sich in gemächlichem Trott der Barriere aus Speeren. Sie schienen genau zu wissen, was sie erwartete.

Yoshi kauerte am Brückenzapfen und beobachtete den Gegner; es waren nicht mehr als eine Handvoll Reiter in schwarzen Umhängen in der Nähe. Sie hielten vor der Sperre, saßen ab und zogen so viele Speere aus der Erde, daß ein breiter Durchlaß entstand. Die Speere hatten den Zweck gehabt, anstürmende Pferde zum Scheuen zu bringen, aber ohne Bogenschützen, die ein Beiseiteräumen der Sperre verhindern konnten, war sie wertlos.

Die Reiter saßen auf und trieben ihre Pferde durch die freigelegte Schneise auf ihn zu.

Yoshi zog den Zapfen und rannte die letzten Meter zum Tor. Ein Schwarm von Pfeilen folgte ihm. Er wandte sich um und sah auf der Straße Fuhrwerke heranrollen – Fuhrwerke, die mit Planken beladen waren. Die Reiter zügelten ihre Tiere vor der Brücke, während Fußsoldaten die Planken abluden, im Laufschritt zum Graben trugen und darüberlegten. Niemand versuchte die Brückenfalle zu benutzen.

Sie kannten die Verteidigungsanlagen! Eine andere Erklärung gab es nicht. Yoshi erkannte, daß die Rufe, die er aus dem Inneren des Klostergeländes hörte, von *yamabushi* kamen. Sie waren durch die neue Bergpforte eingedrungen, nachdem sie auf geheimen, zuvor ausgekundschafteten Wegen die Stadt und die Zufahrtsstraße umgangen hatten.

Sie wußten alles!

Yoshis Gesicht wurde dunkel wie die Gewitterwolken, die sich über ihm zusammenzogen. Er hatte eine Serie von Fallen vorbereitet, die seinen eigenen Leuten zum Verhängnis wurden. Daibutsu-ji war zum Untergang verurteilt.

Ein neuer Blitz tauchte die Landschaft in fahles Licht. Kurz darauf rollte ein Donnerschlag von den Bergen her; der Himmel öffnete seine Schleusen, und gleichzeitig trafen die ersten Sturmböen ein; sie peitschten den Regen fast waagerecht in Yoshis Gesicht. Er sah, daß den Mönchen die Bambushüte von den Köpfen gerissen und wie dürres Laub davongetragen wurde. Der moosige Boden wurde schwammig.

Yoshi arbeitete sich gegen den Wind durch das Tor. Ein Blick ins Innere des Klosterbereiches genügte ihm zu der Erkenntnis, daß das Schlimmste eingetreten war. Statt seiner disziplinierten Bogenschützen sah er Mönche in kopfloser Flucht durcheinanderlaufen und in ihrer Hast, den Schwertern der *yamabushi* zu entgehen, in der durchweichten Erde ausgleiten. Seine Männer hätten genausogut unbewaffnet sein können: Bogen und Pfeile waren im Nahkampf nutzlos. Die wenigen mit Schwertern ausgerüsteten Mönche von Daibutsu-ji schlugen sich tapfer Mann gegen Mann mit den Enryakuji, aber sie waren ihren Gegnern an Kampferfahrung und Geschick unterlegen.

Yoshi lief zum Wall; ein unartikulierter Schrei ohnmächtiger Wut und bitteren Schuldbewußtseins brach von seinen Lippen. Überall lagen die braungekleideten Körper seiner erschlagenen Mitbrüder. Yoshis Augen füllten sich mit Tränen, als er den letzten seiner Schwertkämpfer fallen und Horden von *yamabushi* mit blanken Schwertern die verbliebenen, unbewaffneten und verwirrten Mönche von Daibutsu-ji jagen sah.

52

Die *yamabushi* legten Feuer an die Gebäude, aber der Gewitterregen löschte die Brände schon in der Entstehung. Was half es? Wozu waren Tempel, Säle und Schreine gut, wenn die Mönche tot waren?

Der Fluch, der ihm seit Kindheitstagen gefolgt war, hatte ihn wieder eingeholt. All seine Pläne hatten sich gegen ihn gewandt; er hatte die Zerstörung von Daibutsu-ji verursacht. Er hatte das Leben des Schwertes geführt und war dafür bestraft worden. Er hatte dem Schwert entsagt und war bestraft worden. Und nun, seiner Gelübde ledig, das Schwert in der Hand, wurde er wieder bestraft. Er allein mußte die Schuld am Tode seiner Mitbrüder tragen.

Seine Mutter Masaka hatte ihm gesagt, seine Geburt während eines Gewitters sei ein Zeichen gewesen, daß die Götter an seinem Wohlergehen interessiert sein würden. Yoshi hatte ihr geglaubt. Jetzt wußte er die Wahrheit. Die Götter kümmerten sich um keinen der elenden Menschen, die vor ihren Schreinen knieten; die Armen waren verachtet, die Reichen wurden wie Staub im Wind zerstreut. Yoshis Sicht trübte sich. Ihm war, als müsse seine Seele zur Avichi-Hölle steigen, der heißesten aller Höllen, aus der es keine Wiedergeburt gibt. Er wischte sich die Augen mit dem Ärmel, hielt Ausschau nach Zeichen von Widerstand. Waren alle Mitbrüder tot? Nein! Vor ihm hatten drei zottige *yamabushi* einen braungekleideten Mönch umringt, der ihre Schwerter mit seiner Naginata abwehrte. Jitsue!

Yoshi stürzte sich mit Wutgebrüll auf die drei *yamabushi*. Eine heiße Sonne explodierte unter seinem Nabel, das *chi*, das universale Zentrum der Stärke, verschlang ihn. Er war besessen von einem schrecklichen *kami*, der seinen Lebensüberdruß in zerstörende Gewalt verwandelte. Keine Taktik – er hatte genug von Taktik –, keine sorgfältige Einschätzung der Gegner. Er war eine perfekte Tötungsmaschine, frei von Gedanken und Emotionen, angetrieben von der Glut der Energie, die aus seinem *chi* eruptierte.

Die Zuversicht der *yamabushi* verflog vor der Wucht und Schnelligkeit des Ansturms. Einer holte beidhändig zu einem

Kopfschlag aus. Nicht schnell genug! Er sah sein Schwert kreisend davonsegeln, die Hände noch um das Heft geschlossen. Der *yamabushi* starrte auf die roten Fontänen, die vor seinem Gesicht in den Wind spritzten, und öffnete den Mund zu einem Schrei ungläubigen Schreckens.

Der zweite *yamabushi*, ein wildblickender Kerl mit struppigem Haar, wich zurück, erkannte, daß er zum Tode verurteilt war, wenn er nicht angriff, und sprang gegen Yoshi vor.

Yoshi wich seitwärts aus und hieb kraftvoll abwärts, so daß sein Schwert Kopf und Brustbein des Gegners bis in die Lunge spaltete. Der wilde Glanz erstarb in den Augen des *yamabushi*, als sein gespaltener Rumpf in den Schlamm fiel.

Yoshi sprang über den zuckenden Körper Jitsue zu Hilfe. Der letzte Gegner rief nach Verstärkungen, aber seine Stimme ging in Wind und Regen unter. Er wandte sich, Yoshis Schmetterlingsschlag zu parieren, und Jitsue ergriff die Gelegenheit, dem *yamabushi* die Naginata-Klinge in den ungeschützten Rücken zu stoßen.

»Gut gemacht«, rief Yoshi in Jitsues Ohr.

Jitsues Grunzen ging in einem weiteren Donnerschlag unter. Yoshis Blick überflog das Klostergelände. Keine überlebenden Mitbrüder waren zu sehen. Yoshi riß den Blick los von den Schwärmen der Enryakuji, die allenthalben den Klosterbereich durchstreiften. War es einigen Mitbrüdern gelungen, in die Gebäude zu fliehen? Vielleicht hatten welche in den geheimen Räumen Schutz gefunden. Aber nein... es gab keine geheimen Räume. Seine Geheimnisse waren verraten worden; es gab einen Spion in Daibutsu-ji...

Es schien kaum möglich, daß der Gewittersturm an Heftigkeit noch zunehmen könnte, aber er tat es. Der moosige Rasen wurde zu einem Schwamm, aus dem bei jedem Schritt Wasser spritzte. In den Gärten versanken die Pferde der Berittenen bis zu den Fesseln im Schlamm des aufgeweichten Erdreichs; die Reiter konnten sich gegen die Gewalt der Windböen kaum im Sattel halten. Viele saßen ab und suchten Schutz in den Gebäuden. Obwohl es die Stunde des Hasen war und die Sonne längst aufgegangen sein mußte, war der Himmel finster, erhellt nur von unaufhörlichen Entladungen. Der Ozongeruch hatte sich verstärkt.

Yoshi zeigte: »Zum *zendo*.«

Jitsue nickte. Bevor er Yoshi folgte, hob er das Schwert des Gefallenen auf und reckte es triumphierend in die Höhe.

Auf dem Weg zum *zendo* stießen sie auf keinen Widerstand. Sie liefen den gedeckten Wandelgang entlang, ohne sich um Verstohlenheit zu bemühen. Der Regen fegte ihnen in die Gesichter und machte es schwierig, weiter als ein paar Schritte zu sehen. Fast wären sie auf eine Gruppe *yamabushi* geprallt, die methodisch den Boden absuchten und die eingebauten Fallen unschädlich machten.

Sie wußten genau, wonach sie zu suchen hatten. Wieder verfluchte Yoshi den Spion. Sie kamen zu einer Nische mit einer Statue Kannons, und Yoshi gab Jitsue ein Zeichen, ihm zu folgen. Er stieg voran über eine Reihe dekorativer Steine, die eine getarnte Treppe zu dem geheimen Raum unter dem Oberlicht des *zendo* bildeten. Vom Boden der Halle sah der Einbau wie eine Deckenöffnung aus, die Licht von oben einfallen ließ. Aber rings um die Öffnung war Platz genug, daß sich Männer verstecken und von oben auf den Feind hinabspringen konnten. Yoshi hoffte, daß wenigstens dieses eine Geheimnis Bestand haben würde, da nur er, Taishi, Myozen, Chusai und Annen von seiner Existenz wußten.

Der Sturmwind schnitt mit eisigen Dolchen durch die Ritzen der Holzwände und hatte die Lichtöffnung aus Schweinsblasen und Holzlatten aufgerissen; der Regen ergoß sich über den Boden.

Myozen kauerte in einem Winkel, das Gesicht zur Wand. Yoshi drehte ihn behutsam um. Der Junge war beinahe von Sinnen. »Ich rannte«, ächzte er. »Ich habe gebüßt für... für meine Tat. Nie wieder, habe ich geschworen... Ich werde nicht kämpfen. Ich will nicht töten.«

Yoshi faßte ihn bei den Schultern. »Sei deinem Glauben treu. Das ist alles, was du auf dieser Welt hast.«

»Aber ich sah die Teufel Chusai und die anderen erschlagen!« rief Myozen mit gequälter Stimme. »Wie kann ich leben, wenn... wenn ich sie sterben ließ und nichts tat?«

»Du wirst deinen Lohn im Westlichen Paradies erhalten. Deine Gebote sind wichtiger als das bloße Leben. Wir sind nichts ohne Glauben.« Aber, dachte er bei sich, wie können wir sagen, daß wir glauben und der Religion dienen, wenn wir unseren Glauben durch Handlungen verraten, die weit schlimmer sind als alles, dessen ein wildes Raubtier fähig ist? Myozen mag der einzige Mönch in Daibutsu-ji sein, der seinem Glauben die Treue hielt.

Yoshi hob das Gesicht zum aufgerissenen Dachfenster, starrte zu den schwarzen Wolken auf und rief: »Nami, wenn die Götter mich auf dieser Welt auch strafen, die Kraft meiner Liebe zu dir wird mich durch die Vier Geburten und die Sechs Reiche tragen, bis wir einander auf demselben Lotosblatt im Westlichen Paradies wieder begegnen werden.«

Der Gewittersturm wütete mit unverminderter Heftigkeit. Yoshi, Jitsue und Myozen knieten in dem niedrigen geheimen Raum, und jeder betete auf seine Weise.

Es gab weder Glocken noch Trommelschläge, um die Stunden zu markieren, aber Yoshi schätzte, daß sie etwa drei Stunden in ihrem Versteck gewesen waren, als die Türen zum *zendo* aufgestoßen wurden und eine Gruppe *yamabushi* hereinkam. Die Männer schüttelten Wasser von ihren triefenden Umhängen. Hinter ihnen wurde ein Gefangener hereingeschleppt. Sie zündeten eine Öllampe an, um das Halbdunkel zu erhellen.

Yoshi kroch zum Rand der Öffnung und versuchte zu hören, was gesprochen wurde. Es war unmöglich, denn der Regen trommelte auf das Dach, der Wind pfiff durch die Ritzen, und das ständige Donnergrollen löschte alles aus, was dort unten gesagt wurde.

Aber er konnte sehen. Ein hochgewachsener, ausgemergelter Mönch mit heißen schwarzen Augen hatte offensichtlich den Befehl. Er war der einzige der Enryakuji, dessen Kopf rasiert war. Der Gefangene, Annen, bewegte sich, als sei er durch eine Verletzung behindert, aber er hielt den Kopf hoch und erwiderte den finsteren Blick des hageren Mönches mit einem Lächeln unaussprechlicher Friedfertigkeit. Annen war von schwarzgekleideten Kriegern umringt, von deren Umhängen Regenwasser und das verdünnte Blut ihrer Opfer in Rinnsalen liefen.

Hinter den *yamabushi*, halb verdeckt von ihren Körpern, eine kleine, vertraute Gestalt.

Shinga!

Yoshis Hand griff zum Schwert und zog es mit einem Ruck aus der Scheide, bevor er irgendeinen Gedanken faßte; ein Schauer durchlief seinen Körper. Shinga! Shinga war der Spion, der sie verraten hatte, Shinga hatte mit seiner verräterischen Handlung Yoshi und Daibutsu-ji vernichtet.

Jitsue kam an seine Seite, und Yoshi hörte ihn die Luft anhalten und dann tief in der Kehle knurren, als auch er das braune Gewand unter den schwarzen erkannte.

War es Yoshis erste Regung gewesen, hinunterzuspringen und Shinga zu töten, selbst wenn es ihn das Leben kosten mochte, so besann er sich rasch eines Besseren. Er steckte sein Schwert zurück in die Scheide und beherrschte sich. Er mußte an Annen denken. Der Abt wäre eines der ersten Opfer, wenn er es hier und jetzt auf einen Kampf ankommen ließe.

Mit einem betäubenden, zerfetzenden Bersten schlug der Blitz in das Dach ein. Rauch und der Geruch von Ozon und verbranntem Holz erfüllten die Luft. Die *yamabushi* zuckten intensiv zurück, blickten dann auf, um zu sehen, wo der Blitz eingeschlagen hatte. Yoshi zog sich zurück. Der Blitz hatte das trockene Gebälk des Dachstuhles entzündet. Yoshi sah Rauch aus den Bretterritzen ziehen, die sich zu schwärzen begannen, er hörte das Feuer knistern.

Das ununterbrochene Donnern verstummte, als ob das Gewirr nun, da es sein Schlimmstes vollbracht hatte, sich damit zufriedengeben wollte. In der unheimlichen Stille hörte Yoshi den Abt sagen: »Sogar die Götter suchen dich zu bestrafen, Roben. Du bist schlecht, ein Übeltäter, und wirst deine Sünden rechtfertigen müssen, wenn du vor das Gericht der zehn schrecklichen Könige kommst. Ich verfluche dich.«

Yoshi vernahm ein Knurren wie von einem wütenden Hund. Er spähte über den Rand und sah Roben mit dem Schwert ausholen. »Zuerst stirbst du!« rief Roben aus, und schwang die Klinge in einem fast unsichtbaren Bogen.

Das Lächeln blieb auf Annens Lippen gefroren. Sein Kinn blieb eine, zwei Sekunden hoch erhoben, dann zuckten seine Lider, und der Kopf löste sich vom Rumpf.

Ein neuer Blitzschlag warf seinen flackernden fahlen Schein, neuer Donner überdeckte Yoshis Wutgebrüll. Bevor Annens Kopf am Boden aufprallte, sprang Yoshi in selbstmörderischer Raserei von der Deckenöffnung in den Saal hinunter, ohne die Übermacht zu achten.

53

Der Sturm zog weiter seine Bahn über Honshu hinweg. Kaum ein paar Stunden, nachdem er Daibutsu-ji getroffen hatte, verwüstete er Kyoto: Dächer wurden von Häusern gehoben, die Silberweiden an der Suzaki-Oji umgestürzt, Äste von den Kirschbäumen des Kaufmannsviertels gerissen, die Zelte und Hütten der Armen völlig zerstört.

Über der Inlandsee verstärkte sich der Sturm und traf Yashima und die Taira-Flotte mit der Kraft eines Taifuns. Viele Fahrzeuge wurden von ihren Ankerketten gerissen und auf den Strand geworfen. Von den 500 auf Reede ankernden Schiffen blieb nicht mehr als eine Handvoll unbeschädigt.

Das Frauenhaus, zweihundert Schritte landeinwärts, war nach Westen durch eine massive Mauer vor dem Sturm geschützt. So stark aber war die Gewalt des Sturmes, daß alle Lattenverschläge, leinenbespannten Fensterrahmen und leichten Läden herausgerissen wurden, bevor man Sturmläden anbringen konnte.

Die Damen bemühten sich, den Sturm möglichst zu ignorieren. Es war ein wichtiger Tag, der nicht aufgeschoben werden konnte. Nami hatte in der Nacht Fruchtwasser verloren, und alles deutete darauf hin, daß sie sehr bald entbinden würde.

In einem rückwärtigen Nebengebäude des Frauenhauses war ein Raum für die Geburt hergerichtet worden. Das Nebengebäude war vom Haupthaus durch einen kurzen Gang getrennt und bot der Gebärenden Zurückgezogenheit, während das Haupthaus vor Befleckung bewahrt blieb. Alle Türen und Fenster waren mit weißem Stoff drapiert. Unglücklicherweise zerfetzte der Sturmwind die Drapierungen. Die

Frauen hatten alle Hände voll zu tun, schwere Sturmläden anzubringen und das zerrissene Material der Fenster zu ersetzen. Während der Arbeit wechselten sie ängstliche Blicke; der Sturm war zu einer ungünstigen Zeit gekommen, ein schlechtes Omen.

Um acht Uhr früh, zur Stunde des Hasen, war der Raum fertig – kahl bis auf Wandschirme, die ein großes Quadrat von weißem Leinen in der Mitte des Bretterbodens abschirmten.

Im Haupthaus kniete Nami hinter ihrem Wandschirm und betete. Sie trug eine Menge besonderer weißer Gewänder und Umhänge, fühlte den Druck des *iwata-obi* gegen ihren geschwollenen Leib. Masaka hatte ihr diesen seidenen Gürtelstreifen gegeben, nachdem er in einem örtlichen Schrein gesegnet worden war. Nami trug ihn trotz der Unbequemlichkeit. Er hatte den Zweck, den *tamashii*, den Geist des Neugeborenen zu schützen und der Trägerin Glück zu bringen. Tatsächlich aber lenkte er Nami von ihren Gebeten ab, und was seine glückbringende Eigenschaft betraf – sie zog eine klägliche Grimasse –, so war dieser Sturm nicht gerade ein Zeichen des guten Willens der Götter.

Namis Grimasse verzerrte sich in Schmerzen, als eine Welle der Wehen über sie kam. Sie versuchte sich aufs Gebet zu konzentrieren, aber ihre Gedanken waren in Aufruhr. »Buddha«, stöhnte sie, atemlos unter einer neuen Kontraktion, »laß mich das Kind leicht gebären. Laß es gesund sein... klug... seines toten Vaters würdig.« Ach, Yoshi, dachte sie bei sich, wie liebte ich dich. Wie gern wäre ich Michimori gefolgt, um zu dir ins Westliche Paradies zu kommen. Ich fühle, daß wir bald auf dem Lotosblatt wieder vereint sein werden. Das Leben hier ist ohne Freude für mich. Laß das Kind geboren werden... dir zuliebe... dann laß mich meine Ruhe finden.

Ein Klopfen an ihren Wandschirm rief sie aus dem fernen Land zurück, wohin ihr Gebet sie getragen hatte.

Masaka war gekommen, Nami zum Gebärraum zu führen. Je näher Namis Stunde rückte, desto aufgeregter wurde Masaka. Ihre schmalen schwarzen Augen glänzten in ihrem runzligen, weiß bemalten Gesicht. Sie zweifelte nicht daran, daß das Kind ein Junge sein und Yoshi ersetzen würde. Masaka, die still und melancholisch geworden war, hatte Auftrieb bekommen und war jetzt voll Hoffnung. Die Aussicht auf ein Enkelkind schien sie mit Freude zu erfüllen.

Masaka hatte darauf bestanden, daß die Geburt – ungeachtet der Kosten – mit allem Zeremoniell ablaufen sollte. Die Vorbereitungen waren umständlich und aufwendig, und obwohl Nami eine einfache Geburt vorgezogen hätte, brachte sie, als ihre Stunde näherrückte, nicht mehr die Energie auf, ihren Willen durchzusetzen.

Da Nami eine *mibojin* war, eine Witwe, hatte Masaka einen Shinto-Priester kommen lassen, der die Rolle des Vaters als Teufelsaustreiber zu übernehmen hatte. Angetan mit dem traditionellen roten Umhang und der goldenen Maske, hatte der Priester eine Trommel zu schlagen und eine Bogensehne zu zupfen, um böse Geister fernzuhalten und gute *kami* zu ermutigen, daß sie bei der Geburt Hilfe leisteten.

Ein Mönch vom örtlichen buddhistischen Tempel wurde gerufen, die geeigneten Sutras zu beten. Vor der Tür des Gebärraumes stellte er einen Klapptisch auf und legte sieben weiße Papierstreifen als Gaben für *kami* darauf. Dann setzte er sich, läutete eine Handglocke und sang den Ritus des Buddha-Auges zum Lobpreis der Allwissenheit Buddhas, den Ritus vom Goldenen Rat zum Schutz des Kindes, den Ritus der sechs Worte für die Gesundheit und den Untergang der Feinde, und die Sutra des Pfauenherrschers, um die Hilfe der sieben heilenden Buddhas anzurufen. Masaka hatte sich um alle Einzelheiten gekümmert. Nichts blieb dem Zufall überlassen. Als ein besonders lauter Donnerschlag die Luft erzittern machte, verdrehte sie die Augen in abergläubischer Furcht und sagte beschwichtigend: »Genau wie die Nacht von Yoshis Geburt. Die *kami* bringen uns seine Seele zurück. Bald wirst du mir einen Enkel schenken.«

Nami biß sich auf die Lippe, um nicht zu schreien, als eine weitere Kontraktion folgte. Sie kamen jetzt häufiger, aber Nami bemühte sich, allenfalls ein Stöhnen hören zu lassen, denn es war unhöflich, die Schmerzen der Geburtswehen zuzugeben. Nach allen Vorbereitungen, die Masaka ihr zuliebe getroffen hatte, fühlte Nami sich verpflichtet, den Erwartungen ihrer Schwiegermutter gerecht zu werden. »Es kommt«, stieß sie zwischen zusammengebissenen Zähnen hervor.

»Mein Enkel.«

»Bist du sicher...?«

»Freilich bin ich sicher. All diese Monate habe ich gebetet. Ich zweifle nicht daran; auch Yoshi wurde während eines Gewittersturmes wie diesem geboren. Ich erinnere mich gut. Die Wehen waren stark...«

Nami konnte einen Schmerzenslaut nicht unterdrücken, aber er ging im Donnergrollen draußen unter. Die Geschichte von Yoshis Geburt war ihr längst vertraut. Als die Kontraktionen sich verstärkten, fiel es Nami schwer, sich auf eine weitere Wiederholung der Geschichte zu konzentrieren. Sie ächzte wieder, lauter diesmal. Masaka brach ihre Erzählung ab und murmelte mitfühlend: »Sag mir, wenn du fühlst...«

»Jetzt!« sagte Nami.

Masaka eilte zur Tür und rief die beiden Frauen, die als Namis Geburtshelferinnen bestellt waren. Sie waren in besondere weiße Gewänder gekleidet, hatten die runzligen Gesichter weiß bemalt und die Zähne geschwärzt. Nami erschrak, als sie die beiden sah; sie waren alt, klein und gebrechlich. Wie konnte sie auf ihre Hilfe zählen, wenn das Kind geboren war? Plötzlich bekam sie es mit der Angst; es war leicht dahingesagt, daß sie Yoshi im Westlichen Paradies wiedersehen wollte. Etwas ganz anderes war es, dem Tod im Kindbett entgegenzusehen.

Die Frauen nahmen zu beiden Seiten von ihr Aufstellung und hielten Namis Arme mit zitternden Händen. O Buddha... o Kannon, dachte Nami. Ich hoffe, ihr werdet mir die Kraft geben, die Geburt durchzustehen. Sie unterdrückte ein plötzliches Kichern. Es wäre erheiternd, wenn es nicht so ernst und schmerzhaft wäre, dachte sie.

Die Zeit war gekommen. Nami, flankiert von ihren beiden gebrechlichen Helferinnen, ging durch den Korridor zum Gebärraum. Wie Masaka versprochen hatte, war der Teufelsaustreiber zur Stelle und zupfte seine Bogensehne und schlug eine Trommel... der Mönch sang und läutete mit einer Handglocke... Hausmädchen warteten auf das Zeichen, warmes Wasser und dünne Papierbogen zu bringen.

Hinter den Wandschirmen im Inneren des Raumes saß eine Miko, eine Shinto-Priesterin, zählte Gebetsperlen und rief die guten *kami* an, der Mutter beizustehen. Alles war bereit.

Masaka ging voran, inspizierte die weißdrapierten Fenster, das reine Leinentuch in der Mitte des Raumes, die Anordnung der Wandschirme.

Beim Betreten des Raumes hatte Nami eine weitere Kontraktion; sie nahm ihr den Atem. Ihr Witwenhaarschnitt war schweißdurchnäßt. Sie zitterte. Jeder Schritt war eine Qual. In der Mitte des Lakens wandte sie sich und nahm ihre Position ein, teilte Gewänder und kauerte mit gespreizten Beinen nieder. Die Geburtshelferinnen stützten, jede auf einer Seite, ihre Schultern. Ihr Gesicht war angespannt, die Zähne krampfhaft zusammengebissen, als sie die Kontraktionen instinktiv unterstützte, um die Geburt einzuleiten.

Draußen heulte der Sturm. Kalte Luft zog am Boden herein, und biß in ihre ungeschützten Beine. Sie versuchte daran zu denken, wie Masaka zumute gewesen sein mußte, als sie Yoshi ohne Vorbereitung an einem fremden Ort ohne Hilfe hatte zur Welt bringen müssen. Aber Yoshi war trotz der Hindernisse geboren worden. Ach, Yoshi, warum konntest du nicht hier sein und dies mit mir teilen?

Dann hörte das zusammenhängende Denken auf. Nami fühlte sich auseinandergerissen, und der Kopf des Kindes erreichte die Öffnung. Eine der beiden Geburtshelferinnen kniete zwischen ihren Beinen nieder.

Ein Fensterladen schlug zurück; eine Windbö brach explosionsartig durch das Fenster, zerfetzte Vorhänge und Drapierungen und ließ einen Schwall kalter Luft und prasselnden Regens ein. Der Donner dröhnte, Blitzentladungen blendeten das Auge. Die Öllampe wurde ausgeblasen, und sie waren im Dunkeln, das in kurzen Abständen vom gespenstischen Widerschein neuer Entladungen erhellt wurde. Durchdringender Ozongeruch war in der Luft... Rauch von schwelendem nassem Holz... die Gerüche der nächsten Welt.

Masaka und die Hausmädchen versuchten, den Laden wieder anzubringen und die Lampe neu anzuzünden. Die

Geburtshelferinnen drängten Nami, nicht nachzulassen. Ihre Füße waren auf den stoffbedeckten Boden gestemmt, sie preßte, und trotz der Kälte, die mit Zugluft und Regen eingedrungen war, trat ihr der Schweiß auf die Stirn. Sie ballte die Fäuste, daß ihre Fingernägel sich in die Handballen bohrten. Ihre Atmung beschleunigte sich, ihr Puls hämmerte in den Schläfen. Sie blickte an sich herab, sah dunkles Haar, naß von Blut und Flüssigkeiten, und die Geburtshelferin, die ein Stück Stoff zwischen Namis Beine hielt und nach dem Kopf des Säuglings griff.

Der Schmerz war so stark, daß Nami aufschrie. Die beiden Geburtshelferinnen schrien aus Mitgefühl und zur Aufmunterung mit ihr, und Nami konnte nicht mehr an sich halten; sie stieß ein winselndes Heulen aus, das den Windböen draußen in nichts nachstand. Ihr Geburtskanal dehnte sich weiter, als dies möglich schien... und der Kopf des Kindes kam ganz heraus.

Die Geburtshelferin stützte ihn und zog den Körper vorsichtig nach. Plötzlich war das Kind in einem Schwall von Blut und Nachgeburt draußen. Die Geburtshelferin wickelte es in den weißen Stoff und durchschnitt die Nabelschnur mit einem rituellen Bambusmesser. Sie hob das Kind in die Höhe, so daß alle es sehen sollten. »Ein Junge«, rief sie in das Toben der Elemente.

»Yoshis Sohn«, sagte Masaka und lächelte durch die Tränen, die ihr über die runzligen Wangen rannen.

»Mehr warmes Wasser. Papier zum Sauberwischen. Seht nur, wie groß er ist.«

Das Kind quäkte mit dünner Stimme. Der Wind heulte und rüttelte an den Läden. Die Frauen weinten. Und Nami wurde ohnmächtig.

54

Die *yamabushi* standen in einer lockeren Gruppe zwischen den Meditationsplattformen; vor ihnen lag der Schrein Monju Bosatsus, hinter ihnen der rückwärtige Eingang.

Yoshi war beinahe unsichtbar, als er breitbeinig in ihrer Mitte landete. Die meisten von ihnen starrten noch im Halbdunkel auf Annens Kopf, der über den Boden rollte. Blitze warfen ihre grotesken Schattenrisse, die bei jeder neuen Entladung ruckartig sprangen und zuckten, auf die Plattform hinter ihnen. Ein Mann in Yoshis Nähe reagierte zuerst. Er riß sein Schwert heraus und rief: »Ein Feind! Tötet ihn!«

Der *yamabushi* griff mit kreuzweisen Hieben Yoshi an, fehlte, und bevor er von neuem ausholen konnte, durchschlug Yoshis Klinge die Bambusrüstung wie Papier und schnitt tief in seine Mitte. Niemand sollte zwischen Yoshi und seinem Ziel stehen: Shinga und den großen hageren Mönch in die *Avichi*-Höllen zu senden.

Ein zweiter Mönch sprang auf Yoshi zu, legte alle Kraft in einen Schwertstreich, der nie landete. Yoshi wich seitwärts aus, schwer faßbar wie ein Schatten; er wirbelte herum und durchschlug den Hals des Mannes zwischen Bambushut und Rüstung.

Der dritte *yamabushi* rief um Hilfe, als er Yoshis nächsten Angriff parierte. Die hinter ihm stehenden Mönche waren verwirrt; alles vollzog sich so schnell, daß sie nicht sicher waren, was vorging. Yoshi war wie ein Fuchs im Hühnerstall; er drängte vorwärts, seine Klinge webte ein tödliches Muster. Der Mönch konterte mit einem seitwärts in Kniehöhe geführten Streich... noch immer um Hilfe rufend. Diese Konzentrationsschwäche erwies sich als verhängnisvoll. Yoshi übersprang seine Klinge und hieb die Klinge in seine ungeschützte Flanke. Der *yamabushi* brach zusammen, von der Niere bis zur Wirbelsäule aufgeschlitzt.

Yoshi hatte drei seiner Gegner in zwanzig Sekunden erschlagen. Ein vierter versuchte Yoshis Angriff mit einem kraftvollen Rundschlag abzuwehren. »Es ist einer von ihnen! Tötet...« er konnte seine Warnung nicht mehr vollenden; sein enthaupteter Körper schlug auf den nassen Boden.

Diesmal wurde die Warnung gehört; die übrigen *yamabushi* zogen sich aus Yoshis Reichweite zurück und bildeten einen Kreis um ihn. Der große, magere Mönch namens Roben rief durch das Toben des Sturmes: »Tötet den Zen-Mönch!«

Die anderen hielten wachsam Distanz. Yoshi stand regungslos in der Mitte. Nur seine Augen blieben in Bewegung und sandten ihre Blicke von einem zum anderen; er hielt sie mit der Energie seines *chi* in Schach. Der Boden glänzte um den unruhigen Schein der Öllampe, bedeckt mit einer Mischung von Blut und Regenwasser. Yoshi sah Shinga mit dem großen Mönch flüstern. Die beiden standen in der Richtung des rückwärtigen Ausgangs. Yoshi packte das Heft seines Schwertes fester. Shinga!

Shinga verließ Robens Seite und bewegte sich zum Ausgang. Sofort reagierte Yoshi. »*Iie!* Nein!« brüllte er und stürzte sich auf die *yamabushi* zwischen ihm und dem Verräter. Wie ein Geist sprang er dahin und dorthin, und seine Klinge flocht ein undurchdringliches Muster um ihn.

Die *yamabushi*, außerstande, eine Blöße zu finden, in die sie hineinstoßen konnten, wichen zu den Seitenplattformen zurück. Nur Roben wich nicht von der Stelle und begegnete Yoshis Klinge mit der seinigen. Yoshis Ansturm wurde aufgehalten. Andere drängten näher, zögerten aber aus Sorge, ihren Anführer zu treffen.

Um Shinga nicht entkommen zu lassen, ließ Yoshi von Roben ab. Als ihre Schwerter in Bindung waren und sie einander nahe gegenüberstanden, stieß er ihn zurück zwischen die anderen *yamabushi* und wandte sich zum Ausgang.

Im selben Augenblick ertönte über ihnen ein Kriegsschrei, und Jitsue sprang herab, die Naginata schwingend.

Die *yamabushi* waren lange genug abgelenkt, daß Yoshi auf die Meditationsplattform springen und zum rückwärtigen Ausgang rennen konnte. Er war erfüllt von einem überwältigenden Vergeltungsdrang. Nur ein Gedanke brannte in seinem Bewußtsein: Shinga mußte sterben! Er mußte für seinen Verrat an Daibutsu-ji bezahlen. Jetzt! In dieser Welt – ehe er vor das Gericht der zehn schrecklichen Könige geschleppt wurde.

Shinga blickte zurück, bevor der den *zendo* verließ. Er sah Yoshi wie einen Racheengel – oder -teufel – über die Schlafmatten auf sich zustürmen, die blanke Klinge in der Faust.

Obwohl Shinga kein ausgebildeter Fechter war, hatte er sich mit einem Schwert bewaffnet und zog es aus dem Gürtel. An ein Entkommen war nicht zu denken, er mußte sich stellen. Für Yoshi war Shinga ein Verräter, doch Shinga sah sich selbst als einen rechtschaffenen Mann, der das wahre Wort Buddhas schützte. Aber er war auch ein Mann, der Yoshi haßte. Der Haß verlieh ihm Kräfte, die aus den dunkelsten Tiefen der Unterwelt emporwuchsen. Er verzerrte das Gesicht, schwang das Schwert in wilden Streichen – die am schwierigsten zu kontern waren, weil keine Logik oder Taktik hinter ihnen war. Die Spitze seiner Klinge schlitzte Yoshis Gewand und die Haut darunter. Shinga drang unbeholfen und unberechenbar auf ihn ein und begleitete jeden Schwertstreich mit einem wütenden Zischen. Yoshi wich zurück, dann parierte er plötzlich mit einem Gegenschlag, der Shingas Klinge über dem Heft traf und ihm das Schwert aus den Fingern schlug. Shingas Haß funkelte unvermindert aus den schwarzen Schlitzaugen. Er hielt den verkrüppelten Arm hoch, um Yoshis Klinge abzuwehren, und begann das Sterbegebet zu sagen, das ihm seinen Platz im Westlichen Paradies garantieren sollte: »*Namu Amida Bu...*«

Das Gebet wurde abgeschnitten, als Yoshis Schwert seine Mitte zwischen Rippen und Hüften aufschlitzte. Die Klinge verlangsamte kaum ihren sausenden Schlag, als sie durch Nieren, Magen, Milz und Gallenblase fuhr. Shingas Mund bewegte sich weiter, versuchte die letzte Silbe hervorzubringen, die seine Seele retten möge, bevor sein Körper versagte. Kein Laut kam von seinen Lippen. Seine Augen weiteten sich, und er brach in einem Schauer von Blut und Eingeweiden zusammen.

Yoshis wilder Triumphschrei wurde von einem weiteren Donnerschlag beantwortet. Er wandte sich um und sah, wie Jitsue von zwei *yamabushi* getötet wurde, die sich dann mit Roben und den anderen gegen ihn wandten. Der Gedanken an Myozen fuhr Yoshi durch den Sinn. Inmitten von Zerstörung und Tod betete er um Erlösung. Vielleicht konnte der Junge gerettet werden, um das Kloster wieder aufzubauen. Die Teufel mußten weggelockt werden, bevor sie Myozen finden und töten würden.

Es würde ein andermal Zeit sein, die Mönche von Daibutsu-ji zu rächen. Roben sollte bezahlen, wie Shinga bezahlt hatte. Wenn es eine göttliche Gerechtigkeit auf der Welt gab, wollte Yoshi ihr Instrument sein; er würde dem Führer der Kriegermönche die Rechnung präsentieren.

Yoshi sprang über Shingas Leichnam und rannte zur Tür hinaus in den Sturm.

55

Tsuruga Hyoe war Daimyo großer Ländereien in Echizen. Er kontrollierte die Poststation an der Hauptstraße, und sein *shoen* erstreckte sich bis zu den Grenzen von Daibutsu-ji.

Yoshitsunes Gefolgsmann, der Kriegermönch Benkei, erreichte das eisenbeschlagene Tor von Tsuruga Hyoes Burg am Abend des sechsten Tages des achten Monats. Benkei und sein aus Kanto stammendes Kriegspferd boten einen furchteinflößenden Anblick. Benkei trug eine schwarze Lederrüstung mit geflochtenen purpurnen Knebelverschlüssen über einen mitternachtsblauen Hitatare und einer mit Vogelmotiven bestickten Hakama. Sein Pferd war ausgerüstet mit Kopfschutz, hängendem Flankenschutz aus harten Lederplatten, Quasten und Troddeln.

Benkei zügelte das Pferd und rief zum Wachtturm hinauf: »Ich bin Saito Musashi-bo Benkei, ältester Sohn des Abtes Bensho von Kumano, Abkömmling von Amatsukoyane. Öffnet das Tor in meinem Namen und im Namen meines Herrn, Minamoto Yoshitsune.«

Während der letzten Stunden von Benkeis anstrengendem Ritt von Kyoto nach Echizen hatte eine rasche Wetterverschlechterung eingesetzt und wie um das Gewicht von Benkeis Erklärung zu unterstreichen, grollte der Donnergott *kaminarison* über dem Japanischen Meer. Benkei war hungrig, durstig und müde; er hatte seit seinem Aufbruch am Morgen keine Pause eingelegt und nichts gegessen. Sein Magen knurrte, als er sich anschickte, seinen Ruf zu wiederholen. Er kam jedoch nicht über ein Räuspern hinaus, bevor eine amtlich klingende Stimme herabrief: »Das Tor ist bis morgen früh geschlossen.«

»Mach auf, Dummkopf. Kannst du nicht sehen, daß ich allein und keine Bedrohung bin?«

»Unser Herr Tsuruga Hyoe hat sich frühzeitig zur Ruhe begeben, ermüdet von einem Tag auf Wildschweinjagd in den Arachi-Bergen. Unser Befehl...«

»Zur Yomi mit deinen Befehlen.« Benkei verlor die Geduld; sein stachliger Bart sträubte sich in rechtschaffenem Zorn. »Mach auf, oder dein Kopf wird morgen früh auf einer Stange stecken. Ich komme mit einer Botschaft vom Kaiser Go-Shirakawa.«

»Wir haben Befehl, unseren Herren nicht zu stören...«

Benkei zwang sich zur Ruhe. »Laßt mich unter Bewachung ein. Ich werde am Morgen zu eurem Herrn sprechen.« Die Sturheit dieser Bauerntölpel! Ließ man sie von der Macht kosten, warfen sie sich in die Brust und nahmen eine Haltung ein, die sie um Kopf und Kragen bringen konnte.

Im Wachtturm entstand eine lebhafte Diskussion: Ein Mann konnte die Burg nicht angreifen, aber... ein Mann konnte ihnen großen Schaden zufügen, wenn er wirklich ein Bote des Kaisers war und ihm der Eintritt verwehrt wurde. Die Wächter hatten kaum eine Wahl. Tsuruga Hyoe war ein empfindlicher und erbarmungsloser Mann. Sie konnten sich nicht leisten, ihm Peinlichkeiten zu bereiten.

Die Wächter stiegen vom Turm herab. Benkei hörte, wie der mächtige Riegelbalken zurückgestoßen wurde; die Torflügel gingen auf. Er ritt zuerst zu den Stallungen und veranlaßte, daß sein Pferd gefüttert, getränkt, mit warmen Metallkämmen gestriegelt und die abgenutzten Strohumhüllungen seiner Hufe ersetzt wurden.

Nachdem für das Pferd gesorgt war, betrat Benkei das Wohngebäude, wo er von einem hochgewachsenen Mann in der Kleidung eines vornehmen Samurai begrüßt wurde, der sich als Tsuruga Hyoes persönlicher Gefolgsmann und Majordomus der Burg vorstellte.

Bevor Benkei den Grund seines Besuches erklären konnte, sagte der Majordomus mit einer höflichen Verbeugung: »Ihr seid müde. Kein Gast dieses Hauses sollte sprechen, bevor er geruht und gegessen hat.« Er geleitete Benkei zum Gästequartier. Dienstpersonal nahm sich seiner körperlichen Bedürfnisse an. Er wurde gebadet und erhielt ein Abendessen aus salzigem Fisch und klebrigem Oban-Reis. Erfrischt und aufgemuntert, wünschte Benkei den Herrn der Burg zu sprechen, aber der Majordomus blieb fest. »Mein Herr wird von Eurer Anwesenheit unterrichtet, sobald er aufwacht.« Benkei dankte ihm mit dem Anschein von Ruhe, obwohl er angesichts dieser Beleidigung des Kaisers innerlich siedete.

Yoshitsune hatte Benkei instruiert, in aller Eile nach Daibutsu-ji zu reisen. Nach den letzten, in der Hauptstadt eingegangenen Meldungen hatte eine Armee von *yamabushi* die neue Zen-Sekte vollständig aufgerieben. Trotz dieser Meldung glaubte Yoshitsune, daß Yoshi noch am Leben war. Benkeis Auftrag war, Tsuruga Hyoes Streitmacht zu sammeln und Yoshi zu Hilfe zu eilen.

War es unklug von ihm, bis zum Morgen auf Tsuruga Hyoe zu warten? Yoshis Leben mochte auf dem Spiel stehen.

Benkei strich sich mit fleischiger Hand durch den Stoppelbart und über den rasierten Kopf; obwohl er den Tempel vor langer Zeit verlassen hatte, sang er noch immer seine Sutras und rasierte sich den Kopf... alte Gewohnheiten sterben langsam. Er stellte einen kleinen tragbaren Schrein auf und kniete davor nieder, um Glück und göttliche Anleitung zu erbitten. Hilf mir, Hachiman. Hilf mir, Buddha.

Benkei hob den Kopf und witterte die Luft; sie hatte einen metallischen Geruch angenommen. Das ferne Donnergrollen näherte sich. Es war schwierig, sich auf die Gebete zu konzentrieren; seine Gedanken schweiften ab zu seinen frühen Tagen am Berg Hiei, wo seine Ruhelosigkeit, Körperkraft und Wildheit ihm den Beinamen ›Schwarzer Priester der Westlichen Pagode‹ eingetragen hatten.

Früher einmal hatte Benkei mit den *yamabushi* trainiert, aber sein unabhängiger Geist war nicht imstande gewesen, ihre Disziplin zu ertragen. Er erinnerte sich der Quälereien des Abtes, Roben, und sein Blick verfinsterte sich. Nur ein kleiner Teil der vielen tausend Mönche in den ungezählten Schreinen, Tempeln und Klöstern des Berges Hiei waren *yamabushi*, aber sie hatten sich durch Gewalt und Drohungen zu einem politischen Machtfaktor entwickelt.

Nachdem er das Bergkloster verlassen hatte, war Benkei

mehrere Jahre wurzellos umhergezogen, bis er Yoshitsune auf einer Brücke in Kyoto getroffen und ein Duell mit ihm ausgefochten hatte, das für zehnmal zehntausend Jahre in der Geschichte fortleben würde. Benkei hatte das Duell verloren und Yoshitsune seine Dienste angeboten. Er hatte sich erbötig gemacht, alles zu tun, was Yoshitsune wollte... alles! Und seither war Benkei bemüht, ihm nach Kräften zu dienen.

Er drückte die Stirn auf den Boden, fühlte das kühle Holz auf seiner Haut. Hätte er sich noch mehr beeilen sollen? Er wußte in seinem Herzen, daß es nicht möglich gewesen wäre, doch wenn er die Burg ein paar Stunden früher erreicht und mit Tsuruga Hyoe zusammengetroffen wäre, hätten sie schon vor dem Sturm eine Streitmacht auf die Beine bringen und nach Daibutsu-ji reiten können.

Benkei tröstete sich: Wenn er durch den Sturm aufgehalten wurde, galt dies auch für alle anderen. Er rollte sich in seine Matte und schloß die Augen gegen das Wetterleuchten, das durch die Ritzen der Fensterläden drang. Sein letzter wacher Gedanke galt der Erinnerung, wie er, Yoshitsune und Yoshi ihre Pferde über den Steilhang bei Ichi-no-tani hinabgeführt hatten. Lächelnd schlief er ein.

Tsuruga Hyoes rote Nase ließ auf eine Vorliebe für Sake schließen. Tiefe Falten durchzogen seine Wangen, und er hatte beinahe kein Kinn; doch trotz dieser physiognomischen Fehler besaß er das Selbstvertrauen und die Autorität eines Mannes, der seinen Platz im Leben und seine Machtposition kennt und zu behaupten weiß. Er hörte Benkeis Bericht ohne Zwischenbemerkungen an und schlurfte Reiswein aus einer kleinen blaugeränderten Schale.

Das Gespräch fand im Empfangssaal der Burg statt, einem dunklen, ziemlich engen Raum mit polierten Holzböden und einer hohen Balkendecke. Tsuruga Hyoe teilte die Sitzplattform mit Benkei, um dessen Status als Abgesandter des Kaisers zu ehren, aber nach einem etwas herablassenden Blick auf das abgetragene blaue Gewand und die fleckige *hakama* seines Gastes bemühte er sich um eine ausdruckslose Miene.

Benkei wußte, daß Tsuruga Hyoe ein Landadeliger mit zuviel Macht und zuviel Muße war. Tsuruga Hyoe würde genauso erfreut sein, den Taira zu helfen, wenn sie wieder die Macht erlangten, wie er es jetzt war, da es galt, dem abgedankten Kaiser und der Sache der Minamoto einen Dienst zu erweisen.

Als Benkei seinen Auftrag erläutert hatte, sagte Tsuruga Hyoe: »*Hai*. Es freut mich, dem Kaiser zu Diensten zu sein. Ihr kommt jedoch zu spät. Das Kloster wurde vor zehn Wochen angegriffen, und viele starben. Erst gestern früh erreichte mich die Nachricht von meiner Postenstation, daß eine große Streitmacht *yamabushi* gegen Daibutsu-ji zieht. Die Überlebenden des ersten Angriffs werden belagert.«

Benkei verbeugte sich. »Dann müssen wir sofort reiten, um sie zu retten.«

Tsuruga Hyoe blickte anzüglich auf Benkeis rasierten Kopf. »Die Mönche erbauten ihr Kloster unmittelbar an der Grenze meines Territoriums. Sie verdarben mir die Jagd, und ihre Ideen verdarben meine Untertanen. Bauern und Händler vergeuden ihr Zeit mit Meditation. Fastentage, Feiertage und gelegentlich ein *wembutsu* sollten ihnen genügen.« Er schwieg und füllte seine Sakeschale auf.

Es war bereits heller Tag, und Benkei wußte, daß mehrere Stunden vergehen würden, bis hundert von Tsuruga Hyoes Samurai marschfertig sein würden. Auch der Ritt nach Daibutsu-ji würde im Sturm längere Zeit in Anspruch nehmen. Wenn sie nicht auf der Stelle zum Aufbruch rüsteten ...

»Natürlich möchte ich dem Kaiser und der Sache der Minamoto helfen«, fuhr Tsuruga Hyoe mit Bedacht fort, »aber es ist ein schwerer Sturm aufgezogen, und da wird ein Ritt nach Daibutsu-ji zu gefährlich sein. Ihr habt um einhundert berittene Soldaten gebeten? Da wir bereits zu spät kommen werden, um gegen die *yamabushi* zu kämpfen, und meine Männer nicht in Gefahr sind ... Ich werde Euch zweihundert geben, sobald der Sturm nachläßt.«

»Wir können auch im Sturm ...«

In diesem Augenblick verdunkelte ein riesiger Vogelschwarm den düsteren Himmel; es war, als suchten alle gefiederten Bewohner des Landes vor dem tobenden Sturm das Weite. Bäume bogen sich unter den Sturmböen, Äste brachen, und der Regen wurde zum Wolkenbruch, der mit der Gewalt von tausend Hämmern auf die Burg herabschlug. Blitz und Donner kamen gleichzeitig.

Benkei verlagerte sein Gewicht zurück auf die Fersen. Er hatte verloren. Es war unmöglich, eine Streitmacht nach Daibutsu-ji zu bringen.

56

Der Tempelbezirk bot einen Anblick wie eine Szene aus der Unterwelt: Leichen – die meisten braun gekleidet – lagen verstreut in den Gärten, auf den Brücken und in den übervollen Teichen. Das moosdurchwachsene Gras der Wiesenflächen war von Pferdehufen zerstampft und schlammig. Von ihren Reitern verlassen, drängten sich Pferde im Windschatten noch stehender Gebäude; andere jagten in Panik kreuz und quer durch Gärten und Pflanzungen, um Schutz vor der Wut der Elemente zu suchen. Vereinzelt lagen tote Pferde, im Kampf getötet oder von der Herde niedergetrampelt, zwischen den Leichen der Mönche.

Der Sturm hatte ganze Gebäude zum Einsturz gebracht. Trümmer von Ziegel- und Schindeldächern, Wandteile, Balken, losgerissene Planken, zerfetzte Bespannungen und umgestürzte Säulen vervollständigten das Bild wilder Verwüstung und Verlassenheit. Die meisten der gedeckten Wandelgänge waren vom Sturm fortgerissen worden; nur die hölzernen Stützen ragten wie Rippen aus dem Boden.

Niemand im Bereich der Umfassungsmauer war am Leben. Die *yamabushi* hatten ihre Pferde sich selbst überlassen und Zuflucht im *hondo* und den anderen Gebäuden gesucht, die noch standen.

Yoshi erreichte die Bergpforte. Die Enryakuji-Mönche hatten sie mit einem langen Rammbock aufgesprengt. Hier waren die *yamabushi* eingedrungen, hatten Yoshis Verteidigungsstreitmacht überrascht und besiegt. Yoshi verzog den Mund; der bittere Geschmack der Niederlage machte sich in ihm breit.

Außerhalb der Pforte bildete der schmale Weg einen Windkanal zwischen der Umfassungsmauer und dem Hang. Yoshi umklammerte mit beiden Armen einen der Türpfosten der Pforte, um nicht in die Einfriedung zurückgeweht zu werden. Der Wind fegte ihm eisige Regennadeln ins Gesicht. Er hielt sich fest, die Arm- und Rückenmuskeln gespannt unter den flatternden Fetzen des zerrissenen Gewandes. Ein losgerissener Ast schlug ihm seine Zweige um die Ohren und riß ihm mit rauher Rinde die Nackenhaut auf. Blut rann ihm von den Schultern über die Arme und wurde vom Regen abgewaschen.

Er wußte nicht, wie lange er so ausharrte. Auf einmal aber ließ der Druck nach, als ob *fujin*, der Gott des Windes, sich abgewandt hätte. Auch der Regen nahm allmählich ab, ein erster Sonnenstrahl stieß durch die dunklen Wolken. Dann ein zweiter. Die unnatürliche Düsternis wurde aufgelöst. Yoshi hörte das Echo des Donnergottes *kaminarisan* weiterziehen, ein leises Grollen in der Ferne. Der Sturm war vorüber.

Rufe drangen aus dem *zendo*. Als Yoshi sich umwandte, sah er Roben und wenigstens fünfzig *yamabushi* aus dem Gebäude strömen. Einige liefen zu ihren Pferden, andere wurden von Roben mit ausgestrecktem Arm zur Bergpforte geschickt. Yoshi wußte, daß er den Männern befahl, ihm nachzusetzen. Und die Entfernung zwischen dem *zendo* und der Pforte war nicht groß.

Yoshi tappte über den Weg. Die Regengüsse hatten den Bergpfad in eine schlüpfrige, von lehmigem Wasser überflutete Rutschbahn verwandelt. Immer wieder ausgleitend, zog Yoshi sich die steile Steigung zum ersten Kannon-Schrein hinauf.

Von unten kamen enttäuschte Rufe der *yamabushi;* sie versuchten ihm zu folgen, aber Rüstungen und Waffen behinderten ihr Vorankommen.

Yoshi erreichte den Schrein, kniete nieder und sagte: »Vergib mir, was ich tun muß.« In seinem Herzen spürte er, daß Kannon, der Barmherzige und Mitfühlende, verstehen würde, was wie ein Akt der Entweihung erscheinen mußte.

Die Statue war vier Schuh hoch und aus massivem Stein gehauen; mit ihrem Sockel wog sie mehr als dreißig *kan*, ungefähr einhundertzwanzig Kilo. Yoshi zwängte sich hinter sie. Brombeerranken rissen an seinem bereits zerfetzten braunen Gewand und hinterließen dünne Kratzer auf seiner Haut, die sofort anschwollen.

Die Stimmen der Verfolger kamen näher. Der Aufstieg im schmierigen Lehm war schwierig. Sie riefen ärgerlich durcheinander, kamen langsam voran, waren aber nicht weit unter ihm.

Yoshi lehnte sein Gewicht gegen die Statue. Sie bewegte sich nicht von der Stelle; der Sockel war schwerer als die Statue selbst und steckte tief im aufgeweichten Boden. Seine Füße glitten im nassen Lehm aus und konnten keinen festen Widerstand finden. Der Lehm quoll ihm wie Teig zwischen den Zehen hervor.

Stimmen waren unmittelbar unter ihm, vielleicht zehn Meter tiefer. Yoshi hatte die Schulter gegen die Statue gestemmt, seine Wange drückte gegen den rauhen Stein. Ein *yamabushi* rief: »Ich sehe ihn! Weiter voraus, neben dem Schrein.« Andere nahmen den Ruf auf und verstärkten ihre Anstrengungen, wie ein Wolfsrudel, das endlich die Beute vor sich sieht.

Yoshi suchte mit den Füßen Halt in einem tief im Boden verankerten Block, der eine Hebelwirkung ermöglichte, und spannte die Muskeln; er stemmte sich mit aller Kraft gegen die Statue, und mit einem schmatzenden Geräusch löste sich der Sockel aus dem Erdreich. Einmal in Bewegung, kam die Statue leicht frei. Yoshi verstärkte den Druck, die Statue kippte und fiel.

Die *yamabushi* konnten dem steinernen Ungetüm nicht schnell genug ausweichen; es polterte, sich überschlagend, mit zunehmender Geschwindigkeit den Pfad hinunter, fiel zwischen die im Gänsemarsch aufsteigenden *yamabushi*, zerquetschte deren Körper und schleuderte sie zur Seite.

Yoshi wartete nicht, um das Ergebnis zu sehen. Im selben Augenblick, als die Statue sich in Bewegung setzte, hastete er weiter den Pfad hinauf, bisweilen auf allen vieren, manchmal mit Hilfe der Bäume und Sträucher zu beiden Seiten, an denen er sich aufwärtsziehen konnte. Mehrmals verfingen seine Schwerter sich im Unterholz; ohne sie wäre der Aufstieg einfacher gewesen, aber er brauchte die Schwerter, wenn er seine Vergeltung üben wollte.

Die Natur erholte sich vom Schrecken des Unwetters, und tausend vertraute Stimmen erwachten, als gelte es nach ausgestandenen Todesängsten das Leben zu feiern. Tausende von Fröschen quakten, Zikaden erfüllten die Luft mit ihrem schrillen Zirpen, Vögel sangen, zwitscherten und krächzten. In der Ferne heulte ein Affe. Überall tropfe und rieselte es, und wären nicht die Gießbäche lehmigen Wassers gewesen, die allenthalben zu Tal stürzten, wäre es ein normaler Morgen am Berg gewesen.

Yoshi hatte keine Zeit, sich der selbstheilenden Kräfte der Natur zu erfreuen. Er mußte weitersteigen.

Dort war die zweite Kannon-Statue. Er wußte jetzt, wie er sie umstürzen konnte, stemmte die Füße gegen ein festes Widerlager, spannte die Muskeln der Beine und des Rückens. Unter ihm waren heisere Stimmen zu vernehmen. Dann Stille. Plötzlich fuhr ein Pfeil unweit von Yoshis Kopf in einen Baumstamm; ein zweiter und dritter folgte, und noch einer. Der Bogenschütze war kein Anfänger. Obwohl Yoshi ihm kein Ziel bot, verfehlten die Pfeile ihn nur um wenige Handbreit.

Yoshi merkte, daß die Statue sich neigte, an seinen Armen zog. Das gurgelnde, glucksende Wasser kam vom Hang und spülte die Erde um den Sockel weg. Er hatte Mühe, die Statue zu halten.

Plötzlich ließ er sie los und warf sich in den Lehm. Die Statue rutschte und kollerte mir rasch wachsender Geschwindigkeit den Pfad hinunter und zwang den Bogenschützen, sich in Sicherheit zu bringen, während Yoshi weitereilte, so schnell die Verhältnisse es erlaubten.

Bei der dritten Kannon-Statue war Yoshi klar, daß dieselbe Taktik nicht mehr wirkte. Er konnte nicht so weitermachen; seine Kräfte versagten, er mußte die Verfolger endlich abschütteln, um Ruhe zu finden. Es war Zeit, eine neue Taktik zu erproben.

Bei der nächsten Kehre opferte Yoshi sein Kurzschwert und warf es ein Stück den Pfad hinauf. Die *yamabushi* würden, wenn sie es fanden, überzeugt sein, daß er weiter aufgestiegen sei. Statt dies zu tun, zwängte er sich durch das Unterholz und arbeitete sich auf allen vieren tiefer in den Wald. Weiter voraus rauschte ein Wasserfall; er erinnerte sich an den Bach und seinen dekorativen, in mehreren Kaskaden hinabstürzenden Wasserfall, aber jetzt hörte er sich anders an. Der vom Regenwasser angeschwollene Bach hatte sich in ein tobendes Wildwasser verwandelt, und der Wasserfall in ein brausendes, gischtendes Chaos.

Die *yamabushi* erreichten die Kehre. Einer rief: »Er steigt höher. Ihm nach!« Er mußte das Kurzschwert auf dem Pfad gesehen haben. In ihrem Eifer, den Abstand zu verringern, stampften die *yamabushi* keuchend aufwärts, ohne nach rechts oder links zu sehen.

Yoshi arbeitete sich durch dichtes Unterholz und erreichte den Rand eines schluchtartigen kleinen Einschnitts, durch den ein weiterer Wasserlauf zu Tal schoß. Er watete vorsichtig hinein, glitt aus und fiel auf die Knie. Wieder auf den Beinen, wischte er sich Wasser aus den Augen und watete weiter. Ein vorsichtiger Schritt folgte dem anderen. Ein belaubter Ast, von seinem Stamm gerissen, kam mit dem Sturzbach herunter und traf Yoshi am Rücken. Er wurde umgeworfen und Hals über Kopf mitgerissen, bis er zehn Schritte stromab gegen einen Felsblock prallte.

Er landete mit dem Gesicht im eisigen Wasser, das ihm Mund und Nase füllte. Hustend und spuckend kam er hoch und arbeitete sich unverdrossen wieder bachaufwärts. Nach mühsamem Aufstieg durch das Bachbett sah er voraus eine Steilstufe, von der das Wasser in einem breiten Gischtvorhang herabstürzte. Gleichzeitig nahm das Gefälle zu, und er vergaß seine Verfolger über der Anstrengung, sich gegen die Strömung auf den Beinen zu halten und voranzukommen.

Das Tosen des herabstürzenden Wassers war so laut, daß er die Rufe der *yamabushi* beinahe überhört hätte. Sie standen auf der Steilstufe über ihm und riefen einander über das Wasser hinweg etwas zu. Sie hatten ihn nicht gesehen, da überhängende Zweige ihn verdeckten. Yoshi kämpfte sich bis an die Steilstufe heran und fand unmittelbar neben dem Wasserfall Deckung hinter den Gischtwolken.

Die Stimmen entfernten sich weiter bergwärts. Yoshi zog

das Schwert aus dem Gürtel und legte es neben sich. Er kauerte auf den Fersen und lehnte den Rücken gegen den Fels. Mit tiefen, langsamen Atemzügen füllte er sein *chi* mit frischer Energie.

Sobald er zur Ruhe gekommen war, überdachte er die Ereignisse im Kloster und die Folgerungen, die daraus zu ziehen waren. Daibutsu-ji war zerstört. Weder die geistige noch die weltliche Macht der sechsundsechzig Provinzen konnte es zurückbringen. Die Urheber der Zerstörung waren Shinga gewesen, der für seine Untaten bezahlt hatte, und Roben, der noch seiner gerechten Strafe harrte.

Die Angriffsstreitmacht war noch annähernd hundert *yamabushi* stark. Etwa die Hälfte von ihnen durchkämmten den Berghang auf der Suche nach ihm. Irgendwie mußte er vom Gejagten zum Jäger werden, Roben finden, ihn von seiner Truppe trennen und töten. Yoshi mußte damit rechnen, daß er dabei sein Leben opfern würde, aber das, sagte er sich, bedeutete nichts, solange Roben die verdiente Strafe traf.

Als wollte sie die Schrecken des Sturmes vergessen machen, schien Amaterasu warm und wohlwollend herab. Die Wolkendecke löste sich auf, allmählich trocknete der versumpfte Boden ab. Das Hochwasser in den Bächen und Rinnsalen ging zurück, die Gischtwolken des Wasserfalls schrumpften; Yoshi bemerkte nicht, daß sie ihm nun keine Deckung mehr boten.

Ein struppiger Kriegermönch zeigte von der Steilstufe zu ihm herab und brüllte seinen Gefährten in der Aufregung der Jagd zu, welche Entdeckung er gemacht hatte. Dann nahm er den Bogen von der Schulter und legte einen Pfeil auf.

57

Beim ersten Zeichen eines Nachlassens des Unwetters ging Benkei zu Tsuruga Hyoe. Er betrachtete es als ein glückverheißendes Zeichen, daß Tsuruga Hyoe ihm zusätzlich hundert Mann zur Verfügung stellte. »Ich möchte versichert sein, daß Ihr dem Kaiser meldet, wie hilfsbereit ich bin«, sagte Tsuruga Hyoe trocken, als Benkei ihm dankte.

Der Kavalkade ritt unter Tsuruga Hyoes flatterndem Banner länger als eine Stunde in scharfem Tempo über aufgeweichte Wege und Straßen. Die Sonne stand am Himmel, die dunklen Wolkenmassen waren abgezogen, der Himmel war blau und reingefegt, bevor sie ihr Ziel erreichten.

Benkei ließ die Truppe eine Meile vor Daibutsu-ji halten und ritt auf seinem schäumenden Rappen voraus, um das Kloster auszukundschaften. Das Tor stand offen, das Torhaus war vom Sturm fortgerissen worden. Eine Gruppe *yamabushi* stand bei dem Tor. Für Benkei war es offensichtlich, daß diese struppigen, schwarzgewandten Männer zu der siegreichen Armee gehörten. Sie hatten ihre weißen Halbmasken abgenommen und zeigten harte, verbissene Gesichter, die nicht zu ihren Mönchsgewändern paßten. Einige lehnten an der Mauer, andere stolzierten wie Eroberer vor dem Tor.

Benkei wendete sein Pferd und ritt zurück zu seiner Truppe.

Der erste Pfeil fetzte durch Yoshis zerrissenes Gewand und hinterließ einen roten Streifen auf einem Rückenmuskel. Er sprang ins Unterholz, bevor der zweite Pfeil die Bogensehne verließ.

Laute Stimmen vom oberen Rand der Steilstufe... eine Stimme rief Befehle. Roben? Yoshi hielt inne und lauschte, aber das Rauschen des Wassers war noch zu laut, als daß er die Worte hätte verstehen können. Er mußte handeln, bevor die *yamabushi* ihre Verfolgung organisierten. Sollte er sich parallel zum Hang weiterarbeiten? Nein. Zu leicht würden sie seine Fährte finden. Er lief durch das steile, überwachsende Gelände, so schnell er konnte, und hinterließ eine deutliche Fährte. Dann stahl er sich auf der Fährte zurück und über den Bach. Am anderen Ufer tauchte er wieder im Wald unter und erreichte kurze Zeit später den Pfad, wo er stehenblieb. Angespannt lauschte er; außer dem Pochen seines Herzens und den Stimmen in der Ferne hörte er nichts als die Geräusche der Natur.

Vorsichtig! sagte er sich. Am Weg müssen Posten stehen. Er zog sich ins Unterholz zurück und untersuchte seine Verletzungen. Eine blutige Linie über seiner linken Schulter, Schnitte und Abschürfungen an Armen und Beinen... nichts Ernstes.

Der Pfad war noch schlüpfrig, wenn auch nicht mehr vom Wasser überflutet. Vorsichtig stieg er aufwärts. Vögel flatterten hoch; er blieb stehen und lauschte wieder, da er befürchtete, daß die Tiere ihn verraten würden. Entfernte Stimmen unter ihm und zu seiner Rechten. Sie suchten die bewaldeten Steilhänge ab. Seine Finte hatte sie von seiner Fährte gebracht.

Yoshi stieg höher und sah einen weiteren Kannon-Schrein. Er trat neben den Weg unter eine Sicheltanne, drückte sich gegen die rauhe Rinde und beobachtete. Bewegung! Bei der Statue war ein Wächter. Er zog sich vorsichtig zurück und schlug einen Bogen durch den Wald zur Rückseite der Statue.

Der Wächter schritt auf und ab, murmelte vor sich hin und blieb immer wieder stehen, lauschte in den Wald, um dann fluchend weiterzugehen. Wahrscheinlich hatte Roben dem Krieger, der Yoshi stellte, eine Belohnung versprochen, und der Wächter war verdrießlich, daß er nicht an der Jagd teilnehmen konnte. Yoshi beobachtete und lauschte.

Er hatte die Wahl zwischen zwei Möglichkeiten: Entweder umging er den Wachtposten und folgte dem Pfad weiter aufwärts, oder er tötete den Mann. Er umfaßte das Heft des Schwertes, fühlte das glatte Herausgleiten der Klinge aus der Scheide und hörte das solide Klicken, mit dem das Heft wieder auf den Rand der Scheide stieß. Es war sicherer, den Posten rasch zu töten.

Yoshi schlich durch den Wald näher. Er war noch zwei Schritte entfernt, als sein bloßer Fuß einen Zweig unter dem feuchten Laub fühlte. Er versuchte, sein Gewicht zu verlagern, aber zu spät. Der Zweig zerbrach mit lautem Knacken, und er verlor das Gleichgewicht. Er fiel zurück und warf sich herum, um den Sturz mit ausgestrecktem Arm abzufangen.

Der Posten war sofort aufmerksam geworden, riß sein Schwert aus der Scheide und sprang auf Yoshi zu.

Roben war zornig. Man hatte ihn zum Narren gehalten, etwas, was er nicht akzeptieren konnte. Der Bogenschütze bestand darauf, daß sein Pfeil Yoshi getroffen habe, aber Roben sah den Pfeil neben dem Wasserfall liegen. Sauber! Kein Zeichen von Blut. »Du hast ihn verfehlt, Trottel. Statt dir eine Belohnung zu geben, werde ich dir den Kopf abschneiden. Vorwärts, ihm nach, sofort!«

Die Mönche sprangen und schlitterten zu beiden Seiten des Wildbaches den Steilhang hinunter. Sie durchkämmten den Wald in der Richtung, in der sie Yoshi hatten fliehen sehen. Es gab viele Zurufe, viel Rauschen und Knacken im Unterholz. Aber keinen Yoshi. Shinga hatte Roben gemeldet, daß Yoshis angebliche übernatürliche Fähigkeiten nichts weiter seien als Glück. Aber Roben begann daran zu zweifeln. Ihn schauderte unwillkürlich. Ein Dämon?

Aber wenn man es recht bedachte... Ein Mann kann nicht verschwinden. Was hätte er an Yoshis Stelle getan?

Die Antwort traf ihn wie ein Schlag. Sein Blick trübte sich, ein roter Schleier hing vor seinen Augen. Schafsköpfe, alle miteinander! Er selbst mit eingeschlossen. »Sucht in der anderen Richtung«, brüllte er mit einer Stimme, die dem schrecklichen Gott *fudo* hätte gehören können. »Er ist auf seiner Fährte zurück! Geht zum Weg.«

58

Yoshi landete halb auf dem Rücken, der Wächter beinahe auf ihm. Er hatte keine Zeit, sich beiseite zu wälzen, und versuchte sich mit einem Fußtritt in den Unterleib des Gegners zu helfen. Sein beinharter Fuß landete unter dem mit Bambus gepanzerten Unterleibsschutz der Rüstung und sank in weiches Gekröse. Der Posten keuchte, sperrte die Schlitzaugen auf, und Speichel flog ihm von den Lippen; er machte würgende Geräusche und wankte zurück.

Yoshi sprang auf wie eine Katze. Sein Schwert flog aus der Scheide, das Blut des anderen besprühte Yoshis Gewand. Der Mann versuchte zu rufen, aber Worte blubberten geräuschlos aus einem klaffenden neuen Mund, der rot aus seiner Kehle lächelte, als er vornüber fiel.

Yoshi sprach ein Nembutsu für die Seele des Mönches. Als er das Gebet beendete, ging ein krampfhaftes Zucken durch den Körper des Mannes, und er starb. Die Tat schmerzte Yoshi. Er hatte einen tapferen Mann getötet – und würde noch mehr töten, bevor er selbst an diesem Berg den Tod finden würde.

Yoshi nahm dem Toten das Gewand und die Halbmaske ab und wickelte ihn, so gut es ging, in sein eigenes zerrissenes Gewand. Dann verbarg er den Leichnam unter dürren Blättern in der Nähe des Schreines und setzte seinen Aufstieg fort.

Benkei ritt auf das Tor zu und rief seine förmliche Herausforderung; zweihundert Samurai ritten hinter ihm. Die blauen Banner wehten über ihren Köpfen. »Ich bin Saito Musashi-bo Benkei...« Die Worte gingen unter in Kriegsgeschrei und Hufgetrappel.

Er sah den Graben mit den darübergelegten Planken und begriff sofort, was sie bedeuteten; er schwenkte von der Brücke ab, rief seinen Männern eine Warnung zu und winkte ihnen, ihm zu folgen. Ein paar von ihnen ließen seine Warnung unbeachtet und entschieden sich für die Brücke. Sie waren kaum in der Mitte, als sie zusammenbrach und erschrockene Pferde und Männer in den Wassergraben stürzen ließ. Durchdringendes Wiehern von den Pferden sowie Schreckens- und Schmerzensschreie von den Männern erschallten.

Es war Benkei verhaßt, Soldaten in Fallen zu verlieren. Verdammte Dummköpfe. Unerfahren! Er würde sie jeden Augenblick beobachten und anleiten müssen. Er kannte Yoshi und wußte, daß im Inneren des Klosters weitere Fallen sein würden.

Tsuruga Hyoes Männer hatten Kampfgeist. Die Mehrzahl von ihnen folgte Benkei auf den Fersen, als er den *yamabushi* nachjagte, die durch das Tor rannten, um im Inneren der Klosteranlage Deckung zu finden.

Minuten später hatte sich das Klostergelände abermals in ein Schlachtfeld verwandelt. Tsuruga Hyoes Samurai waren den *yamabushi* an Zahl dreifach überlegen. Sie überrannten den Schutzwall, bevor die Mönche ihre Bogenschützen aufstellen konnten. Der Kampf löste sich auf in Dutzende von Einzelgefechten. Herausforderungen hallten durch die verwüsteten Gärten. Blaue Banner gegen schwarze Gewänder. Sie fochten Mann gegen Mann, zwei gegen einen, drei gegen einen. Diesmal waren die *yamabushi* in der Minderzahl und entgingen nicht der Bestrafung. Schwerter hieben mit hellem Klang auf Schwerter, durchschlugen Bambusrüstungen, und der kupferartige Geruch von Blut überdeckte den angenehmen Duft feuchter, frischer Erde.

Benkei wütete wie eine Elementargewalt, unbesiegbar mit seinem Lieblingsschwert ›Felsspalter‹, das seine Gegner geradezu niedermähte: fünf, zehn... er zählte nicht mehr. Als nur noch vereinzelte Widerstandsnester der *yamabushi* übrig waren, wußte Benkei, daß er den Sieg davongetragen hatte.

Er überließ es Nagara, seinem Stellvertreter, den letzten Widerstand zu brechen, und ritt vorbei an Dutzenden von Toten, die ausgestreckt im zerstampften Schlamm lagen, zur Bergpforte. Dort saß er ab und band sein Pferd an eine Säule, die vor kurzem noch einen kleinen Schrein getragen hatte. Jetzt stand sie allein; der Sturm hatte das Dach und die Wände fortgerissen. Was blieb, war ein Denkmal der Tragödie von Daibutsu-ji.

Er lauschte. Außerhalb der Mauer schnaubten und wieherten Pferde. Benkei stieg über ein totes Pferd, das den Weg versperrte, und sah in dem engen Raum zwischen der Mauer des Klosters und dem bewaldeten Steilhang eine Herde gesattelter Pferde. Ein Mann mit zerschlissenen Strohsandalen und der zerlumpten Tracht eines Bauern hielt die Herde mit einem langen hölzernen Stock beisammen.

Benkei zog seinen ›Felsspalter‹ und wartete, bis der Mann in die Nähe der Pforte kam, bevor er hinaussprang und ihm den Weg vertrat. »Ich bin Saito Musashi-bo Benkei...«, fing er an.

Der Mann verbeugte sich hastig, den Blick auf den Boden gerichtet. »Ich weiß von Euch, großer Herr. Ich wünsche nicht zu kämpfen; ich bin bloß ein einheimischer Hirte, der gezwungen wurde, für...«

»Für wen?« donnerte Benkei.

Der Hirte schrak zurück. »Für einen großen Mönch mit rasiertem Kopf...«

»Roben!«

»*Hai*, Herr, Roben. Er führte fünfzig *yamabushi* auf den Berg gegen die letzten der Zen-Mönche.«

»Yoshi!« Kein anderer konnte überlebt haben, und wenn er am Leben war, wollte Benkei ihn retten oder bei dem Versuch umkommen.

Roben und fünfzig *yamabushi*? Benkei starrte den zitternden Hirten zehn lange Sekunden an, dann knurrte er: »Keine Warnungen, oder du stirbst.«

Wenig später führte Benkei die Samurai zu einer Rettungsmission den Berg hinauf. Wenn Yoshi noch lebte...

Roben hielt sich einiges auf seine Sachlichkeit und Selbstbeherrschung zugute. Er genoß die furchterregende Wirkung, die seine kalte Rücksichtslosigkeit auf seine Untergebenen hatte. Aber diesmal hatte er die Beherrschung verloren, hatte vor seinen Männern gebrüllt und geflucht. Nun spürte er die neugierigen und forschenden Blicke der *yamabushi* auf sich, die gestern noch nicht gewagt haben würden, ihm ins Gesicht zu sehen. Nach außen hin war er wieder ruhig, gefaßt und überlegen. Im Inneren aber sah es anders aus. Als ob eine Faust aus Eis sein Herz zusammenpreßte. Roben war nun seit einer Stunde mit seinem Suchtrupp unterwegs. Seine Männer waren verschwitzt, naß, entmutigt und ängstlich. An jedem der sieben Kannon-Schreine, die sie passiert hatten, waren sie auf einen toten Wachtposten gestoßen. »Kein Mensch hätte das tun können«, flüsterten sie einander zu, als sie den schmalen Pfad aufstiegen. »Unser Feind muß ein *tengu* sein« – eine Reinkarnation der rachsüchtigen Toten, eine Kreuzung von Mensch und Vogel mit wildblickenden Augen, schwarzen Flügeln und einer riesigen Nase, dessen Rachedurst unersättlich war.

Roben hörte ihre Stimmen; er wollte ihnen Stillschweigen befehlen, aber bei all seiner rationalen Nüchternheit fürchtete er doch, daß sie recht haben könnten. Shinga behauptete, Yoshi sei nicht übernatürlich. Aber Shinga war tot – von Yoshis Hand.

»Wir sind bald oben«, sagte er. »Haltet eure Waffen bereit. Der Mönch ist von Fleisch und Blut. Er kann nicht höher steigen.«

Der Wald lichtete sich; die Sonne – ungewöhnlich heiß für den zehnten Monat – brannte auf sie nieder und verstärkte ihr Unbehagen. Die *yamabushi* öffneten ihre Rüstungen, um die leichte Brise auszunutzen, das einzige Überbleibsel des verheerenden Sturmes. Sie warfen ihre Kapuzen zurück, aber Roben bestand darauf, daß sie die Masken nicht ablegten – aus Gründen der Disziplin und wegen der Wirkung auf den Feind. Sie waren ungefähr fünfunddreißig Mann in einem ungeordneten Haufen, mit struppigem Haar, wildblickenden Augen, verschwitzt, verdrießlich wegen der Hitze und des lehmigen, schlüpfrigen Bodens, und ängstlich wegen des *tengu*.

Die Sonne stand am Westhimmel, als sie den Wald hinter sich ließen und die baumlose Gipfelhochfläche erreichten. Das lange Gras, vom Sturm über weite Strecken zu Boden gedrückt, war mit angewehtem Laub bestreut. Bienen und Zikaden summten und schrillten um die Wette. Die *yamabushi* schwärmten über die Hochfläche aus, während Roben zum Steilabfall ging und hinunterblickte. Daibutsu-ji lag winzig zu seinen Füßen. Schwarze und braune Ameisen, die Reste zerstörter Gebäude gleich zerbrochenen Schneckenhäusern. Pferde von der Größe kleiner Käfer weideten in den verlassenen, zertrampelten Klostergärten.

Roben stutzte. Lagen dort nicht zu viele schwarzgekleidete Körper? Und wer trug die blauen Banner? Blaue Banner! Das war das Feldzeichen Tsuruga Hyoes, eines Freundes der Enryakuji-Mönche. Er wurde wieder ruhig; es gab nichts zu befürchten. Selbst wenn Tsuruga Hyoe zum Verräter geworden sein sollte, besagte das nicht viel. Roben wußte, daß seine unerprobten Truppen keinen Führer hatten. Tsuruga Hyoe! Der Mann war ein unfähiger Trunkenbold. Mit der kleinen Streitmacht, die er hier bei sich hatte, konnte Roben diese Amateure mit Leichtigkeit in die Flucht schlagen.

Was immer dort unten geschah, würde zur rechten Zeit Erledigung finden. Jetzt kam es darauf an, den Mann unschädlich zu machen, der sich ihm entgegengestellt hatte.

Roben wandte sich um und rief seine Mönche zusammen. »Der Gesuchte verbirgt sich im Wald. Kinto, du nimmst zehn Mann und suchst rechts vom Weg. Nogaie, du nimmst zehn und durchsuchst das Gelände links vom Weg. Zehn gehen mit Koshiro zur anderen Seite des Gipfelplateaus und suchen dort. Der Rest bleibt bei mir. Wir werden den Rand der Hochfläche absuchen und nach Stellen Ausschau halten, wo er Deckung gefunden haben könnte. Der Mann ist auf diesem Berg, und wir werden ihn finden.«

»Wenn er ein Mensch ist und nicht...«, flüsterte einer der *yamabushi*.

Roben beherrschte seinen Zorn und sagte in eisigem Ton: »Er ist ein Mensch, ein Mensch, der durch meine Klinge sterben wird. Genug! Sucht ihn!«

Ein schwarzgekleideter Mönch kam vom Weg und ging langsam zum Rand der Hochfläche. Roben beachtete ihn nicht. Er überlegte, wie er vorgehen würde, wenn er Yoshi wäre. Yoshi war schlau, Roben mußte schlauer sein. Was würde er an seiner Stelle tun?

Der einzelne Mönch erreichte den Rand des Steilabfalls und blickte ins Tal hinab, wo Daibutsu-ji lag. Seine Gestalt hob sich klar gegen den blauen Himmel ab. Roben sah ihn nur am Rande seines Gesichtsfeldes, als er seine Instruktionen mit den Worten beendete: »Überprüft alles. Gebt euch nicht mit Annahmen zufrieden.«

Seine Leute gingen gruppenweise auseinander, um ihre Suche aufzunehmen, aber der einzelne Mönch schloß sich keiner Gruppe an. Aus Robens Unterbewußtsein stieg ein Gedanke auf. Der Mönch? Der Mönch! Da hatte er es. Seine Leute hatten wegen der Hitze ihre Kapuzen zurückgeschlagen. Dieser Mann trug sie auf dem Kopf; seine Maske war vorhanden... aber er trug weder Beinlinge noch Stiefel.

Roben zog sein Schwert und rief: »Yoshi, hier!«

Benkei und eine Handvoll von Tsuruga Hyoes besten Kriegern kamen an drei herausgerissenen und umgeworfenen Kannon-Statuen vorbei. Unter einer lag ein Erschlagener. Als sie ihren Aufstieg fortsetzten, fanden sie acht weitere Kannon-Schreine, und bei jedem lag ein toter Mönch. Nur Yoshi konnte das getan haben. Yoshi brauchte kaum seine Hilfe, dachte Benkei, aber der Hirte hatte angegeben, daß Roben mit fünfzig Mann aufgestiegen war. Wenn er die Wahrheit gesagt hatte, dann stellte das eine so erdrückende Übermacht dar, daß selbst Yoshi verloren war.

Jemand brach abseits vom Weg durch das Unterholz. Kein Wunder, daß sie Yoshi nicht gefangen hatten, wenn sie sich so auffällig verhielten. Benkei zog sein Schwert und wartete.

Der Mann rief einem anderen zu: »Wir vergeuden Zeit. Der *tengu* ist verschwunden.« Benkei lächelte grimmig. Yoshi spielte seine alten Streiche. Ein *tengu*!

Der *yamabushi* näherte sich dem Weg. Benkei bedeutete seinen Leuten stehenzubleiben, während er dem Fremden ein Stück entgegenging und seinen ›Felsspalter‹ mit beiden Händen über dem Kopf hielt. »Ich bin Saito Musashi-bo Benkei...«, begann er die Herausforderungsformel. Der *yamabushi* hielt sich nicht mit einer Antwort auf; er sprang auf Benkei zu. »Wir haben den Teufel!« brüllte er.

Benkei war verblüfft. Verblüfft und zornig. Was war mit seiner Herausforderung? Der Lumpenhund. Dieses Gesindel hatte keine Achtung vor dem Ehrenkodex des Kriegers. Benkeis Zorn kochte über, sein Bart sträubte sich, die Augen funkelten. Er sprang vorwärts. Ihre Klingen schlugen hell aufeinander. Benkei war doppelt so groß und breit wie sein Gegner, aber dieser war schnell – und zäh. Er zwang Benkei mit einem achtseitigen Angriff, der beinahe Benkeis Rüstung durchschlug, zum Rückzug. Benkei bewegte sich fechtend auf dem abschüssigen Pfad rückwärts und glitt im Lehm aus.

Der *yamabushi* holte zu einem Rumpfspalter aus – als ein Pfeil seine Kehle unter dem Kinn durchbohrte. Das Schwert fiel aus seinen kraftlosen Fingern, er sackte zusammen, ein Bündel schwarzer Lumpen.

Benkei murrte über den Krieger Tsuruga Hyoes, der den Pfeil abgeschossen hatte. Er verdankte ihm sein Leben, mochte es aber nicht zugeben. Er überdeckte seinen Verdruß, indem er knurrte: »Versteckt euch in den Büschen. Es kommen noch mehr.« Dann, nach einer Pause, fügte er widerwillig hinzu: »Du hast mir das Leben gerettet.«

Der Mann lächelte, erfreut, daß ein so berühmter Krieger wie Benkei seinen gut gezielten Schuß zur rechten Zeit würdigte.

Auf einmal schien der Wald von *yamabushi* zu wimmeln, und Benkei und seine Krieger wurden in ein wütendes Handgemenge verwickelt.

59

Die vier *yamabushi* rannten über das Feld zurück zu Roben. Wut und abergläubische Furcht rangen in ihnen um die Vorherrschaft. War dies der *tengu*? Wo war seine Nase? Wo seine Flügel? Nein, es war ein Mann... ein einzelner gegen vier kampferfahrene Krieger.

Dennoch war etwas Unnatürliches an der Ruhe ihres Opfers. Er stand ganz still, und als seine Verkleidung durchschaut worden war, hatte er die weiße Halbmaske vom Gesicht gerissen und verächtlich Roben vor die Füße geworfen. Sie schwangen ihre Schwerter und stampften den Boden, fluchten laut, verlagerten ihr Gesicht von einem Bein zum anderen, wahrten aber ihre Distanz in einem Halbkreis, mit Yoshi in der Mitte.

Yoshi stand mit dem Rücken zum Abgrund. Seine bloßen Zehen hatten festen Halt im Gras, und er stand mit weit gespreizten Beinen und leicht eingezogenen Schultern. Beide Hände umfaßten das Heft seines Schwertes. Seine Züge verrieten nichts von inneren Gefühlen; sie zeigten eine Elfenbeinmaske, furchterregend durch die kalte Glut seines Blickes.

Yoshi kalkulierte seine Strategie; er dachte nicht daran, sich zu ergeben; sollte er sterben, so wollte er so viele Feinde wie möglich mitnehmen. Er hatte gehofft, Roben allein gegenübertreten zu können, aber der andere hatte ihn zu früh erkannt. Nun galt es, das Beste aus seiner Lage zu machen. Er beobachtete die individuellen Merkmale der *yamabushi* und ihres Anführers, der Yoshi mit der gleichen kalten Intensität studierte, die dieser ihm widmete.

Die *yamabushi* waren harte Männer, erbarmungslose Krieger; sie trugen Lederrüstungen, deren harte Platten Brust und Schultern schützten, Röcke aus steifen Lederstreifen über dem Unterleib, Bärenfellstiefel, weiße Stoffbeinlinge. Sie hatten ihre Kapuzen zurückgeschlagen, die weißen Halbmasken abgenommen und die Umhänge geöffnet, um den kühlenden leichten Wind auszunutzen.

Yoshi stampfte mit dem Fuß und machte einen Ausfall. Drei hoben ihre Klingen, einer trat zurück. Obwohl Yoshis Blick in die Ferne gerichtet schien, war er auf den Mann konzentriert, der zurückgegangen war. Ein Fuchsgesicht mit breiten Backenknochen, spitzem Kinn, einer Kampfnarbe auf der Stirn und schweren Augenlidern, die nervös zuckten. Ja, sein Zurückweichen war von seinen Gefährten nicht unbemerkt geblieben. Er hatte das Gesicht verloren und würde ein übriges tun müssen, wenn er ihren Respekt wiedergewinnen wollte. Yoshi war mit absoluter Gewißheit klar, daß er derjenige sein würde...

Und Yoshi hatte recht. Mit einem Schrei, der Yoshis Konzentration durchbrechen sollte, sprang der fuchsgesichtige Mönch in den Halbkreis und schwang das Schwert über dem Kopf.

Yoshi bewegte sich kaum; sein Schwerpunkt verlagerte sich noch weiter abwärts, sein Gewicht zur Seite, und sein Schwertstreich kam so schnell, daß die Klinge fast unsichtbar blieb. Er nahm seine Ausgangshaltung wieder ein, aber diesmal war die Klinge des ausgestreckten Schwertes mit Blut beschmiert, und der Angreifer lag leblos im Gras.

Die anderen *yamabushi* waren benommen von der Plötzlichkeit, mit der ihr Gefährte den Tod gefunden hatte, aber auf ein Kommando von Roben kamen sie in Bewegung und drangen gleichzeitig auf Yoshi ein.

Die Geschicklichkeit und Kampferfahrung, die Yoshi in seinen Jahren als *sensei* erworben hatte, kamen voll zur Geltung. Er wandte sich nach links, den ersten Streich abzuwehren, blockierte ihn und stand Brust an Brust mit dem Angreifer, nahe genug, um das ranzige Fett im Haar des Mannes zu riechen und heißen Atem im Gesicht zu fühlen. Er drehte sich und hielt den *yamabushi* vor sich.

Yoshis Klinge wurde abwärts gezwungen, und er selbst rückwärts zum Rand des Steilabfalls gedrängt. Es mußte etwas geschehen. Yoshi nahm eine Hand von seinem Langschwert. Mit dieser freien Hand zog er sein *tanto*, das Kurzschwert, und stieß es aufwärts unter die Brustplatte des *yamabushi*; es knirschte gegen Knochen, dann drang es ein, ohne Widerstand zu finden. Blut strömte über Yoshis Hand und Arm. Der Atem des Mönches traf heiß seine Wange... dann hörte er auf. Nur der Geruch von frischem Blut blieb.

Yoshi hielt den Toten als Schild aufrecht. Die anderen konnten ihn nicht umgehen, weil er am Rand des Felsabsturzes stand. Roben verwünschte sie und befahl ihnen, diesen Satanskerl anzugreifen. Yoshi zog am *tanto*, aber er steckte fest im Brustkorb des Toten. Seine Hand war schlüpfrig vom Blut, er konnte nicht die Hebelwirkung erzeugen, um die Klinge freizubekommen. Mit Bedauern ließ er das Kurzschwert fahren und stieß den Leichnam von sich und zu den *yamabushi*.

»Er ist ein *tengu*«, sagte einer mit ehrfürchtiger Scheu, als er vor dem Leichnam zurückwich.

»Unsinn«, zischte Roben, der sicher hinter ihnen stand. »Er ist ein Mann. Ein Schwertmeister, aber nur ein Mensch. Nehmt ihn.«

Die beiden *yamabushi* zögerten. Vielleicht war er ein Mensch, vielleicht ein *tengu*, vielleicht ein böser *kami*, aber sie wollten nichts mit ihm zu schaffen haben.

Roben wandte sich um und rief mit hoher, klarer Stimme, die laut genug war, um über eine Meile gehört zu werden: »Kinto, Nagaie, Koshiro, kommt zurück. Wir haben ihn gefunden!«

Antwortrufe drangen herauf. Roben senkte die Stimme zu einem bösartigen Zischen: »Ihr zwei greift ihn mit mir an, oder ihr seid des Todes!« Und er schob sich neben sie; zu dritt standen sie Yoshi gegenüber.

Die *yamabushi* tauschten einen Blick. Wenn sie Robens Befehlen nicht folgten, verwirkten sie ihr Leben. Und Roben war an ihrer Seite. Hatte er ihnen nicht versichert, daß sie es mit einem Sterblichen zu tun hatten?

Einer ging vorsichtig zum Angriff über. Kein blindes Anstürmen mehr; er hatte gesehen, was dabei herauskam. Er war untersetzt und muskulös, stolz auf seine Kraft und seine Geschicklichkeit als Fechter; in einem Kampf Mann gegen Mann würde er sein Leben einsetzen.

Yoshis Gesicht war kalt wie Marmor, sein Körper ruhig und geschmeidig. Keine Anstrengung war ihm anzumerken. Seine Haltung war breitbeinig und sprungbereit. Nur seine Augen waren in Bewegung und beobachteten den muskulösen *yamabushi*.

Innerlich aber war er der Verzweiflung nahe. Dreißig Mann Verstärkung für Roben! Wohin konnte er entkommen? Was konnte er tun? Sein Atem ging angestrengter als nötig, und er verspürte ein unangenehmes Herzklopfen. Zeig nichts, sagte er sich. Seine Arme fühlten sich bleiern an. Zeig nichts. Die Konzentration fiel ihm schwer; er mußte zwanghaft an die dreißig Mönche denken, die ihn bald auf dieser ebenen Hochfläche umringen würden. Er durfte sich nichts anmerken lassen, mußte sich entspannen. Und wenn er schon gehen mußte, wollte er wenigstens Roben mit sich nehmen.

Der *yamabushi* stieß in einer Finte nach Yoshis Kopf. Es war eine armselige Finte, und Yoshi rührte sich nicht vom Fleck, sondern starrte ins Gesicht des Gegners: kantig, kräftig, pockennarbig, mit zusammengekniffenen Augen... ohne Konzentration. *Mizu-no-kokoro*, Geist wie stilles Wasser. Yoshi setzte alle Konzentration ein, die er in sechs Monaten intensiver Ausbildung in Daibutsu-ji gelernt hatte.

Der Blick des *yamabushi* verhärtete sich, und Yoshi brauchte keine weitere Warnung; sein Schwert begann mit einem sofortigen Gegenangriff. Der Mönch schaltete von Angriff auf Verteidigung um, parierte und konterte. Der zweite Mönch griff in den Kampf ein. Roben hielt sich zurück und wartete auf eine Blöße.

Yoshi wich fechtend zur Seite aus und ließ seinen ersten Kontrahenten ins Leere laufen. Der zweite Mann sah nichts von dem Schwertstreich, der ihm den Kopf vom Rumpf trennte. Aber in seinem Manöver hatte Yoshi sich dem Gegenangriff des ersten *yamabushi* ausgesetzt, und der wartete nicht lange.

Yoshi hatte keine Zeit mehr, den Angriff zu kontern oder zu blockieren; er warf sich seitwärts zu Boden, rollte einmal um seine Achse und erhob sich auf ein Knie. Die Zeit schien stehenzubleiben. Amaterasu brannte im Nachmittagshimmel... im Westen formierte sich ein Schwarm Wildgänse zur Keilform... tief unten das geschändete Kloster. Als Yoshi aufsprang, war er am Rand des Abgrundes, mit einer Ferse in der Luft.

Mit einem Triumphschrei stürzte sich der *yamabushi* auf ihn, das Schwert bereit zum entscheidenden Schlag.

Yoshis Reaktion war instinktiv; er konnte nicht parieren, er konnte keinen Gegenschlag führen. So setzte er das Langschwert ein, als ob es ein Kurzschwert wäre und stieß aufwärts gegen den Angreifer. Die Spitze glitt unter der Rüstung in den Unterleib des *yamabushi*, und der Triumphschrei ging in ein Winseln über, als er, vom Angriffsschwung fortgetragen, über den Rand des Steilabfalls stürzte und Yoshis Schwert mitnahm.

Roben lächelte ein dünnes Haifischlächeln, hob sein Schwert und trat auf Yoshi zu.

Benkei verlor ein Dutzend Männer im Kampf am Berghang, aber es war ein großartiges Gefecht. Begeisternd. Ein Kampf Mann gegen Mann, wie er es schätzte. Er war immer in vorderster Linie, lachte in seiner Freude über gute, ehrliche Fechtkunst wie ein Geistesgestörter. Das Leben bedeutete sowieso nichts. Ihres oder seines, es machte keinen Unterschied.

Tsuruga Hyoes Leute waren dem Feind zahlenmäßig überlegen, und obwohl sie hangaufwärts kämpfen mußten, waren die *yamabushi* bald erschlagen oder auf dem Rückzug.

»Vorwärts, weiter«, befahl Benkei. »Bogenschützen nach vorn, Schwertträger in der Mitte, Naginatas am Schluß.

Sie stiegen weiter, bis sie die Hochfläche erreichten. Benkei kam aus dem lichten Nadelwald ins Freie und war momentan geblendet von der Sonnengöttin. Er blinzelte, zwinkerte und sah zwei schwarzgekleidete Mönche am Rand des Abgrundes. Sie waren fünfzig Schritte entfernt, und einer holte mit dem Schwert aus, während der andere unbewaffnet war. Yoshi!

Roben triumphierte. Er hatte seinen Feind vor sich, waffenlos am Rand des Abgrunds kniend. Ihm, Roben, Anführer der Kriegermönche von Enryakuji, war es bestimmt, Yoshis Leben zu beenden – ein doppeltes Vergnügen, weil es vor den Augen seiner Truppen geschehen würde, die bereits in Sichtweite sein mußten. *Tengu!* Pah! Ihm gegenüber kniete ein Mann, dessen Leben in Sekunden zu messen war. Er machte eine Finte, stieß mit der Schwertspitze nach Yoshis Gesicht. Katz und Maus. Yoshi nahm den Oberkörper zurück. Robens dünne Lippen dehnten sich zu einem bösen Lächeln. Sollte er ihn köpfen oder mit der Schwertspitze über den Rand zwingen? Er hatte die Wahl, genoß diesen Augenblick des Triumphes. Lebe vom Schwert, stirb vom Schwert. »Für Shinga und alle, die von deiner Hand den Tod gefunden haben«, sagte er und holte zum entscheidenden Schlag aus.

Yoshi war gefangen. Er konnte sein Gleichgewicht nicht mehr lange halten, noch ein paar Handbreit, und er würde vom Rand abstürzen. Roben hatte gewonnen. Als er aus dem Kloster geflohen war, hatte Yoshi nicht erwartet, lebendig vom Berg zurückzukehren. Nun, da ihm keine Hoffnung blieb, entschloß er sich, Roben um seinen Triumph zu bringen. Bevor die Klinge ihn traf, würde er sich rücklings in den Abgrund stürzen und zu seinen Mitbrüdern von Daibutsu-ji gesellen. Ich sterbe für euch, Dosho, Annen, Jitsue, Chusai, dachte er. Nehmt meine Seele unter euch auf. Und Buddha... du weißt, daß ich im Sterben an Nami dachte. Er beantwortete Robens kaltes Grinsen mit einem Lächeln unerschütterlichen Friedens.

Der Pfeil drang in Robens Rücken ein, wo die schützende Rüstung mit geflochtenen Schnüren verknotet war. Die Spitze kam unter seinem Brustbein heraus und versprühte eine Wolke von Blut wie roten Regen.

Yoshi schwankte einen Augenblick am Rand, dann hielt er

sich am langen Gras fest und fiel aufs Gesicht, während Robens Körper vorwärts taumelnd über ihn hinweg in die Tiefe stürzte.

Benkei wandte sich zu dem jungen Bogenschützen um und sagte mit einer Stimme, die Bäume erzittern lassen konnte: »Du wirst es nie lernen. Yoshi hätte gewonnen, selbst wenn du nicht eingegriffen hättest.«
 Der Bogenschütze blickte enttäuscht. »Tut mir leid«, sagte er. »Ich dachte, er brauchte...«
 Benkei fuhr sich mit der fleischigen Hand über die Stoppeln auf seinem Kopf, dann grinste er und schlug dem jungen Bogenschützen auf die Schulter. »Könntest recht haben«, sagte er leise. »Vielleicht brauchte er.«

Yoshi sah Benkei und den Bogenschützen über die Hochfläche näher kommen. Nach der Anspannung der letzten Minuten war er ausgelaugt; er hatte die Welt der zehn schrecklichen Könige erblickt – und war zurückgekehrt.
 Benkei blieb stehen, faßte ihn ins Auge und sagte in amtlichem Ton: »Mein gnädiger Herr, Minamoto Yoshitsune, schickte mich, Euch nach Kyoto zu begleiten. Wir brauchen Euren Rat.«
 Yoshi ergriff Benkeis Arm und lachte und lachte, bis Tränen ihm die Augen füllten.

FÜNFTES BUCH

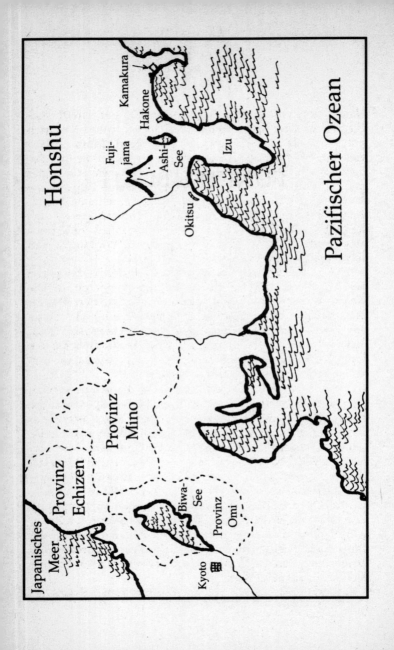

60

Nami kniete vor einem Spiegel neben dem gepolsterten Lager, wo ihr Kind hinter weißen Vorhängen schlief. Sie strich mit beiden Händen über ihr Gesicht. Hier in Yashima gab es viele am Hof, die sie kritisierten, weil sie nicht die traditionelle Gesichtsbemalung trug; sie hatte die weißen Gesichter mit den schwarzen Zähnen nie gemocht. Ihre Züge waren immer noch fein... eine kleine gerade Nase, schmale Augen, ein gefühlvoller Mund... Yoshi hatte ihr immer gesagt, daß sie schön sei. Aber Yoshi hatte sie geliebt und konnte nicht als objektiver Beobachter gelten. Sie seufzte. Wie konnte man seiner selbst sicher sein?

Sie wandte sich vom Spiegel ab, öffnete den Vorhang und berührte das Gesicht des Kindes mit den Fingerspitzen. Die weiche warme Festigkeit des kleinen Körpers bereitete ihr immer wieder tiefe Freude. Sie beugte sich, küßte den Säugling auf die Wange, und eine Träne fiel auf seine rosige Haut. So weich, so rein, so unschuldig, dachte sie. Was mochte den Jungen erwarten, der ohne einen Vater in diese rauhe Welt hineingestoßen wurde?

Zögernd nahm sie ein viereckiges Stück purpurroten Papiers aus ihrem Kimono; es war kunstvoll gefaltet und mit dem Zeichen von Taira Koremori zinnoberrot versiegelt. Diese war die letzte in einer Reihe von Botschaften, die er ihr seit dem Tag der großen Reinigungszeremonie vor drei Monaten gesandt hatte. Sie hatte seine Gedichte und Briefe ungeöffnet zurückgehen lassen, denn sie hatte es als ungehörig für eine schwangere Frau – noch dazu eine Witwe – betrachtet, sein Interesse durch irgendein Zeichen zu ermutigen. Koremori war ein stattlicher, ansehnlicher Mann... hübsch, würdevoll und in einer bedeutenden Position am Hof der Taira. Nami lächelte bei der Erinnerung, wie empört die alten Damen gewesen waren, als er sich auf dem Weg zur Zeremonie vor ihr verneigt hatte.

Gedankenvoll wog sie das Papier in ihrer Hand. Es ließ sich

nicht leugnen, daß er ihr den Hof machte. Nami war eine *mibojin* und trug sechs Monate nach Yoshis Tod noch immer die schwarzen, grauen und weißen Trauergewänder... und Koremori hatte eine Hauptfrau, die in einem Zufluchtsort bei Kyoto lebte. Was hatte sein Verhalten zu bedeuten?

Nami war der Erinnerung Yoshis treu, doch mußte sie die Zukunft des Kindes sichern. Eine Verbindung mit der herrschenden Taira-Familie und die Möglichkeit einer Erbschaft für das Kind konnten nicht außer acht gelassen werden. Zwar war Yoshi ein geschworener Feind der Taira gewesen, und solange er gelebt hatte, war Nami ihm und der Sache der Minamoto treu gewesen. Aber die Minamoto hatten Yoshi in den Krieg zurückgerufen und dadurch seinen Tod verursacht. Sollte sie loyal zu den Minamoto stehen, die ihr Leben ruiniert hatten, oder hatte ihre Loyalität nicht eher den Taira zu gehören, die ihr keinen Schaden zugefügt hatten und ihrem Kind eine sichere und ehrenvolle Zukunft bescheren konnten? Politische Gründe hatten kein Gewicht, verglichen mit der Wohlfahrt eines Kindes.

Nami hatte das Problem mit ihrer Schwiegermutter besprochen. Yoshis Mutter sagte, sie solle Koremoris Werbung annehmen und seine Nebenfrau werden. »Um die Zukunft des Kindes zu schützen«, sagte Masaka. »Ein Kind ohne den Schutz eines Vaters wird in unserer Welt Schmerz und Zurückweisung erleiden.«

»Vergib mir, Yoshi«, sagte Nami, als sie das Siegel erbrach und die Botschaft entfaltete.

Nazuke-oya
Träger von Gold und Silber.
Ach, wie grausam
Wenn ein anderer erwählt würde
Das neugeborene Kind zu ehren.

Nami schloß die Augen. Röte brannte in ihren Wangen. Koremori machte sich erbötig, bei der Zeremonie der Namengebung die Stelle des *nazuke-oya* anzunehmen, des Taufpaten.

Es war der siebente Tag nach der Geburt des Kleinen, und heute abend würden sie die *oshichiya* feiern, die Sieben-Tage-

Namengebungszeremonie. Diese konnte nicht ohne einen Mann begangen werden, der den Namen des Kindes bekannt gab. Wie glücklich, daß Koremori sich erbötig machte, in der Rolle des Taufpaten zu erscheinen. Ein großzügiges Angebot, da traditionell erwartet wurde, daß er wertvolle Geschenke für das Kind mitbrachte.

Koremoris Kalligraphie war so anmutig, so direkt und einfach, daß Nami den Schreiber bewundern mußte. Taira Koremori! Kann ich jemals deine Grausamkeit vergessen, als du die Taira in der Schlacht von Hiuchi-Jama gegen Yoshi führtest? Wieder traten ihr Tränen in die Augen. Feinfühligkeit und Anmut als Ausgleich für Grausamkeit und Stärke. Warum muß das Leben solche Widersprüche enthalten?

Wieder öffnete sie die Vorhänge. Ihr Herz gehörte dem Kind. Heute abend würde es sein erstes Bad und den offiziellen Namen erhalten; damit würde der Kleine ein Teil der gewalttätigen Welt werden, ohne schützenden Vater...

Das Wohlergehen des Kindes stand an erster Stelle; erst in zweiter Linie durfte sie an ihre eigene Zukunft denken. Sie betrachtete sich im Spiegel. Keine Runzeln, das Haar noch schwarz wie Ebenholz. Aber sie mußte ehrlich mit sich sein und zugeben, daß sie nicht mehr jung genug war, um eine Stellung als Hauptfrau zu erwarten.

Welche Alternativen hatte sie? Sich Masaka anzuschließen und Nonne zu werden? Das würde die Aufgabe ihres Kindes bedeuten!

Sollte sie *mibojin* bleiben und sich abmühen, um das Kind zu ernähren und zu beschützen?

Oder Koremori ermutigen, sie als Nebenfrau zu nehmen?

Nur eine dieser Möglichkeiten bot dem Kind Gelegenheit, zu einem Erbe und gesellschaftlicher Anerkennung zu gelangen. Sie mußte die letzte Möglichkeit annehmen.

Die Nebenfrau rangierte in der gesellschaftlichen Stellung unter der Hauptfrau. Immer! Doch gab es Entschädigungen. Eine Nebenfrau konnte ein voll anerkanntes Mitglied der Familie des Herren sein und in einem eigenen Flügel seines Hauses leben. In der anerkannten Verwandtschaft mit der führenden Taira-Sippe lagen viele Vorteile für das Kind. Ein reiches und mächtiges Mitglied der Hofgesellschaft konnte zwei, drei oder sogar vier Nebenfrauen erhalten. Manchmal blieben die Arrangements inoffiziell, und die Nebenfrau war nicht mehr als eine Geliebte. Darauf durfte sie sich niemals einlassen.

Einer zukünftigen Hauptfrau wurde nach einem vorgegebenen Muster von Werbungsgedichten und ›geheimen‹ Besuchen der Hof gemacht. Auf diese Weise war Namis erste Ehe mit Chikara zustande gekommen. Er war viel älter als sie gewesen, die Heirat war von ihren Familien aus politischen Gründen arrangiert worden... eine Heirat, die mit Chikaras tragischem Tod geendet hatte.

Und ihre zweite Heirat? Wieder als Hauptfrau... mit Yoshi. Sie erinnerte sich des eigens errichteten Zeltes, der Kienspanfackeln, der zwei Reihen von Samurai-Offizieren in Gewändern aus Seidenbrokat: gold, grün, rot, blau, bestickt mit Drachen, Göttern, Blumen, Vögeln; ihre eigene rote Jacke über Gewändern, deren Farbschattierungen von violett zu blaßgrün reichten; der Gesang des Priesters, und der Trunk aus den rituellen drei Sakeschalen, die dreimal gefüllt und jedesmal mit drei Schlucken geleert wurden, und der ›Drei-drei-neun‹-Ritus, der die shintoistische Hochzeitszeremonie abschloß.

Dann hatte das Bankett begonnen...

Sie schüttelte den Kopf. Die Beschäftigung mit der Vergangenheit war fruchtlos. Sie mußte den Blick nach vorn richten.

Taira Koremori war ein Dutzend Jahre jünger als sie. Die meisten Frauen in ihrer Situation würden keine Zweifel haben; sie würden die Stellung einer Nebenfrau willkommen heißen. Und sie mußte an das Kind denken.

Nach einem letzten Blick ließ sie den Vorhang sinken und verließ leise das Zimmer.

Taira Koremori war niedergeschlagen. Nach der Gefangennahme und Hinrichtung seines Onkels Shigehira hatte Koremori erwartet, daß man ihm ein wichtiges Kommando geben würde. Aber seine Großmutter ignorierte ihn. Ahnte sie, was bei Icho-no-tani am Strand geschehen war? Hatten Zuträger es ihr hinterbracht? Er mußte es befürchten.

Beim Buddha! Er brauchte etwas, um sich abzulenken.

Sein Leben war wie das einer Frau, abgeschieden, unbeachtet, ohne andere Beschäftigung als traurige Grübeleien über sich selbst und seine verpaßten Gelegenheiten.

Koremori saß mit untergeschlagenen Beinen auf einer erhöhten Sitzplattform, den Arm auf eine mit rotem Brokat bezogene Ellbogenstütze gelegt. Er trug ein himmelblaues Übergewand mit Blumenmuster und weite dunkelblaue Hosen. Obwohl er allein in seinen Räumen des Palastes war, trug er einen schwarzseidenen *koburi*-Hut, dessen Bänder unter dem Kinn verschnürt waren. Sein Gesicht mit den breiten Kinnbacken war im alten Stil weiß gepudert. Er hatte wenig mehr zu tun, als sich herauszuputzen.

Kurz vor Mittag brachte ein Bote eine Rolle feinen weißen Papiers, die mit einer geflochtenen Seidenkordel umwunden war. Seine Hände zitterten, als er sie löste, ihm wurde warm vor Erregung. Sie hatte geantwortet.

Ah! Ihre Kalligraphie war ausgezeichnet. Sogar noch anmutiger als seine eigene. Sein Herz klopfte schneller. Er las:

> Die weiß gekrönten Berge
> Von Han-ku konnten nicht verhindern
> Daß der Turm von Ku-su fiel
> Belagert von P'ei kung
> Und der geduldigen grünen Distel.

Sie war klug. Zum ersten Mal seit Wochen lächelte Koremori und zeigte einen dünnen Strich geschwärzter Zähne. Das Gedicht war voll von Anspielungen und Doppelbedeutungen. Die ›weiß gekrönten Berge‹ waren ein Wortspiel, das ihr Leben unter dem weißen Banner der Minamoto meinte.

Koremori runzelte die Brauen und versuchte, sich der Geschichte von P'ei kung zu erinnern. Es war eine jener nicht enden wollenden Geschichten, deren Kenntnis Teil einer klassischen Erziehung war. Der Kaiser Wu war von dem Barbarenhäuptling P'ei kung überwältigt worden und hatte sein Reich an ihn verloren. Wu hatte sich hinter der Barriere der zwei Berge von Han-ku unverwundbar gewähnt, aber P'ei kungs geduldige Belagerung überwand schließlich die

Verteidigung des Kaisers. P'ei kung übernahm den Palast und brachte das Land unter seine Herrschaft.

Eine gute Wahl für ein Antwortgedicht. Koremori verstand es so, daß seine geduldige Werbung Erhörung fand. Freilich mißfiel ihm der Vergleich mit dem barbarischen Eindringling. Sie hatte ihre Abwehr aufgegeben, und wenn er weiterhin geduldig wäre, würde sie ihm gehören. Und natürlich war dies auch eine Einladung zur heutigen Sieben-Tage-Namengebung ihres Kindes.

Ihr Kind? Eine Unannehmlichkeit, die notfalls ertragen werden konnte.

Bisher hatte Koremori sich einer müßigen romantischen Neigung hingegeben, ohne über die Zukunft nachzudenken, wenn er Nami gewänne. Nami war keine Frau, die man umwerben und dann vergessen konnte; sie würde eine Art Eheschließung verlangen. Wieder runzelte er die Brauen. Koremori war dreiundzwanzig Jahre alt und wußte bereits, daß Frauen schwierig sein konnten; er liebte seine Hauptfrau, obwohl sie schrecklich jähzornig und sehr auf ihre Position und ihre Kinder bedacht war.

Er nahm die Rolle auf, um sie noch einmal zu lesen. Köstlich! Nami schien das Gegenteil seiner Hauptfrau zu sein. Seit ihrer ersten Begegnung hatte er sich von ihr angezogen gefühlt. Er mußte sie haben.

61

Ein Wachtposten am Stadttor in der halb eingestürzten westlichen Mauer von Kyoto machte eine Staubwolke aus, die sich vom Norden her näherte. Er gab den vorgeschriebenen Alarm; die ganze Wachabteilung kam heraus, legte hastig Rüstungen und Schwerter an. Zuerst sahen sie nicht viel mehr als zwei dunkle Flecken im Staub, die sich im Näherkommen als bewaffnete Reiter erwiesen.

Die Pferde schäumten, ihre geweiteten Nüstern stießen weißdampfenden Atem aus. Der erste Reiter war ein bärtiger Riese in schwarzer Rüstung, der einen gehörnten Kriegshelm, einen Bogen, einen Köcher mit vierundzwanzig Pfeilen auf dem Rücken und zwei Schwerter an der Seite trug. Ein furchterregender Krieger – eines der Schwerter war vier Schuh lang! Ihm folgte ein mittelgroßer Mönch in den schwarzen Gewändern eines *yamabushi*, der sein Gesicht gegen Kälte und Staub mit einer weißen Tuchmaske schützte.

»Saito Musashi-bo Benkei, auf dem Weg zu General Yoshitsune«, brüllte der Schwarzbärtige, als die Pferde halt machten. Die Wächter sperrten die Augen auf. Der legendäre Benkei persönlich! Jeder Soldat in Yoshitsunes Armee hatte von seinen Heldentaten gehört. Sie umringten die Pferde und bestaunten den berühmten Krieger.

Der Leutnant kam heraus, verbeugte sich und sagte: »*Hai*, Benkei. Willkommen in Kyoto.« Er warf dem Begleiter einen Seitenblick zu und sah Augen, die so kalt waren wie die eisigen Regionen des Nordens. Den Leutnant schauderte; das waren die Augen eines Mannes, der die andere Seite der Hölle gesehen hatte. Der Mönch sagte mit tonloser Stimme, die zu seinem Blick paßte: »Öffnet das Tor. Wir haben keine Zeit zu verlieren.«

Yoshi und Benkei ritten die hundert Schritt breite Hauptstraße Suzaki-Oji hinunter. In den Häusern zu beiden Seiten hatte man Öllampen und Kerzen angezündet. Es war noch nicht sechs Uhr, aber das Tageslicht schwand bereits. Rot, blau und golden lackierte Balken sowie geschweifte Giebel bekrönten die mehrstöckigen Häuser im chinesischen Stil. Dies war die Hauptstadt, die größte und bedeutendste Stadt in den sechsundzwanzig Provinzen.

Auf den Straßen herrschte reges Leben und lautes Stimmengewirr: Bauern in weiten runden Bambushüten und hölzernen *geta*, Studenten in Hosenröcken und gemusterten Jacken, Kaufleute in importierter chinesischer Seide. Priester in einfachen schwarzen, braunen und gelben Gewändern zogen singend durch die Straße. Bewaffnete Samurai – Hunderte von ihnen, teils in Rüstungen, teils in farbenprächtigen Gewändern, stolzierten herausfordernd durch die Menge, die ihnen bereitwillig Platz machte.

Die Hauptstadt!

Es dunkelte, als Yoshi und Benkei an dem Tor und den

Hecken vorüberritten, die den Eingang zum *shinden*, dem Herrensitz General Yoshitsunes, bewachten.

Vor ihrem Zusammentreffen mit Yoshitsune wurden Yoshi und Benkei mit Siebenkräuter-Reissuppe und Wildschweinbraten bewirtet. Sie vertauschten ihre staubigen und fleckigen Sachen gegen Kleider, die für eine Zusammenkunft mit dem kommandierenden General von Yoritomos Truppen in Kyoto passender waren.

Yoshi war in ein ungemustertes grünes Gewand gekleidet, das mit purpurner Seidenborte gesäumt war. Seine Schwerter lagen am Boden neben ihm. Er war barhäuptig; sein Haar begann nachzuwachsen und bedeckte seinen Schädel mit dunklen Stoppeln.

Benkei, ihm gegenüber, war in einen voluminösen Umhang gehüllt, der seine massige Gestalt noch größer erscheinen ließ, als sie war – besonders im Gegensatz zum schmächtigen Yoshitsune, der in vollständiger Hoftracht erschienen war: schwarzseidener *koburi*, weite rote Hosen unter einem fliederfarbenen *naoshi*, dem Hofgewand.

Sie knieten um ein Kohlenbecken im Hauptraum des Hauses, der bis auf die Strohpolster und Kerzenleuchter unmöbliert war.

Benkei beendete seinen Bericht mit den Worten: »...und so wurde das Kloster zerstört.«

Yoshitsune wandte sich zu Yoshi. »Ihr seid sonderbar schweigsam. Was habt Ihr hinzuzufügen?«

Yoshi strich mit einer Hand über seine Stoppeln – eine nervöse Angewohnheit, die er angenommen hatte, seit sein Haar wieder nachwuchs – und sagte: »General Yoshitsune, ich habe wenig hinzuzufügen. Die Mönche von Daibutsu-ji waren gute Menschen. Sie verdienten nicht –«

»Unser Freund ist zu bescheiden«, unterbrach ihn Benkei. »Er hat eigenhändig mehr als ein Dutzend *yamabushi* getötet, von denen ich weiß... wahrscheinlich waren es mehr...«

»Das ist unwichtig«, sagte Yoshi kopfschüttelnd. »Worauf es ankommt ist, daß meine Mitbrüder starben. Es war die Hölle zuzusehen, wie gute Menschen aus Gier und Machtlust hingemordet wurden. Annen, Dosho, die übrigen... große Männer, die ihr Leben dem Frieden und guten Willen gewidmet hatten... vernichtet durch die Habgier anderer. Ich dachte, ich könnte ein reines Leben führen, aber ich konnte die Kraft nicht überwinden, die den Menschen zum Töten treibt. Und ich lernte, daß selbst unter religiösen Menschen böse Leidenschaften außer Kontrolle geraten können.«

Yoshitsune lauschte und beobachtete Yoshi aufmerksam. Was er sah, erschreckte ihn. Als Yoshi von der Zerstörung des Klosters sprach, schienen seine Augen das Licht zu schlucken, bis sie nicht mehr Leben enthielten als glatte schwarze Kiesel. Aber als er von Roben sprach, erwachten seine Augen zum Leben... einem rotglühenden Leben, das die heißesten Feuer der Hölle widerspiegelte.

Wie war es dazu gekommen? Als Yoshi ihn nach dem Sieg der Minamoto bei Ichi-no-tani verlassen hatte, war er ein Krieger in der Blüte seines Lebens gewesen. Wie grausam spielte dieses Leben manchen Menschen mit, daß es einen mutigen jungen Krieger in diesen bitteren Veteranen verwandeln konnte, der in einem Jahr um zehn gealtert war.

Als Yoshi verstummte, sagte Yoshitsune: »Niemand hätte mehr tun können.«

»Aber wäre Benkei nicht gekommen, hätten Roben und das Böse triumphiert.«

Eine Weile saßen die drei Männer in stiller Betrachtung, und jeder hing seinen eigenen Gedanken nach. Das einzige Geräusch war das Knistern der brennenden Holzkohle im Becken.

Yoshitsune brach das Schweigen mit den Worten: »Ihr solltet Euch damit zufriedengeben, daß Ihr das Menschenmögliche tatet. Seid versichert, daß ich, wenn es in meiner Macht steht, dafür sorgen werde, daß die Enryakuji für die Handlungen ihrer abtrünnigen Brüder bezahlen. Aber, Yoshi, es gibt noch etwas, was ich Euch sagen möchte...« Er zögerte, suchte nach Worten. »Ich war zutiefst betrübt, als man mir vom Schicksal Eurer Frau berichtete.«

Yoshi wollte ihn unterbrechen, aber Yoshitsune fuhr fort: »Wir sind Eintagsfliegen, einen kurzen Augenblick hier, dann vergangen. Zeit wird vergehen, und bald werdet Ihr lernen, wieder zu leben. Einstweilen wird es Tröstung in der Arbeit geben. Der Kaiser und ich haben einen wichtigen Auftrag für Euch.«

»General, wenn dieser Auftrag der Sache der Minamoto gegen die Taira förderlich sein kann, bin ich bereit. Ich mache sie für Namis Tod verantwortlich. Mein Haß auf die Taira erhält mich am Leben. Ich kehrte der Welt den Rücken und fand keinen Frieden. Jetzt suche ich Vergeltung.«

Yoshitsune sagte: »Von welcher Art Eure Gründe auch sein mögen, auf Eure Loyalität zu unserer Sache kommt es an. Ihr könnt uns helfen, eine Offensive gegen Yashima zu planen, die zur endgültigen Vernichtung der Taira führen wird.«

»Ich werde tun, was Ihr von mir erwartet.«

»Ausgezeichnet. Ich zähle auf Euch, aber ich kann ohne schriftliche Erlaubnis sowohl von Go-Shirakawa als auch von meinem Bruder Yoritomo nicht handeln. Während ich vom Kaiser die Genehmigung zur Erneuerung der Offensive gegen die Taira einhole, könnt Ihr mir helfen, indem ihr nach Kamakura geht und mit einem offiziellen Auftrag von meinem Bruder zurückkehrt. Ihr werdet Kyoto verlassen, sobald ich Yoritomos Einladung zur Teilnahme an einer Versammlung des regierenden Rates von Kamakura erhalte. Unterwegs könnt Ihr uns einen zusätzlichen Dienst erweisen, indem Ihr den Herren Munekiyo begleitet.«

»Einen Verbündeten der Taira?«

»Nicht mehr. Er hat seine Lehnspflicht auf die Minamoto übertragen. Mein Bruder wünscht, daß er nach Kamakura gebracht werde, damit er ihn persönlich belohnen kann. Die Taira werden versuchen, ihn zu fangen und ein Exempel zu statuieren, um weitere Treuebrüche zu verhindern. Ich vertraue darauf, daß Ihr Munekiyo sicher nach Kamakura und zurück nach Kyoto bringt, wenn Ihr den offiziellen Auftrag meines Bruders habt.«

62

Während Yoshi in Kyoto mit Yoshitsune und Benkei beisammensaß, setzte eine kaiserliche Sänfte Taira Koremori vor dem Haus der Frauen in Yashima ab, wo die *oshichiya*, die Sieben-Tage-Namengebungszeremonie abgehalten werden sollte.

Koremori war in prachtvollem Hofstaat mit purpurrotem Umhang, orangefarbenen und roten Untergewändern, steifen grünen Hosen, schwarzseidenem *koburi*, Amtsstab und Schmuckgürtel erschienen. Er stieg aus der Sänfte, entließ die zwölf Träger und stolzierte auf gepolsterten Schuhen zum Eingang. Ein Bediensteter führte ihn zu dem Raum, wo ein Priester Sutras sang und ein Teufelsaustreiber mit roter Jacke auf seiner Bogensehne zupfte, um Glück für das Kind herbeizurufen.

Koremoris schmale Augen ließen ihren Blick über die versammelten älteren Damen gehen. Es waren ungefähr zwölf, aber Nami war nicht unter ihnen. Obwohl er wußte, daß das einundzwanzigtägige Unreinheitstabu sie für weitere zwei Wochen den Augen der Öffentlichkeit entziehen würde, war er enttäuscht.

Er erkannte die Großmutter des Kindes, Masaka, und nahm ihre Begrüßung an. »Wir sind erfreut, daß der Herr Koremori uns mit seiner Gegenwart beehrt hat«, sagte sie.

Koremori machte eine höfliche Einwendung, obwohl er Anspruch auf die Begrüßung hatte. Als er sich verbeugte, erfaßte er Masaka mit einem Blick: eine kleine Frau, deren runzliges und welkes Gesicht noch frühere Schönheit erkennen ließ. Sie hatte ein tragisches Leben hinter sich, war unverheiratet und ohne Familie, ihr einziger Sohn tot. Von seiner Großmutter, der Nii-Dono, hatte er erfahren, daß Masaka nach dieser Zeremonie ihre Gelübde ablegen und der Welt entsagen wollte. Seine breiten Schultern zuckten unter einem unwillkürlichen Schaudern. Er mochte alte Leute nicht; sie machten ihm seine eigene Sterblichkeit bewußt.

Koremori fühlte ein Prickeln im Nacken. Beobachtete Nami ihn aus einem geheimen Versteck? Nun, das sollte ihn nicht stören. Sie hatte sein Gedicht angenommen und beantwortet. Das war einstweilen genug. Er mußte seine Ungeduld zügeln, bis das mit der Geburt zusammenhängende Tabu aufgehoben würde.

Der Säugling lag neben einem leeren Badebottich. Sein Gesicht war glatt, unschuldig, im Frieden mit sich und der Welt. Koremori war gerührt von den runden Wangen und dem Funken von Intelligenz, den er in den schwarzen Augen zu sehen vermeinte.

Die Zeremonie begann. Eine der Damen füllte mit einer langstieligen Kokosnußschalenkelle ein Becken mit warmem Wasser. Koremori trat vor und entleerte einen Wildlederbeutel mit Juwelen und Goldmünzen in das Wasser. Er verbeugte sich zum höflichen Applaus und ergriff die Gelegenheit, Masaka ein Gedicht zu verehren.

Ihr müdes Gesicht lächelte anerkennend, als sie das Papier entrollte. Das war ein Mann, der trotz seiner Jugend wußte, was sich gehörte. Als der Priester für den nächsten Schritt des Rituals das Gemälde eines Tigerkopfes in die Höhe hielt, las sie die Zeile laut:

   Schwarze Streifen auf Gelb
   Gespiegelt im Bad des Kindes
   Schimmerndes Sinnbild
   Von des großen Buddha Schutz
   Vor Krankheit, Schmerz und Übel.

Der Priester hielt die Malerei schräg über das Badewasser, und Masaka tauchte den Säugling in das Spiegelbild. Das Ritual des Eintauchens in das Spiegelbild des Tigers würde dem Kind ein Leben lang Kraft und Mut verleihen.

Nachdem der Säugling aus dem Bad genommen und getrocknet worden war, kleidete Masaka ihn in ein Gewand, das mit Wildblumen und Vögeln bestickt war und dadurch langes Leben und Gedeihen verhieß. Dann trat sie zu Koremori und reichte ihm eine Rolle Maulbeerpapier, die mit einer Kordel verschlossen war, und sagte: »Heute abend hat Herr Taira Koremori geruht, als der *nazuke-oya*, der Taufpate meines Enkelkindes, zu wirken. Wir danken ihm, daß er uns diese Ehre erwiesen hat.«

Koremori löste das Band und verkündete den für Namis Kind gewählten Namen: »Hisayoshi«, las er. »Hisa bedeutend bleibend, und Yoshi bedeutet Glück, also nennen wir das Kind zu Ehren seines Vaters, Tadamori Yoshi. Hisayoshi gemahnt an den Namen seines Vaters, verspricht dem Kind Schutz und Sicherheit in der Zukunft.«

»Gut gesagt«, rief Masaka, hob Hisayoshi auf und hielt ihn in die Höhe, daß alle ihn sehen und bewundern konnten. »Nun wollen wir zu Hisayoshis Ehre ein Festmahl halten.«

63

General Minamoto Yoshitsune:
  Eure Gegenwart im Palast von Kamakura wird erbeten für eine Versammlung des Bakufu von Kamakura am fünfzehnten Tag des elften Monats. Dann werden wir Euch einen Auftrag erteilen, der Euch zu einem Feldzug gegen die Taira-Prätendenten ermächtigt. Auch wünschen wir jene zu belohnen, die ihre Lehnsverpflichtung wechseln und sich unserer Sache anschließen. Darum werdet Ihr den Daimyo Munekiyo, einen früheren Verbündeten der Taira, zum Palast in Kamakura geleiten, wo er mit Ländereien und Gold belohnt werden soll, um ein Beispiel zu setzen.
                                        Minamoto Yoritomo

Yoshi strich sich beim Lesen des Textes mit der Hand über den Stoppelkopf; das war die Einladung, die Yoshitsune erwartet hatte. Yoshi und Benkei hatten zwei Wochen mit Nichtstun verbracht. Nun standen sie unter Zeitdruck, wenn sie die Reise nach Kamakura rechtzeitig zum Zusammentreten der Bakufu-Militärverwaltung erreichen wollten. Das Bakufu trat unregelmäßig zusammen, aber seine Bestätigung der von Yoritomo vorgeschlagenen Maßnahmen war notwendig.

Yoshitsune sagte: »Ich mußte auf diese offizielle Einladung warten, bevor ich Euch verabschieden konnte. Ihr habt fünfzehn Tage, um Kamakura rechtzeitig zur Versammlung zu erreichen. Nehmt dreißig Krieger als Begleitung. Yoshi, Ihr habt den Befehl. Benkei wird Euch unterstützen.«

»Was ist Munekiyo für ein Mann? Ist er vertrauenswürdig?«

»Munekiyo ist ehrenhaft... ein Samurai. Er wird mit einer Anzahl von Kriegern zu Eurer Verteidigungsfähigkeit beitragen.«

»General Yoshitsune, die Botschaft ist an Euch persönlich gerichtet. Ich kenne unseren Herren Yoritomo. Er wird sich mit einem Ersatzmann nicht zufriedengeben. Warum entsendet Ihr mich, wenn daraus unglückliche Komplikationen entstehen können?«

»Ich kann es mir nicht leisten, nur meinem Bruder zuliebe meine Aufgabe zu vernachlässigen. Ich werde hier benötigt, um unsere Verbündeten zusammenzuhalten. Das müßt Ihr ihm sagen. Ich bin nicht sicher, ob er versteht, wie wichtig die Aufrechterhaltung meiner direkten Kontrolle über unsere zusammengewürfelten Streitkräfte ist. Auch habe ich Feinde in Kamakura. Wenn ich ohne meine Armee dorthin ginge, könnte ich festgenommen oder sogar ermordet werden.«

»Wer hat soviel Macht, daß er es wagen könne, Euch in Eures eigenen Bruders Lager Schaden zuzufügen?«

Benkeis Stimme dröhnte in der dunklen Halle: »Kajiwara Kagetoki. Er hat Yoritomos Ohr und ist eifersüchtig auf General Yoshitsune.«

»Kagetoki? Ein Mann mit schmalem Gesicht und einem Bart?«

»Ihr kennt ihn?« fragte Yoshitsune.

»Wir begegneten einander am Strand von Ichi-no-tani. Seinetwegen mußte ich dem jungen Atsumori das Leben nehmen – möge Buddha mir vergeben.«

»Ihr handeltet richtig. Bedauert nichts. Mein Bruder hört auf ihn, er ist ein gefährlicher, hinterlistiger Mensch, der Euch nur Kummer bereiten kann.« Yoshitsune zog seinen *naoshi* enger um sich und stocherte im Kohlenbecken, so daß ein Funkenschauer aufstob, aufleuchtende Glühwürmchen, die gleich wieder erloschen. »Yoshi, ich sehe Euch als unsere Rettung. Ich hatte die Absicht gehabt, Benkei zu entsenden, obwohl es seinen Tod hätte bedeuten können. Yoritomo würde Benkei, der mir lehnpflichtig ist, nicht vertrauen. Aber mein Bruder bewundert Euch. Niemand sonst könnte meinen Platz einnehmen, ohne Unheil zu verursachen.«

»Wie soll ich Eure Abwesenheit erklären?«

»Ich bin krank. Ich hatte einen Unfall. Ich reise zur Straße von Shimonoseki, um Noriyori beizustehen. Sagt, was immer Ihr für richtig haltet; er wird es glauben.«

»Und wenn er mir nicht glaubt? Wenn Kagetoki ihn überzeugt, daß ich Euch zuliebe lüge?«

»Dann«, knurrte Benkei, »werden wir uns den Rückweg freikämpfen.«

Yoshitsune schüttelte den Kopf. »Nein. Ich bin überzeugt, daß Kagetoki den Vorfall bei Ichi-no-tani vergessen hat. Er hat keine anderen Gründe, Yoritomo gegen Euch einzunehmen. Und Yoritomo wird wünschen, daß Ihr Munekiyo nach Kyoto zurückgeleitet. Warum sollte er abtrünnigen Taira-Verbündeten Belohnungen geben, um ein Beispiel zu setzen, wenn er sie dann sterben läßt?«

»So sei es. Benkei und ich werden Munekiyo sprechen und so bald wie möglich abreisen. Wir haben eine harte Zeit vor uns, wenn wir am fünfzehnten Tag in Kamakura sein wollen.«

64

Als am letzten Tag des zehnten Monats der Abend kam, kniete Nami wie jeden Tag bei Hisayoshi und sang ihm ein Schlummerlied; sie tat es mechanisch, während ihre Gedanken zu Taira Koremori und dem Tag des *oshichiya* zurückgingen. Sie hatte der Versuchung nicht widerstehen können, durch das Lattengitter der Zwischenwand zu spähen. Wie freundlich er gewesen war, und wie hübsch. Die Melodie brach ab, als ihr klarwurde, daß sie seit vielen Monaten nicht in dieser Weise an einen Mann gedacht hatte.

Ein leises Klopfen am Wandschirm ließ sie aufmerken; ein Bote von Koremori war gekommen und übergab ihr eine in blaßrosa Papier gewickelte Schriftrolle. In der Seidenkordel, die sie zusammenhielt, steckte ein Zweig mit Blumen. Ihr Herz tat einen Sprung. Einundzwanzig Tage geisttötender Langeweile in weltferner Zurückgezogenheit, bis ihr Tabu aufgehoben war. Jetzt endlich war diese triste Periode vorbei.

Nami fühlte sich noch immer nicht ganz wiederhergestellt, aber doch soweit, daß sie sich ihres Lebens – und sogar einer sexuellen Beziehung – erfreuen konnte. Sie küßte dem schlafenden Kind die Stirn, löste das Band und las:

> Wie langsam die Zeit verging
> Als du unerreichbar warst.
> Nun bringt die Mondsichel
> Sanftes Licht zur geschlossenen Blüte
> Öffnet sie meinem Herzen.

Nami lächelte. Sie wußte, daß er mit der geschlossenen Blüte sie selbst und mit der Mondsichel das Ende des Monats und ihres Tabus gemeint war. Sehr klug – und romantisch. Vielleicht war es diese Sprache des Herzens, die sie während der einsamen Monate am meisten vermißt hatte.

Sie ging hinaus, ließ sich Tusche und Pinsel geben und setzte sich nieder. Das Leben hatte wieder begonnen. Summend setzte sie eine Antwort auf:

> Die sich öffnende Blume
> Sucht des neuen Mondes silbernen Schein
> Reckt zitternd Blätter und Knospen
> Aus dem Dämmer des Gartens
> Kann nicht widerstehen dem Licht.

Ihre Augen leuchteten. Wenn Koremori diese Zeilen las, würde er wissen, daß sie bereit war, seine Werbung anzunehmen.

Früh am nächsten Morgen, als in der Ferne die Hähne krähten, weckte ein Bote Nami mit Koremoris Einladung:

> Unter dem neuen Mond
> Gleiten und schreiten in Anmut

Die Gosechi-Tänzer.
Und ich werde ernten die Frucht
Der Freude, wenn du dort tanztest.

Die jährlichen Gosechi-Tänze dankten den Göttern für die neue Reisernte. Es war eine Ehre, eingeladen zu werden, aber Nami las mehr aus dem Gedicht: Koremori wünschte, daß sie als seine Vertreterin unter den vier Frauen erscheine, die gewöhnlich aus bedeutenden Familien erwählt wurden. Dies würde ihre bislang indirekte Beziehung dem Hof bekanntmachen. Der Gedanke machte Nami beinahe übermütig. Es war an der Zeit, daß sie ihr selbstgewähltes Gefängnis verließ.

Koremori hatte sich geduldig und korrekt verhalten. Er hatte seine Gefühle deutlich genug ausgedrückt. Und sie war bereit, auf seinen Antrag einzugehen. Yoshi war seit sieben Monaten tot... und sie brauchte einen Vater für ihr Kind.

Nami nahm den Pinsel, tauchte die Spitze in Tusche, verteilte sie auf dem Tintenstein und schrieb mit festen, aber anmutigen Strichen ihre Antwort:

Königlicher Pavillon
Purpurne Blüten, rotes Banner.
Koto und *biwa*
Jauchzen in deiner Gesellschaft
Und ich tanze an deiner Seite.

Die purpurne Blüte würde sich mit Freuden zum roten Banner gesellen. Und zur Yomi mit jedem, der es für unschicklich hielt.

»Ich werde es nicht dulden«, erklärte die Nii-Dono.

»Wenn Nami nicht mein Gast beim Gosechi-Fest ist, werde ich nicht erscheinen!« erwiderte ihr Enkel Taira Koremori mit Entschiedenheit.

Die Nii-Dono zog den Vorhang ihres Wandschirmes mit blaugeäderter Hand zurück und funkelte ihn an. Das war unerhört! Koremori hatte sich ihr noch nie widersetzt. Tatsächlich hatte ihr seit dem Tod ihres Mannes noch keiner getrotzt.

Das Ende der Gesetzlichkeit! Sie war verletzt und entrüstet. Wo die Tradition verleugnet wurde, war der Zerfall der Gesellschaft nicht aufzuhalten. Sie ließ den Vorhang fallen und sagte: »Seit der göttliche Jimmu Tenno, unser erster Kaiser, das Fest zur Feier der Reisernte einführte, haben wir es in der gleichen Weise begangen. So ist es immer gewesen; so wird es immer sein.«

»Ich verlange nur eine winzige Veränderung. Erlaube mir, eine der Tänzerinnen auszuwählen. Mein Rang gibt mir dieses Recht.«

»Du schlägst den Bruch unserer Tradition vor. Ich sage nein zu deinem Ansuchen.«

»Es ist kein Ansuchen, Großmutter, es ist eine Bedingung. Wenn Nami nicht teilnehmen kann, dann werde auch ich nicht teilnehmen.«

Die Nii-Dono verlor die Geduld. »Du wirst teilnehmen, weil ich es dir befehle. Unsere Familie muß in der Öffentlichkeit ihre Einheit zeigen. Wenn wir die Hauptstadt von den Minamoto zurückgewinnen, können wir vielleicht Veränderungen riskieren und uns mehr Freiheiten nehmen. Aber nicht jetzt!«

»Es wird niemals eine rechte Zeit geben«, sagte Koremori mit Bitterkeit.

»Warum bist du so beharrlich?«

»Ich möchte Nami zu meiner Nebenfrau machen. Ich möchte, daß sie mein Leben mit mir teilt. Die Zeit ihres einundzwanzigtägigen Unreinheitstabus läuft heute ab, und ich will ihr noch heute meinen Antrag machen.«

»Sie ist ein gutes Stück älter als du ... die Witwe eines Feindes unserer Sippe. Sie ist eine Peinlichkeit für mich und wird es auch für dich sein.«

In der Stimme von Nii-Dono war ein winselnder Unterton, den Koremori nie zuvor gehört hatte. Sie wurde alt, sie, die immer beständig und unveränderlich erschienen war. Aber er dachte nicht daran nachzugeben. »Ich liebe sie«, sagte er. »Ich will sie.« Sein Kinn schob sich hartnäckig vor.

Die Nii-Dono funkelte durch die Vorhänge; sie knirschte mit den geschwärzten Zähnen, kämpfte um ihre Selbstbeherrschung. Koremori war so dickköpfig, wie sein Großvater es gewesen war. Nur zu gut erinnerte sie sich der Schwierigkeiten, die sie hatte überwinden müssen, um sich durchzusetzen und bei Kiyomori zu bleiben, als er Erster Minister des ganzen Reiches geworden war. Die Erinnerung machte sie traurig. Wie konnte man gegen Liebe argumentieren? Koremori, der ungestüme Dummkopf, brachte mit seiner ›Liebe‹ die Struktur der Regierung in Gefahr. Die Nii-Dono wußte, wie flüchtig Liebe sein konnte. Liebe! Er war zu jung, um zu verstehen... zu jung, als daß es einen Sinn gehabt hätte, ihm mit Vernunftgründen zu kommen.

Die alljährliche Feier zur Reisernte sollte in drei Tagen stattfinden. Die Nii-Dono sah es als eine ihrer vordringlichsten Aufgaben an, die Familie zusammenzuhalten und die Verbündeten dadurch zu überzeugen, daß sie am Hof von Yashima geeint und stark auftraten und die Lage beherrschten. Tomomori war an der Straße von Shimonoseki und hatte Minamoto Noriyoris Armee eingeschlossen. In Yashima repräsentierten nur Antoku, Munemori und Koremori die Sippe der Taira. Der Gedanke bereitete ihr Magendrücken, und ein übler metallischer Geschmack kam ihr in die Kehle. Koremori war einmal ihre eigene Wahl als Ersatz für ihren Sohn Shigehira gewesen, aber es fehlte ihm bei aller Stärke und Erbarmungslosigkeit an Urteilsvermögen. Er hatte im Krieg schlechtes Urteilvermögen gezeigt, nun wieder in seiner hartnäckigen Weigerung, die Tradition zu akzeptieren... und in der Liebe.

Koremori sagte: »Ich habe Nami bereits ein Einladungsgedicht gesandt. Ich würde mein Gesicht verlieren, wenn meine Einladung angenommen würde und ich sie zurückziehen müßte.«

»Vielleicht wird sie nicht antworten...« Die Nii-Dono schloß einen Moment die Augen, als ihr eine plötzliche Erleuchtung kam. Dann lächelte sie ein Lächeln, das geeignet gewesen wäre, Koremoris Blut gerinnen zu lassen, hätte er es gesehen.

Sie wußte, daß Yoshi am Leben und bei den Minamoto in Kyoto war. Das Instrument ihrer Rache war bei der Hand – Koremori. Sollte er Yoshis Frau heiraten. Köstlich. Ihr Lächeln zog sich in die Breite. Sie sagte: »...doch meine Großzügigkeit ist grenzenlos. Wenn du sie liebst, will ich sie als eine der vier erwählten Gosechi-Tänzerinnen akzeptieren und dir meinen Segen geben, daß du sie so bald wie möglich heiraten kannst.«

Der jähe Umschwung erschreckte Koremori: Sollte er argwöhnisch sein? Seine Großmutter gab niemals klein bei. Er verspürte Unbehagen, doch gleichzeitig durchströmte ihn ein Gefühl tiefer Befriedigung; nicht viele Männer hatten ihre Mißbilligung herausgefordert und gewonnen.

65

Am Morgen des zweiten Tages des Drachen bereitete man sich auch in Kyoto auf das Reisfest vor. Im Palastbezirk beteten Go-Shira-kawa, Go-Toba und der Hof vor eigens zu diesem Anlaß errichteten Schreinen, dem *yuki* und *suki*. Vor jedem Schrein war ein fünfzehn Schuh hoher *shimeshi no jama*, ein künstlicher Berg, um die *kami* des Reisfestes anzulocken und eine erfolgreiche Ernte zu sichern. Jeder der beiden ›Berge‹ war mit Nadelbäumen bepflanzt und geschmückt mit kleinen Sonnen und Monden, Minamoto-Bannern, Bildern von guten Feen und wohlwollenden Gottheiten.

Während die Aristokratie im abgeschlossenen Palastbezirk die religiösen Feiern abhielt, stellten Kaufleute vor den Toren des Palastbezirkes ihre Verkaufsstände entlang der Suzaki-Oji auf. Die Blinden, Krüppel und Leprakranken bettelten bei Kauf- und Schaulustigen, die sich eingefunden hatten, um den Festzug auf der Hauptstraße anzusehen. Die Festwagen – stabile Fuhrwerke mit eisenbereiften Rädern – waren reich geschmückt und trugen Musikanten und Statuen historischer Persönlichkeiten oder glückverheißender Tiere; auf einigen waren sogar Versionen des *shimesi no jama* errichtet worden, komplett mit Bäumen, Sonnen, Monden und Engeln.

Samurai schritten durch die Menge; Kaufleute und Bauern beeilten sich, ihnen aus dem Weg zu gehen, denn es war das gesetzlich verbriefte Recht eines Samurai, sein Schwert zu ziehen und nach Belieben jeden Angehörigen der unteren Schichten zu töten. Der Lärm entsprach dem lebhaften Treiben. Priester und Mönche sangen Sutras und schlugen dazu Trommeln und Gongs. Puppenspieler und Schausteller mit dressierten Affen überschrien sich gegenseitig, um zahlungswillige Zuschauer anzulocken. Fliegende Händler mit weiten komischen Strohhüten, die ihre Ware auf dem Rücken trugen, machten Händlern an ihren Ständen Konkurrenz. Alle kamen auf ihre Rechnung, auch die Taschendiebe und Prostituierten, die durch die Menge schlichen und der berittenen Kaiserlichen Polizei aus dem Wege gingen. Ein starker Geruch nach Fischen, Gewürzen, Kräutern und in Öl gekochtem Gemüse hing über dem ganzen.

Um zehn Uhr vormittags läuteten Tempelglocken die Stunde der Schlange ein, und die Wagen des Festzuges näherten sich den Toren des Palastbezirkes. Auf der Suche nach einer besseren Aussicht erkletterten die Zuschauer die Wände, Dächer und Weidenbäume zu beiden Seiten der Suzaki-Oji.

Einen Block östlich des Palastes, in der Nijo, der zweiten Straße, zügelte ein Trupp Berittener die unruhigen Pferde auf dem Platz vor der Konfuzianischen Akademie. An ihrer Spitze saßen Yoshi und Benkei in den Sätteln, hielten ihre Pferde Seite an Seite und beratschlagten.

»Munekiyo hat sich bereits zwei Stunden verspätet«, sagte Benkei. »Wir sehen wie Dummköpfe aus, wenn wir in den belebten Straßen warten. Wir hätten uns an einem weniger auffälligen Ort zusammenfinden sollen.«

»Er schlug den Platz vor, weil er einen raschen Abmarsch begünstigt. Das war richtig gedacht, aber er hätte rechtzeitig kommen müssen. Gedulden wir uns noch, Benkei, seine Verspätung muß einen Grund haben. Wir werden warten müssen, denn wir können es uns nicht leisten, den Tag zu verlieren, wenn wir rechtzeitig zur Versammlung des Bakufu in Kamakura sein wollen.«

Trotz des kühlen Morgens war Yoshi barhäuptig; die schwarzen Stoppeln auf seinem Kopf gaben ihm das Aussehen eines Strolches, was freilich vom harten Glanz seiner Augen und der eisernen Entschlossenheit seiner Züge Lügen gestraft wurde. Er trug ein braunes Mönchsgewand zu Ehren seiner Mitbrüder, die in Daibutsu-ji den Tod gefunden hatten. Er wußte nicht, daß die Samurai ihn den ›verrückten Mönch‹ nannten, wenn er außer Hörweite war.

»Können wir einen Boten schicken, ihn zu suchen?« fragte Benkei.

Yoshi schüttelte den Kopf. »Wir werden noch eine Stunde warten. Er hat die vergangenen zwei Tage damit verbracht, seine Männer zu sammeln und zu bewaffnen. Auf eine Stunde wird es nicht ankommen. Wenn dann noch immer keine Nachricht vorliegt...«

Yoshi brach ab, als ein einzelner Reiter durch das Menschengewühl auf der Straße auf sie zuhielt und sein Pferd zügelte. »Mein Herr Munekiyo übermittelt sein Bedauern«, verkündete er. »Er erhielt Befehl, mit Go-Shirakawa und den Persönlichkeiten des Hofes am Schrein zu beten. Bei der ersten Gelegenheit wird er sich entschuldigen und wie besprochen hierherkommen.«

Zwei Stunden später erschien Munekiyo an der Spitze eines Zuges von fünfzig Reitern und zehn Ochsenkarren; siebzig Fußsoldaten marschierten nebenher. Die Reiter führten seine Farben an biegsamen Stäben, die unten an den Sätteln befestigt waren; die Fußsoldaten trugen die gleichen Stäbe auf dem Rücken. Mitgeführte Banner verkündeten Munekiyos Stammbaum und Tapferkeit.

Munekiyo trug einen breiten gehörnten Helm mit drei Nackenplatten, einen roten Lamellenharnisch, der mit gelben Lederstreifen zusammengeheftet war, zwei Schwerter, einen Köcher mit vierundzwanzig Adlerfeder-Pfeilen, und einen Langbogen über den Schultern. Er bot einen furchteinflößenden Anblick, bis er näherkam und Yoshi einen kleinen Mann mit rundem Gesicht, dünnem weißen Schnurrbart und einem Kinnbart chinesischen Stils unter dem Helm sah.

Trotz seiner sechzig Jahre wirkte Munekiyo wie ein kleiner Junge, der seines Vaters Rüstung angelegt hatte. »Tadamori Yoshi?« richtete er das Wort an den Reitertrupp. Seine Stimme war hoch und dünn.

Yoshi ritt auf ihn zu und verbeugte sich im Sattel. »Herr Munekiyo... wir haben auf Euer Erscheinen gewartet.«

Seine Worte waren höflich, aber sie wurden in rauhem Ton vorgebracht. Der verdammte alte Geck. Er hatte sich verspätet, und wozu in den zehn Höllen brauchte er diese Ochsenkarren?

Als hätte er Yoshis Gedanken gelesen, machte Munekiyo eine Handbewegung zu den Fahrzeugen und sagte: »Ich bringe Geschenke für Minamoto Yoritomo.« Er zögerte, bemerkte Yoshis mühsam zurückgehaltene Verärgerung und fügte hinzu: »Vergebt meine Verzögerung. Eine persönliche Einladung vom Kaiser konnte nicht ignoriert werden.«

»Dann laßt uns keinen Augenblick länger warten. Benkei, sammelt die Truppen; wir brechen auf, sobald sie sich formiert haben.«

Wegen ihres späten Aufbruchs plante Yoshi, die erste Nacht in der Poststation Ausaka zu verbringen. Sie passierten den Schrein Semi Marus, des Lautenspielers und Dichters aus dem 10. Jahrhundert, als die goldene Sonnenscheibe hinter den Bergen versank.

Wie lange war es her? Weniger als neun Monate, seit er mit Nami diesen Weg gekommen war. So viel war geschehen. Seine Kehle wurde trocken, als er sich ihres Blickes erinnerte... auf dem Weg nach Suruga. Es war töricht gewesen zu erwarten, daß das Leben so glatt verlaufen würde. War er nicht immer schon von einem *kami* des Unglücks verfolgt gewesen?

Yoshi erinnerte sich des Augenblicks, als sie genau diesen Ort an der Tokaido-Straße passiert und die blauen bemalten Säulen des Schreines zu Brennholz zerhackt gesehen hatten, die Balken verwittert und verrottet, der Boden ringsum von Wildkräutern überwuchert. Um Namis Befürchtungen wegen dieses unheilverkündenden Zeichens zu zerstreuen, hatte Yoshi gesagt, daß der Schrein noch in diesem Jahr wiederhergestellt werde.

Er hatte recht gehabt; der Schrein wurde instandgesetzt. Und auch Namis Befürchtungen hatten sich als begründet erwiesen. Die Reise nach Suruga hatte mit einer Katastrophe geendet.

Die Strahlen der untergehenden Sonne berührten die wiederhergestellten vergoldeten Schnitzereien des Daches. Yoshi erschauerte. Ein kalter Wind zog durch sein Mönchsgewand. Niedergeschlagenheit bemächtigte sich seiner Gedanken. Nami, mein Leben ist zu Asche geworden. Mögen die Geister mich bald zu dir führen.

66

In Yashima brachen sich die letzten Sonnenstrahlen in dem bronzenen Phönix auf dem roten geschweiften Dach, als Taira Koremoris königliche Kutsche vor dem Tor des Frauenhauses hielt.

Als Nami herauskam, war Koremori verblüfft; er hatte sie nur als *mibojin* gesehen, gekleidet in dunkelfarbige Witwengewänder und mit kurzgeschnittenem Haar. Jetzt war sie in purpurnen Seidenbrokat mit gestickten goldenen Blumenmustern gehüllt. Die weiten Ärmel und der Saum ließen Ränder der leichten orangefarbenen und roten Untergewänder sehen. Eine erstaunliche Verwandlung... aber noch erstaunlicher war ihr Haar: eine Fülle seidigen schwarzen Haares, das zurückgekämmt, mit drei roten Schleifen zusammengebunden war und frei auf den Rücken herabfiel.

Koremori wußte, daß das Haar falsch sein mußte, eine gut gemachte Perücke, aber die Wirkung... Buddha! Sie war köstlich... elfenbeinfarbene Haut, ein feinknochiges Gesicht, weiche Brauen, die sorgsam in die Stirn gekämmt waren. Sein Puls beschleunigte sich, und feine Schweißtropfen durchdrangen seine weiße Gesichtsbemalung.

Einer der begleitenden Fußsoldaten öffnete die Tür, ließ eine kleine Treppe herab und half Nami beim Einsteigen.

Im Inneren der Kutsche herrschte Halbdunkel. Ihre Ärmel berührten einander, und sie waren sich beide der Vermischung ihrer Parfüms bewußt. Koremori rückte näher und sagte: »Du ehrst mich.« Und er fügte ein Gedicht hinzu:

»Eine Mondsichel
Ein feiner Duft

Der meinen Wagen füllt.
Ach! Muß es verschwinden
Nach dem Reiserntefest?«

Nami antwortete, ohne zu zögern:

»Die warme Morgensonne
Wird scheinen auf die schwebende Welt.
Die Düfte der Nacht
sind vom Wind verweht.
Fort, aber niemals vergessen.«

Koremori war hingerissen. Sie war wundervoll. Wie konnte die Nii-Dono glauben, sie sei zu alt? Ihre Feinfühligkeit und Schönheit waren zeitlos.

Ochsenkarren, Sänften, Kutschen und Fuhrwerke verschiedener Art und Größe waren vor den Toren des Hölzernen Palastes aufgefahren. Koremoris königliche Kutsche führte die Kolonne an, wie es seinem Rang zukam. Als eine der vier Haupttänzerinnen wurde Nami zu einem mit Wandschirmen abgeschlossenen Raum auf der Veranda geführt, wo Dienerinnen ihre Gesichtsbemalung retuschierten und ihre Gewänder ordneten.

Als dies getan war, wartete sie und lauschte der Musik, die zu ihr hereindrang. Die anderen Tänzerinnen kamen vom Hof. Angeblich waren sie von Antoku ausgewählt worden, tatsächlich aber von Munemori und der Nii-Dono. Aus politischen Gründen repräsentierte jede der Tänzerinnen eine Familie, die für die Sache der Taira wichtig war. Nur Nami machte eine Ausnahme. Sie fragte sich, wie es Koremori zuwege gebracht hatte, daß sie in diesen exklusiven Kreis aufgenommen worden war.

Sie betrachtete die anderen Frauen: Jede trug Gewänder mit prachtvoller Goldstickerei, eine in rot, eine in blau, eine in grün. Nun verstand sie, warum Koremoris Botschaft angedeutet hatte, daß sie purpur trage. Sie war zufrieden, daß ihre Kleidung sich auch in diesem Kreis sehen lassen konnte, hatte jedoch nicht mit der Jugendlichkeit der drei Mädchen gerechnet. Sie konnten nicht älter als vierzehn oder fünfzehn sein. Unsicherheit kam auf. Sie war nicht mehr so grazil und geschmeidig wie diese Mädchen; zwar hatte sie ihre Schlankheit wiedergewonnen, aber ihre Brüste waren schwer und überempfindlich gegen Berührung. In plötzlicher Panik fragte sie sich, warum sie hier war. Dann ermahnte sie sich zur Ruhe. Niemand würde unter den fließenden Gewändern ihre Mängel sehen. Es kam nur darauf an, die Zuschauer zu erfreuen.

Nami erinnerte sich einer Technik, die sie von Yoshi gelernt hatte; sie atmete tief und langsam ein und aus. Und ehe sie wußte, wie ihr geschah, zog ein Bediensteter die Wandschirme auseinander und sagte: »Es ist Zeit, für den Kaiser zu tanzen.«

An einer Wand der großen Halle war eine Plattform errichtet. Auf ihr saß der kindliche Kaiser Antoku auf einem geschnitzten chinesischen Thron. Zu seiner Rechten waren Munemori und Koremori; zu seiner Linken ein *chodai*, hinter dessen Vorhängen die Nii-Dono kniete. Ein niedriges Geländer trennte die Taira-Herrscher vom Publikum. Dieses glich einer Versammlung von Pfauen und füllte die Halle mit den Farben aller Ränge und Positionen, vom Purpur und Blau des zweiten Ranges bis zum Grün des sechsten.

Hunderte von öldurchtränkten Fackeln erhellten den Saal. Ein starker Duft von Gewürznelken, Aloe und Blumen überdeckte den Geruch der Fackeln.

Musikanten mit Trommeln, Flöten, Glocken, *kotos* und *biwas* hatten am Fuß der Plattform Aufstellung genommen.

Die Mitte des Saales war für die vier Gosechi-Tänzerinnen freigemacht worden. Auf ein Zeichen Antokur spielten die Musikanten ›Die See von Ise‹. Die Gäste kamen zur Ruhe und richteten ihre Aufmerksamkeit auf die freie Fläche, wo Nami – der die ungünstige Nordostecke zugewiesen worden war – und die drei jungen Töchter hochgestellter Familien, jede in ihrer Ecke, den Tanz begannen.

Die vier verschiedenfarbigen Gewänder mit den davon abgesetzten Untergewändern erzeugten mit den wechselnden Tanzfiguren ständig sich verändernde Muster, von den Schatten noch dramatisch verstärkt, als die Tänzerinnen ihre komplizierten Figuren tanzten, die sie aneinander vorbei und in Kreisbewegungen umeinander führten. Das Publikum applaudierte sofort.

Nami spürte, wie ein guter *kami* sie auf eine andere Darstellungsebene hob. Alles Ungemach war vergessen, und ihr Körper folgte mit Leichtigkeit und Anmut den Schrittfolgen, die sie als Kind gelernt hatte. Die jungen Mädchen tanzten anmutig, aber Namis Reife verlieh dem Tanz Bedeutung und Würde. Die Musik brach ab und die Tänzerinnen verbeugten sich nacheinander vor dem Publikum. Die drei jungen Mädchen wurden mit freundlichem Applaus bedacht. Als Nami sich verbeugte, eruptierte die Menge. Es stand außer Frage, wen sie begünstigte.

Dann stieg Koremori von der Plattform und tanzte ein Solo zu der Musik von ›Die Wellen der blauen See‹. Die Nummer endete in einem dramatischen Crescendo, und Koremori verbeugte sich. Das Publikum war wie vom Donner gerührt und verharrte lange Sekunden in Stillschweigen, bevor es in begeisterten Applaus ausbrach. Koremori winkte Nami zu sich, *koto* und *biwa* übertrafen sich selbst, die Glocken fielen ein und ahmten die Töne der Kalavinka-Vögel im Gokuraku-Paradies nach, während Nami und Koremori in einem leuchtenden Muster von Farben und Bewegungen tanzten.

Später standen sie am Tor des Hölzernen Palastes, noch erhitzt von der Erregung des Tanzes. Sie hörten die Brandung am Strand, Rufe von Wildgänsen, die fernen Stimmen von Fischern, die außer Sichtweite im Nebel über der dunkelnden See ihre Netze auswarfen, und hinter ihnen spielten die Musikanten die beliebte Weise ›Gab es je solch einen Tag‹.

Koremori sagte: »Bitte bleib heute nacht bei mir. Die Schönheit, die wir schufen, sollte nicht mit dem Morgen verschwinden. Niemand braucht es zu wissen. Meine Räume sind im Ostflügel weit von allen anderen.«

»Ich möchte dich in diesem Augenblick nicht verlassen, aber ich kann nicht bleiben. Die Damen erwarten mich im Haus der Frauen. Zum Zeichen meiner Dankbarkeit versprach ich ihnen, über das Gosechi-Fest zu berichten, bevor sie sich zurückziehen.«

»Du quälst mich. Laß uns einen Boten mit deinem Bedauern zu ihnen schicken.«

»Es tut mir leid. Die Damen haben soviel für mich getan... das Gewand... und heute abend haben sie ein Festmahl zubereitet...« Nami hielt inne. Tränen standen ihr in den Augen. Zögernd sagte sie: »Laß uns zusammen zurückgehen. Wir können reden.«

Koremori stimmte widerwillig zu.

Noch ehe die Stunde um war, saßen sie im Speisesaal des Frauenhauses. »Ich habe dich seit vielen Monaten bewundert«, flüsterte Koremori ihr ins Ohr, so daß keine der schwarzgekleideten Damen um ihren niedrigen Tisch ihn hören konnte.

»Ich verdiene schwerlich deine Bewunderung«, antwortete Nami mit einem kläglichen Lächeln. »Eine *mibojin*, kurzhaarig unter meiner *katsura*, meiner Perücke.«

»Das kurze Haar verbirgt deine Schönheit nicht. Heute abend hörtest du die Hofgesellschaft; ihre Reaktion auf deine Vorstellung sollte dich überzeugen. Dein Haar ist unwichtig; es wird wieder wachsen, schöner als jede Perücke.«

Nami strich über das lang herabhängende Haar und dachte wehmütig daran, wie stolz sie auf ihr eigenes langes Haar gewesen war, eine glänzende Kaskade, die ihr bis über den Gürtel hinabgereicht hatte.

»Ich sehe unter die Oberfläche« fuhr Koremori fort. »Ich sehe deine Seele. Ich beneide deinen Mann. Er muß ein glücklicher Mann gewesen sein, dich als seine Frau gehabt zu haben.«

Nami runzelte die Brauen. Es fragte sich, wie aufrichtig diese Gefühle waren, wenn sie aus dem Munde Taira Koremoris kamen. Und sie war schuldbewußt, daß sie Freude an seinen Schmeicheleien empfand.

Natürlich wollte er sie besitzen. Seine Gedichte und Aufmerksamkeiten hatten das klargemacht. Sie dachte an die alte chinesische Lehre, daß Enthaltsamkeit das Yin-Yang-Gleichgewicht beeinträchtige und die Tore der Seele bösen Geistern öffne. Es gab keinen gesellschaftlichen oder ethischen Grund, der sie daran hinderte, sich ihm hinzugeben. Sie hatte bereits entschieden, seine Werbung anzunehmen. Aber weibliche Vorsicht riet ihr, ihn bis nach der Eheschließungszeremonie hinzuhalten.

Sie beantwortete Koremoris Kompliment, indem sie seine Schale mit *sekihan* auffüllte, gekochtem Reis mit roten Bohnen, und ihm eine Portion des *tai* anbot, der Seebrasse, die den Mittelpunkt der langen, niedrigen Tafel bildete. Sie wechselte das Thema und sagte: »Du bist ein außerordentlich anmutiger Tänzer, sicherlich dem ›Glänzenden Prinzen‹ ebenbürtig.« Damit bezog sie sich auf Genji, den glänzenden Prinzen aus Murasakis berühmtem Roman.

Koremori hob seine Schale mit Sake und sagte: »Wir tanzten mit gleicher Anmut. Aber es ist Zeit, den Gosechi-Tanz zu vergessen; ich möchte ernsthaftere Dinge bedenken. Bitte hebe deine Schale, damit wir auf die Zukunft deines Sohnes Hisayoshi trinken.« Er leerte seine Schale mit drei Schlucken, und als Nami auch die ihre geleert hatte, füllte er beide Schalen erneut und sagte: »Und auf unsere Zukunft.«

Nami fühlte die Blicke der anderen Damen auf sich; sie wollte keinen Reiswein mehr, konnte ihren Gast aber nicht durch Ablehnung beleidigen. So nahm sie eine weitere Schale an. War es seine Absicht, die ganze *san-san-kudo*-Hochzeitszeremonie mit dreimal drei Schalen nachzuahmen? Wenn Masaka nur bei ihr wäre. Aber ihre Schwiegermutter war gegangen, um auf Hisayoshi achtzugeben. Als Nami versuchte, die anderen Damen ins Gespräch zu ziehen, kicherten sie und wandten sich ab, verlegen, mit einem Mann am Eßtisch zu sitzen.

Nami hielt eine dritte Schale Sake in der Hand. Es war ihr nicht ganz klar, wie es dazu gekommen war. Koremori nickte und lächelte, berührte ihre Schale mit der seinigen und trank aus. Sie mußte es ihm gleich tun. Sie fühlte sich angenehm schwindlig; Koremoris breites, kantiges Gesicht schwamm vor ihren Augen. Er war so hübsch. Wie konnte sie sich ihm verweigern?

Ein weiterer Trunk, und er übergab ihr ein Gedicht; ihre Hände zitterten, als sie es entfaltete. Er nahm es ihr aus den Fingern und las:

»Blasse Haut, kurzes schwarzes Haar
Schmale Augen verheißen das Paradies
Dem treuen Verehrer

Der unvergängliche Schönheit sieht
Unter der fließenden Oberfläche.«

Nami bemerkte, daß die Damen sich davongestohlen hatten, während sie sich Koremori zugewandt und eine Schale Sake nach der anderen getrunken hatte. Der *tai* war nur noch ein Gerippe aus dünnen, scharfen Gräten, der rote Reis war fort... und Koremori war ihr ganz nahe gerückt.

Sie sagte sich, daß es zu ihrem Besten sein würde, wenn sie sich ihm hingäbe... daß Yoshis Geist, von den Zehn Himmlischen Richtern geprüft, glücklich im Gokuraka-Paradies zur Ruhe gekommen sei... das Hisayoshi die besten Zukunftsaussichten haben würde, wenn die Liaison ihre offizielle Sanktionierung fände. Aber sie hatte Vorbehalte. Sie brauchte mehr Zeit, sich von der Geburt zu erholen. Aber wie peinlich war das; sie konnte es nicht sagen.

»Dies ist mehr, als ich verdiene«, heuchelte sie. »Ich bin eine Mutter, eine Witwe, und älter als du. Ich glaube nicht...«

Sie konnte den Satz nicht beenden. Plötzlich waren Koremoris Arme um sie. »Du mußt die meine sein«, sagte er schweratmend. »Ich werde dir und deinem Kind ein standesgemäßes Haus zur Verfügung stellen. Du wirst den offiziellen Status meiner Nebenfrau haben – nur du. Bitte...« Seine Stimme ging in ein Stöhnen des Verlangens über.

Nami hatte diesen Status und Schutz erhofft. Sie fühlte ihren Körper auf seine Umarmung reagieren. In ihrer Nase war der Duft von Sake, der Mund schmeckte ihn. Sie fühlte sich schwindlig. Wie war er so nahe gekommen? Sie hatte zuviel getrunken...

»Bitte... laß«, sagte sie und hörte selbst den Mangel an Entschlossenheit in ihrer Stimme. Sie versuchte, ihn zurückzuhalten, als seine weichen Hände unter ihre Gewänder glitten, aber ihre Worte waren: »...nicht hier.«

67

Die kleine Streitmacht war nicht mehr weit von Kamakura entfernt. Yoshi, Benkei und Munekiyo konnten sich zum ersten Mal, seit sie Kyoto verlassen hatten, etwas Ruhe gönnen. Das rasche Tempo während ihrer zweiwöchigen Reise hatten sie mit Anspannung und Übermüdung bezahlt. Nun, als es dämmerte, zogen Wolken rasch über den Viertelmond und bedrohten ihren letzten vollen Reisetag mit Schneefall.

Die Ochsenkarren wurden von der Straße gefahren und zusammengeschoben. Samurai und Fußsoldaten hatten ihre separaten Lager aufgeschlagen. Feuer sprenkelten die Dunkelheit unter den Kiefern, Flammen sprühten Funken und tanzten in der sinkenden Nacht.

Yoshi, Benkei und Munekiyo saßen um ein Lagerfeuer und sprachen vom Leben, während das Licht verging und der Himmel rot und purpurn und dunkelgrau wurde. Benkei zog den Umhang fester um seinen massigen Oberkörper. »Ich bin bereit, zu meinem Herrn zurückzukehren«, sagte er und streckte die Hände zum wärmenden Feuer aus.

Munekiyos Augen zwinkerten. »Ihr liebt ihn, nicht wahr?«

»Mehr als das Leben. Wenn Yoshitsune mich morgen zur vierten der acht buddhistischen Höllen schicken würde, ich ginge mit einem Lächeln im Gesicht.«

Yoshi stocherte im Feuer. Benkeis Erklärung, daß er für seinen Herrn mit einem Lächeln in die ›Hölle des Jammerns und Weinens‹ gehen würde, machte Yoshi nachdenklich; er beneidete den Riesen um seine bedingungslose Loyalität.

Munekiyo bemerkte Yoshis Ausdruck und sagte lächelnd: »Und Ihr, Kriegermönch... wen liebt Ihr?«

»Ich liebe niemand. Alles, was ich liebte, ist mir genommen worden, und mein Leben, dem ich weniger Wert beimesse als einer Feder, ist ohne Bedeutung.«

Munekiyo betrachtete ihn forschend. »Wisset, junger Mönch, daß jeder in diesem Lebenszyklus Schmerz und persönliche Tragödie überwinden muß. Wir müssen weitergehen, so schwer es uns ankommen mag.«

»Das könnt Ihr leicht sagen, Herr, wenn Euch die Welt gehört.«

»Mir gehört die Welt? Wie kommt Ihr auf solch einen Gedanken?«

»Wie kann ich anders denken? Ihr seid ein mächtiger Mann und auf dem Weg, Belohnungen zu erhalten, die jenseits dessen liegen, was die meisten Menschen sich erträumen.«

»Ich bin überrascht, daß Ihr so wenig Verständnis zeigt«, sagte Munekiyo mit einem Anflug von Schroffheit. »Man hatte mir Euch als einen Mann von Intelligenz und Feingefühl geschildert. Wisset, daß wir alle unsere Bürde zu tragen haben. Es gibt sehr wenige wie unseren Freund Benkei, dessen Loyalität so klar bestimmt ist. Yoshi, Ihr seid ein törichter Mann. Ihr tragt das Gewand eines Mönches, aber Ihr glaubt an nichts. Ihr meint, ich hätte alles...« Er starrte in die Flammen, und sein Gesicht nahm im gelben Widerschein die Traurigkeit einer Dengaku-Maske an. »Ich trennte mich aus Furcht von meiner Familie und meinen Freunden. Während jene, die mir nahestanden, ruderlos auf der westlichen Seite treiben, gehe ich nach Kamakura, um Belohnungen zu empfangen, die Asche auf meiner Zunge sind. Meint Ihr, Ländereien und Belohnungen können meine Familie ersetzen?« Er schüttelte bitter den Kopf. »Ich kann nicht zurück auf die Straße des Lebens. Ich bin gebunden und werde mein Bedauern zum Begleiter haben.«

»Ihr seid auf die Seite der Ehre und der Stärke getreten«, sagte Benkei. »Wie könnt Ihr das bedauern?«

»Ich kam aus Furcht und muß den Rest meiner Tage mit dieser Schande leben.« Munekiyo stand auf, stieß mit einem Bärenfellstiefel in die Asche und stampfte in die Dunkelheit davon. Yoshis nachdenklicher Blick folgte ihm.

Während der Nacht fiel etwas staubfeiner Schnee, erster Vorbote des kommenden Winters. Die Kolonne von fünfundsiebzig Reitern, zehn Ochsenkarren und siebzig Fußsoldaten brach bei Tagesanbruch auf. Sie zog durch grauen Nebel und kam am Vormittag über die Vorberge von Hakone, wo der Hachiman-Schrein bei Mishima stand.

Munekiyo hielt an und wartete, bis Yoshi und Benkei ihn eingeholt hatten. »Wir sind in Reichweite von Kamakura. Gönnen wir den Leuten eine Rast, während ich am Schrein bete.« Er zeigte zu einem steinigen Pfad, der zum Torii am Eingang des Schreines führte.

»Wir können mehr Schnee bekommen«, wandte Benkei ein. »Dann wird es gefährlich, hier Zeit zu verlieren.«

Yoshi war geneigt, ihm zuzustimmen, aber er erkannte den Schrein als den Ort, wo er vor dreieinhalb Jahren gebetet und Hachiman ein Gelübde abgelegt hatte, niemals wieder ein Schwert zu ergreifen und einen Menschen zu töten. Der Schrein war so, wie er ihn erinnerte: Kleine weiße Gebetsfahnen begleiteten den Weg zu einem viereckigen Gebäude mit einem einfachen Schindeldach. Das Gebäude war das gleiche, aber Yoshi hatte sich verändert. Das Verlangen, für die Sünden vergangener Zeiten zu büßen, sein Leben zu läutern, und darüber hinaus alle positiven Wünsche waren erloschen. Er war ein hohler Mensch geworden, dessen Sinn von den drei Giften beherrscht wurde: falschen Wünschen, Haß und Torheit.

Aber Yoshi konnte seinem Schutzbefohlenen die Gelegenheit zum Gebet nicht verweigern. Wenn es Götter gab und sie die Minamoto begünstigten, würden die Reisenden beschützt und Kamakura rechtzeitig zu ihrer Audienz bei Yoritomo und dem Bakufu-Rat erreichen. Yoshi sagte: »So betet denn, geehrter Munekiyo. Aber denkt daran, daß wir noch in dieser Stunde weitermarschieren müssen.« Er beobachtete den Himmel und runzelte die Stirn. Die Wolkendecke verdichtete sich, die Luft kühlte ab. »Ich hoffe, wir werden diesen Aufenthalt nicht bedauern«, sagte er zu Benkei.

»Es ist ein Fehler«, sagte Benkei.

Munekiyo kehrte in weniger als einer Stunde zurück; bis zum Nachmittag brachte die Kolonne die elf Meilen zum Berg Hakone hinter sich und befand sich auf der gewundenen Straße zur letzten Poststation vor Kamakura. Leichter Schneefall, vom auffrischenden Wind in Wolken von den Bergen herübergeweht, prickelte in ihren Gesichtern. Stellenweise war die Straße kaum breit genug für die eisenbereiften Räder der Ochsenkarren. Munekiyo ritt voraus, prüfte die Straßenoberfläche und leitete Pferde und Ochsenkarren an den gefährlichen Stellen vorbei.

Mit jedem *cho* wurde das Vorankommen langsamer; die

Sicht verschlechterte sich mit zunehmendem Schneetreiben, gleichzeitig brachte die sinkende Temperatur alles Oberflächenwasser zum Gefrieren. Die kalte, schneebeladene Luft dämpfte die Geräusche der Reiter und Karren, das ängstliche Wiehern der Pferde, wenn ihre Hufe auf eisigen Stellen ausglitten.

Yoshi, der den Schluß bildete, machte sich Vorwürfe, daß er Munekiyo gestattet hatte, am Schrein haltzumachen. Er fühlte sich verantwortlich dafür, daß sie Kamakura rechtzeitig zur Audienz erreichten.

Der Schneefall hörte auf, als die Kolonne über die Paßhöhe kam. Über den dichten Bodennebeln sahen sie den feurigen Gipfel des Fudschijama über dem nebelverhangenen Hakone-See. Yoshi sog tief die kalte Luft ein. Wenn es Götter gab, war dies ihr Spielplatz. Vom Vulkan zog sich eine zehn Meilen lange Rauchfahne über den Himmel und wurde am Horizont in rotgoldene Glut getaucht. Die purpurnen, blauen und grauen Farben mit ihren Zwischentönen machten auf dem ganzen Panorama ein einzigartiges Naturschauspiel.

Yoshi riß seinen Blick davon los und spähte mit zusammengekniffenen Augen in den Wind über der Kolonne von Menschen und Pferden. Er sah die ebene Fläche, wo die Poststation Hakone Gelegenheit zu einer Ruhepause bot. Dort war sie, kaum eine Meile entfernt. Noch eine Wegbiegung, und sie konnten sich zur Nachtruhe begeben.

Bei Hakone führte die Straße über eine Paßhöhe zwischen zwei Gipfeln; zu beiden Seiten bildeten Kiefernwald und Unterholz beinahe undurchdringliche Wände; weiter unterhalb gab es eine Anzahl heißer Quellen, die Dampfwolken in die frostige Luft aufsteigen ließen.

Die Straße wurde breiter, und Yoshi seufzte erleichtert. Vor ihm lag die mit hohen verschneiten Bäumen bedeckte Ebene. Das Ziel war in Sicht, in Reichweite.

Auf der letzten Viertelmeile war die nun abwärts führende Straße breiter, aber auf einer Seite von einem Steilhang begleitet, der mehrere hundert Schuh in die Tiefe abfiel. Die Pferde stampften ängstlich schnaubend den Schnee, die Reiter lehnten sich zurück und zogen an den

Zügeln, um die Pferde zu halten, eisenbeschlagene Räder rumpelten und glitten hinter den Ochsen, stießen ihnen in die Hinterteile.

Yoshi sah, daß in der Poststation Lampen angezündet wurden. Auf einmal glitt einer der Ochsenkarren auf einem vereisten Stück seitwärts; ein Rad holperte über den Straßenrand, das Fahrzeug geriet in eine bedrohliche Schräglage, dann streifte es der nächste Ochsenkarren seitwärts und stieß es über die Kante des Steilhangs. Der Schrei des Ochsentreibers brach ab, der Karren prallte auf einen Felsausläufer und zerbrach in ungezählte Stücke.

Kurz darauf kam es zu einem wilden Durcheinander von Reitern, Ochsenkarren und Fußsoldaten, als ein zweiter und ein dritter Karren auf der Eisplatte abrutschten und über den Straßenrand gerieten. Ein Pferd stürzte den Hang hinunter, nachdem es seinen Reiter abgeworfen hatte.

»Halt! Halt!« befahl Munekiyo, der sein Pferd gewendet hatte und hilflos mit dem Signalfächer gestikulierte.

Ochsenkarren und Pferde gerieten ins Rutschen und schlitterten über Schnee und Eis; die geschickten Lenker fuhren ihre Karren in den Hang zur Linken, die weniger geschickten konnten die ausgleitenden Ochsen und die nachschiebenden, bremsenlosen Karren nicht halten und polterten in die Tiefe.

68

Yoshi arbeitete sich die in Unordnung geratene Kolonne entlang, bis er Benkei und Munekiyo erreichte. In der waldigen Dunkelheit am Fuße des Steilhangs konnten sie das Brüllen verwundeter Ochsen und das Stöhnen und die Rufe Überlebender hören. Es war jedoch unmöglich auszumachen, wo die Männer waren und wie tief der Steilhang hinabreichte.

»Können wir zu ihnen?« fragte Benkei.

»Wir können nicht sehen, wo sie sind«, antwortete Yoshi.

»Wir müssen etwas tun. Ich kann meine Leute nicht umkommen lassen«, sagte Munekiyo; seine Stimme bebte. »Es ist meine Schuld.«

»Es hat keinen Sinn, von Schuld zu sprechen. Wir müssen überlegen, wie wir ihnen am besten helfen können«, sagte Yoshi.

Benkei nickte. »Heute abend in der Dunkelheit können wir ihnen nicht helfen. Gehen wir zur Poststation und kehren wir morgen früh mit einem Rettungstrupp zurück.«

»Einverstanden«, sagte Yoshi.

»Meine Männer werden über Nacht erfrieren.«

»Sie haben Winterkleidung und Rüstungen. Die Körper der Ochsen und Pferde werden sie wärmen. Wir können vor Sonnenaufgang nichts tun, ohne den Rest unserer Leute zu gefährden.«

»So sei es«, sagte Munekiyo.

In gedrückter Stimmung kroch der Rest der Kolonne vorsichtig die vereiste Straße zur Poststation hinab.

Yoshi schlief schlecht. Vom nahen Waldrand drangen die traurigen Rufe von Käuzchen herüber, die ihn an die Unterwelt der zehn Könige denken ließen. Er verbrachte eine kalte und unruhige Nacht und fühlte sich unausgeschlafen und steif, als er beim ersten Morgenlicht unter seinem Futon herauskroch.

Benkei und Munekiyo erwarteten ihn bereits vor der Poststation, als die Glocken die Stunde des Hasen anzeigten. Weiße Dampfwolken standen bei jedem Atemzug vor ihren Gesichtern. Die Höhenlage verschlimmerte die Kälte, und der Gedanke an die Verunglückten, die eine ganze Nacht ungeschützt im Freien hatten zubringen müssen, beunruhigte sie alle und trieb zur Eile.

Als es über dem Tal Tag wurde, sahen sie die unregelmäßigen Reihen der Häuser am Stadtrand von Kamakura. Sie waren noch Meilen entfernt, schienen in der klaren Luft aber so nahe zu sein, daß man glaubte, sie berühren zu können.

»Ist es eine Sinnestäuschung?« fragte Benkei. »Wir scheinen nur noch einen kurzen Marsch von der Stadt entfernt zu sein.«

»Es ist eine Sinnestäuschung. Wir haben noch Meilen vor uns, und die Straßenoberfläche ist trügerisch«, sagte Yoshi.

Munekiyo betrachtete ihn und Benkei mit rotgeränderten Augen. Er hatte in der letzten Nacht nicht eine Stunde geschlafen. Er hatte die anklagenden Rufe der Käuzchen gehört, die ihn für die Katastrophe verantwortlich machten. »Ich kann meine Leute nicht verlassen«, sagte er.

»Die Rettungsmannschaft wird sie finden; sie ist für die Bergung abgestürzter Reisender ausgerüstet. Wir müssen sofort aufbrechen, um Kamakura rechtzeitig zu unserer Audienz zu erreichen«, warnte Yoshi.

»Ich werde meine Männer nicht im Stich lassen. Drei Angehörige meines persönlichen Gefolges stürzten den Steilhang hinunter. Sie würden ihr Leben für mich geben, wie Benkei das seine für Yoshitsune geben würde. Ich schulde ihnen meine Treue und sogar mein Leben.«

Benkei nickte. »Ich verstehe das. Ihr könnt nicht weniger tun. Ich werde bei Euch bleiben.«

Yoshi blickte über die Straße hinab nach Kamakura. Er konnte Einzelheiten der Gebäude ausmachen. Aber wenn sie zu spät kämen, würden Yoritomo und General Yoshitsune ihn verantwortlich machen. Andererseits konnte er Munekiyo nicht auffordern, seine verunglückten Leute im Stich zu lassen. Er zuckte mit der Schulter und sagte: »Arbeiten wir gemeinsam mit der Rettungsmannschaft.«

Mit Hilfe des Rettungstrupps aus Hakone – dies war im Winter kein seltenes Vorkommnis, und die Leute waren gut ausgebildet – kehrten Yoshi, Benkei und Munekiyo zum Schauplatz des Unglücks zurück. Drei Karren mit sechs Ochsen, zwölf Pferde und achtzehn Männer waren den Hang hinuntergestürzt. Die Pferde und Ochsen waren verloren; es war unmöglich, die verletzten Tiere aus dem steilen Waldgelände zu ziehen. Sie mußten getötet werden. Die Ochsenkarren waren zertrümmert, die Ladungen verstreut. Von den achtzehn Männern waren drei tot, drei schwerverletzt, und ein Dutzend war mit leichten Verletzungen davongekommen.

Die Rettungsaktion wurde durch Schnee und Kälte und

das steile Gelände behindert. Es dauerte Stunden, zu den Überlebenden vorzudringen und sie abzutransportieren.

Kurz nach Mittag kehrte der durchgefrorene Rettungstrupp zur Poststation zurück. Die Verwundeten blieben in der Obhut eines Heilkundigen in Hakone. Der Rest der Kolonne zog weiter die Straße durch die schneebedeckten Vorberge hinab zu den Toren Kamakuras. Diesmal war sie vorsichtig.

Es dunkelte bereits, als die ramponierte Kolonne das Stadttor erreichte und, begleitet von einem Trupp der Palastwache, durch das verschneite Zentrum von Kamakura zu Yoritomos Palastbezirk zog. Sie passierte Gruppen von Samurai, die ihnen entgegenritten; eine Gruppe ritt unter dem *mon* der Familie Kawagoe, eine andere zeigte das der Familie Hiromoto, die im Bakufu für Fragen des Rechts zuständig war.

Yoshi sagte: »Diese Samurai gehören zu bedeutenden Mitgliedern des Bakufu-Rates; wenn sie bereits die Rückreise zu ihren Heimatprovinzen antreten, haben wir unsere Audienz verpaßt.«

»Was wird Minamoto Yoritomo unternehmen?« fragte Munekiyo.

»Wir werden seine Gäste sein und warten, bis der Rat wieder zusammentritt. Ihr werdet ein paar Wochen verlieren... nicht mehr, da er Euren guten Willen und Euer Beispiel braucht, um andere Anhänger der Taira auf seine Seite zu ziehen. Dies ist jedoch eine unglückliche Verzögerung für General Yoshitsune... er ist begierig, den neuen Feldzug gegen die Taira zu eröffnen, und wird nun warten müssen, bis wir mit dem Auftrag zurückkehren werden.«

Die Kolonne der Reiter, Ochsenkarren und Fußsoldaten wurde am Palasttor aufgehalten, während Yoshi, Munekiyo und Benkei von einer Wachabteilung zum Gebäude des Hauptquartiers eskortiert wurden. Sie saßen zu Füßen der Treppe ab, die zum Haupteingang hinaufführte.

Ein Mann in vollem Hofstaat schritt die breite Treppe herab, sie zu begrüßen. Er trug ein schwarzes und rosa Übergewand, dunkelrote und braune Untergewänder, mitternachtsblaue Hosen, gepolsterte Schuhe und einen *koburi*, der mit Bändern unter seinem bärtigen Kinn befestigt war. Er war Kajiwara Kagetoki, der schwarzbärtige, dunkelhäutige Mann, der mit Doi Sanehira am Strand von Ichi-no-tani geritten war. Er hob eine bleiche Hand und sagte: »Ihr kommt zu spät. Die Audienzen sind beendet.« In seiner Stimme war eine Andeutung von Befriedigung.

»Bitte unterrichtet unseren Herren Yoritomo, daß der Daimyo Munekiyo hier ist«, sagte Yoshi. Dabei zügelte er sein Pferd in einem engen Kreis, daß Kagetokis Gewänder mit Schnee besprizt wurden.

Kagetoki blickte finster auf die nassen Flecken an seinem Gewand und sagte in ruhigem Ton: »Meine Herren, Ihr habt die heutige Audienz verpaßt. Die Sitzung des Bakufu ist beendet, und unser Herr Yoritomo trifft Vorbereitungen, die Stadt morgen früh zu verlassen. Wir werden Euch angemessene Unterkünfte in der Stadt zuweisen...« Er machte eine Pause und ließ einen kalten Blick über die durchgefrorenen, zerzausten Reisenden gehen. »Und Ihr werdet auf seine Rückkehr warten.«

69

In den nächsten fünf Wochen wurden Yoshi, Munekiyo und Benkei in einem sehr gut ausgestatteten Gasthaus einquartiert, wie es ihrem Rang entsprach. Es lag an einem öden Streifen Strand. Dahinter zogen sich Felder bis zu den bewaldeten Hügeln am Stadtrand von Kamakura hin. Sie wurden Tsukikage-no-Yatsu genannt, das Tal des Mondlichtes. Die einzigen Geräusche draußen waren das unablässige Rauschen der Brandung, die rauhen Schreie der Seevögel, das Säuseln des Windes in den Kiefern und die vom Wind verwehten Glockentöne eines nahen Klosters, die den Gang der Stunden markierten.

An diesem Morgen, in der zweiten Hälfte des zwölften Monats, war das Wetter erträglich, sogar angenehm. Yoshi blieb auf einer Anhöhe über der See stehen; er schlug seine Kapuze zurück, hielt sein Gesicht in die Sonne und fuhr sich mit der Hand über den Kopf. Die Stoppeln waren mittlerweile so lang geworden, daß sie sich zu legen begannen. Der Morgennebel lag in grauen Schleiern zwischen den Vorbergen, auf See waren die dunklen Umrisse von Fischerbooten zu sehen. Der Kälteeinbruch der vergangenen Wochen war vorüber, der harte Zugriff von Schnee und Eis hatte mildem Wetter Platz gemacht.

Yoshi fragte sich, was in Kyoto geschehen mochte. Ohne den Auftrag Yoritomos würden Yoshitsune und der abgedankte Kaiser ihre Pläne für die Offensive gegen die Taira zurückstellen müssen. Zweifellos erwarteten sie den Auftrag mit wachsender Ungeduld. Sie hatten damit gerechnet, daß Yoshi vor mehr als zwei Wochen zurückkehren würde und mußten sich inzwischen fragen, was ihn zurückgehalten hatte.

Am Morgen nach Yoshis Ankunft in Kamakura war Yoritomo zu einer einwöchigen Besuchsreise zu verbündeten Familien in der Region Kanto aufgebrochen. Starke Schneefälle hielten ihn fern von der Hauptstadt fest. Yoshi, Benkei und Munekiyo warteten, und jeder nutzte die Zeit der Untätigkeit auf seine Weise. Munekiyo wanderte täglich zu einem neuen Hachiman-Schrein auf dem Kiefernhügel, der sich hinter dem Stadtkern erhob. Dort verbrachte er seine Tage im Gebet.

Benkei verschlief die Tage und verbrachte die Nächte in Wirtshäusern und übelbeleumdeten Häusern. Er war enttäuscht, daß Yoshi sich weigerte, ihn zu begleiten. »Du solltest dir das Vergnügen einer guten Schlägerei gönnen«, sagte er. »Es würde deine Gemütslage verbessern und die Zeit schneller vergehen lassen.«

Yoshi nutzte die Tage seines Aufenthalts, indem er Kamakura vom Händlerviertel Omachi-Oji bis zum Palast Yoritomos erforschte. Wenn der Schnee in wirbelnden Wolken fiel, achtete er nicht auf das Wetter und wanderte hinaus zu den entferntesten Wachtposten, die jeden der sieben Gebirgspässe sicherten, von denen Wege in die Stadt führten.

Die Leute sahen ihn wie eine Geistergestalt durch die Schneewehen steigen, das Gesicht hinter weißen Umhüllungen verborgen, die Kapuze über den Kopf gezogen. Sie gingen ihm aus dem Weg, flüsterten von einem verrückten Mönch, der ununterbrochen umherwanderte und wie ein verwunschener *kami* erschien und verschwand.

Viele Nachtstunden verbrachte Yoshi in Meditation. Er hatte das Beten und Singen von Sutras aufgegeben, aber der Verlust des Glaubens hinderte ihn nicht daran, die Vorzüge der Meditation zu akzeptieren... die einzige Tätigkeit, die ihm Linderung vom Schmerz seiner Gedanken verschaffte.

Am Vortag hatte ein Bote ihm eine Einladung von Hojo Masa überbracht, der Gemahlin Yoritomos. Yoshi hatte sie in guter Erinnerung: eine große, knochig gebaute Frau, hinter deren derben Zügen sich mehr Herzenswärme, Kultur und Intelligenz verbargen, als man bei zehn schönen Hofdamen finden konnte.

In den Stunden vor seiner Audienz durchwanderte Yoshi wie sonst die Stadt. Die Hauptstraße war voll von glücklichen, erregten Menschen. Mildes Wetter hatte Händler, Soldaten und die armen Leute – *eta, hinen,* Nicht-Personen der unteren Klassen – ins Freie gelockt, wo sie Sonnenschein und Wärme genossen. Niemanden schien es zu kümmern, daß der geschmolzene Schnee Abfälle aller Art freilegte, die am Straßenrand weggeworfen worden waren, daß ein zusammengebrochener Wagen auf einem Rad lehnte und ein seit Wochen toter Hund aufgedunsen und übelriechend mitten auf der Straße lag.

Am südlichen Rand des Händlerviertels blieb Yoshi stehen, um einem blinden Biwa-Spieler zuzuhören, der eine lange Moritat vortrug. Die durchdringenden Töne des Instruments verliehen der Geschichte eine besonders schmerzliche Schärfe. Das Liedgedicht trug den Titel ›In Chinas Bergen fiel der Schnee‹ und erzählte die alte Geschichte von Hsiang Yu, dem König von Ch'u, der durch den Tod seiner Angehörigen am Leben verzweifelte. Enttäuscht von den gleichgültigen Göttern, durchwanderte er die verschneiten Berge auf der Suche nach dem Tod, ohne zu wissen, daß dieselben Götter nur seinen Glauben und seine Standhaftigkeit erprobten, und ohne zu ahnen, daß seine Gemahlin Yu und sein Sohn Gefangene seines Rivalen Kao Tsu waren, des Königs von Han.

Das Lied endete in klagendem Ton, als der Biwa-Spieler eine letzte Tanka anstimmte:

> Ein verlassenes Boot
> Ziellos ohne Ruder
> Treibt dahin wie Hsiang Yu
> Trieb auf dem tränenfeuchten Ärmel
> Seiner Gemahlin grünem Gewand.

Yoshi erschauerte; es war nicht die Kälte, denn die Sonne schien warm, und der Schnee schmolz. Vielleicht waren es die blinden Augen des Mannes, die blicklos ins Leere starrten und Szenen aus einer anderen Welt sangen. Yoshi war überzeugt, daß der Mann das Lied für ihn gesungen hatte.

Konnte das sein?

Yoshi kniete vor der polierten hölzernen Plattform und drückte die Stirn auf die Matte.

Hojo Masa kam ohne Umschweife zur Sache; ihre sonst so herzliche Stimme war kühl: »Mein Gemahl wird bald zurückkehren. Ich wollte vorher mit Euch sprechen und fragen, warum Yoshitsune nicht zur Versammlung des Bakufu hier gewesen ist. Mein Gemahl war zornig. General Yoshitsunes Abwesenheit war eine Beleidigung.«

»Geehrte Masa, ich wurde wegen einer ernsten Erkrankung an seiner Statt hierhergeschickt.«

Hojo Masa musterte ihn mit skeptischem Blick und sagte: »Selbst wenn das so ist, kann es keine annehmbare Entschuldigung sein, eine wichtige Sitzung des Rates zu versäumen.«

»*Hai*, das ist wahr, aber Yoshitsune ist schuldlos; ich kam für ihn und reiste, so schnell es unter den gegebenen Umständen möglich war. Unsere Reisegesellschaft geriet in einen Schneesturm und erlitt einen Unfall am Hakone-Berg...« Yoshi berichtete ihr, was geschehen war. »Ihr seht also«, schloß er, »daß der Unfall von unserer Eile und unserem Eifer, rechtzeitig einzutreffen, verursacht wurde.«

Hojo Masa nickte. »Ich bin froh, daß ich die Geschichte von Euch gehört habe. Ich zweifle nicht an Eurer Aufrichtigkeit, aber seid Euch im klaren, daß Kagetoki meinem Gemahl eine andere Version erzählt hat. Kagetoki ist ein mächtiger Feind. Mein Gemahl achtet ihn wegen seiner Tapferkeit und Treue, aber... ich habe Vorbehalte gegenüber seiner Weisheit und des Einflusses, den er auf meinen Gemahl hat.«

»Ich werde den gebührenden Respekt zeigen.«

Hojo Masa sagte: »Dann ist unser offizielles Gespräch beendet. Yoshi, ich kenne Euch lange genug, daß ich nicht auf Zeremoniell bestehen muß; ich möchte eine persönliche Angelegenheit mit Euch besprechen. Vor Jahren war mein Gemahl erzürnt über Eure Weigerung, in seinem Dienst von Eurem Schwert Gebrauch zu machen, aber ich bewunderte Euch, daß Ihr die Willenskraft hattet, seinem Druck zu widerstehen und an Eurem Glauben festzuhalten. Wie auch immer...« Sie zögerte.

Eine lange Pause folgte; Sonnenstrahlen fielen durch die Läden und streiften den Boden der Halle. In den Winkeln standen Blumen in hohen Vasen, Räucherwerk brannte und reizte den Geruchssinn mit scharfem, süßem Aroma. Hojo Masa saß vor einem bemalten Wandschirm und trug ein ungesäumtes grünes Gewand mit aufgesticktem Blattmuster über vielen Untergewändern in verschiedenen Gelbtönen.

Sie war die modernste aller Frauen, die Yoshi kannte, und hatte keine Hemmungen, ihre Meinung zu sagen, was sich menschlich und wohltätig auf Yoritomos häufig hartes Urteil auswirkte. In der neuen Kriegergesellschaft hatte sie die Vorhänge und das Leben im Halbdunkel, wie es von Hofdamen erwartet wurde, aufgegeben; sie zeigte sich öffentlich.

Yoshi mochte sie.

Als sie weitersprach, war ihr Ton sanfter. »Ihr habt Euch verändert. Ich höre Geschichten über Euch, die mir zu denken geben, und ich frage mich, was diese Veränderung bewirkt hat.« Sie beugte sich zu ihm und sagte: »Wißt Ihr, wie man Euch nennt?«

»*Iie*, nein.«

»Den verrückten Mönch! Und meine Informanten sagen, Ihr hättet den Namen verdient. Ich erinnere mich an Euch als einen vernünftigen, ehrenhaften Mann... einen Mann, der der Gerechtigkeit und der Sache der Minamoto dient.«

»War ich auch«, erwiderte Yoshi. »Doch ich bin nicht derselbe.« Und er berichtete ihr von den Ereignissen des letzten Jahres.

Als er geendet hatte, betupfte Hojo Masa sich die Augen mit dem grünen Ärmel und sagte: »Yoshi, Ihr habt mein Mitgefühl... aber nur bis zu einem gewissen Punkt. Viele Menschen haben gelitten. Der Zyklus des Lebens ist nicht gerecht und niemals leicht. Die Götter wirken in einer Weise, die jenseits unseres Verstehens ist. Nehmt meinen Gemahl als ein Beispiel. Seine Familie wurde ausgerottet, und ihn verbannte man in die östliche Wildnis. Er war allein in einer fremden Welt, aber gesegnet mit einem stählernen Willen. Als er unter meines Vaters Obhut im Exil lebte, hatte er nichts als das Feuer in seinem Herzen. Heute ist er mit den mächtigsten Sippen in den sechsundsechzig Provinzen verbündet. Sein Ehrgeiz ist grenzenlos. Durch die Kraft seines Willens, durch seine Klugheit und mit meiner Hilfe wird er der Shogun des Reiches werden – trotz seiner Jahre des Leidens und der Entbehrung.«

»Meine Frau...«, sagte Yoshi.

»Ich verliere das Mitgefühl für Euch, Yoshi. Ihr suhlt Euch in Selbstmitleid. Es ist ein Verbrechen für einen Mann mit Eurem Talent, es so an Willenskraft, an den positiven Kräften Eures Seins fehlen zu lassen. Nami sitzt auf einem Lotosblatt im Westlichen Paradies. Sie ist eine wundervolle Frau. Ihr liebtet sie; ich bewunderte sie. Aber sie ist fort, und Euer Leben muß weitergehen. Ihr habt eine Verpflichtung gegenüber Euren Verbündeten und Eurem Kaiser. Tut, was Eure Pflicht ist! Befreit Euch von diesem schändlichen, lähmenden Selbstmitleid!«

70

Yoshi zügelte das Pferd auf dem schmalen Strandstreifen, der zu Yoritomos Hauptquartier führte, und blickte gedankenvoll hinaus zu den Booten; Hunderte von ihnen waren draußen und fischten im eisigen Wasser. Eine Idee nahm Gestalt an; sie war so einfach, daß er sich wunderte, warum er nicht vorher schon daran gedacht hatte. Munekiyo kam heran und unterbrach seine Gedanken.

»Wo in den zehn Höllen ist Benkei? Er sollte bei uns sein.«

Yoshi pflichtete ihm bei; er sagte Munekiyo, daß Benkei laut auf seinem Futon geschnarcht und starken Sakegeruch verströmt habe. Ein hoffnungsloser Fall.

»Vertrauen wir darauf, daß Yoritomo Benkei vergessen wird, wenn er die Geschenke sieht.« Munekiyo deutete zu den sieben Ochsenkarren mit Waren, die dem Unheil am Hakone-Berg entgangen waren.

Yoritomo kniete aufgerichtet und mit undurchdringlicher Miene auf der Plattform. Er war ein allenfalls mittelgroßer, feinknochiger Mann von blasser Hautfarbe, mit einem dünnen Schnurrbart und schweren Augenlidern. Die dunklen Augen darunter fixierten mit unangenehmer Direktheit jeden, den er anredete. Yoshi wußte, daß er charmant sein konnte, obwohl seine Haltung meistens kühl und distanziert war.

Kagetoki kniete an Yoritomos Seite. Obwohl sie sich im Audienzsaal befanden, trug er eine Rüstung.

Ein Dutzend vornehmer Herren, Repräsentanten der großen Sippen der Kanto-Region, bildete die sogenannte ›Feldregierung‹, das Bakufu. Jeder von ihnen hatte einen bestimmten Platz auf der Plattform. Yoritomos Frau, Hojo Masa, saß in einem braunen Übergewand mit grünen Säumen hinter ihnen. Yoshi und Munekiyo waren unter einer Anzahl von Bittstellern und verdienten Persönlichkeiten, die vor der Plattform knieten und auf Belohnungen und Ernennungen warteten. Der Rücken von Yoshis Gewand war bereits durchgeschwitzt, der Geruch der Öllampen und des abgebrannten Räucherwerks stachen ihm in die Nase. Ein weicher *koburi* aus schwarzer Seide machte seine Kopfhaut jukken; er verspürte einen wachsenden Drang, die Kopfbedekkung abzureißen und sich zu kratzen. Sei ruhig, sagte er sich. Du wirst an die Reihe kommen. Atme ein, atme aus...

Kagetoki rief jeden Bittsteller und Geladenen auf und beschrieb des langen und breiten seinen Beitrag zur Sache der Minamoto. Am Ende jeder Lobrede sprach Yoritomo seine persönliche Anerkennung aus und verlas von einer Rolle die zugedachten Belohnungen oder Beförderungen.

Endlich kam Kagetoki zu Yoshi und Munekiyo.

»Daimyo Munekiyo, trotz der Einschüchterung durch den Taira-Hof hattet Ihr den Mut, Euch für die Seite des Rechts und der Gerechtigkeit zu erklären«, hob Kagetoki an. Er fuhr fort, Munekiyos Ahnentafel und persönliche Geschichte zu würdigen. Yoshi überließ sich seinen eigenen Gedanken. Er wußte, was von diesen Lobeshymnen zu halten war. Munekiyo war nur aus Furcht um seine Zukunft zu den Minamoto übergelaufen. Und nun wurde er aus politischen Gründen für seinen Verrat belohnt. Bündniswechsel waren eine Tatsache des Lebens. Yoshis eigene Familie war früher den Taira verbunden gewesen. Er hatte den Loyalitätswechsel jedoch aus Prinzip vollzogen, weil er gelernt hatte, daß das Leben nicht aus Parfümwettbewerben, Poesie und Mondbetrachtung bestehen konnte. Sein Wechsel war ein Akt des Mutes gewesen, nicht der Furcht.

Armer Munekiyo! Er betete am Schrein Hachimans um die Rettung seiner Seele, und die Sicherheit, die er auf Kosten des Verrats an seinen Freunden für sich selbst erkauft hatte, war ihm verhaßt. Und was sollte man von einem Mann wie Kagetoki halten, der aus Habgier und Ehrgeiz ins Lager seines Feindes übergegangen war? Kagetoki war mehr Minamoto als die Minamoto selbst, und doch war er erst zu ihnen übergegangen, als seine Karriere vom Ersten Minister Taira Kiyomori blockiert worden war. Wer war besser? Wer schlechter?

Yoshi hatte in der vergangenen Nacht wenig geschlafen. Sein Gespräch mit Hojo Masa war ihm noch lange durch den Kopf gegangen. Hatte er sich dem Selbstmitleid hingegeben? Wo war der Mut, den er in jüngeren Jahren gezeigt hatte? Freilich hatte er gegen die Übermacht der *yamabushi* gekämpft... aber ein Kampf, der von Erbitterung und Haß motiviert war, erforderte keinen Mut; um in solch einem Kampf zu bestehen, waren nur Übung und Erfahrung erforderlich.

Wer war er? Seine Gedanken wurden mit jedem Tag verwirrter. Er merkte auf, als Kagetoki seine Litanei beendet hatte; nun richtete Yoritomo das Wort an Munekiyo. Yoritomo lächelte sogar, sein blasses Gesicht zeigte den ganzen Charme, mit dem er so sparsam umging. »Wir haben Eure großzügigen Geschenke erhalten, Herr Munekiyo. Ihr seid ein Samurai, ein Ehrenmann und ein treuer Verfechter unserer Sache. Ich begrüße Euch in Kamakura. Ich habe nicht vergessen, daß Ihr mir mit Freundlichkeit und Güte begegnetet, als ich ein Kind war und mein Leben von Taira Kiyomori verschont wurde. Eure damalige Gunstbezeigung verdient, daß ich sie jetzt erwidere.«

Munekiyo verbeugte sich, bis seine Stirn die Matte berührte. Er sagte: »Heute diene ich bereitwillig Eurer Sache. Ich wünsche keine Belohnungen. Ich schäme mich, wenn ich an meine früheren Freunde denke, die an der westlichen See heimatlos von Ort zu Ort ziehen. Eure Güte, meine Geschenke anzunehmen, ist genug...«

»Ihr seid im Herzen noch immer ein Taira«, warf Kagetoki ein. »Ihr beleidigt meinen Herren Yoritomo, indem ihr seine Belohnungen verschmäht.«

Hojo Masa rückte nach vorn und flüsterte Yoritomo etwas zu. Er richtete sich wieder auf und sagte, ohne Kagetoki zu beachten: »Ich verstehe Herrn Munekiyos Widerwillen. Es zeigt, daß er ein Mann von Feingefühl und Ehre ist. Wir werden seine Belohnungen in einem gesonderten Gespräch erörtern. Nun zum letzten Bittsteller.«

Kagetokis Zorn war deutlich herauszuhören, als er rief: »Tadamori Yoshi, General, Gouverneur von Suruga, seit einiger Zeit Mönch. Yoshi ist von Go-Shirakawa und unserem Herrn Yoritomo bereits für Dienste an unserer Sache belohnt worden. Er ist hier, um im Namen des Generals Yoshitsune einen Auftrag zu erbitten, der diesen ermächtigt, einen Angriff gegen die Taira durchzuführen.«

Yoshi verbeugte sich, um die Verärgerung nicht zu zeigen, die sein Gesicht rötete. Kagetokis Ton und Haltung waren eine direkte Beleidigung.

»Ich erfahre, daß mein Bruder krank ist. Beten wir um seine rasche Gesundung«, sagte Yoritomo. Seine Miene war nicht frei von Zynismus, aber er sprach mit Wärme. »Mein Freund Yoshi hat ein schwieriges Jahr gehabt, seit wir ihn zuletzt sahen. Ich hätte ihm ein günstigeres Geschick gewünscht...« Yoshi war bestürzt. Offenbar hatte Hojo Masa mit Yoritomo über ihn gesprochen. Und er hatte geglaubt, es sei eine vertrauliche Unterhaltung mit ihr gewesen; sonst hätte er niemals seine Gedanken und Empfindungen geäußert.

Yoritomo fuhr fort: »...und ich hoffe, Yoshi kann die negativen Kräfte überwinden, die sein Leben regieren. Vielleicht wird er im Dienst neben meinem Bruder und seinem Gefolgsmann Benkei sich selbst wiederfinden.« Er brach ab und sagte dann: »Wo ist Benkei? Er war zu dieser Audienz geladen.«

»Er ist indisponiert, Herr. Er übermittelt sein Bedauern.«

»Eine plötzliche Indisposition, unzweifelhaft verursacht von zuviel starker Medizin«, sagte Yoritomo mit einem Anflug von für ihn uncharakteristischem Humor. Anscheinend war ihm Benkeis Schwäche für Reiswein bekannt – und er tolerierte sie.

Ein harter Klang kam in Yoritomos Stimme, und jede Spur von Humor verschwand mit der Plötzlichkeit eines Kieselsteins, der in einem Teich versinkt. »Wir haben nicht vergessen, wie unser Vetter Kiso durch seinen Aufenthalt in Kyoto verdorben wurde – hinreichend verdorben, um eine Gefahr für uns alle zu werden. Hoffen wir, daß Benkei nicht beispielhaft für die Disziplin ist, die General Yoshitsune in der Hauptstadt aufrechterhält.«

Yoshi sah Kagetokis befriedigten Blick.

»Trotz Benkeis Benehmen neigen wir dazu, die Indispositionen meines Bruders großzügig zu sehen.« Yoritomo beugte sich vorwärts und blickte Yoshi in die Augen. »Um jedoch seine Loyalität zu unserer Sippe und unserer Sache zu garantieren, erteilen wir den erbetenen Auftrag unserem vertrauten Verbündeten Tadamori Yoshi.«

Yoshis Augen weiteten sich. Das war unerhört, eine Beleidigung Yoshitsunes. War es wegen Benkeis Trunkenheit dazu gekommen, oder steckte eine Intrige Kagetokis dahinter? Yoshi öffnete den Mund, Einwendungen zu erheben, aber Yoritomo fuhr fort, bevor er sprechen konnte. »Da ihr, Yoshi, und mein Bruder Yoshitsune Seite an Seite bei Ichi-notani kämpftet, unorthodoxe Taktiken gebrauchtet und als ungangbar geltende Berge überwandet, mache ich es zur Bedingung des offiziellen Auftrages, daß Kajiwara Kagetoki Euch begleiten und bei der Planung des Feldzuges mithelfen wird. Er wird direkt an mich als Oberhaupt des Bakufu Meldung machen.«

Das war noch schlimmer. Dank dem Buddha, daß Benkei nicht anwesend war! Er hätte dies als eine Beleidigung Yoshitsunes betrachtet und Kagetoki auf der Stelle angegriffen.

Yoshi beherrschte seine Verblüffung und sagte mit aller Bescheidenheit, die er aufbringen konnte: »Ich verdiene die Ehre nicht. Bitte besinnt Euch eines anderen und erteilt den Auftrag Eurem Bruder; laßt mich Euch und ihm in der Weise dienen, wie ich es am besten verstehe.«

Yoritomos bleiches Gesicht wurde verschlossen. »Das Bakufu hat die Entscheidung getroffen. Ich verkünde sie lediglich«, sagte er.

Die Ratsmitglieder saßen bewegungslos, mit ausdruckslosen Gesichtern. Yoshi sah, daß Hojo Masa die Brauen hob und fast unmerklich die Achseln zuckte, um zu verstehen zu geben, daß sie außerstande sei, etwas an der Entscheidung zu ändern.

71

In Yashima begann der erste Tag des neuen Jahres um vier Uhr früh mit einer Shinto-Zeremonie im östlichen Vorhof. Antoku, in ein dickgefüttertes Gewand aus golddurchwirktem Bombassin gekleidet, führte das Ritual zur Erhaltung der Fruchtbarkeit des Bodens für die neue Reisernte aus, gefolgt von der Bittzeremonie, die Unheil und Unwetterschäden abwenden sollte. Dann brachte er den Gräbern seiner kaiserlichen Vorfahren seine Huldigung dar, und schließlich dem *zokusho*, seinem persönlichen Stern, sowie den Göttern des Himmels und der Erde in den vier Richtungen.

Den ganzen Tag huldigte die Taira-Hofgesellschaft dem kindlichen Kaiser. Geschmückte Wagen wurden durch die verschneiten Straßen gezogen, begleitet von Musikanten, die

Trommeln, Gongs und Flöten ertönen ließen. Mönche sangen und verteilten auf Reispapier gepinselte Kopien der Sutras. Farbenfrohe Gewänder aller Ränge füllten die Straßen der kleinen Küstenstadt: Violett mit blaßgrünen Untergewändern für den zweiten Rang, dunkelrot über tiefgrün für den dritten, bis zum Grün des sechsten Ranges und den einfachen braunen und dunkelfarbenen Gewändern der Bevölkerung. Jeder Schrein war voll von Betenden, die ihre beste Festkleidung angelegt hatten und für ein gedeihliches und gesundes neues Jahr beteten.

Am Abend zog sich die Bevölkerung in die Häuser zu ihren wärmenden Holzkohlenbecken zurück; der nächste Tag war für die meisten von ihnen ein Arbeitstag. Im Palastbezirk dauerten die Festlichkeiten hingegen an. Am Abend um acht Uhr, zur Stunde des Hundes, begann das Neujahrsbankett. Dieses Bankett und das anschließende Tanzfest waren das wichtigste Ereignis im Hofkalender; jeder vom sechsten Rang aufwärts war eingeladen.

Hinter einem Wandschirm aus hölzernem Gitterwerk kniete Taira Koremori auf einer Schilfmatte im *shishinden*, der Festhalle. Seine dicken Schultern hingen herab, sein mit Sorgfalt geschminktes Gesicht war zu einer unzufriedenen Grimasse verzogen. Koremori war emotional ermüdet, und Niedergeschlagenheit färbte seine Stimmung. Warum war sein Leben nach den vielversprechenden Anfängen seiner frühen Jahre in diesen Zustand der Stagnation geraten? Nur zu deutlich erinnerte er sich des Machtgefühls, als er seine Taira-Armee zur Eroberung von Huichi-jama geführt hatte. Er hatte gesiegt – obwohl seine Kritiker behaupteten, er habe Tausende von Männern geopfert, um eine Garnison von achthundert Mann zu überwältigen. Dabei verschwiegen sie, daß der Feind sich hinter fast unüberwindlichen Hindernissen verschanzt hatte.

Dann die furchtbaren Ereignisse bei Ichi-no-tani! Er versuchte, die Erinnerung zu verdrängen. Yoshitsune und Yoshi! Onkel Shigehira war ohnedies zum Untergang verurteilt gewesen. Hätte er bleiben und sein Leben nutzlos wegwerfen sollen?

Mit Unbehagen dachte Koremori an die Ankündigung der

Nii-Dono, die Vorgänge untersuchen zu lassen. Würde sie die Wahrheit aufdecken? Vielleicht würde der Kapitän des Schiffes, das Shigehira am Strand zurückgelassen hatte, aussagen, daß Koremori das Abdrehen des Schiffes befohlen hatte? Der Gedanke kam ihm nicht zum erstenmal, und er hätte den Mann längst in die entfernteste Provinz versetzt, wenn es ihm nur gelungen wäre, sich seines oder des Schiffes Namens zu erinnern.

Die Musikanten spielten ein trauriges Lied chinesischen Ursprungs. Die Klänge der *biwa* und das leise Pulsieren der Trommeln trieben ihm Tränen in die Augen. Er betupfte sie mit dem Ärmel. Wie leicht konnten die Mächtigen zu Fall gebracht werden!

Verärgerung überwand seine Melancholie; er knirschte mit den geschwärzten Zähnen. Seine eigene Großmutter! Die Nii-Dono hatte ihn übersehen und Onkel Munemori, diesen Esel, zum Oberhaupt der Taira-Sippe gemacht. Sie hatte Onkel Tomomori zur Straße von Shimonoseki entsandt, um dort Ruhm gegen das Gesindel der Minamoto-Armee einzuheimsen. Bei jeder Gelegenheit hatte sie Koremori beleidigt und zurückgesetzt – persönlich und in seiner Kriegerehre. Hatte sie ihn nicht ermutigt, Nami zu seiner Nebenfrau zu machen? Jetzt spürte er, daß sie Nami haßte. Praktisch alle waren im Festsaal zugegen – aber die Nii-Dono hatte darauf beharrt, daß Nami nicht anwesend sein sollte. Sie hatte es so vorgebracht, als ob ihr Namis Gesundheit am Herzen läge, aber Koremori wußte es besser, und er kannte den boshaften Ausdruck in ihrem Gesicht.

Was hatte dies zu bedeuten?

Koremori nahm die Schultern zurück. Waren Frauen nicht dazu geschaffen, den Männern Freude zu bereiten? Seine Hauptfrau war immer bereit gewesen, seinen Wünschen zu genügen und sein Verlangen zu befriedigen. Klaglos. Er vermißte sie, trotz ihrer Fehler. Aber Nami war anders, unabhängig, fordernd. »Ich bin noch nicht bereit«, hatte sie nach dem ersten Mal gesagt. Vielleicht war er in der Nacht der Gosechi-Tänze allzu stürmisch gewesen. Vielleicht hätten sie noch warten sollen, obwohl die Periode ihres Unreinheitstabus offiziell vorüber gewesen war. Er hatte versucht, rücksichtsvoll und aufmerksam zu sein... Was in den sechsundsechzig Provinzen wollte die Frau?

Die Musik hörte auf. Koremori spähte durch das hölzerne Gitterwerk und sah, wie eine Abordnung alter Männer aus dem Amt für Wahrsagungen dem kindlichen Kaiser einen Bericht über die Eisverhältnisse auf der Nordinsel Hokkaido vorlegte, von wo in jedem Winter frisch gebrochenes Eis nach Yashima verschifft wurde, um für die warme Jahreszeit eingelagert zu werden. Antoku, der ebenso müde wie Koremori zu sein schien, reagierte nicht. Die Gäste brachen jedoch in Hochrufe aus. Das Eis war dick und reichlich... ein sicheres Zeichen für ein glückverheißendes und gedeihliches neues Jahr.

Die Freude der Bankettgäste deprimierte Koremori noch mehr. Die Musik setzte wieder ein, und ein kostümierter Junge, nicht viel älter als Antoku, führte einen Tanz vor, der einem chinesischen König des sechsten Jahrhunderts gewidmet war, welcher eine kleine Gruppe zum Sieg über eine riesige Armee von Feinden geführt hatte. Der Junge trug eine vergoldete Maske mit dem geschnitzten Kopf eines Drachen. Er bewegte sich mit hypnotischer Anmut zu den Klängen der Instrumente, drehte sich langsam und handhabte einen goldenen Stab, mit dem er symbolisch den Feind zerstreute. Der Junge war außerordentlich talentiert. Die Teilnehmer am Bankett – die seine Vorführung als ein Zeichen ihres eigenen kommenden Triumphes über die Armeen der Minamoto sahen – applaudierten und jubelten.

Koremori war von dem Tanz fasziniert; er hatte das Gefühl, der Junge spreche in seinen Gesten unmittelbar zu ihm, und er hatte die Inspiration, aus dem Stegreif ein Gedicht zu schaffen.

Bugaku-Tänzer
Dreht sich und winkt mit dem goldenen Stab.
Hinter seiner Drachenmaske
Blickt er ins Herz mir
Und sieht Ängste
Die ich zu lange gekannt.

Ein Gedicht, das er gewiß nicht wiederholen würde. Ein Schaudern überlief ihn. Sprach ein böser *kami* in einer der acht Höllen seinen Namen aus?

Die Hofgesellschaft beklatschte und bejubelte noch immer die Vorführung.

Alle waren glücklich, nur er nicht. Was hatte er getan, daß er dieses Elend verdiente? Natürlich... er wußte es. Der höllische Strand von Ichi-no-tani! Genug! Er raffte sein feines Damastgewand mit der kunstvollen Seidenstickerei und stahl sich hinaus. Er ging auf gepolsterten Schuhen durch den pulvrigen Schnee, zog fröstelnd die Schultern ein und suchte sich des entmutigenden Gefühls zu erwehren, daß seine Welt sich rasch ihrem Ende näherte.

72

Siebzig berittene Krieger und fünfundsechzig Fußsoldaten bewachten die meilenlange Karawane und boten Schutz gegen kleine Banden von Straßenräubern. Seit sie vor zwei Wochen von Kamakura aufgebrochen waren, hatten die Reisenden sich kaum Ruhe gegönnt. Alle waren ermüdet, von Wind und Kälte mitgenommen, ruhebedürftig und ungeduldig, nach Kyoto zurückzukehren. Drei Tagereisen lagen noch vor ihnen.

Benkei war vom ersten Tag der Rückreise an übelgelaunt gewesen, bedrückt von Schuldgefühlen, weil er die Audienz bei Yoritomo und dem Bakufu versäumt hatte, und zornig auf Yoshi, dem er immer wieder vorhielt: »Du hättest den Auftrag ablehnen sollen. Dies ist ein ernster Gesichtsverlust für meinen Herren.«

»Wenn wir den Feldzug gegen die Taira führen wollen«, entgegnete Yoshi, »brauchen wir den offiziellen Auftrag Yoritomos. Der abgedankte Kaiser wird seine Zustimmung erst geben, wenn ich ihm Yoritomos schriftlichen Befehl vorlege. Hätte ich den Auftrag nicht angenommen, würden wir unverrichteterdinge und in unserer Mission gescheitert heimkehren.«

Benkei akzeptierte Yoshis Überlegung, machte sich jedoch immer noch Vorwürfe dafür, die Audienz versäumt zu haben.

Yoshi versicherte ihm, daß seine Abwesenheit keinen Einfluß auf Yoritomos Entscheidung gehabt habe: Die Schriftrolle mit der Anordnung sei bereits vor der Audienz fertig gewesen. Aber Benkei konnte das Gefühl nicht abschütteln, daß er schuldig geworden sei. Er hielt sich abseits, eine massige Gestalt in schwarzer Rüstung, und sein bärtiges Gesicht empfing alle, die ihm nahe kamen, mit finsterem Unmut – ein Vulkan, der jederzeit ausbrechen konnte.

Munekiyo wiederum war erfreut und guter Dinge. Obwohl ihm Belohnungen versprochen worden waren, hatte er Bestrafung, sogar Einkerkerung oder Tod befürchtet. Statt dessen war ihm die Rückgabe seiner konfiszierten Ländereien gewährt worden, dazu dreißig gesattelte Pferde und dreißig Truhen mit Wertgegenständen. Die anderen Familien waren Yoritomos Beispiel gefolgt und hatten ihn mit Schätzen überhäuft, bis seine Karawane aus dreihundert Pferden und vierzig Ochsenkarren bestand.

Munekiyo war nicht nur sicher, er war auch wieder reich.

Yoshi fühlte unter sich die gleichmäßigen Bewegungen der muskulösen Flanken seines Pferdes. Die Luft war kalt und frisch, Dampf strömte aus Pferdenüstern. Yoshis Gedanken wanderten zurück zu dem Tag, als sie Kamakura verlassen hatten und er noch einmal zu einem Gespräch mit Yoritomo und Kagetoki gerufen worden war.

Yoshi trug ihnen eine Idee vor, die er entwickelt hatte, nachdem er an der Küste Hunderte von kleineren und größeren Schiffen gesehen hatte. »Die Minamoto sind niemals als Seefahrer in Erscheinung getreten. Solange die Erinnerung zurückreicht, sind die Taira unumschränkte Herrscher der Meere gewesen. Aber wir haben Hunderte von Fischereifahrzeugen und Tausende von Männern, die sich auf die Seefahrt mit Segelschiffen verstehen. Wenn wir all jene, die über geeignete Schiffe verfügen, überreden könnten, daß sie sich unserer Sache anschließen, könnten wir es mit der Flotte der Taira aufnehmen.«

Kagetoki war entsetzt. »Unsere Männer sind tüchtige Soldaten; es gibt keine besseren Reiter oder Bogenschützen. Wollt Ihr vorschlagen, daß sie den festen Boden aufgeben, auf dem sie unbesiegbar sind, um auf dem Wasser zu kämpfen?«

»Wenn Fischer sich nicht fürchten...«

»Wir sprechen nicht von Männern, die sich fürchten«, explodierte Kagetoki, »sondern von tapferen Männern, die unter ungewohnten Bedingungen kämpfen sollen, wo sie durch ihre Unerfahrenheit schweren Nachteilen ausgesetzt sind.«

Yoritomo sagte nichts, während Yoshi und Kagetoki sich über Yoshis unorthodoxe Idee in die Haare gerieten. Nachdem jeder seine Argumente ein dutzendmal vorgetragen hatte und sie nahe daran waren, mit bloßen Fäusten übereinander herzufallen, ergriff Yoritomo das Wort und sagte: »Kagetoki, wir werden keine übereilten Entscheidungen treffen. Dies ist nur ein Vorschlag.« Er wandte sich zu Yoshi. »Ich beginne zu verstehen, warum die Leute Euch den verrückten Mönch nennen. Eure Idee ist verrückt. Vielleicht verrückt genug, um erfolgreich zu sein. Es steht außer Frage, daß ein Angriff zur See unerwartet kommen würde. Laßt uns feststellen, wie viele geeignete Boote wir aufbieten können – und wann. Laßt uns auch herausfinden, ob Reiter für den Kampf auf dem Wasser ausgebildet werden können, und wie lange dies dauern würde. Es gibt viele Fragen, die beantwortet werden müssen, bevor wir daran denken können, diesen verrückten Plan ins Werk zu setzen.«

Bevor Kagetoki seine ablehnende Haltung bekräftigen konnte, glitt Hojo Masa mit einem Brief herein. »Ich dachte, es könnte dringend sein«, sagte sie. »Es ist Nachricht von deinem Bruder Noriyori.«

Yoritomos Bruder war am Südwestende der Hauptinsel stationiert, in den von den Taira und ihren Verbündeten beherrschten Provinzen Suo und Nagata. Seit der Winter begonnen hatte, war er in einer öden Gegend ohne Nahrungsmittel von feindlichen Truppen eingeschlossen.

Noriyoris Brief war voll von Klagen und dringenden Anforderungen: Pferde, Waffen, Ausrüstungen, Boote, Nahrungsmittel – an allem fehlte es. Er warnte, daß seine Truppen einen Punkt erreicht hätten, wo man jeden Tag mit Meuterei oder Massendesertation rechnen müsse. Die Situation sei so verzweifelt, daß seine Krieger ihre Rüstungen gegen Nahrungsmittel eintauschten.

Nachdem Yoritomo den Brief laut in Yoshis Anwesenheit vorgelesen hatte, sagte Kagetoki mit eisiger Ironie: »Yoshi beschäftigt sich mit Marinefragen. Ich bezweifle, daß ihn dies interessieren wird.«

Yoritomo winkte ab und sagte: »Ich vertraue seinem Urteil.« Er wandte sich zu Yoshi. »Wie würdet Ihr antworten?«

»Noriyori trägt eine große Verantwortung in den östlichen Provinzen. Die Bedrohung seiner Anwesenheit hält die Taira in Schach und fördert ihre Uneinigkeit. Ich sage, daß wir ihn unterstützen sollten.«

Kagetoki stimmte mir säuerliche Miene zu. »Diesmal hat Yoshi recht. Wenigstens werden wir eine richtige Armee unterstützen.«

Yoritomos Mundwinkel zuckten in der Andeutung eines Lächelns. »*Hai*«, sagte er. »Ihr seid beide einig. Ich bin erfreut, daß zwei von meinen zuverlässigsten Soldaten ihre persönlichen Vorurteile beiseite lassen können.«

Yoshi und Kagetoki wechselten dunkle Blicke; sie stimmten diesmal überein, aber dies würde vermutlich niemals wieder geschehen. Yoshis Abneigung gegen Kagetoki war so stark, daß seine Nackenhaare prickelten. Vielleicht waren sie in einem früheren Leben Feinde gewesen.

Yoritomo sagte: »Wir müssen unsere Hilfsquellen bei Yoshitsune konzentrieren. Darum werde ich Euren Rat unbeachtet lassen. Noriyori wird sich wie bisher mit unserer Ermutigung zufriedengeben müssen. Ich brauche alle Hilfsmittel, um meine östlichen Verbündeten zu konsolidieren und eine Armee aufzustellen, welche die Taira überwältigen kann.«

»Trotz dieser Knappheit an Mitteln gabt ihr Munekiyo dreihundert Pferde«, bemerkte Yoshi.

»Ein notwendiges Manöver. Die Familien, die sich mit dem Gedanken tragen, den Taira die Gefolgschaft aufzukündigen, werden sehen, wie großzügig die Minamoto zu denen sind, die sich ihnen anschließen. Und die Taira können nicht umhin zu denken, daß wir über reiche Reserven verfügen müssen, wenn wir uns so großzügige Belohnungen leisten können. Aus diesen Gründen ist es wichtig, daß der Daimyo Munekiyo die Hauptstadt mit seinen Schätzen und Geschenken sicher erreicht.«

»*Hai*, ich verstehe«, sagte Yoshi.

Yoritomo fixierte ihn mit einem harten Blick und sagte: »Ich bin froh, daß Ihr versteht, weil ich Euch für Munekiyos Sicherheit persönlich verantwortlich mache.«

Auf dem Weg zur Hauptstadt erreichte die lange Kolonne in der Nähe des Biwa-Sees die Provinz Omi, als ein herangaloppierender Kundschafter Yoshis Gedankengänge unterbrach. »Bewaffnete Reiter in den Wäldern, eine halbe Stunde voraus. Feinde... sie führen das rote Taira-Banner.«

73

Es war früher Nachmittag, als die Meldung kam. Die Karawane zog in südlicher Richtung nach Kyoto. Der Biwa-See lag zehn Meilen voraus jenseits der schneebedeckten Hügel und Wälder, die an die Tokaido-Straße grenzten. Dort sollte die Taira-Streitmacht stehen, offenbar mit dem Ziel, ihnen aufzulauern.

Yoshi ließ die Kolonne sofort anhalten; Ochsenkarren kamen knirschend zum Stillstand, Hufe stampften den pulverigen Schnee, Pferde und Ochsen dampften in der Kälte.

»Wie stark ist der Feind?« fragte Yoshi. Eine Taira-Armee in den Wäldern? Zwar gab es in den zentralen und westlichen Provinzen Parteigänger der Taira, aber eine größere Truppenansammlung so nahe der Hauptstadt schien unwahrscheinlich.

Der Kundschafter zögerte. »Sie sind in den Wäldern und Hügeln... rote Banner in jeder Richtung. Vermutlich hunderte.«

Munekiyo sagte: »Als ich abtrünnig wurde, setzte die Nii-

Dono einen Preis auf meinen Kopf aus. Sie wollen mich. Die Taira werden alles tun, um uns daran zu hindern, mit Yoritomos Geschenken zurückzukehren. Ihre Spione müssen sie über unser Vorankommen unterrichtet haben, seit wir Kamakura verließen.«

»Wir haben fünfundsiebzig Reiter. Laßt uns weiterreiten und sie zum Kampf stellen«, sagte Benkei. Nach zwei Wochen im Sattel, durchgefroren und immer wieder aufgehalten, wenn es galt, schwerfällige Ochsenkarren über vereiste Straßenabschnitte zu bugsieren, brannte er auf einen Kampf.

Munekiyo sagte: »Obwohl wir große Anstrengungen auf uns genommen haben, diese Schätze von Kamakura bis hierher zu schaffen, sind sie von keiner großen Bedeutung. Ich ziehe es vor, meine Leute zu schützen. Niemand sollte für mich sterben.« Er blickte zu Yoshi. »Würde es nicht besser sein, die Straße zu verlassen und eine Konfrontation zu vermeiden?«

Yoshi machte ein bedenkliches Gesicht. »Die Tokaido-Straße mit unserer Karawane zu verlassen und einen anderen Weg zu nehmen, würde den Rest unserer Reise äußerst schwierig, wenn nicht unmöglich machen. In den Provinzen Ise und Yamato gibt es schmale Gebirgsstraßen, die im Winter kaum befahrbar sind. Herr Munekiyo, ich bin für Eure Sicherheit verantwortlich; ich schlage vor, daß Ihr ein halbes Dutzend Eurer besten Männer nehmt, den Feind umgeht und ohne uns zum Biwa-See reitet.«

»Ich soll Euch verlassen, daß Ihr für mich kämpft?«

»Das wäre am besten. Ich habe Befehl, Euch sicher nach Kyoto zu bringen.«

»Und der Auftrag, den Ihr von unserem Herrn Yoritomo habt?«

»Den habe ich nicht vergessen.« Yoshis kaltes Lächeln erreichten seine Augen nicht. »Wenn Buddha und Hachiman es wünschen, werde ich am Leben bleiben, um den Auftrag auszuführen und Euren Schatz in Kyoto abzuliefern.«

»Kämpfen wir?« fragte Benkei.

»Wir kämpfen!«

»Dann bin ich mit Euch«, sagte Munekiyo. »Niemand

wird mich jemals wieder beschuldigen, meine Verbündeten im Stich zu lassen.«

Yoshi lächelte wieder, diesmal mit echter Wärme. Er hatte viel über Hojo Masas Worte nachgedacht. Um ihn waren wertvolle und mutige Männer. Vielleicht hatte er seine Betrachtungsweise zu sehr von persönlichen Umständen verdunkeln lassen. Beinahe zärtlich sah er Munekiyo an... solch ein kleiner Mann mit seinem gehörnten Helm und seiner Rüstung, wie er auf dem großen Rotschimmel mit dem vergoldeten Sattel saß. Er hätte ein Junge sein können, der seines Vaters Rüstung angelegt hatte – außer daß sein rundes Gesicht mit dem dünnen weißen Bart das Gesicht eines Kriegers war.

Yoshi verbeugte sich. »So sei es«, sagte er. Wenn nötig, würde er Munekiyo mit seinem eigenen Leben schützen.

»Kämpfen wir, oder nicht?« grollte Benkei.

»Zuerst treffen wir die nötigen Vorbereitungen, dann kämpfen wir«, sagte Yoshi. »Und du wirst vorangehen.«

Yoshis Plan war einfach. »Mit dem höheren Gelände gewinnen wir den Vorteil«, erklärte er Munekiyo. »Wir werden die Karawane mit einer kleinen Streitmacht unserer Reiter vorausschicken. Puppen, die mit Stoff ausgestopft sind und Rüstungen tragen, werden auf weiteren fünfzig Pferden sitzen. Im Dämmerlicht wird die Kolonne wie unsere ganze Truppe aussehen. Wenn die Taira von den Hügeln herab angreifen, wird unsere wirkliche Streitmacht das Waldgelände hinter ihnen infiltriert haben und ihren Hinterhalt gegen sie wenden.«

Benkei sagte: »Ich will nicht durch List gewinnen. Selbst wenn sie mich niederhauen, will ich wissen, daß ich meinem Feind von Mann zu Mann entgegentrat.«

»Du wirst deine Chance erhalten. Ich möchte, daß du die Kolonne mit den Wagen anführst. Wenn sie angreifen, magst du ihren Kämpen zum Zweikampf herausfordern.«

»Ich gehe mit Benkei«, sagte Munekiyo. Er preßte die Lippen in einem Ausdruck zusammen, der deutlich machte, daß er keinen Widerstand dulden würde.

»Nein«, sagte Yoshi mit Entschiedenheit. »Ich möchte

Euch bei mir haben. Ihr mögt fünf Eurer Leute auswählen, die an Eurer Stelle mit Benkei gehen.«

»Ich lehne das ab. Dies ist meine Karawane. Zwar bin ich durch meine Geburt mit den Taira verwandt, doch bin ich nicht weniger ein Krieger als Benkei.«

Yoshis Achtung vor Munekiyo wuchs mit jedem Wort, aber er sagte: »Wenn Ihr zu Tode kommt, ist unsere Mission gescheitert.«

Munekiyo hob den Kopf und sah Yoshi unter zusammengezogenen Brauen an. »Ich werde nicht sterben.«

Yoshi seufzte. Er nahm Benkei beiseite. »Obwohl wir die Verantwortung für seine Sicherheit tragen, befehligt er die Karawane. Wir müssen tun, was er verlangt. Ich vertraue dir seine Sicherheit an.«

»Ich werde mein eigenes Leben niederlegen, bevor ich ihn sterben lasse.«

Yoshi mußte sich damit zufriedengeben.

Er befahl den Samurai, ihre Waffen zu überprüfen und bereitzuhalten, dann leitete er die Fußsoldaten bei der Herstellung von fünfzig Stoffpuppen und Nachahmungen von Bambusausrüstungen an. Die Puppen wurden auf die Rücken von Pferden aus der Herde gebunden. Yoshi ritt die Reihe der Ochsenkarren auf und ab und trieb die Männer zur Eile an. »Die Straße durch das Bergland ist zu gefährlich, um sie bei Dunkelheit zu begehen. Wir müssen bei Tageslicht hinüber.«

Die Vorbereitung der Puppen und ihre Befestigung auf den Pferden erforderte mehr Zeit, als Yoshi vermutet hatte. Die Sonne sank bereits im Westen, und sie waren noch nicht fertig. »Wir können nicht länger warten«, sagte Yoshi. »Die Puppen werden bleiben müssen, wie sie sind.«

Kurz vor Dunkelwerden führten Benkei und Munekiyo eine seltsame Kolonne ausgestopfter Reiter, deren Rüstungen nicht richtig saßen und von denen einige Stücke farbigen Stoffes hinter sich herzogen, über die letzte Höhe und ins Tal. Vor ihnen überquerte das Band der Straße eine steinerne Brücke in der Mitte eines verschneiten Feldes. Weit zur Linken lagen ein paar Gehöfte mit geschlossenen Läden im Winterschlaf; nur der dünne blaue Holzrauch, der aus ihren Abzugsöffnungen stieg, zeigte an, daß sie bewohnt waren. Ein dichter Wald aus Kiefern, Eichen und Maulbeerbäumen bedeckte den Hang zur Rechten.

Ein genauer Beobachter hätte vielleicht bemerkt, daß die Schneelasten von den Zweigen vieler Bäume geschüttelt waren und daß keine vertrauten Rufe von Käuzchen, Eulen und Affen aus dem Wald kamen. Hätte er noch genauer hingesehen, wäre ihm vielleicht da oder dort das Aufleuchten eines roten Taira-Banners aufgefallen.

Aber niemand in der Kolonne schien dem bewaldeten Hang Beachtung zu schenken. Die Ochsenkarren mahlten schwerfällig durch den ausgefahrenen Schnee. Das Knarren der hölzernen Achsen, das Klirren von Zuggeschirren und Rüstungen, das Schnauben und Stampfen der Pferde und die rauhen Rufe der über dem Zug kreisenden Krähen vereinigten sich zu einem gleichförmigen, gedämpften Geräusch, das sich schon nach wenigen hundert Schritten in der Stille des Winterabends verlor.

Die Schatten verdichteten sich unter den Bäumen, wo hundertfünfzig gepanzerte und getarnte Reiter ihre Pferde zügelten, bis die Karawane die Brücke überquert hatte. Sadatsugu, der Anführer, saß auf einem Schimmel und hielt den Signalfächer wartend in die Höhe. Im Zwielicht unter den Bäumen machte ihn der weiße Jagdrock über seiner roten Rüstung beinahe unsichtbar vor dem gesprenkelten weißen, grünen und graubraunen Hintergrund des winterlichen Waldes.

Sadatsugu war ein umsichtiger Mann, seit mehr als fünf Jahren *ronin*, wie die Samurai genannt wurden, die in keinem festen Dienstverhältnis standen und sich als Söldner verdingten. Er war von den Taira gemietet worden, um einen Angriff auf den Daimyo Munekiyo zu führen. Die Nii-Dono selbst hatte ihm den Auftrag erteilt. »Munekiyo ist ein Verräter; an ihm muß ein Exempel statuiert werden. Ich will, daß sein Kopf auf einer Stange zur Schau gestellt wird, um zu zeigen, wie die Taira Verräter belohnen. Führt diesen Auftrag aus, und Ihr werdet großzügig belohnt. Versagt ihr, so...«

Der Rest blieb ungesagt, aber durch den Vorhang hatte Sadatsugu eine entschlossene und energische Bösartigkeit gespürt, die ihn frösteln machte.

»Ich bin Krieger von Beruf«, hatte er geantwortet. »Ich werde nicht versagen.«

Fünf Jahre Erfahrung als *ronin* hatten Sadatsugus schmales, gefurchtes Gesicht mit Narben von einem Dutzend Schlachten bedeckt. Er hatte gewonnen, er hatte verloren, aber immer hatte er gelernt... und die wichtigste Lektion, die er gelernt hatte, war, daß man sich den Rücken freihalten und mit dem Unerwarteten rechnen mußte.

Er spähte in die Dämmerung und zählte den Feind. Er sah eine Anzahl Fußsoldaten und vielleicht fünfzig Berittene auf der anderen Seite der Ochsenkarren und nickte in geringschätziger Befriedigung; es waren noch weniger, als seine Kundschafter gemeldet hatten.

Die Ochsenkarren holperten über die Brücke; damit war der Kolonne der Fluchtweg abgeschnitten. Unter der Brücke gurgelten die schwarzen Wasser eines kleinen, aber angeschwollenen Flusses. Totes Laub trieb an der vom Wind geriffelten Oberfläche.

Sadatsugu winke mit dem Signalfächer und trieb sein Pferd aus der Deckung des Waldrandes; der Widerschein des Sonnenuntergangs glänzte matt auf den Perlmutt-Einlegearbeiten seines Sattels und den Hörnern seines Helmes. Zwei Dutzend seiner zuverlässigsten Krieger folgten ihm. Von den Zweigen fiel Schnee in dünnen Vorhängen und bestäubte die Reiter. Auf dem freien Feld hob Sadatsugu den Fächer, und auf das Signal hin zügelten seine disziplinierten und eingeübten Krieger ihre Pferde in einer Reihe hinter ihm.

Im Wald, den sie verlassen hatten, wimmelte es von weiteren Kriegern; ihre Pferde stampften den dünn beschneiten Waldboden und beknabberten das Unterholz. Diese Krieger sollten an Ort und Stelle bleiben, bis Sadatsugu ihnen ausdrücklich einen Gegenbefehl erteilte. Er überließ nichts dem Zufall, da seine Zukunft – sogar sein Leben – vom Erfolg abhingen.

Die Ochsenkarren kamen zum Stillstand. Ein großer bärtiger Reiter in schwarzer Rüstung löste sich von der Kolonnenspitze und ritt auf die Reihe der Taira zu. Er trieb sein Pferd den Hang hinauf, bis ihn nur noch hundert Schritte vom Gegner trennten; dann zügelte er das Tier und rief eine förmliche Herausforderung: »Ich bin Saito Musashi-bo Benkei, Sohn des Bensho von Kumano, Abkömmling von Amatsukoyane, Gefolgsmann des großen Herren Minamoto Yoshitsune. Ist einer unter euch mutig oder töricht genug, daß er es wagt, mir im Zweikampf entgegenzutreten?«

Damit nahm er den Bogen von der Schulter und sandte einen summenden Pfeil über die Köpfe der Taira.

Sadatsugu zog sein Pferd in einer Schneewolke herum und rief: »Unsere Ehre ist herausgefordert. Wer will es mit diesem eingebildeten Dummkopf aufnehmen?«

Zwei Dutzend Kehlen riefen die Antwort. »Ihr seid alle wackere Männer«, sagte Sadatsugu. »Du, Oyamada Jiro, unser stärkster Schwertfechter, wirst die Ehre haben, diesen Prahlhans zu töten.« Er signalisierte, daß ein summender Pfeil zurückgeschickt und die Herausforderung angenommen werde.

Oyamada Jiro ritt vorwärts, ein breitschultriger junger Mann, der Benkei an Größe und Kraft nicht nachstand. Sein breites Gesicht war nach der Art des Hofes gepudert, die Zähne geschwärzt. Er lächelte zuversichtlich; Oyamada Jiro war noch nie in einem Wettkampf besiegt worden. Er kannte Benkeis Ruf und wußte, daß er, sobald er Benkei tötete, als Krieger berühmt sein würde. Oyamada Jiro glaubte fest an seinen Sieg; er wußte es, fühlte, daß der *kami* mit ihm war.

Er riß seine Tarnung herunter und verkündete, furchterregend in all dem Rot und Gold, seine Annahme der Herausforderung: »Ich bin Taira Oyamada Jiro, neunzehn Jahre alt, Neffe von Yahyo Saemon, der Minamoto Yoritomo nach dem Heiji-Krieg fing. Ich fürchte keinen Mann, und niemand kann meinem Schwert widerstehen. Halte mir stand, wenn du es wagst.«

Mit diesen Worten gab er seinem Pferd die Fersen und galoppierte, das Langschwert ziehend, auf Benkei zu.

Alle Augen waren auf die beiden gegeneinander anrennenden Riesen gerichtet.

Nur Sadatsugu bemerkte, daß die Reiter auf der anderen

Seite der Ochenkarren unbeteiligt schienen. Die Pferde waren unruhig, aber ihre Reiter saßen still und unbeteiligt, anscheinend desinteressiert an dem Zweikampf. Er spähte angestrengt durch die Dämmerung, um die Gestalten besser zu sehen. Warum saßen sie so still? Etwas stimmte nicht, aber er war nicht sicher, was es war.

Er wußte nur, daß etwas faul war.

74

Etwa eine Meile westlich der Straße kam Yoshi an einen schmalen, reißenden Bach. Er und seine Truppe von siebzig Samurai ritten im Gänsemarsch über eine schmale Holzbrücke, über ein leeres Feld und umgingen den Hügel, an dessen jenseitigem Abhang die Taira ihren Hinterhalt gelegt hatten. Jedes unnötige Geräusch vermeidend, ritten sie langsam hangaufwärts durch den Wald. Auf allen Seiten ragten schemenhaft die Stämme der Kiefern und Eichen aus dem verschneiten Unterholz. Hin und wieder lösten sich Schneelasten aus den Wipfeln und fielen fast lautlos in weißen Wolken herab. Tiefe Schatten lagen in jeder Senke.

Als sie den Kamm erreichten, hörten sie aus der Ferne lautes Rufen und identifizierten in der kalten klaren Luft Benkeis Herausforderung und Oyamada Jiros Erwiderung. Yoshi ließ absitzen; sie banden ihre Pferde an Stämme und Äste, stapften über den Kamm und gingen in breiter Front abwärts durch den Wald vor. Nach einer Weile – sie waren kaum hundert Schritte vorangekommen – gab Yoshi das Zeichen zum Anhalten; er hatte im Wald voraus Pferde gehört. »Nobu«, flüsterte er seinem Stellvertreter zu, »wir bleiben, wo wir sind; die Taira haben den Wald noch nicht verlassen.«

Nobu machte große Augen. Yoshis Plan hatte sich darauf verlassen, daß die Taira-Streitmacht ihrem Anführer auf freies Feld folgen würde, um Benkeis Herausforderung anzunehmen, so daß Yoshi und seine Bogenschützen den Vorteil der Deckung am Waldrand hätten. »Was tun wir jetzt?« fragte Nobu.

»Nichts. Wir müssen warten.« Sie konnten gegen den zahlenmäßig überlegenen Feind nicht vorgehen, es sei denn, die Taira verließen den Wald. Yoshis Puls hämmerte in den Schläfen. Er schluckte. Hoffentlich würden sie nicht zu spät kommen, die Karawane zu retten.

Benkei und Oyamada Jiro galoppierten so nahe aneinander vorbei, daß ihre Beinschienen sich streiften. Beide schwangen ihre Langschwerter. Benkeis ›Felsspalter‹ war länger und schwerer, aber Oyamada Jiro parierte den Schlag. Bevor Benkei ein zweites Mal ausholen konnte, waren sie aneinander vorbei und wendeten die Pferde. Benkeis Tier bäumte sich auf und wieherte wild, als er es zu scharf herumriß. Oyamada Jiro war in vollem Ansturm, bevor Benkei sein Pferd unter Kontrolle brachte.

Sie rammten einander, zwei Riesen, Benkeis Stärke gegen Oyamada Jiros Schnelligkeit. Sie trennten sich und rammten einander wieder und wieder. Die Pferde glitten im aufgewühlten Schnee aus. Bei jeder Wendung preßte Benkeis schwarze Rüstung gegen Oyamada Jiros rote, und Benkeis dunkles, bärtiges Gesicht mit den blitzenden weißen Zähnen – den Grabsteinen der Seele – kam Oyamadas jugendlichem, weißgepudertem Gesicht mit den geschwärzte Zähnen so nahe, daß jeder den Schweiß des anderen riechen konnte. Sie verzerrten die Gesichter vor Anstrengung, wenn ihre Klingen gegeneinanderschlugen und jeder seinen Vorteil suchte. Oft waren sie einander so nahe, daß der Atem aus ihren Mündern und Nasen sich in einer einzigen Wolke um ihre Köpfe vermischte. Mit gellendem Klang schlug Stahl auf Stahl. Das Wiehern der Pferde verschmolz mit den brüllenden Kriegsschreien der Kämpfer, die einander in einem Todestanz umkreisten. Wieder stießen die beiden aufeinander, und plötzlich siegte Schnelligkeit über Kraft. Oyamada Jiros Klinge traf Benkeis Brustplatte mit voller Wucht. Die Schichten der Panzerung wurden gespalten, und Benkei fiel rücklings vom Pferd. Er versuchte, sich in der Luft herumzuwerfen und landete mit einem dumpfen Aufprall, der weithin hörbar war, auf der Schulter.

Die Kameraden des jungen Kriegers brachen in Triumphgeschrei aus. Oyamada Jiro nutzte seinen Vorteil, zog das Pferd herum und holte zum Vernichtungsschlag aus.

Benkei schüttelte den Kopf und brüllte vor Wut. Seine Sicht war getrübt, seine Schulter war hart auf den Boden geprallt. Schnee und Nässe drangen durch die Ritzen und Zwischenräume seiner Rüstung, und seine linke Seite schmerzte so, daß er sich fragte, ob Rippen gebrochen seien. Er zwinkerte. Das Feld vor ihm war eine weite graue Fläche, angefüllt mit schwarzen Schatten.

Hufschläge! Oyamada Jiro galoppierte mit erhobenem Schwert auf ihn zu. Benkei warf sich zur Seite, die Klinge glitt von seinem linken Schulterschutz ab. Seine ganze Seite war wie in Flammen ... der Schmerz war unerträglich.

Benkei keuchte. Er versuchte, auf die Beine zu kommen, dem Tod ins Auge zu sehen. Benkei war immer furchtlos gewesen. In tausend Kämpfen hatte nur Yoshitsune ihn geschlagen. Aber dieser junge Mann war von einem bösen *kami* besessen; er hatte eine unheimliche Schnelligkeit, die Schnelligkeit der Jugend, verbunden mit gewaltiger Kraft. Zum ersten Mal spürte Benkei, daß er sterben würde.

Oyamada Jiros Pferd warf den Kopf herum und drehte sich auf der Hinterhand. Ein Widerschein des blutigroten Sonnenuntergangs glomm im wilden Auge des Pferdes.

Ein Widerschein des Todes!

Munekiyo sog die kalte Luft tief ein. Am Horizont leuchteten die Unterseiten dunkler Wolken in gelben und roten Tönen. Munekiyo hatte das Gefühl, als seien Stunden vergangen, seit Benkei den Gegner herausgefordert hatte. Aber es konnten nur Minuten gewesen sein. Er atmete schwer, und sein Magen schmerzte, während er den Kampf der beiden Reiter beobachtete. War es die Kälte oder die Spannung? Nervös zupfte er an seinem dünnen Schnurrbart. Yoshi hatte gesagt, die Taira würden den Wald verlassen, sobald Benkei ihren Kämpen zum Zweikampf forderte. Warum hatten sie es nicht getan? Yoshis Plan war nicht zu verwirklichen, wenn die Taira ihre Position hielten. Und obwohl es rasch dunkelte, konnte Munekiyo Dutzende, vielleicht Hunderte von Reitern sehen, die unter den Bäumen am Waldrand warteten. Was konnte er tun? Es wäre unverzeihlich, wenn er sich in Benkeis Zweikampf einmischte. Wo war Yoshi? Alles lief falsch.

Dann wurde Benkei vom Pferd geschlagen. Munekiyo sah es, hörte den dumpfen Aufschlag im Schnee und verzog unwillkürlich das Gesicht; er glaubte, es sei ein Todesstreich gewesen. Schon im Begriff, sein Pferd anzuspornen, um Benkeis Platz einzunehmen, sah er Benkei taumelnd auf die Beine kommen. Er hielt sein Schwert, wirkte aber benommen, verwirrt... und Oyamada Jiro schickte sich an, ihm den Todesstoß zu versetzen.

Unannehmbar! Es durfte nicht sein, daß Benkei um seinetwillen starb! Munekiyo konnte sich nicht zurückhalten. Er vergaß alles, stieß die Absätze in die Flanken seines Pferdes und trieb es auf den Kampfplatz.

Sein persönliches Feldzeichen flatterte von einem biegsamen Bambusstab an seinem goldbestickten Sattel. Mit einem hohen, dämonischen Kriegsgeschrei galoppierte er auf Benkei zu.

Sadatsugu beobachtete den herankommenden Reiter. Er kam ihm vertraut vor. Sein schriller Kriegsschrei verwehte im Wind. Er war nicht genau zu erkennen, saß klein auf seinem Pferd und war vom gehörnten Helm bis zu den Bärenfellstiefeln gepanzert... aber das Feldzeichen, das hinter ihm flatterte. War es...?

Ja, bei den zehn Königen, es war der Mann, dessentwegen sie gekommen waren, der Verräter an den Taira. Sadatsugu stand in den Steigbügeln und rief: »Es ist der Verräter Munekiyo! Tötet ihn! Eine Belohnung für den, der mir seinen Kopf bringt.« Er zeigte mit dem Fächer hangabwärts, beugte sich über den Pferdehals und galoppierte auf Munekiyo zu. Zwei Dutzend Taira-Krieger waren um ihn; die Hufe ihrer Pferde wirbelten den Schnee zu einer dichten Wolke auf.

75

Das weißgeschminkte Gesicht der Nii-Dono beugte sich zu ihrem Sohn. Der Kerzenschein betonte unheimlich ihre vorstehenden Backenknochen und die eingesunkenen Augenhöhlen. Taira Munemori bewegte sich unbehaglich. Seine unausgeformten Züge, feist vom Wohlleben, gaben ihm etwas Weibisches, was durch den Ausdruck von Selbstmitleid noch verstärkt wurde. Warum hieß sie ihn dies und das zu tun und kritisierte dann die Art und Weise, wie er es tat?

Die Stimme der Nii-Dono war ein scharfes Flüstern. »Du wirst den Rat zur Sitzung einberufen. Du mußt die Mitglieder des Rates überzeugen, daß wir jede größere Auseinandersetzung mit den Barbaren des Ostens gewinnen.«

»Aber, Mutter...« Munemoris Stimme hatte den üblichen winselnden Unterton. »Wie kann ich sie davon überzeugen, wenn Minamoto Yoritomo nach jeder Auseinandersetzung Anhänger in den östlichen Provinzen gewinnt, während unsere Verbündeten abtrünnig werden?«

»Warum muß ich das Denken für dich besorgen? Warum wurde ich mit solch einem unfähigen Sohn bestraft?« Ihre dünnen Schultern sanken zusammen, und sie murmelte: »Wie tief bekümmert mich der Verlust deines Bruders Shigehira. Er hätte gewußt, wie die Ratsmitglieder zu überzeugen sind.«

»Warum hältst du mir meinen Bruder als Beispiel vor?« sagte Munemori. »Du lehrtest mich zu sein, wie ich bin. Shigehira ist tot, und du mußt dich auf mich verlassen.« Er hob die Stimme in einem Tonfall winselnden Aufbegehrens. »Ich werde tun, was du willst, aber ich wurde nicht in militärischer oder politischer Taktik und Strategie ausgebildet. Du lehrtest mich Musik, Dichtkunst und die chinesischen Klassiker. Gib mir nicht die Schuld an dem, was ich bin. Sag mir einfach, was du willst.«

Die Nii-Dono schwieg darauf; sie mußte die Wahrheit seiner Antwort anerkennen. Er war derjenige, den sie von den rauhen Tatsachen des politischen Lebens ferngehalten hatte, ohne jemals zu denken, daß ausgerechnet er, der dichterisch Begabte, eines Tages eine politische Führungsrolle würde übernehmen müssen. Wenigstens hörte er auf sie. Shigehira war tot, Tomomori war bei Shimonoseki, und ihr Enkel Koremori war zu dickköpfig und einfältig, als daß sie ihm vertrauen könnte.

Schließlich sagte sie in versöhnlichem Ton: »Du bist ein guter Sohn. Ich weiß, daß ich mich auf dich verlassen kann, wenn dir der Weg gezeigt wird.«

Munemori war besänftigt. »Danke, Mutter.«

»*Hai*. Nun, du wirst den Mitgliedern des Rates folgendes erzählen...«

Am Nachmittag des sechsten Tages im ersten Monat wurden die Ratsmitglieder zum Hi no Omashi gerufen, dem Tagessalon des Herrschers im Hölzernen Palast.

Die Nii-Dono trat als erste ein. Nachdem sie Sorge getragen hatte, daß ihre Kammerdienerin Shineko die Sitzmatten und Blumen geordnet hatte, nahm sie ihren Platz hinter dem *chodai*-Vorhang ein. Sie war entschlossen, sich still zu verhalten; viele der führenden Leute am Hofe kritisierten sie hinter vorgehaltener Hand, daß sie sich zu sehr in die Angelegenheiten der Männer einmische. Munemori mußte den Rat überzeugen, daß alles in Ordnung sei... es würde seiner Sache nicht helfen und seine Stellung nicht festigen, wenn sie sich einmischte, obwohl sie wußte, daß sie klüger, realistischer und fähiger war als er. Sie war eine Frau und daher suspekt.

Koremori und zehn der hochrangigen Taira-Räte kamen im Gänsemarsch herein und knieten vor der Plattform nieder. Sie frösteltern in der Kälte. Die Ostseite des Raumes war geöffnet worden, damit die Räte die künstlichen Bäche, Brücken und Ziergärten des Palastbezirks bewundern konnten. Knöcheltiefer Schnee hatte die Gärten in ein weißes und silbernes Zauberland verwandelt. Die Aussicht war außerordentlich, aber die winterliche Luft lud kaum zum Verweilen ein, obwohl Kohlenbecken aufgestellt waren. Keiner der Räte erwartete gute Nachrichten, und rote Nasen saßen in verdrießlichen Gesichtern.

Munemori kam als letzter. Er war in eine Kombination gekleidet, die *fuji* oder Glyzinie genannt wurde. Sein Übergewand war von einem zarten Violettblau, das Dutzend Untergewänder zeigte alle Schattierungen von blaßgrün bis aquamarin. Er bestieg die Plattform und kniete neben dem *chodai*. Nach den förmlichen Verbeugungen hielt er eine Begrüßungsansprache, die mit der Bemerkung endete, daß er viele gute Nachrichten habe. Die Ratsmitglieder schienen alle gleichermaßen unbeeindruckt.

Munemori rief den Minister aus dem Amt für Palastarbeiten, der den erfolgreichen Bau des Größeren Kaiserlichen Palastes, des *daidairi*, verkündete. Nach zweijähriger Arbeit fertiggestellt, konnte die aus mehr als fünfzig Gebäuden bestehende Palastanlage sich jetzt neben dem Palastbezirk von Kyoto sehen lassen.

Die Nachricht wurde gut aufgenommen. Mehrere der Ratsmitglieder nickten sogar in überraschter Befriedigung. Die Fertigstellung des Palastbezirks verschaffte ihrem Exil ein Element von Beständigkeit.

Munemori gewann Selbstvertrauen; seine anfängliche Nervosität war geschwunden, als er die nächste Erklärung abgab: »Unser Feind, Minamoto Yoritomo, versammelt die Sippen des Nordostens unter seinem Banner.«

Koremori, der in der ersten Reihe kniete, meldete sich zu Wort. »*Hai*«, sagte er. »Tausende von Samurai strömen Yoritomos Banner zu. Gerüchten zufolge haben die Sippen der Usugi, Hetsugi und Matsuura sich ihm bereits angeschlossen.«

Aus den Reihen der Ratsmitglieder kam vernehmliches Stöhnen.

Völlig unbeeindruckt, zeigte Munemori einen dünnen Rand geschwärzter Zähne in einem Lächeln. Er nickte Koremori herablassend zu und sagte: »Das ist keine schlechte Nachricht. Die Sippen des Nordostens sind stets bereit, Belohnungen anzunehmen, aber ihre Versprechungen und Verpflichtungen vergessen sie sehr schnell! Sie werden sich rasch eines anderen besinnen, sobald sie ihre erste Niederlage erleiden. Bis dahin mag Yoritomo sein Gold ausgeben, um sie bei der Stange zu halten, während wir im Südwesten unsere Armeen aufbauen.«

Einer der Räte, ein kraftloser junger Mann des dritten

Ranges, verwandt mit der kaiserlichen Familie, sagte: »Minamoto Yoritomo ist kein unmittelbares Problem. Die Bedrohung geht von seinem Bruder General Yoshitsune und seiner Armee in Kyoto aus.«

Munemori schenkte ihm ein selbstgefälliges Lächeln und winkte mit seinem Amtsstab ab. »Während Yoritomo herumreitet und sich an wertlose Verräter verkauft, sitzen sein Bruder und seine Truppen untätig in Kyoto. Wir alle erinnern uns, was aus ihrem General Kiso wurde, als er in der Hauptstadt zurückgelassen wurde. Fäulnis und Korruption! Diese ländlichen Barbaren verstehen es nicht, in einer verfeinerten Kultur zu leben. Ich bin überzeugt, daß es Yoshitsune nicht anders ergehen wird. Er verbringt seine Tage in Kyoto damit, Go-Shirakawas Wünsche zu erfüllen. Eine Marionette.«

Die Vorhänge des *chodai* gerieten in Bewegung. Die Nii-Dono billigte seine Argumentation.

Munemori neigte den Kopf zu den Vorhängen und fügte hinzu: »Yoshitsune hat keinen Auftrag erhalten, einen neuen Feldzug zu führen. Ohne diesen Auftrag ist er in Kyoto zur Untätigkeit verurteilt. Ich bezweifle, daß er den Auftrag jemals erhalten wird, denn unsere Spione berichten uns, daß Yoritomo durch einen Berater gegen seinen Bruder eingenommen worden sei.«

Munemori machte eine Pause, während die Ratsmitglieder über die Neuigkeit diskutierten. Kälte und Unbehaglichkeit waren für den Augenblick vergessen.

Als das Stimmengewirr nachließ, sagte Munemori: »Und Minamoto Noriyori ist in Nagato eingeschlossen. Seine Truppen tauschen ihre Kleider und Waffen gegen Nahrung ein. Im Frühjahr wird mein Bruder Tomomori einen Angriff gegen sie führen, der sie vernichten wird.«

Wieder wogten die Vorhänge.

»Wir danken den Göttern für die treuen Familien, die sich mit uns in Yashima versammelt haben«, fügte Munemori hinzu.

Ein junges Ratsmitglied des dritten Ranges sagte: »Und mögen sie jene strafen, die uns verlassen.«

Die übrigen Ratsmitglieder neigten in stummer Zustimmung die Köpfe.

»Wir haben noch mehr gute Nachrichten«, sagte Munemoris lispelnde Stimme mit Befriedigung. »Einige der Verräter werden in der Tat für ihre Verbrechen bezahlen. Im sechsten Monat wurde Shuro Dennai ausgesandt, Kono-no-Shiro zu bestrafen. Wir erinnern uns, daß Kono-no-Shiro unsere Einladung zur Großen Reinigung ignorierte und in den Südwesten floh.« Seine Stimme wurde ironisch. »Aus persönlichen Gründen, wie er mitteilen ließ. Heute früh unterrichtete uns ein Bote von Shuro Dennai, daß Kono-no-Shiro ausfindig gemacht wurde. Bald wird sein Kopf am Palasttor zur Schau gestellt werden.«

Die Ratsmitglieder beglückwünschten ihn der Reihe nach, und Munemori strahlte. »Wir haben noch eine Nachricht. Daimyo Munekiyo blieb in Kyoto, als wir nach Yashima reisten. Er bot Go-Shirakawa seine Loyalität im Austausch für sein Leben. In der Hauptstadt war er außerhalb unserer Reichweite. Vor kurzem aber reiste er nach Kamakura, um seinen Verräterlohn in Empfang zu nehmen...« Koremori war nach seiner ersten unnützen Unterbrechung in mißmutiges Stillschweigen gesunken. Er war überzeugt, daß diese ganze Sitzung von der Nii-Dono vorbereitet worden war... eine weitere Zurücksetzung für ihn. Nun hob er den Kopf und sagte: »Was wollen wir dagegen unternehmen? Wir haben wenige Verbündete zwischen Kyoto und Kamakura.«

Munemori zeigte wieder sein selbstgefälliges Lächeln. »Vorkehrungen sind getroffen worden. Der berühmte *ronin* Sadatsugu wird Munekiyo und seine Karawane abfangen. Die Schätze werden unser sein, und Munekiyos Kopf wird unser Tor schmücken, ehe die Woche um ist.«

Nachdem die letzten Ratsmitglieder gegangen waren, blieb die Nii-Dono noch eine Weile hinter ihren Vorhängen, ohne der kalten Zugluft zu achten, die den *chodai* durchdrang. Tief in Gedanken nickte sie vor sich hin. Munemori hatte seine Sache gut gemacht. Er hatte die Ratssitzung so geführt, wie sie ihn instruiert hatte, aber das änderte nichts daran, daß ihr Sohn nicht selbständig denken konnte. Vielleicht hatte er recht. Sie hatte ihn zu dem gemacht, der er war.

Sie bedauerte, daß Tomomori in Shimonoseki gebunden

war. Er war schwerfällig und phantasielos, aber verläßlicher als ihr Enkel Koremori. Verspätet wurde ihr klar, daß sie Koremori vor der Sitzung hätte instruieren sollen. Er hatte versucht, Munemori aus dem Konzept zu bringen. Es war ein Glück, daß sie sich die Zeit genommen hatte, Munemori gut vorzubereiten. Und Koremori hatte ihnen sogar in die Hände gespielt.

Ihr Kopf nickte von selbst weiter, aber zwischen ihren Brauen erschien eine steile Falte. Eine Nachricht hatte sie zurückgehalten – eine wichtige Nachricht. Ein Mann, den sie den ›verrückten Mönch‹ nannten, begleitete Munekiyo von Kamakura nach Kyoto. Und nach der Beschreibung hatte die Nii-Dono in dem verrückten Mönch ihre Nemesis erkannt. Tadamori Yoshi.

Ihr Kopf stellte sein Nicken ein, und ein kaltes Lächeln spaltete ihre an einen Totenschädel gemahnenden Züge. Diesmal sollte Yoshi sterben; und sobald sie von Sadatsugu Nachricht erhielt, daß es geschehen war, würde sie es Nami sagen... Und dann würden Yoshis Bastardsohn und seine Mutter beide zu Tode gebracht.

Das schwarze Lächeln dehnte sich, als sie sich Namis Gesicht vorstellte, wenn sie erführe, daß ihr Mann am Leben gewesen war, während sie mit Koremori als seine Nebenfrau gelegen hatte.

76

Sadatsugu ritt zur Mitte des Schneefeldes, wo Oyamade Jiros Pferd den angeschlagenen Benkei umkreiste. Die Szene wäre komisch gewesen, wenn das Ergebnis nicht tragisch zu werden versprochen hätte. Benkei stapfte schwerfällig durch den Schnee, wich aus, fiel, stand wieder auf und glitt abermals aus, während Oyamada Jiro ihn umkreiste, sich aus dem Sattel beugte und mit wachsender Frustration die Klinge schwang.

Auch Munekiyo trieb sein Pferd über das Schneefeld zu den beiden kämpfenden Gestalten. Er ritt von der Kolonne der Ochsenkarren hangaufwärts und rief den Männern hinter ihm mit hoher Stimme Befehle zu. Sadatsugu konnte die Worte nicht verstehen, aber hinter Munekiyo sah er Fußsoldaten von den Ochsenkarren klettern, die mit Naginatas, Streitäxten und Schwertern bewaffnet waren.

Sadatsugu lächelte nur; er spürte, daß der Sieg in Reichweite war. Seine zwei Dutzend kriegserfahrenen Reiter waren den dreißig oder vierzig Fußsoldaten mehr als gewachsen. Er wandte sich im Sattel zu seinen Männern um und schwang – als Zeichen zum Angriff – den Kriegsfächer über dem Kopf. Sein Anfeuerungsruf wurde zu einem winselnden »I-I-I-I-E-E-E! N-E-E-I-I-N!«, als er die Masse seiner Truppen aus dem Wald hervorbrechen sah. Sei es, daß sie sein Signal auf sich bezogen hatten, sei es, daß sie bei der Verteilung der Beute nicht zu kurz kommen wollten – was immer die Ursache war, sie verließen ihre Positionen gegen seinen Befehl. Er fluchte in hilflosem Zorn... Er hatte sie angewiesen, den Wald besetzt zu halten, bis er sie persönlich herausrufen würde. Die Dummköpfe!

Als alter Soldat wußte er, daß die Änderung einer erfolgreichen Taktik während des Kampfes den nahen Sieg noch in eine Niederlage verwandeln konnte. Diese Leute waren *ronin*, die er in Wirtshäusern und Schenken angeworben hatte. Was konnte er von ihnen erwarten?

Vergeblich winkte er mit seinem Fächer das Signal zur Rückkehr in die Stellungen. Sie beachteten ihn nicht; vielleicht übersahen sie das Signal im schwindenden Licht. Sie witterten Beute, Blut und die Erregung des Kampfes. Mutige Männer, aber undiszipliniert; wahrscheinlich hatte es sie gewurmt, daß er ihnen befohlen hatte, im Wald Stellung zu beziehen. In hellen Haufen galoppierten sie auf Munekiyo und ihre Beute zu.

Die Fußsoldaten der Karawane bildeten eine dünne Verteidigungslinie, indem sie die Enden ihrer Naginatas in den Schnee stießen und die Klingen gegen die angreifenden Reiter richteten.

Munekiyo erreichte Oyamada Jiro und verwickelte ihn in einen Zweikampf, der Benkei eine Atempause verschaffte. Benkei fluchte laut, aber er nahm die Hilfe an.

Munekiyo war kein Gegner für Oyamada Jiro, aber der Taira-Krieger konnte den alten Mann auch nicht ignorieren. Er ging sofort zum Gegenangriff über, um den Kampf zu beenden, bevor Benkei sich erholt hätte. Undeutlich war ihm bewußt, daß Sadatsugus zurückgehaltene Reiterei aus dem Wald hervorbrach und von der Karawane her Fußsoldaten anrückten.

Oyamada Jiros Stolz war verletzt. Der Feind versuchte ihn mit unsauberen Mitteln um seinen Sieg im ehrenhaften Zweikampf zu bringen. Zwar würde dies Benkeis Ruf als Krieger ernstlich beeinträchtigen, doch ihm, Oyamada Jiro, blieb jetzt nichts übrig, als beide niederzukämpfen.

Munekiyos Pferd rammte das seinige; der Schwertstreich, der den kleinen Mann hätte enthaupten sollen, glitt von seiner Rüstung ab und warf ihn aus dem Sattel.

Sekunden blieben ihm, den Sieg zu erringen. Oyamada Jiro entschied sich hochherzig gegen den Vorteil seines Pferdes. Er würde beiden Gegnern auf gleicher Ebene gegenübertreten und der Welt seinen Mut beweisen.

Munekiyo kam wankend auf die Beine; Benkei ging gegen Oyamada Jiro vor, bevor dieser dem alten Mann den Todesstoß geben konnte. Munekiyo aber folgte ihm. Benkei knurrte aus dem Mundwinkel: »Ich kann Euch hier nicht brauchen.«

Munekiyo stand schweigend und wich nicht von der Stelle.

»Verdammt, dann gebt mir Rückendeckung. Dort brauche ich Eure Hilfe.«

»Einverstanden.« Munekiyos kleine Gestalt nahm Rücken an Rücken mit dem Riesen Benkei Aufstellung, während der letztere Oyamada Jiros Angriffe abwehrte. Munekiyo nahm Abwehrhaltung ein: er setzte den rechten Fuß vor, hielt das Schwert mit beiden Händen und hob es in einem Winkel von fünfundvierzig Grad. Von Kopf bis Fuß gepanzert, war der kleine Mann – er reichte Benkei kaum bis zu den Schultern – trotz seines vorgerückten Alters gefährlich. Er war nicht mehr der vom Wohlleben verweichlichte alte Mann, sondern erinnerte an frühere Tage, als er trotz der Benachteiligung durch seinen Wuchs ein guter Fechter gewesen war. Mochte es auch lange her sein, er war ein alter Mann, und seine eigene Sicherheit kümmerte ihn nicht mehr. Er hatte seinen Frieden mit dem Amida Buddha gemacht und war bereit, als tapferer Mann zu sterben.

Als Yoshi die feindliche Reiterei weiter voraus am unteren Hang durch das Unterholz brechen hörte, ließ er seine Männer zum Angriff antreten. Trübe Gedanken an eine drohende Niederlage verflüchtigten sich. Der Himmel war klar, die Sonne untergegangen. Obwohl es rasch dunkelte, würden die Gestalten der Feinde sich auf dem Schneefeld scharf vom Hintergrund abheben und seinen Bogenschützen gute Ziele bieten.

Sadatsugu hörte einen Schrei aus den Reihen seiner *ronin*, gefolgt vom schrillen Wiehern eines verwundeten Pferdes. Er hatte es mit der Erfahrung des alten Soldaten geahnt! Seine Truppe hatte ihren Rücken nicht gedeckt, und dieser erste Aufschrei verriet ihm, daß der Feind den Fehler ausgenützt hatte.

Ein Schwarm von Pfeilen zischte durch den Abendhimmel. Sie flogen vom Waldrand herüber, und obwohl die Distanz und die Bewegungen der Reiter das Zielen erschwerten, wurden mehrere Krieger und Reittiere getroffen.

Unterdessen hatten die vordersten Reiter die Verteidigungslinie der Fußsoldaten erreicht. Während ein Teil der kampferfahrenen *ronin* mit gezogenen Schwertern die Linie zu durchbrechen suchte, schwenkten andere nach beiden Seiten ab, um die Abwehrfront zu umfassen. Der Mehrzahl der Fußsoldaten gelang es jedoch, sich geordnet zurückzuziehen und eine zweite Verteidigungslinie zu bilden, ehe sie eingeschlossen wurden.

Hangaufwärts des Kampfplatzes, wo Oyamada Jiro, Benkei und Munekiyo einander gegenüberstanden, herrschte Verwirrung. Hier hatten Yoshis Bogenschützen aus der Deckung des Waldrandes eine Anzahl Krieger und Pferde zu Fall gebracht. Da Sadatsugu nicht bei ihnen war, handelten die übrigen auf eigene Faust. Manche schlossen sich dem Angriff auf die Kolonne an, andere machten sich auf die Suche nach ihrem Anführer, und eine Abteilung unter dem Befehl von Sadatsugus Stellvertreter machte kehrt und griff die Bogenschützen an, um den Waldrand zurückzugewinnen. Ihre Aufgabe war am schwierigsten.

Oyamada Jiro griff weiter an. Die Schnelligkeit und Spannkraft der Jugend schienen ein unüberwindlicher Vorteil. Sein weiß gepudertes Gesicht und die glitzernden Augen machten seine jugendliche Erscheinung zu einer Dämonenmaske. Mit jedem Schwertstreich drängte er Benkei weiter zurück. Tsukiyomis matter Widerschein tanzte auf seiner Klinge, die er in allen Variationen zu führen verstand.

Immer wieder parierte Benkei die Vorstöße, und jedesmal rettete ihn seine Kraft, aber er kam aus der Abwehr nicht heraus. So sehr er sich auf den Mann vor ihm konzentrierte, er wurde zurückgedrängt und wußte, daß die geringste Unaufmerksamkeit, die geringste Nervosität sein Ende bedeuten konnte. Sei ruhig, sagte er sich; er kann diese Gangart nicht aufrechterhalten. Aber der junge Mann zeigte keine Anzeichen von Ermüdung. Selbst Yoshitsune hatte in so jungen Jahren nicht diese Schnelligkeit, Ausdauer und Technik gehabt.

Benkei atmete die kalte Luft in kurzen, keuchenden Stößen. Mund und Kehle waren trocken, seine Lungen arbeiteten angestrengt, seine linke Seite war taub. Er parierte, wich aus, konterte, parierte, wurde gegen Munekiyo zurückgedrängt und kam aus dem Tritt. Sofort stieß Oyamada Jiro nach. Berittene Taira-Krieger hatten unterdessen die Verteidigungslinie der Fußsoldaten umgangen und fielen nun über die Kolonne der unbewachten Fuhrwerke und Pferde her. Ohne sich weiter um den Verlauf des Kampfes zu kümmern, brachen sie Kisten und Truhen auf, rissen Ballen auseinander und füllten ihre Taschen. Als der Anführer der Fußsoldaten dies sah, befahl er seinen Leuten, die Verteidigungslinie bis zu den Wagen zurückzunehmen und den Gegner dort zu bekämpfen. Mit dieser geistesgegenwärtigen Entscheidung führte er die Wende herbei. Die Fußsoldaten zogen sich fechtend zur Kolonne zurück. Dort, wo sie zwischen den Karren und Pferden und Ochsengespannen gegenüber den berittenen Kriegern im Vorteil waren, stürzten sie sich auf die verwirrten und desorganisierten Plünderer, und Streitäxte, Naginatas und Schwerter richteten unter den Taira ein Blutbad an.

Dunkelheit verhüllte barmherzig die grausige Stätte, wo Tote und Verwundete im zerstampften Schnee lagen. Die Pfeile von Yoshis Bogenschützen hatten die Stärke der unter Sadatsugus Stellvertreter Nobu angreifende Reiterabteilung halbiert, bevor diese auch nur in die Nähe des Waldrandes vordringen konnte; die Überlebenden wandten sich zur Flucht oder eilten ihren bedrängten Kameraden bei der Kolonne zu Hilfe.

Auf ein Signal von Yoshi hängten seine siebzig Samurai Bogen und Köcher über die Schultern und stürmten hangabwärts über das Schneefeld zur Wagenkolonne, um dort die tapfer fechtenden Fußsoldaten zu verstärken.

Ihre Schwerter brachten die Entscheidung.

Wer nicht erschlagen wurde, suchte das Weite. Nur Benkei, Munekiyo, Sadatsugu und Oyamada Jiro kämpften weiter, wie losgelöst von der sie umgebenden Wirklichkeit. Als Yoshi näherkam, stieß Benkei hervor: »Misch dich nicht ein. Ich gebe die Niederlage nicht zu.«

Sadatsugu erkannte, daß seine Truppe vernichtet war. Ein von ihm selbst verschuldetes Mißverständnis, vor allem aber Dummheit und Gier hatten seinen wohldurchdachten Plan zunichte gemacht. Jetzt hatte er zwei Möglichkeiten: sich denjenigen seiner Leute anzuschließen, die ihr Heil in der Flucht suchten, und sich zu retten – oder Munekiyo den Kopf zu nehmen, auf Kosten seines eigenen.

Sadatsugu war ein ehrenhafter Mann. Er sprang von seinem Pferd und schritt zu der Stelle, wo Munekiyo Rücken an Rücken mit Benkei stand.

Sein von Härte und Entbehrungen gezeichnetes Kriegergesicht zeigte grimmige Verachtung für den Verräter, als er dem kleinen Mann gegenübertrat. Aus der Nähe sah er, daß Munekiyo mindestens sechzig Jahre alt war, ein übler Gnom aus den unteren Höllen, in seiner übergroßen Rüstung. Yoshi und eine Gruppe seiner Samurai kamen auf die Fechtenden zu. Seine eigenen Männer waren tot, wehrten sich unten bei der Kolonne ihrer Haut oder hatten das Weite gesucht. Es gab keine Hoffnung jenseits der Befriedigung, seinen Auftrag auszuführen, bevor er starb.

Sadatsugu trat scheinbar beiläufig einen Schritt auf seinen Gegner zu. Der zertrampelte Schnee bot keinen sicheren Boden für einen Fechter, aber das galt auch für seinen Gegner. Er konnte dies und alle übrigen kleinen Widrigkeiten in den letzten Minuten seines Lebens wohl ertragen.

Ein weiterer Schritt vorwärts, plötzlich nahm er das Schwert in die Linke und vollführte einen einhändigen Radschlag. Die Klinge klirrte hell gegen Munekiyos Parade. Sadatsugu war ein wenig überrascht. Sein erster, tastender Vorstoß war von dem alten Mann nicht ohne Geschicklichkeit und Kraft abgewehrt worden. Er machte eine Finte, verlagerte das Schwert in die rechte Hand und war bestürzt, als er Munekiyos Klinge durch seinen Umhang fahren sah. Seine Rüstung ging auseinander, als ob sie aus Papier wäre. Blut! Sein eigenes Blut quoll ihm aus der Brust. Unmöglich! Er nahm das Schwert im konventionellen zweihändigen Griff und ging einen weiteren Schritt gegen Munekiyo fort. Plötzlich knickten die Knie unter ihm ein. Alles um ihn her zeichnete sich in unerbittlicher Klarheit vor seinen Augen ab, als er seine unglaublich schwere Klinge zu heben suchte.

Munekiyos Schwert blinkte im Mondschein. Sadatsugu sah es und dachte, was er der Nii-Dono sagen sollte. Dann verschwand der fliegende Stahl unter seinem Helm, und sein Kopf wurde vom Rumpf getrennt.

Munekiyo trat beiseite und stieß die blutige Klinge in den Schnee, bevor er sie in die Scheide steckte. Das Gefecht war beendet, die Angreifer geschlagen, nur zwei Kämpfer blieben übrig: Benkei und Oyamada Jiro, die zwei, die den Kampf eingeleitet hatten. Ein paar Dutzend von Yoshis Samurai und *ashigaru* versammelten sich stumm um die Fechter und warteten darauf, entweder Oyamada Jiro zu massakrieren oder Benkei zu beglückwünschen; sie hockten im Schnee nieder und schlossen flüsternd Wetten über den Ausgang ab.

Es war ein Grunzen, Zuschlagen, Parieren, Keuchen. Selbst Oyamada Jiro hatte nach der dämonischen Wildheit seiner vorausgegangenen Angriffe nachgelassen. Er wußte, daß der Kampf verloren war, denn er konnte nicht entkommen, ob er gewann oder verlor. Aber wenn er Benkei bezwingen konnte, würde sein Name in die Geschichte eingehen. Das genügte. Er täuschte, führte einen in seiner Schnelligkeit blendenden Schmetterlingsangriff, suchte in der komplizierten Abfolge die Schwäche in Benkeis Abwehr, die Oyamada Jiro ewigen Ruhm einbringen würde. Er fand sie. Der erschöpfte Benkei hatte nicht mehr die Kraft, den Schlag zu parieren; die Klinge seines jungen Gegners schlug die seinige herunter und bis tief in den eisernen Schulterschutz seiner Rüstung; der »Felsspalter« fiel aus Benkeis fühllosen Fingern.

Yoshis Männer drängten vorwärts.

»Nein!« keuchte Benkei. »Die Ehre steht über dem Leben.«

»Das kann ich nicht erlauben«, rief Munekiyo. »Ich muß...« Und er wollte schützend vor Benkei treten.

Yoshi hielt ihn mit ausgestrecktem Arm zurück. »Es ist besser, Benkei stirbt, als daß er entehrt lebt.« Yoshis Stimme war so hart und entschieden wie seine Züge. Dies war der Ausdruck, der ihm den Beinamen ›verrückter Mönch‹ eingetragen hatte, aber diesmal benötigte er ihn, um angesichts der Tapferkeit Benkeis und der Tapferkeit des jungen Oyamada Jiro, der gut und fair, sogar heroisch kämpfte, sein eigenes Gleichgewicht aufrechtzuerhalten. Die Tapferkeit von Männern beider Seiten, deren Zeuge er an diesem Abend geworden war, verhalf Yoshi zu einer Offenbarung. Es gab gute und schlechte Männer, starke und schwache Männer; sie hatten Fehler, aber sie hatten auch die Fähigkeit zu Größe. Diese Größe sah er hier auf diesem mondbeschienenen Schlachtfeld.

Wenn Benkei starb – was jetzt unabwendbar schien –, würde es zu seinen eigenen Bedingungen geschehen, und wenn Oyamada Jiro ihm zu den zehn Richtern folgte, würde auch dies seine Wahl sein... eine heroische Wahl.

Benkei sah das Schwert aus seiner Hand fallen. Er war auf ein Knie niedergegangen und fühlte kalte Nässe unter seine Beinschiene eindringen. Alle starrten ihn an. Munekiyo sowie Yoshi und seine Leute verharrten an ihren Plätzen und warteten auf die nächsten Augenblicke. Eine Eule rief in der Ferne. Benkei fürchtete sich nicht. Sein Leben hatte seine Bahn beendet. Der Kampf gegen diesen Jungen hatte ihn gelehrt, daß seine Kriegerlaufbahn sich ohnehin ihrem Ende zuneigte; er wurde alt, konnte nicht mehr lange mithalten. Er hörte Yoshis Absage an Munekiyo und war dankbar, daß ihm erlaubt wurde, ehrenhaft zu sterben.

Oyamada Jiro holte mit dem Schwert aus. Er genoß den Augenblick des Triumphes vielleicht noch mehr, da es sein letzter sein würde; die Samurai ringsum warteten nur darauf, aufzuspringen und ihn niederzumachen, wie ein Rudel Wölfe den erschöpften, eingekreisten Hirsch. Aber er war mit seinen Kräften noch nicht am Ende. Das wollte er allen zeigen, indem er entschied, daß sein letzter Schlag in diesem Zweikampf ein Rumpfspalter sein sollte, der mehr Kraft erforderte als jeder andere. Seine Klinge würde dabei Benkeis Helm, seinen Kopf und Rumpf bis zum Unterleib durchschlagen. Benkei würde rasch sterben, in zwei Hälften gespalten – ein schmerzloser Tod –, und Oyamada Jiros Name würde in die Geschichte eingehen.

Im Augenblick des Ausholens warf Benkei sich vorwärts und stieß mit dem Kurzschwert aufwärts unter den gepanzerten Lendenschutz. Oyamada Jiro hatte es nicht gesehen. Wie war es Benkei mit der linken Hand gelungen? Jiro war sicher gewesen, Benkeis Arm würde unbrauchbar sein. Oyamada Jiro fühlte keinen Schmerz. Seine Lebenskraft war in den Armen, die sein Schwert führten, dessen Klinge niedersauste und neben Benkeis Füßen in den Boden fuhr. Dann brach der junge Krieger in die Knie und fiel vorwärts über den Schwertgriff, den seine Hände noch umklammert hielten.

SECHSTES BUCH

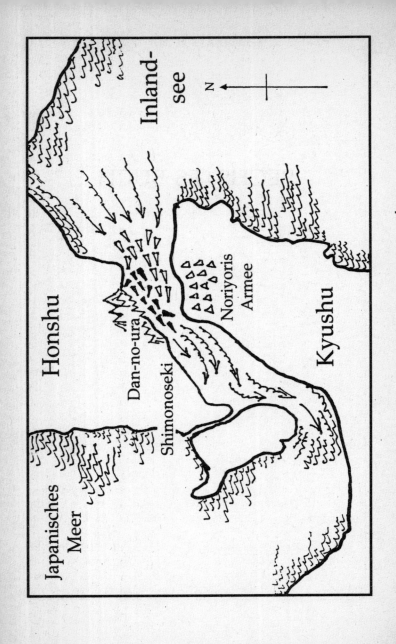

77

Taira Koremori schob entschlossen den massigen Unterkiefer vor, als er durch dunkle Korridore vom Ostflügel zu Munemoris Räumen in den Westflügel schritt. Unterwegs passierte er den von der Nii-Dono bewohnten Nordflügel und hörte das Geschnatter der Hofdamen, die ihn bemerkt hatten. Diese bedauernswerten Frauen führten ein so langweiliges Leben, daß ein Mann, der durch die Korridore ging, Gegenstand größten Interesses war. Innerhalb einer Stunde würden alle davon wissen. Ihm sollte es recht sein; es kümmerte ihn nicht im mindesten.

Obwohl er überzeugt war, daß der entwürdigende Auftrag, den er durch Boten erhalten hatte, nicht von seinem Onkel stammte, wollte er gegenüber Munemori eine feste Haltung einnehmen. Für Koremori stand fest, daß die Nii-Dono hinter dem Auftrag steckte. Munemori unternahm nichts ohne ihre Instruktion. Aber warum hatte die Nii-Dono sich gegen ihn gewandt? Seine eigene Großmutter? Warum? Was hatte er getan, womit hatte er ihren Unmut erregt?

Die Korridore des Hölzernen Palastes waren spärlich beleuchtet; nur eine gelegentliche Öllampe erhellte das trübe Dunkel. Koremori kam um die letzte Ecke und ging langsamer durch das Halbdunkel zu Munemoris Eingang. Dabei wich er mechanisch dem ›singenden‹ Dielenbrett aus, das den Zweck hatte, Besucher anzukündigen. Als ob sein Onkel etwas vor ihm zu verbergen hätte.

Der Eingang zu Munemoris Wohnung war eine Schiebetür mit Pergamentbespannung, die durch einen seidenen Vorhang verdeckt war. Koremori legte die Hand daran, um ihn zurückzuziehen, fühlte das feine weiche Gewebe chinesischer Herkunft.

Stimmen drangen von der anderen Seite an sein Ohr. Munemori führte ein Gespräch mit jemandem. Koremori wandte sich um, und wollte zurückgehen, mißmutig, da sein Onkel nicht erreichbar war, dann hielt er inne, weil er hörte, daß die zweite Stimme seiner Großmutter gehörte. Und sein Name wurde erwähnt! Die schrille Stimme der Nii-Dono war wie eine Messerklinge, die durch Türbespannung und Vorhang schnitt: ». . . und er widersetzte sich mir. Das kann ich niemals vergeben.«

»Aber er ist mein Neffe und dein Enkel«, lispelte Munemori. »Von deinem eigenen Fleisch und Blut. Ich bitte dich, besinne dich eines Besseren. Ich tat, wie du verlangtest, und gab ihm den Auftrag – aber wie kann er ihn annehmen, ohne einen unerträglichen Gesichtsverlust zu erleiden?«

»Höre auf mich, mein Sohn. Dein Neffe gefällt sich in der Rolle eines tapferen Kriegers, aber im Herzen ist er ein Feigling. Er wird den Auftrag annehmen oder wie ein Mann handeln und *seppuku* begehen.«

»Mutter!« Munemoris Stimme verriet Entsetzen.

Koremoris Augen weiteten sich. Sein Magen krampfte sich zusammen. Ihm war, als hätten die Worte ihn aufgespießt.

»Er versagte bei Fujikawa. Bei Hiuchi-jama opferte er eine Armee. Und damit nicht genug . . . meine Untersuchungsbeamten haben gemeldet, daß er der Feigling war, der den Befehl gab, deinen Bruder Shigehira am Strand von Ichi-no-tani zurückzulassen.«

Koremori war wie vor den Kopf geschlagen. Sein dunkelstes Geheimnis. Enthüllt! Seine Hand zitterte am Seidenvorhang.

Die Worte der Nii-Dono verursachten ihm Übelkeit. Er war wie betäubt; aber die Betäubung löste sich, als sie fortfuhr: »Diese Vergehen sind ausreichend, um ihn dem Schwert zu überantworten. Durch seine Feigheit verlor ich einen Sohn, aber ich bewahrte die Geduld, weil auch Koremori von meinem Fleisch und Blut ist. Doch das genügt nicht und kann nicht alles rechtfertigen. Indem er darauf bestand, diese Frau, Nami, zu seiner Nebenfrau zu machen, hat er nicht nur mich, sondern die ganze Familie entehrt. Sie ist eine Anhängerin der Minamoto, die Frau eines unserer erbittertsten Gegner, Tadamori Yoshi.«

»Aber Mutter, du warst einverstanden«, erwiderte Munemori.

»*Hai*. Ich war einverstanden, weil sein Trotz mir keine andere Wahl ließ, und weil es seine strafwürdige Schuld vergrößerte. Ausgleichende Gerechtigkeit. Er glaubte, Nami sei eine *mibojin*. Ich wußte es besser.«

»Ich verstehe nicht.«

»Natürlich nicht. Wie könntest du? Die Uneinsichtigkeit meines Enkels veranlaßte mich, eine Information zurückzuhalten und zu seiner Bestrafung zu verwenden.«

»Ich verstehe noch immer nicht...«

Die Nii-Dono ließ Munemoris Unterbrechung unbeachtet. »Koremori wird seiner Strafe nicht entgehen«, sagte sie in giftigem Ton. »Aber zuvor möchte ich, daß du mir einen Dienst erweist.«

»Wie du willst, Mutter.« Der scheinbare Wechsel des Themas schien Munemori zu verwirren. Er fragte zögernd: »Darf ich erfahren, worum es sich handelt?«

»Um die Entführung Namis und ihres Sohnes.«

»Beim Buddha, warum?«

Koremoris Knie zitterten, und er ergriff den Seidenvorhang fester, um sich auf den Beinen zu halten. Magensaft stieg ihm sauer in die Kehle.

Die Stimme der Nii-Dono durchschnitt die Seide und die dünne Bespannung der Schiebetür: »Die Frau muß sterben.«

»Mutter! Was hat sie getan, das ihren Tod rechtfertigen würde? Sie ist keine politische Gefahr. Unser Feind, Yoshi, ist tot.«

»Es gibt Gründe.« Die Nii-Dono senkte ihre Stimme zu einem zischenden Flüstern. Koremori hielt das Ohr an den Stoff, um sie besser zu hören. »Yoshi ist am Leben!«

»Ausgeschlossen. Dein Mittelsmann, Kurando, meldete seinen Tod.«

»Er log. Yoshi ist am Leben, ich sage es dir; er war der böse *kami*, der unsere Niederlage bei Ichi-no-tani herbeiführte, Yoshitsunes Berater, derjenige, den sie den verrückten Mönch nennen. Jetzt geleitet er den Verräter Munekiyo von Kamakura nach Kyoto... und ich habe veranlaßt, daß Sadatsugu ihnen mit einer starken Truppe einen Hinterhalt legt. Aber wenn Yoshi Sadatsugus Falle entgeht, soll er erfahren, daß seine Frau und sein Kind von meiner Hand den Tod gefunden haben.«

»Ich kann es nicht glauben«, murmelte Munemori.

»Aber unabhängig davon, ob Yoshi lebt oder stirbt, muß Koremori für seine Feigheit und seinen Verrat bezahlen.«

In der Dunkelheit des Korridors und seiner Hoffnungslosigkeit verlor Koremori die Beherrschung und schluchzte.

»Ist jemand draußen?« zischte die Nii-Dono.

Koremori ließ den Vorhang fahren und floh; er tappte über die ›singende‹ Dielenplanke, ohne auf das Geräusch zu achten, erfüllt nur von dem Wunsch, dieser Bosheit zu entfliehen.

Als er um die Ecke war, hörte er Munemoris quietschende Stimme rufen: »Wer ist da? Wachen! Schnell! Fangt ihn!«

Koremori kam aus dem Tritt und stieß einen Wandschrein um. Das Poltern krachte wie Donner in seinen Ohren. Undeutlich waren ihm Stimmen bewußt, die hinter Schiebetüren und Wandbespannungen flüsterten, scharfe Rufe vom Ende des Korridors. Eine beißende Mischung von Räucherwerk und brennendem Lampenöl machte seine Augen wässern... oder waren es Tränen?

Er mußte Nami warnen. Er konnte ihr Leben retten. Lieber Buddha, dachte er verzweifelt, was kann ich ihr sagen? Daß ihr Mann lebt? Ich kann es nicht. Ich kann es nicht!

Er floh, verwirrt von tausend Gedanken. Unordnung! Chaos! *Mappo*, das Ende seiner Welt.

Sein Mund stand offen, und ein leises tierisches Stöhnen entwich durch seine geschwärzten Zähne.

78

Den ganzen Morgen über traten schwarzgekleidete Damen in den Hof des Frauenhauses hinaus, um Opfergaben vor einen neuerrichteten Schrein zu legen. Ein Felsblock symbolisierte den Thron des wohltätigen *kami*; daneben steckte ein geheiligter Stab in der Erde, der mit Gebetsstreifen aus Papier und der Strähne vom grauen Haar einer alten Frau geschmückt war, um Dämonen zu verjagen. Im Inneren des Frauenhauses herrschte gedämpfte Geschäftigkeit. Damen glitten in langen schwarzen Gewändern durch die Räume und flüsterten über die plötzliche Krankheit, die Masaka befallen hatte. Manche meinten, die Krankheit sei einfach die Folge des Alters; andere schrieben sie dem Kummer über die Abreise ihrer Schwiegertochter und ihres Engels zu; und schließlich gab es verschiedene, die der Überzeugung waren, daß Masaka von einem *mono no ke*, einem bösen Geist, besessen und verhext sei.

Eine der Damen, Schwester einer Kammerzofe im Hölzernen Palast, berichtete, daß die Nii-Dono den *mono no ke* gesandt habe.

»Wie ist das möglich?«
»Welchen Groll kann sie gegen Masaka hegen?«
Niemand konnte diese Fragen beantworten.

Nami legte ihre Opfergabe an dem Schrein vor der Tür ab, bevor sie in Masakas Quartier eilte.

Die Läden waren verschlossen, um üble Einflüsse fernzuhalten; Masaka lag auf einem Strohsack und war mit einem leichten Futon zugedeckt; nur ein kaum merkliches Heben und Senken des Stoffes zeigte an, daß sie atmete.

Nami kniete an ihrer Seite und betete die Anrufung des Kannon der Tausend Arme. Sie rezitierte die ganze Anrufung dreimal, während ihr Tränen über die Wangen liefen. Als sie geendet hatte, saß sie still und betrachtete die Sterbende im Licht der Kerzen... das traurige kleine Gesicht, verkniffen, runzlig, beinahe durchsichtig; das graue Haar lag unordentlich um ihre hölzerne Nackenstütze. Ungekämmt und ungeschminkt schien Masaka bereits mehr in der nächsten Welt als in dieser.

Nami fragte sich, ob es wirklich ihr Umzug mit dem Säugling in das neue Quartier gewesen war, was diesen Anfall ausgelöst hatte. Masaka hatte sie selbst dazu ermutigt. Um des Kindes willen, hatte sie gesagt und ihr zugeredet, die Liaison mit Koremori einzugehen.

Sie schloß die Augen und dachte an die Veränderungen, die ihr Umzug in Koremoris Wohnung herbeigeführt hatte.

Sie hatte sich von Koremoris stattlicher Erscheinung und seiner scheinbaren romantischen Neigung einnehmen lassen. Koremori schrieb gefühlvolle Gedichte, tanzte hervorragend, kleidete sich makellos, sprach mit Phantasie und Leidenschaft – kurzum, er erfüllte alle äußeren Bedingungen für den vollkommenen romantischen Helden. Aber er war ungeschickt, egoistisch und ein gedankenloser Liebhaber. Wenige Wochen nach Hisayoshis Geburt, als Nami Behutsamkeit und Zärtlichkeit benötigte, gebrauchte er sie ohne einen Gedanken an ihr Wohlbefinden oder ihre Befriedigung.

Hatte sie wegen ihrer früheren Ehen mehr erwartet? Ihr erster Mann, Chikara, war ein starker, sogar gewaltsamer Mann gewesen, aber er hatte den Vorzug des Alters und der Erfahrung gehabt. Vielleicht waren Jugend und Unerfahrenheit Koremoris Problem... aber auch Yoshi war noch jung gewesen, als sie Liebende wurden, und er hatte sich als der geduldigste und rücksichtsvollste Partner erwiesen. Sie vermißte ihn noch immer. Und wie seltsam, daß sie in einsamen Stunden wie dieser seine Nähe fühlte.

Konnte sie Koremori die sanfteren Aspekte der Liebe lehren? Wie peinlich... Sie war keine Kurtisane oder Geisha, die über solche Dinge reden konnte. Aber Koremori war wie ein junger Hund, tolpatschig und wohlmeinend. Der Welt zeigte er das Gesicht eines kühnen Kriegers, während er inwendig die Beschaffenheit von *Oban*-Reis hatte, weich und nachgiebig und klebrig.

Wenn sie sich unglücklich fühlte, war es ihre eigene Schuld. Sie hatte sich für Hisayoshis Zukunft geopfert und würde den Preis für sein Erbe zahlen müssen. Mit diesem Gedanken quälte sie sich, bis eine der Damen eintrat. Nami hob den Kopf und öffnete die Augen aus tiefer Geistesabwesenheit. Sie war vom Übermaß der Gefühle wie betäubt.

Die Hofdame flüsterte: »Die Shinto-Priesterin ist hier und bereit für die Läuterungszeremonie.«

Die Priesterin würde Reis um den Schrein streuen, dann tanzen und sich dabei auf einem Tamburin begleiten, um den wohltätigen *kami* anzuziehen und zu bewegen, daß er sich niederließ. Nami erinnerte sich, daß Yoshi durch eine ähnliche Zeremonie gerettet worden war, als er unter dem Einfluß eines *mono no ke* gestanden hatte.

Zuvor aber wollte Nami wissen, ob alle ärztlichen Therapien angewandt worden waren. »Meine Schwiegermutter fiebert«, sagte sie. »Hat sie den Weidenholzextrakt bekommen?«

»*Hai*... und Ginseng für ihr Alter und die Anämie. Der Heilkundige hat sie mit Akupunktur und *moe-kusa* behandelt, brennenden Fichtenzapfen. Alles ist getan worden... ohne Ergebnis.«

Als Nami gehen wollte, sagte Masaka mit einer Stimme, die so leicht war wie ein Hauch, der durch dürre Blätter weht: »Bitte komm zurück.«

Nami kehrte um und kniete an ihrer Seite nieder. Sie nahm die dünne weiße Hand mit den heraustretenden blauen Adern, der losen, runzeligen Haut, und rieb sie behutsam. »Ich bin für dich da«, flüsterte sie, erschrocken angesichts der Tiefe des Kummers, den sie in Masakas Augen sah.

»Danke, Kind. Bleib bei mir, bis die Zeremonie beendet ist, und ich diesen Zyklus verlassen und in die nächste Welt eingehen kann.«

Nami beugte sich näher, um die Worte zu verstehen. Es gab keinen Zweifel, daß Masaka dem Tode nahe war; ein schwacher Geruch von der nächsten Welt haftete ihr bereits an.

»Du darfst dich nicht den Geistern überlassen. Hisayoshi weint nach dir. Wie kannst du uns verlassen? Ohne dich sind wir allein.«

»Du hast einen anderen, der für dich sorgt.«

Nami verzog den Mund. »Laß uns nicht von ihm sprechen«, sagte sie, »obwohl wir dankbar sind, daß er uns Sicherheit bietet.«

»Dann bin ich erfreut und verlasse diese Welt zufrieden.«

»Das sind unheilvolle Reden, Mutter«, sagte Nami. »Jeder weiß, daß du die Krankheit überwinden kannst, wenn du eine frohe Einstellung bewahrst. Selbst der böse *mono no ke* wird sich der Person ergeben, die ihm mit ruhigem Geist entgegentritt.«

Ein mattes Lächeln berührte Masakas Lippen. »Nur jemand, der so jung ist wie du, glaubt das«, sagte sie. Ihre Stimme klang unendlich weise und unendlich müde. »Ich habe meinen Frieden gemacht; ich werde diesen Raum nicht verlassen, bis ich zu meinem Sohn ins Westliche Paradies eingehe.«

Nach der Läuterungszeremonie schlief Masaka. Nami verließ sie und kehrte zurück zum Hölzernen Palast, wo sie einen wildblickenden, aufgeregten Koremori antraf, der auf sie gewartet hatte.

»Lob sei Hachiman, Kannon und dem Buddha!« sprudelte er hervor. »Seit Stunden warte ich auf dich. Das Schlimmste... wie kann ich davon sprechen?«

Nami war erschrocken. So hatte sie ihn noch nie gesehen. »Sag mir«, sagte sie mit aufkommender Panik, »ist es mein Kind? Krank? Verletzt? Sag es mir!«

»Dein Leben ist in Gefahr«, murmelte Koremori mit dumpfer Stimme. »Dein Leben und das deines Kindes.«

»Was... was redest du da?«

Koremori rang die Hände. »Es tut mir leid, daß unser beider Leben sich nicht zusammengefügt haben. Ich wollte... bitte glaub mir... ich konnte nicht... ich kann nicht...«

Namis Stimme war dem Überschnappen nahe. »Was ist geschehen?«

»Vor Stunden... Ich suchte dich. Es könnte schon zu spät sein, um zu entkommen.«

»Entkommen – was? Wovor?«

»Vor meiner Großmutter. Ich belauschte sie.«

»Du ängstigst mich. Was sagte sie?«

»Sie will dich und Hisayoshi entführen. Ich weiß nicht, warum...« Koremoris Blick wich ihr unstet aus, ein sicheres Zeichen, daß er log, aber Nami war zu entnervt, um es zu bemerken. »Und sie will euch töten lassen«, fügte er atemlos hinzu.

Nami winselte. »Buddha schütze uns! Ich muß mein Kind retten! Hilf mir, Koremori. Hilf mir!«

»Wie?«

»Bring uns fort von Yashima. Gib einem deiner Gefolgsleute Befehl, daß er uns nach Kyoto bringe. Dort werden wir sicher sein.«

»Ich werde dich selbst begleiten.«

»Ausgeschlossen. In Kyoto würde man dich sofort erkennen und deinen Kopf auf einen Spieß pflanzen. Nein, nur Hisayoshi, seine Großmutter und ich. Laß sofort alles vorbereiten.« Sie faßte nach seinem Arm und bat: »Bitte. Ich flehe dich an.«

79

Go-Shirakawas rundes Gesicht war glatt und ruhig; ein Ausdruck stiller Zufriedenheit kräuselte seine dicken Lippen. Er saß auf einer Schilfmatte und lehnte nachlässig an einer bestickten Ellbogenstütze. Ein emailliertes Tablett mit einer Kanne voll grünem Tee und eine Schale mit gesüßten *mochi* stand an seiner Seite. Die Zusammenkunft schien gut zu verlaufen – aber hinter der ruhigen Fassade war Go-Shirakawa verärgert. Sehr verärgert.

Soeben hatte man ihm einen Auftrag Minamoto Yoritomos vorgelegt, der seine Autorität als Kaiser unmittelbar herausforderte, den Auftrag, daß ein Feldzug gegen Yashima vorbereitet werden solle. Yoritomo war klug; der Auftrag war an Tadamori Yoshi gerichtet, machte aber Yoshitsune, seinen Bruder Noriyori und Kagetoki zu Mitkommandeuren der Kaiserlichen Truppen – eine Berufung, die Go-Shirakawas Sache gewesen wäre.

Noriyori war in Nagato stationiert, und dem Vernehmen nach verbrachte er seine Tage und Nächte mit Hurerei und Trinken, während seine Männer in der winterlichen Landschaft litten, ohne ausreichende Ernährung und Kleidung, eingeschlossen von Taira Tomomoris Streitkräften. Auf Noriyori brauchte man keinen weiteren Gedanken zu verschwenden, aber hier vor ihm saßen Yoshitsune und sein Mitstreiter Yoshi und verlangten – verlangten, wohlgemerkt! – seine Zustimmung zu einem mit Schiffen geführten Angriff auf Yashima. Niemandem, nicht einmal seinem engsten Verbündeten, sollte gestattet sein, Go-Shirakawa zum Handeln zu drängen, bevor er bereit war.

Go-Shirakawa lächelte wohlwollend zu den beiden Samurai: Yoshitsune in vollem Hofstaat, Yoshi in den Gewändern eines Mönches. Der abgedankte Kaiser ließ sie warten, während er das Für und Wider der Situation erwog. Die Dienste, welche Yoshi ihm in der Vergangenheit erwiesen hatte, wurden anerkannt, obwohl Go-Shirakawa sie niemals entsprechend würdigen würde. Yoshitsune wiederum vertrat die Interessen seines Bruders – eine Situation, die Go-Shirakawa Unbehagen bereitete. Yoritomo war zu mächtig geworden.

Die Audienz fand im zugigen Empfangsraum des Seiryoden statt, inmitten von kupfernen Kohlenbecken, die mehr Rauch als Wärme abgaben, und Wandfackeln, die mehr Geruch als Licht verbreiteten. Go-Shirakawa blickte von seiner Plattform auf die beiden Männer hinab, die eine Ebene unter ihm auf den polierten Dielenbrettern knieten; sein Geist suchte nach der richtigen Entscheidung. Wie konnte er erreichen, daß die Taira bei Yashima vernichtet wurden, ohne daß Yoritomo dadurch mehr Macht gewann? Wie konnte er verhindern, daß Yoshitsune für die Hauptstadt zu einer Bedrohung wurde?

Nach einer geraumen Weile nickte er wohlwollend und sagte zu Yoshitsune: »Meine Agenten berichten mir, daß Yoritomo auf Tadamori Yoshis Rat den Fischern und Küstenschiffern des Nordostens befohlen hat, eine Flotte von Hunderten von Schiffen zusammenzuziehen, und daß Yoritomos Samurai in den Methoden der Seefahrt und der Seekriegführung ausgebildet werden. Kann in so kurzer Zeit eine schlagkräftige Marine aufgebaut werden? Wir werden sehen. Ich erfuhr auch, daß Kajiwara Kagetoki diese Flotte in Watanabe versammelt hat. Da Ihr Feldherren unserer Armeen seid, nehmt so viele Soldaten, wie die Hauptstadt entbehren kann, zieht zu Kagetoki und vertreibt die Taira aus ihrem Stützpunkt.«

»*Hai*, allerhöchster Herr.«

Go-Shirakawa nickte und entließ die beiden. Ein leichtes Lächeln zupfte an seinen Mundwinkeln. Yoshitsune und Kagetoki waren unfreiwillige Verbündete. Wenn er Yoshitsune nach Watanabe schickte, würde er ihn aus der Hauptstadt entfernen und Yoritomo durch die Zwietracht zwischen den rivalisierenden Feldherren schwächen. Und wenn ihr Plan eines Angriffes zur See gelang, würde Go-Shirakawa davon profitieren.

Eine Kolonne von eintausend Reitern und Fußsoldaten marschierte zur Begleitmusik von Hörnern, Trommeln, Gongs und Flöten die Suzaki-Oji hinunter. Reich ausstaffierte Pferde tänzelten, gepanzerte Samurai stolzierten, weiße Banner flatterten im auflebenden Wind. Die mit Weidenbäumen gesäumte Straße war voll von Schaulustigen, die der Truppe zujubelten. Alle nutzten die Gelegenheit, sich des milden Wetters und der Parade zu erfreuen, bevor der drohende Wetterumschwung eintrat. Schon rasten Wolkenfetzen über den blauen Himmel, getrieben von einem starken Nordost.

Yoshitsune führte die Armee an. Er trug eine Rüstung in Blau und Silber, und sein Lieblingspferd Oguro war mit einem silberbeschlagenen Sattel und blauen Quasten an der Satteldecke geschmückt.

Yoshi und Benkei ritten am Schluß der Kolonne, Benkei mächtig in seiner Rüstung neben der schmaleren, kleineren Gestalt Yoshis in den unauffälligen braunen Gewändern der Zen-Sekte.

Benkei war rasch von den Wunden genesen, die er auf dem Kampfplatz von Omi davongetragen hatte; schon war er ungeduldig, wieder in den Kampf zu ziehen. Yoshi wünschte, er könne Benkeis einfache Gefolgschaftstreue zu Yoshitsune nachempfinden und ebenso stolz wie Benkei für die Sache der Minamoto kämpfen. Die Weigerung, seine Schwerter zu gebrauchen, hatte auf einer Selbsttäuschung beruht. Sein Gelübde, nicht zu töten, hatte das Leiden nicht im mindesten verändert. Linderung kam erst mit dem Tod, und niemand konnte den Willen der Götter ändern. Yoshi widmete nun sein Leben, mochte es auch kurz sein, der einzigen Kunst, auf die er sich verstand: der Kriegskunst. Und sie stellte er in den Dienst der Sache der Minamoto.

Sobald die Truppen Kyoto hinter sich gelassen hatten, schlug Yoshitsune ein forciertes Marschtempo an. Lahmende Pferde wurden zurückgelassen, desgleichen Krieger, die nicht mithalten konnten. Die Armee marschierte den ganzen

Nachmittag durch und bis in die Nacht hinein, bevor ihr eine Ruhepause gegönnt wurde.

Kurz nach Morgengrauen am zweiten Marschtag näherten sie sich der Umgebung von Watanabe. Benkei zügelte sein Pferd und sagte zu Yoshi: »Was ist das? Es kommt mir nicht geheuer vor.« Er zeigte zu einer Sänfte, die in den Kiefernwald am Rand der Straße gezogen worden war. Die Art und Weise, wie sie halbversteckt dastand, hatte etwas Heimlichtuerisches.

Benkei trieb sein Pferd vorwärts, ohne Yoshis Antwort abzuwarten. Er rief den Trägern zu: »Wen versteckt ihr da drinnen?«

Die acht Träger schraken vor Benkeis furchteinflößender Erscheinung zurück. Der Kopf eines Fischers kam hinter dem Vorhang der Tür zum Vorschein – ein breites Gesicht, unordentliches langes Haar, das von einem *hachimachi*, einem Stirnband, aus dem Gesicht gehalten wurde. Das Stirnband trug den Namen eines Fischerdorfes.

Yoshi rief Benkei zu: »Diese Leute können uns nicht schaden. Laß sie gehen; wir bleiben zurück. Wir haben nicht genug Zeit, um sie mit einem Fischer zu vergeuden.« Seine Stimme wurde vom Wind fortgerissen, aber Benkei hörte sie und steckte sein Schwert widerwillig in die Scheide. »So sei es«, sagte er. »Ich hoffe, wir werden dies nicht bedauern.«

80

Noch keine Stunde war seit Koremoris Warnung vergangen, als Nami schon ihre wichtigsten Habseligkeiten in einen Korb gepackt hatte. Die Kinderschwester hüllte Hisayoshi in warme Decken und übergab ihn ihr; sie drückte ihn an sich und eilte hinaus. Koremori geleitete sie zu einem Ochsenkarren. Er zitterte, als er ihre Hand hielt. »Wer weiß, wann wir uns wiedersehen werden«, sagte er. »Mein Gefolgsmann Tadesato wird dich nach Kyoto bringen, aus der Reichweite der Nii-Dono. Ein Fischerboot wartet.« Ein Schluchzen entrang sich seiner Brust, und er betupfte sich die Augen mit einem kornblumenblauen Ärmel. »Es bekümmert mich, daß du nicht das Glück erlangtest, das du verdient hast. Meine Gebete werden mit dir gehen.«

Seine Zuneigung rührte Nami, aber sie war vor Angst außer sich. »Wir müssen schnell fliehen, oder unsere nächste Begegnung wird in einer anderen Welt sein. Wir werden dir aus Kyoto Nachricht geben, sobald wir dort eintreffen.«

Koremori gab ihre Hand frei und verbeugte sich. Hisayoshi wurde unruhig und ließ ein dünnes Quäken hören.

»Still, Kleiner«, murmelte Nami. »Wir müssen fort.« Sie konnte es nicht erwarten, Yashima und die drohende Gefahr hinter sich zu wissen.

Tadesato, ein stämmiger Mann mit kantigem Gesicht, neigte den Kopf und trat zum Ochsenkarren. Er war als armer Fischer verkleidet: zerlumpte Kleider und ein *hachimachi*, ein Stirnband, verbargen die Haartracht des Kriegers, aber er trug seine Lumpen wie eine Kriegerrüstung. Er schloß die Hecktür aus Korbgeflecht und kletterte auf den Sitz. Langsam rumpelten sie durch die in der Abenddämmerung versinkenden Straßen zum Haus der Frauen.

Fast eine halbe Stunde lang kniete Nami an Masakas Seite und beschwor sie, mit ihr und dem Kind nach Kyoto zu fliehen. Masakas Stimme wurde mit jeder Antwort schwächer, aber ihre Position blieb unverändert. »Geh mit dem Kind, um seinetwillen«, sagte sie bald mit diesen, bald mit anderen Worten. »Ich bin zu krank, um zu reisen. Ich würde dich nur behindern. Geh. Geh, solange du kannst. Rette dich und meinen Enkel.«

Schließlich begriff Nami, daß sie der alten Frau unnötig Kummer und Aufregung verursachte. »Du bist hier sicher, Mutter«, sagte sie. »Die Damen werden sich um dich kümmern. Ich verlasse dich, Hisayoshi zuliebe, aber ich werde zurückkehren, sobald die Gefahr vorüber ist.«

Ein diskretes Klopfen an die Türbespannung kündigte eine der Frauen an, die den Kopf hereinsteckte und sagte: »Frau Koremori, am Eingang sind Männer und fragen nach Euch. Bitte geht, bevor sie sich mit Gewalt Eintritt verschaffen.«

Nami sprang auf. »Mutter, Koremori warnte mich vor diesen Männern. Ich muß fliehen.« Sie beugte sich über die alte Frau und küßte sie auf die Wange. »Lebe wohl.«

Masakas Züge waren eine blutleere wächserne Maske; ihre Lippen bewegten sich kaum. »*Hai.* Die Götter werden euch behüten.« Sie schloß die Augen, und ihr flaches, kurzes Atmen wurde ruhiger.

Nami verbeugte sich, betete das Nembutsu, während sie, rückwärtsgehend, das Krankenzimmer verließ, und rannte dann den Korridor hinunter zur Rückseite des Frauenhauses.

Der Ochsenkarren holperte durch die Nacht. Tadesato trieb das Ochsengespann mit einem Stock an, aber die Tiere ließen sich nicht aus dem gewohnten Tritt bringen. Die Fahrt ging auf Nebenwegen und unfertigen Straßen zu einer in einem Bambuswald versteckten kleinen Bucht. Dort wartete ein Fischerboot an einem morschen Anlegesteg. Innerhalb von Minuten waren Nami, Hisayoshi und Tadesato an Bord, und Tadesato trieb das Boot mit dem langen Ruderblatt am Heck auf die nächtliche See hinaus. Sobald das Boot außer Sichtweite vom Ufer war, zog Tadesato das einfache Segel auf und begann die lange Überfahrt.

Zwei Tage später, am Abend des elften Tages des zweiten Monats, lenkte ein müder Tadesato das Boot in den Hafen von Watanabe. Sie hatten die Meerenge von Naruto nach Kii überquert und waren dann der Küste zum Hafen gefolgt, vorbei am berühmten Schrein von Tamatsushima.

Tadesato holte das Segel ein, zog das Ruder an Bord und ließ das Boot abseits vom Hafen auf den Strand laufen. Er kroch unter das halbrunde Schilfdach, das Nami und Hisayoshi Schutz geboten hatte. »Wir kommen zur unrechten Zeit«, sagte er mit grimmiger Miene.

»Was ist geschehen?«

»Frau Koremori, dieser Hafen wird üblicherweise von Fischerbooten wie dem unsrigen benutzt. Aber seht selbst.« Er zeigte hinüber zum Hafen, der unter dünnen Nebelschleiern lag. Nami stockte der Atem. Dort waren Hunderte von Schiffen Seite an Seite festgemacht. Keine Fischerboote – Kriegsschiffe! Ihre hochgezogenen Bug- und Heckpartien ragten im grauen Nebel wie Meeresriesen aus der Unterwelt. An der Mole neben der Hafeneinfahrt lagen noch mehr Schiffe: Piratenschiffe, Kriegsdschunken chinesischer Bauart, große Frachtschiffe. »Was sollen wir tun?« jammerte Nami.

»Wir werden weiterfahren. Jenseits der Flußmündung des Yodo gibt es eine kleine Bucht, wo wir anlegen können. Von dort werden wir Träger mieten und die Straße nach Kyoto nehmen. Dort angelangt, werde ich Euch verlassen und nach Yashima zurückkehren.«

Es war heller Tag, als sie endlich ihr Ausweichziel erreichten. Dunkel aufziehende Wolken kündigten schlechtes Wetter an. Tadesato trug den Säugling zur Yodo-Straße, Nami ging mit dem Korb hinter ihm. Bei flüchtiger Betrachtung glichen sie einer armen Fischerfamilie, aber einem scharfen Beobachter konnten gewisse Unstimmigkeiten nicht entgehen: der kräftige Tadesato ging mit dem wiegenden Gang des Samurai, und Nami trug unter dem groben, einfachen Übergewand die Kleider einer aristokratischen Dame, und das Gesicht unter dem weiten Strohhut war hinter einem Schleier verborgen.

Nami fühlte sich geborgen; die Überfahrt war bei günstigem Wind und nur mäßig bewegter See vonstatten gegangen, und seit sie den Strand von Honshu betreten hatte, war die unmittelbare Bedrohung gewichen. Überdies war Tadesato ein alter Krieger, verläßlich und ehrlich. Als Fischer konnte er die zwei Schwerter seines Ranges nicht tragen, aber unter seinen Lumpen hatte er ein ellenlanges Buschmesser. »Wenn Banditen uns überfallen, bin ich bereit«, sagte er.

Sie blieben am Rand der Straße, immer bereit, sich im Falle einer Gefahr im Unterholz zu verbergen, aber der Marsch verlief ohne Zwischenfall. Sie erreichten um zehn Uhr vormittags, der Stunde der Schlange, die kleine Stadt Symiyoshi am Ufer des Yodo. Tadesato mietete eine Sänfte mit acht Trägern. Es waren rauhe, muskulöse Männer in Lendenschurzen, die sie für wenige Kupfermünzen die Tagereise nach Kyoto tragen würden.

Unterwegs wurden sie von einem großen Heer von Reitern und Fußsoldaten von der Straße gezwungen. Während sie warteten, daß die Krieger vorbeizogen, fragte Nami den Anführer der Träger, ob er wisse, wer diese Krieger seien und wohin sie marschierten.

Der Träger öffnete einen fast zahnlosen Mund und sagte mit einem schwer verständlichen Akzent: »Ein großer General führt seine Truppen in den Kampf. Wer kann sagen, wohin?« Er gackerte vor Vergnügen, als hätte er einen besonders gelungenen Scherz gemacht.

Tadesato beugte sich zu Nami: »Diese Träger wissen nichts. Seht Euch, Frau Koremori, die Banner an; sie tragen den *mon* von Minamoto Yoshitsune. Es ist seine Armee, und sie muß unterwegs sein, um sich im Hafen von Watanabe einzuschiffen.«

Der Wind nahm zu; in der Ferne wetterleuchtete es. Tadesato blickte zum Himmel auf und sagte: »Ein Sturm zieht auf – ein schweres Unwetter. Diese Männer sind keine Seeleute. Sie werden den Hafen nicht verlassen, bevor der Sturm morgen oder übermorgen abgezogen sein wird.«

Länger als eine Stunde saßen sie in der Dunkelheit des Inneren der Sänfte, bis die Nachhut der Armee vorbeigezogen war. Der Säugling schlief fest, vielleicht eingelullt vom gleichmäßigen Hufgetrappel und den Marschtritten der *ashigaru*. Nami langweilte sich. Sie durchsuchte ihr Gepäck, bis sie ein paar Blätter Papier, einen Pinsel und einen Tintenstein fand. Dann vertrieb sie sich die Zeit, indem sie eine Nachricht an Koremori aufsetzte. Beim Pinseln der Schriftzeichen sagte sie sich, daß sie für alle Schmerzen büßen wolle, die sie ihm zugefügt hatte. Sie hoffte, die Botschaft würde ihm mit seiner Familie wieder versöhnen können. Es war das mindeste, was sie tun konnte; hatte er nicht sein Leben riskiert, um ihres zu retten?

Sie faltete das Papier und gab es Tadesato, daß er es nach seiner Rückkehr Koremori aushändige.

Als alle Gefahr vorüber schien, wurden sie beinahe entdeckt. Ein Reitertrupp löste sich vom Ende der Kolonne und hielt unweit der Sänfte. Ein riesenhafter Kerl in schwarzer Rüstung verlangte von den Trägern zu wissen, wen sie beförderten.

»Fischleute, mächtiger Herr.«
»Laßt mich sehen. Holt sie heraus.«

Tadesato steckte den Kopf zum Vorhang in der Tür der Sänfte hinaus und fragte in einem passablen ländlichen Dialekt: »Was wollt Ihr von uns? Wir haben nichts von Wert. Bitte, Herr, laßt uns unseres Weges ziehen.« Der Mann in der schwarzen Rüstung schwang sein Schwert und brüllte mit einem wilden Lachen: »Kommt heraus, wo ich euch sehen kann!«

Der ungeduldige Zuruf eines anderen Reiters, der dem Raufbold bedeutete, sie hätten keine Zeit zu verlieren und er solle die Fischer in Ruhe lassen, entschärfte die bedrohliche Entwicklung der Lage. Der Mann in der schwarzen Rüstung steckte sein Schwert widerwillig ein und knurrte, als er sich umwandte: »Diesmal lasse ich euch ziehen, aber geht den Armeen General Yoshitsunes aus dem Weg.«

Nach dem Durchzug des Heeres war die Straße frei. Wie Tadesato vorausgesagt hatte, verschlechterte sich das Wetter zu einem Regensturm. Die Träger wanderten in Vierermannschaften die Landstraße nach Kyoto entlang; vier trugen die Last der Passagiere, während die anderen vier ausruhten, indem sie nebenher gingen. Diese Träger waren Männer aus Eisen mit muskelbepackten Armen und Beinen und steinharten Fußsohlen, absolut unempfindlich gegenüber Strapazen. Es war noch nicht Abend, als sie den Stadtrand erreichten, wo sie Nami und Hisayoshi am Rasho-Mon, dem Südtor, verließen.

Tadesato entlohnte sie, gab Nami den Säugling und sagte: »Ich muß Euch hier verlassen. Ich bin in der Hauptstadt zu bekannt; meine Lumpen sind eine schlechte Verkleidung. Wenn man mich hier erkennt, wird mein Kopf morgen auf einem Spieß stecken. Frau Koremori, es kümmert mich nicht, was aus mir wird, aber ich bin es meinem Herrn schuldig, mit Eurer Botschaft und der Nachricht, daß Ihr sicher in die Hauptstadt gelangte, nach Yashima zurückzukehren. Er wird erfreut und erleichtert sein. Ich muß ihm auch sagen, was wir sahen – die Zahl der Männer und Pferde in Yoshitsunes Armee –, so daß die Taira vorbereitet sein können, wenn sie kommen.«

»Mögen Hachiman und der Buddha Euch beschützen, Tadesato. Geht mit meiner Dankbarkeit.«

Hisayoshi begann hungrig zu winseln. Nami küßte ihm die runde Wange und sagte: »Weine nicht, Hisayoshi, wir sind in Sicherheit.«

81

Yoshi ließ sein Pferd im örtlichen Mietstall und wanderte allein durch die windige Hafenstadt Watanabe. Durch das zwanzigtausend Mann starke Herr waren die örtlichen Einrichtungen überfordert. Häuser wurden beschlagnahmt, überall Zelte aufgestellt und riesige *jinmaku*, Trennwände aus Stoffbahnen, gezogen, um die verschiedenen Ränge und Sippen zu trennen. Yoshi stemmte sich gegen den böigen Seewind, roch Salzwasser, hörte ungesehene Seevögel in der Dunkelheit kreischen, als sie zwischen den Schiffen der Armada auf über Bord geworfene Essensreste herabstießen.

Krieger sahen Yoshi vorbeigehen und erzählten sich die Geschichte seines Sieges auf dem Feld von Omi. Fußsoldaten und Samurai wollten den verrückten Mönch sehen, dessen geschickte Taktik den berühmten Sadatsugu und seine Söldnertruppe bezwungen hatte. Yoshi hielt den Kopf gesenkt und versuchte keine Aufmerksamkeit auf sich zu lenken, als er zu einer Ratsversammlung mit den Truppenführern zum Gasthaus ging.

Vor den Türen und der überdachten Veranda war ein Dutzend Wächter aufgestellt. Yoshi wurde erkannt und in einen großen Raum geführt, wo zahlreiche Fackeln in Wandhaltern brannten und helles Licht verbreiteten. Als Adressat von Yoritomos Befehl hatte er nominell den Oberbefehl. Da er aber keine eigenen Truppen befehligte und sich Yoshitsune nicht entfremden wollte, auch keinen persönlichen Feldherrenehrgeiz hatte, hielt er sich zurück. Soweit es ihn betraf, war er einer der fünfzig Kommandeure, die an diesem Abend des sechzehnten Tages des dritten Monats zusammenkamen.

Yoshitsune und Kajiwara Kagetoki saßen an einem niedrigen Tisch nahe der Rückwand, auf dem Landkarten der Inlandsee und der umliegenden Provinzen ausgebreitet waren.

Yoshi und die anderen nahmen ihre Plätze ein und knieten in zwei halbkreisförmigen Reihen um diesen Tisch.

Yoshi war in der Mitte; zu seiner Linken saßen Benkei, Tsuginobu, Tadanobu, Chikanori, Tadatoshi, Miura, Ashikaga, Kodama, Genzo und Nishi – alles Freunde von Yoshitsune. Zu seiner Rechten war ein Dutzend von Kagetokis Verbündeten, ältere Krieger, die dem jungen Yoshitsune und seinen Freunden mißtrauten. Lehnsunabhängige Kommandeure drängten sich in der zweiten Reihe hinter ihnen.

Yoshi lauschte aufmerksam, als Yoshitsune den Plan beschrieb, den er und Yoshi zuvor ausgearbeitet hatten. »Wir werden uns der Kraft der Winde bedienen«, erläuterte Yoshitsune. »Vor Tagesanbruch werden wir die Segel setzen und die Taira in ihrem Bollwerk überraschen.«

Yoshi sah Kagetoki den Kopf schütteln, eine Bewegung, die von seinen Gefolgsleuten sofort aufgenommen wurde. Die eine Hälfte des Raumes murmelte mißbilligend.

Yoshitsune beachtete sie nicht. Er nahm eine Karte vom Tisch, hob sie in die Höhe und zeigte auf die Inlandsee. »Hier«, sagte er und zog den Finger langsam über die Bucht von Sunimoto und den Hafen von Watanabe, »ist der kürzeste Weg, um die Meerenge nach Awa zu überqueren. Alle Befestigungen befinden sich auf der Seeseite, sind, wo das tiefe Wasser den Kriegsschiffen der Taira ein sicheres Ein- und Auslaufen ermöglicht.«

Einer von Kagetokis Anhängern, Hori Toji Chikaie, ein rotgesichtiger älterer Mann, unterbrach ihn ungeduldig: »Das ist uns bekannt. Man kann sie nur vom Meer her angreifen, und wir haben keine Erfahrung im Seekrieg.« Er blickte stirnrunzelnd zur anderen Seite der Versammlung und setzte hinzu: »Außerdem gibt es keine Möglichkeit, die Meerenge nach Awa zu überqueren, wenn der Wind ungünstig steht.«

Kagetoki nickte befriedigt.

Yoshitsune ließ sich nicht ablenken. »Ihr denkt so, wie die Taira es von Euch wünschen, Chikaie. Wir müssen unseren Geist vom konventionellen Denken befreien und nach ungewöhnlichen Taktiken suchen. Vergessen wir nicht, daß bei Niedrigwasser eine Landzunge aus Sand die Taira-Festung mit dem Land verbindet. Der natürliche Wassergraben der

Inlandsee schützt sie die meiste Zeit – aber es gibt ein paar Stunden am Morgen, wenn das Wasser zurückgeht und die Festung im Rücken gegen einen Angriff von der Landseite ungeschützt ist.«

Yoshi und die Männer neben ihm applaudierten. Kagetokis bärtiges Gesicht nahm einen ärgerlichen Ausdruck an. Chikaie war verblüfft. Er blickte hilfesuchend nach links und rechts, sah keine Unterstützung und verstummte.

Yoshitsune lächelte. Seine vorstehenden, ungefärbten Zähne verursachten einigen der alten Veteranen Unbehagen. »Mein Plan«, fuhr er fort, »besteht in der Ausnutzung des Überraschungseffekts. Wir marschieren von Awa gegen Yashima, dem wir uns verstohlen von der Landseite nähern, bis wir in Angriffsentfernung sind; dann stürmen wir mit unserer gesamten Streitmacht, jagen die Taira aus der Stadt an die Strände, wo wir sie in die Enge treiben, die kaiserliche Familie gefangennehmen und den Rest töten werden.«

Kagetoki konnte nicht länger an sich halten. »Nicht bevor die Wetterverhältnisse ein solches Vorhaben begünstigen.«

»Zur Yomi mit dem Wetter! Hauptsache, wir können mit dem Wind segeln. Ich werde nicht zulassen, daß das Wetter zwischen meiner Truppe und dem Sieg steht.« Yoshitsunes blasse Wangen zeigten rote Flecken.

Yoshi brachte rasch Applaus in Gang, um die Aufmerksamkeit von Yoshitsunes Zurschaustellung seiner Emotion abzulenken. Yoshi wußte, wieviel Yoshitsune an dem Plan lag, doch als Kommandierender der Minamoto-Armeen war er der Ratsversammlung Selbstbeherrschung schuldig.

Yoshitsunes letzte Bemerkung und seine kriegerische Haltung ergrimmten Kagetoki. Er fauchte: »Ihr versteht nichts von der See. Wir müssen besseres Wetter abwarten.«

»Und den Überraschungsvorteil einbüßen?« gab Yoshitsune zurück.

Kagetoki beherrschte sich. »Wir werden nichts einbüßen«, antwortete er kalt. »Die Überraschung wird noch immer möglich sein. Munemori und seine dreimal verfluchte Mutter glauben, daß wir in Kyoto verschimmeln.«

Yoshi hatte plötzlich Bedenken, als er an die Sänfte am Straßenrand dachte – und an seine Vermutung, sie würde keine Taira-Spione enthalten. Hatte Benkei am Ende recht gehabt? Aber welchen Schaden konnten Spione zu diesem Zeitpunkt anrichten? Sie waren durch die Wetterunbilden in gleicher Weise behindert.

Yoshitsune lehnte es ab, Kagetokis Einwendungen in Betracht zu ziehen. Er rief: »Ich sage, wir greifen jetzt an!«

»Und ich sage, es ist unmöglich. Selbst wenn der Wind nachläßt, müssen die Schiffe mit einem zweiten Satz Ruder am Bug ausgerüstet werden. Ruder am Heck, am Bug und mittschiffs werden uns leichtes Manövrieren erlauben.«

»Wozu in den zehn Höllen brauchen wir diese Ruder zum Herumdrehen?« knurrte Yoshitsune, momentan abgelenkt.

»Wenn Reiter eine feindliche Stellung angreifen, lenken sie ihre Pferde nach den Notwendigkeiten militärischer Strategie vorwärts, seitwärts und rückwärts.«

»Und?«

»Also müssen wir, die wir keine Seeleute sind, uns dieselbe Option offenhalten«, sagte Kagetoki. »Wenn unsere Taktik flexibel sein soll, müssen wir wie Reiter in der Lage sein, ebenso rasch rückwärts wie vorwärts zu gehen. Darum möchte ich, daß diese zusätzlichen Ruder am Bug wie am Heck angebracht werden.«

»Zusätzliche Ruder, um zurückzugehen? Ihr meint, für den Rückzug?«

»Wenn Ihr es so nennen wollt. Ich nenne es kluge taktische Vorbereitung.«

Yoshitsunes Augen traten noch weiter hervor als gewöhnlich. »Meine Männer kennen keinen Rückzug!« rief er. »Wir gehen vorwärts, oder wir sterben ruhmreich. Nur ein Feigling fürchtet den Tod.«

Kagetoki brüllte: »Niemand nennt Kajiwara Kagetoki einen Feigling und kommt mit dem Leben davon. Ihr seid, was wir einen ›Büffelsoldaten‹ nennen, einen, der blindlings ins Verderben rennt. Niemand respektiert einen Kommandeur, der eine Idee hat und wie ein wilder Büffel mit dem Kopf durch die Wand rennt. Ich bin durch Befehl unseres Herren Yoritomo Mitkommandeur dieser Streitkräfte. Wenn ich Euch töten muß, um zu sehen, daß die Vernunft die Oberhand behält – so sei es.« Er sprang auf und zog sein Schwert.

Nicht weniger agil als er, sprang Yoshitsune aus seiner knienden Haltung auf, und bevor seine Füße noch festen Stand gefunden hatten, war sein Schwert gezogen und kampfbereit.
Yoshi, Benkei und mehrere von Kagetokis Anhänger schrien einhellig, daß die beiden voneinander ablassen sollten. Yoshi sprang zwischen die Kampfhähne, um sie zu trenne. »Geh aus dem Weg oder stirb!« knurrte sein Freund Yoshitsune.
»Dann töte mich«, sagte Yoshi und streckte die Arme seitwärts von sich.
»Iie!« rief eine Stimme hinter ihm, und einer von Kagetokis Anhängern nahm Rücken an Rücken mit Yoshi Aufstellung. Die Luft knisterte vor Spannung.
Yoshitsune reagierte zuerst; sein Schwert glitt mit einem scharfen metallischen Klang in die Scheide. Um sich nicht übertreffen zu lassen, folgte Kagetoki seinem Beispiel.
Yoshitsune sprach mit beherrschter Höflichkeit, aber seine gepreßte Stimme verriet, wie schwer es ihm ankam. »Die Schiffe sind verproviantiert. Pferde wurden vor dem Unwetter eingeschifft; sie stehen unter Deck in stabilen Stallboxen. Alles ist bereit, bis auf diese ›Ruder für den Rückzug‹; und es wird spät. Wir sind trotz allem Verbündete unter unserem gemeinsamen Führer Yoritomo. Laßt uns ein Festmahl genießen, bevor wir in den Kampf ziehen.«
Kagetoki funkelte, bemühte sich jedoch, nicht weniger Selbstbeherrschung zu zeigen als sein Feind. Er brachte ein kleines Kopfnicken zustande und sagte: »Yoshitsune hat recht. Bald werden wir Schulter an Schulter gegen einen gemeinsamen Feind kämpfen, also laßt uns auf das Gedeihen unserer guten Sache gemeinsam feiern.«
Benkeis brüllende Stimme erhob sich aus dem Stimmengewirr. »Gastwirt! Essen und Trinken für fünfzig tapfere Krieger!«
Als die Truppenführer sich von ihren Plätzen erhoben, in Gruppen beisammenstanden oder auf und ab gingen, mischte sich Yoshitsune unter sie und flüsterte mit seinen vertrauten Gefährten. Als Speisen und Sake aufgetragen wurden, schlüpften er, Yoshi, Benkei, Tsuginobu, Tada-

nobu, Chikanori und Tadatoshi hinaus und versammelten ihre Männer auf den hölzernen Anlegebrücken. Der Wind hatte zugenommen; die Wellenkämme trugen Schaumkronen, von denen Gischtfahnen fortgerissen wurden. Die Schiffsrümpfe stießen gegeneinander.

»Wir lassen Kagetoki die großen Kriegsschiffe. Mag er uns folgen, wann es ihm beliebt. Wir werden immerwährenden Ruhm erringen, indem wir die Taira in Yashima ohne seine Hilfe besiegen«, erklärte Yoshitsune.

Einige der Krieger waren ängstlich. Einer, mutiger oder törichter als seine Gefährten, meldete sich zu Wort und sagte: »Wir sind Samurai, furchtlos im Angesicht eines Feindes, sei es zu Pferde oder zu Fuß... Aber was wissen wir von der See? Wir werden wie Ratten ertrinken, wenn diese kleinen Fahrzeuge von den Göttern des Windes, Regens und Sturmes umgeworfen werden.«

Andere pflichteten ihm bei, bis Yoshi sich genötigt sah, auf eine Kiste zu steigen und ihnen zu antworten. »Wir fahren mit dem Wind, nicht gegen ihn. Die Götter des Windes und des Regens werden uns helfen, die Überfahrt schnell und in kurzer Zeit zu bewältigen. Sollen wir umkehren, wo der Sieg in Reichweite ist? Nein! Wir müssen vorwärts gehen. Tapfere Männer gehen an Bord der Schiffe und gewinnen ewigen Ruhm mit General Yoshitsune.«

Die meisten der fünfhundert Krieger fühlten sich von Yoshis Ansprache ermutigt. Der Anblick des verrückten Mönches, dessen Gewänder im Wind flatterten, stärkte ihr Selbstvertrauen. Wie konnte man an den Göttern zweifeln? Bereitwillig zogen sie im Gänsemarsch über die schwankenden Laufplanken an Bord ihrer Schiffe. Einige zögerten jedoch, und Yoshitsune rief seinen Bewaffneten zu: »Tsuginobu, Yoshimori, tötet jeden, der zurückbleibt.« Die Bogenschützen legten Pfeile auf, spannten ihre Bogen und zielten auf das Dutzend Männer, die auf der Anlegebrücke standen.

»Sterbt hier als Feiglinge, oder sterbt in der See als Helden«, rief Yoshi beschwörend in den Wind. »Gibt es eine Wahl? Gehorcht dem Befehl General Yoshitsunes oder findet den schmählichen Tod als Befehlsverweigerer. Wir laufen aus, bevor der Wind noch stärker wird.«

Die Männer wollten darauf vertrauen, daß der verrückte Mönch die Unterstützung der Götter garantieren könne; doch Yoshitsunes Befehl, sie im Falle der Gehorsamsverweigerung zu töten, schenkten sie unbedingten Glauben. Einer von ihnen rief: »Je stärker der Wind, desto eher werden wir Land erreichen.« Und er eilte die Laufplanken hinauf.

Die anderen folgten. Die Landungsbrücke war geräumt, die Schiffsbesetzungen warfen die Leinen los.

82

Yoshitsune hatte den Schiffskapitänen vor dem Auslaufen Befehl gegeben, keine Lichter außer den Heckfackeln anzuzünden und in Kiellinie zu segeln. Keiner dürfe das Hecklicht des vorausfahrenden Schiffes aus den Augen verlieren.

Die fünf Piratendschunken wurden von erfahrenen Kapitänen und Besatzungen gesteuert, die sie mit Hilfe von Rudern ins offene Wasser manövrierten. Außerhalb der schützenden Mole drohten die Schiffe in der rauhen See zu kentern. Yoshi, der im Bug des zweiten Schiffes stand, ließ Yoshitsunes Hecklicht nicht aus den Augen; mit weißen Knöcheln umklammerten seine Hände die Bugreling. Durch das Pfeifen des Windes in der Takelage hörte er die Pferde unter Deck wiehern und gegen die Bretterwände ihrer Boxen schlagen. Die Tiere waren nervös und ängstlich, aber nicht mehr als ihre Herren, die zusammengedrängt unter Deck saßen, verstört von den heftigen und ungewohnten Bewegungen des Schiffes und dem unheilvollen Knarren und Ächzen der Spanten.

Die Überquerung der Inlandsee nahm unter normalen Umständen zwei Tage in Anspruch. Vor dem Wind, dessen Böen so stürmisch waren, daß sie die Segel zu zerreißen und die Masten zu brechen drohten, rasten die Dschunken, nur mit Mühe auf Kurs gehalten, in vier Stunden hinüber. Die kleine Flotte lief am sechzehnten Tag um zwei Uhr früh aus; um sechs Uhr früh sichtete sie die Küste der Provinz Awa. Die Anspannung der rauhen Überfahrt, sein Bemühen, die

Samurai vor Panik zu bewahren und Yoshitsunes Hecklicht nicht aus den Augen zu verlieren, sowie die Kraftanstrengung, sich an Deck zu halten, ohne über Bord geblasen zu werden, hatten Yoshi das letzte an geistiger und körperlicher Kraft abverlangt.

Der Wind ließ nach, als sie im Morgengrauen im Schutz eines Vorgebirges dicht unter Land segelten. Hier war die unruhige See bleigrau, das Ufer nebelverhangen. Einmal sah Yoshi über dem Nebel rote Punkte am Hang – kaum erkennbare Taira-Banner. Ja! Eine Patrouille der Taira zur Bewachung der Küste. Er ließ seinen Kapitän mit einem Fächer Signale zum vorausfahrenden Schiff geben, doch dort antwortete niemand.

War er der einzige, der die Feindpatrouille gesehen hatte? »Laßt das Segel herunter und rudert uns näher an die Küste«, befahl er dem Kapitän. »Schafft zwanzig Pferde herauf, bindet Leinen an ihre Zaumzeuge und laßt sie über Bord gehen; sie können längsseits schwimmen, bis ihre Hufe den Boden berühren. Sobald ihnen das Wasser nur noch bis zu den Sätteln reicht, werden wir aufsitzen und an Land reiten. Ich übernehme die Führung.«

»Hai, General Yoshi.« Der Kapitän ging, Yoshis Befehle auszuführen.

Yoshitsune und die anderen Schiffe waren bereits vorübergesegelt. Die Beobachter in ihren Krähennestern sahen Yoshis Schiff das Ufer anlaufen und ankern und folgten seinem Beispiel, aber sie waren schon eine halbe Meile weiter. Yoshi hatte keine Zeit, seinen Plan zu erklären.

Yoshi führte seine triefenden Reiter den Strand hinauf und im grauen Morgennebel über einen hohen Dünenwall. Jenseits davon machte er als Windschutz aufgespannte Zeltbahnen aus, die ein kleines Lager umschlossen. Nach seiner Schätzung waren nicht mehr als zehn Mann darin. Auf Bambusstangen flatterten rote Taira-Banner.

Sie ritten näher. Der weiche Sand dämpfte die Hufschläge, und im Lager blieb alles still. Anscheinend schliefen die Männer. Yoshi bedeutete seinen Samurai, das Lager zu umstellen. »Auf mein Zeichen«, sagte er leise, »durchschneidet ihr den Stoff. Niemand darf entkommen, um andere zu warnen, aber ich brauche einen Gefangenen; am besten ihren Anführer.«

Yoshi holte mit dem Schwert aus und durchschnitt mit einem Streich den Windschutz. Die anderen taten es ihm nach und stürmten in das schlafende Lager.

Die verwirrten Männer der Küstenwache kamen kaum dazu, Gegenwehr zu leisten. Neun von ihnen wurden niedergemacht, ihr Anführer gefangengenommen. Man band ihm die Hände und stieß ihn vor Yoshi auf die Knie.

Yoshis Miene war undurchdringlich; er sah einen Mann von vierzig Jahren, der mit gesenktem Kopf vor ihm kniete, wahrscheinlich ein einheimischer Samurai, den die Taira zum Dienst gezwungen hatten.

»Wer bist Du?« fragte Yoshi.

»Kondo Roku aus Awa, Herr.«

»Willst du leben, Kondo Roku?«

»*Hai*, ja, Herr.«

»Dann kannst du dein Leben retten, indem du uns nach Yashima führst. Jeder Fluchtversuch ist zwecklos; meine Leute werden dir den Kopf abschlagen.«

»Ich höre auf Euren Befehl, Herr.«

»Gut. Nun, wo in den zehn Höllen sind wir?« Yoshi gestikulierte über den Strandwall aus feinem Sand, der sich in beiden Richtungen im Nebel verlor. Niedriges Gestrüpp, Strandhafer, Dünen und Muschelschalen – sonst nichts.

»Diese Gegend heißt Katsuura, Herr. Katsu für Sieg und Ura für Strand. Siegesstrand, Herr.«

Yoshi wandte sich zu seinen Männern. »Siegesstrand – ein glückverheißender Name für unsere erste Landung in Shikoku.« Er wandte sich wieder dem Gefangenen zu. »Wo ist der Rest deiner Leute?«

»Ich führe diese Abteilung zur Überwachung der Küste; der Rest unserer Truppe liegt in der Festung des Gouverneurs von Awa.«

»Wie viele sind dort?«

»Weniger als fünfzig, Herr.«

»Warum so wenige?« Yoshi legte die Hand an den Schwertgriff und beugte sich drohend über den Gefangenen. Zwar glaubte er, daß Kondo Roku war, was er zu sein schien, nämlich ein ländlicher Samurai ohne Hinterlist, doch wollte Yoshi nicht so unachtsam wie die Taira sein.

»Herr, die Streitkräfte der Taira sind in Züge zu je fünfzig Mann aufgeteilt, und jeder Zug hat einen Küstenabschnitt der Insel zu überwachen.«

Das war beinahe zu leicht... kleine Abteilungen, die einzeln umgangen oder überwältigt werden konnten! »Wie hoch ist die Truppenstärke in Yashima?«

»Ungefähr eintausend Mann, Herr.«

»Eintausend!« rief Yoshi. »Du lügst. Männer – macht euch bereit, ihm den Kopf zu nehmen.«

»Bitte, Herr«, sagte Kondo Roku. »Es ist die Wahrheit. Dreitausend Mann unter dem Befehl des Generals Dennai wurden ausgesandt, den Kopf von Kono-no-Shiro zurückzubringen. Bis Dennai mit dem Kopf zurückkehrt, bilden die eintausend Krieger die ganze Garnison.« Kondo Roku senkte den Kopf und begann das *Nembutsu* zu beten, auf das Schlimmste gefaßt.

»Wenn das die Wahrheit ist, hast du nichts zu fürchten«, sagte Yoshi. Es lag nicht in seinem Interesse, daß der Gefangene die Hoffnung aufgab. »Du sagst, nur eintausend Krieger in Yashima, und um die Insel verteilte Züge zu je fünfzig Mann?«

»*Hai.*«

»Nun, hilf uns und bleibe am Leben. Wie weit ist es von hier nach Yashima?«

»Zwei Tagesmärsche, Herr.«

»Zwei Tagesmärsche?« wiederholte Yoshi. Er blickte in die Runde seiner müden Männer und sagte: »Wir werden eine kurze Ruhepause machen und die Pferde füttern, bevor wir uns mit General Yoshitsune zum Marsch auf Yashima vereinen.«

83

Am Abend des siebzehnten Tages des zweiten Monats meldeten Wachtposten eine Flotte vor der Küste von Yashima. Sie brachte Churo Dennais zurückkehrende Armee: fünfzig Kriegsschiffe, dreitausend Mann und beinahe ebensoviele Pferde. Rote Flaggen knatterten von den Masten, auf den Vorderdecks wurden Trommeln geschlagen, deren gleichmäßiger Rhythmus vom Wind zu den Stadtmauern herübergetragen wurde.

Im Hölzernen Palast herrschte Freude. Vor acht Monaten, nach der Großen Läuterungszeremonie, hatte die Nii-Dono General Churo Dennai aufgetragen, Kono-no-Shiro aufzuspüren und ihm den Kopf zu nehmen, weil er einer Einladung zur obligatorischen Zeremonie nicht Folge geleistet hatte. Die Nii-Dono hatte Kono-no-Shiros Abwesenheit als ein Zeichen der Abtrünnigkeit gedeutet. Als Churo Dennai Yashima verlassen hatte, waren viele Leute am Hof besorgt gewesen, ohne ihn und seine Truppen könnte es am nötigen Schutz fehlen. Nun war er zurückgekehrt, und nach dem Klang der Trommeln zu urteilen, war seine Mission erfolgreich verlaufen.

Der Himmel verfärbte sich von geschmolzenem Gold zu Purpur, dann zu Dunkelgrau und Blau; wattige Wolken zogen über den Horizont. Die Flotte ankerte dicht unter der Küste, und ein Boot wurde zu Wasser gelassen und ruderte an Land. Churo Dennai stieg aus, gefolgt von einem Dutzend Offizieren, die jeder einen großen Flechtkorb trugen, unter dessen Gewicht sie wankten.

Stadtbewohner und Leute vom Hofe drängten sich am Strand und um die Anlegebrücke, um ihren Helden aus der Nähe zu sehen. Churo Dennai trug eine purpurne Rüstung mit roten Lederriemen, zwei Schwerter im Gürtel und einen Langbogen mit Köcher auf dem Rücken: der ideale Samurai. Er stolzierte die kurze Strecke zum Hölzernen Palast, gefolgt von den beladenen Offizieren. Am Palasttor angelangt, verkündete er mit lauter Stimme – für die Zuschauer wie für die Torwächter: »Ich, Churo Dennai Saemon, Sohn von Awa-no-Mimbu, bin mit einhundertfünfzig Köpfen von Iyo zurückgekehrt. Ich begehre eine Audienz beim großen Herren Taira Munemori und seiner ehrwürdigen Mutter, der Nii-Dono. Öffnet mir sogleich das Tor.«

Churo Dennai wurde direkt zum Audienzsaal eskortiert, wo die Nii-Dono hinter ihrem Wandschirm wartete. Jasminparfüm füllte den *chodai* und drang hinaus in den Audienzsaal.

»Also, General«, sagte sie, nachdem er seine Ehrenbezeigung gemacht hatte, »Ihr kehrt im Triumph zurück. Meine Söhne waren besorgt, daß ich einen Fehler gemacht haben könnte, indem ich Euch nach Iyo sandte. Sie sorgten sich zuviel. Es dauerte acht Monate, aber wir haben den Kleinmütigen gezeigt, wie entschlossen wir sein können. Nach dieser Lektion wird niemand mehr wagen, abtrünnig zu werden.«

»*Hei*, ehrenwerte Frau«, sagte Churo Dennai. Er hatte den Helm abgenommen und stellte die gepflegte, auf dem Kopf mit einem Knoten zusammengefaßte Haartracht des Kriegers zur Schau. Er hatte glattrasierte, volle Wangen und eine kühne, gerade Nase.

Die Nii-Dono betrachtete ihn beifällig durch den Vorhang. Warum konnten ihre Söhne nicht wie dieser Mann sein? »Nun, wo ist Kono-no-Shiros Kopf? Ich möchte ihn sehen, bevor wir ihn der Öffentlichkeit zeigen.«

Churo Dennai zögerte, suchte nach den rechten Worten. Die Nii-Dono teilte ihren Vorhang, um ihn besser zu sehen. Der Mann in der purpurnen Rüstung verlagerte unbeholfen sein Gewicht. »Also?« fragte sie.

»Ich habe hundertfünfzig Köpfe, gnädige Frau – Offiziere und Samurai-Gefolgsleute.«

Der Nii-Dono war, als hätte sie einen Stein verschluckt. Enttäuschung verzerrte ihre dünnen Lippen. Er hatte versagt! Konnte niemand etwas richtig machen? Buddha, sie war von Unfähigen umgeben. Sie hob die Stimme zu einem schrillen Winseln, das durch ihre mühsam gezügelte Wut bedrohlich wirkte. »Verstehe ich Euch recht, daß ihr ihn nach acht Monaten im Feld nicht gefangen habt? Ihr habt seinen Kopf nicht?«

»Wir waren ihm viele Male dicht auf den Fersen, ehrenwerte Frau. Kono-no-Shiro hatte das Glück des bösen Königs; er entging jeder Falle. Aber er ist durch den Verlust seiner Männer bestraft worden, hundertfünfzig sind es. Ihre Köpfe werden als abschreckende Beispiele auf der Stadtmauer aufgepflanzt. »In der Hoffnung, ihren Beifall zu finden, sagte er mit einer Verbeugung: »Laßt mich Euch die Köpfe zeigen. Ihr werdet viele von ihnen wiedererkennen. Meine Offiziere warten draußen, Euch das Vergnügen zu bereiten.«

»Mein Vergnügen?« versetzte sie giftig. »Mein Vergnügen? Ihr seid ein unfähiger Narr, Churo Dennai! Ich sollte statt seines Kopfes den Eurigen aufspießen lassen!

Ich will die Köpfe seiner Gefolgsleute nicht sehen. Bringt sie morgen zu Munemori. Einstweilen geht mir aus den Augen. Kehrt an Bord Eures Schiffes zurück und erwartet dort meine Antwort. Ich brauche Zeit, eine passende Bestrafung für Euch zu finden.«

84

Yoshitsune und Benkei ließen ihr Schiff in sicherer Entfernung vom Ufer ankern und überwachten das Entladen der Männer und Pferde. Vier weitere Schiffe gingen in unmittelbarer Nähe vor Anker und entließen ihre Fracht. Das Ausladen nahm längere Zeit in Anspruch, aber schließlich versammelten sich annähernd fünfhundert Krieger und Pferde auf dem Sandstrand. Als Yoshi und sein Gefangener zu ihnen stießen, hatte die Sonne die Hälfte ihrer Bahn zum Zenit zurückgelegt. Nachdem er Kondo Rokus Bericht gehört hatte, sagte Yoshitsune: »Gut gemacht, Yoshi. Wir sahen die Taira-Banner nicht. Es besteht die Gefahr, daß eine andere Wachabteilung unsere Schiffe an der Küste vorbeilaufen sah und Meldung macht. In diesem Fall würde uns der Vorteil der Überraschung verlorengehen. Darum dürfen wir keine Zeit verlieren.«

Yoshi nickte. »Kondo Roku kann uns helfen, weiteren Wachabteilungen zu entgehen, indem er uns durch das Hügelland von Awa führt.«

»Ausgezeichnet. Ausgezeichnet!« sagte Yoshitsune. Er sprühte vor Energie. Die geglückte Landung nach der schnellen und gefährlichen Überfahrt und Yoshis gefügiger Gefangener stimmten ihn euphorisch. Er stampfte rastlos auf und ab, schlug seinen Kommandeuren auf die Schultern. Er sagte: »Setzt den Gefangenen auf ein Pferd und laßt uns sofort aufbrechen. Er lebt, solange er uns auf dem rechten Weg hält.«

Sie durchquerten das zentrale Hügelland von Shikoku in einem Tempo, das Pferde und Männer bis an die Grenzen ihrer Leistungsfähigkeit beanspruchte. Yoshi ritt neben Yoshitsune an der Spitze der Kolonne. »General«, sagte er, als er bemerkt hatte, daß einige der Pferde lahmten und ihre Reiter hinter der Kolonne zurückblieben, »wir werden jeden einzelnen dieser Männer benötigen, wenn wir uns in Yashima den Truppen der Taira gegenübersehen. Ich schlage vor, daß wir die lahmenden Tiere entlasten und ihre Reiter auf die stärksten der verbleibenden Tiere verteilen; dort können sie hinter den Reitern aufsitzen.«

Yoshitsune war ungeduldig, räumte aber ein, daß Yoshi recht hatte. Er gab die erforderlichen Befehle, und nach kurzem Aufenthalt ging es weiter.

Um Mitternacht wurde deutlich, daß die Kolonne rasten mußte. Die Männer konnten, angestachelt durch Ehrgefühl und Pflichterfüllung, die letzten Reserven mobilisieren, aber ihre Pferde brauchten Futter und Ruhe, wenn sie nicht zuschanden geritten werden sollten. Unter einer dünnen Mondsichel lagerten die fünfhundert Krieger in einem Kiefernwald am Fuß eines Hügels. Auf Yoshis Empfehlung verbot Yoshitsune das Entzünden von Lagerfeuern und jeden unnötigen Lärm. Die Männer aßen kalte Reiskuchen und schliefen ein, wo sie sich niederlegten, die Köpfe auf Sätteln oder Rüstungen.

Während die meisten Krieger schliefen, kam Yoshi mit Yoshitsune und Benkei zusammen, um ihre weitere Strategie zu besprechen. Yoshi sagte: »Kondo Roku behauptet, dies sei die einzige Straße. Laßt uns die Gegend weiter voraus auskundschaften und sehen, ob zwischen hier und Yashima feindliche Truppen liegen.«

Yoshitsune stimmte zu, und ein Kundschafter wurde ausgesandt. Eine Stunde später kehrte er mit der Nachricht zurück, daß er keine feindlichen Truppen gefunden, aber einen einsamen Wanderer gesehen habe, der die mondbeschienene Straße benutzte. Der Mann sei fünf Meilen voraus auf der anderen Seite der Hügelkette. »Sonst sah ich niemanden«, meldete der Kundschafter.

»Hat er dich gesehen?« fragte Yoshi.

»Nein, General.«

»Konntest du erkennen, was für ein Mann er war? Bauer, Soldat, Taira-Späher?«

»Er sah wie ein unbewaffneter Fischer aus, General Yoshi.«

»Ein Fischer, so viele Meilen von der Küste entfernt? Unwahrscheinlich.«

Benkei sagte: »Schicken wir ihm eine kleine Gruppe nach, damit sie ihn tötet, bevor er Alarm schlagen kann.«

»Nein«, sagte Yoshi, »ich werde voraus reiten und ihn vernehmen. Vielleicht gewinnen wir nützliche Information. Wenn er meine Mönchskleidung sieht...«

»... und deine Schwerter!« unterbrach ihn Yoshitsune.

»Ich werde ohne die Schwerter reiten. Sollte sich der Fischer als gefährlich erweisen, habe ich meinen Kriegsfächer.«

»Ich kann nicht erlauben, daß du allein gehst, Yoshi«, sagte Yoshitsune. »Du bist zu wertvoll für uns. Wir werden statt deiner einen unserer Samurai entsenden.«

»Ich bestehe darauf. Ich bin ausgeruht und kann nicht schlafen. Außerdem wird meine Kleidung das Mißtrauen des Fischers zerstreuen und ihm ein Gefühl von Sicherheit geben. Ich werde ihm ohne Gefahr Auskünfte entlocken können.«

Yoshitsune sah, daß Yoshi von seinem Vorhaben nicht abzubringen war. »Nun gut. Aber sei vorsichtig.«

Dichte Finsternis herrschte. Tsukiyomis dünne Sichel leuchtete nur matt hinter dünnen Wolken. Baumkronen breiteten ihre Äste über den Weg und ließen nicht einmal diesen schwachen Lichtschein herabdringen. Yoshi ritt im schnellen Trab über die nächste Anhöhe und ließ sein Pferd dann im

Schritt weitergehen, um nach dem einsamen Wanderer Ausschau zu halten. So sehr er sich bemühte, unnötige Geräusche zu vermeiden, es war nicht zu verhindern, daß sein Ritt in der Nachtstille weiterhin hörbar war. Die Pferdehufe schlugen mit hellem Klang auf Steine, zerbrachen Zweige und klopften dumpf auf die festgetretene Erde des Weges. Yoshi sah niemanden, aber nach einer Weile hörte er in der Dunkelheit des Waldes das aufgeregte Geschnatter einer im Schlaf gestörten Affenkolonie.

Yoshi zügelte das Pferd. »Ist dort jemand?« rief er in den Wald. Er lauschte, sog den Geruch der Kiefernnadeln ein, aber außer dem Rascheln des Windes war nichts auszumachen. Die Wolken rissen auf; durch einen Spalt schien der Mond herab und verbreitete ein wenig Licht um Yoshi. Er zwang ein leises Beben in seine Stimme. »Ich bin ein armer Mönch ohne die Dinge, die für einen Banditen von Wert sind. Zeige dich, und wir können zusammen reisen.«

Im Unterholz raschelte es, und ein Mann trat auf den Weg. Er hatte eine kräftige Gestalt, trug zerlumpte Fischerkleidung und ein *hachimachi*, ein Stirnband, das den Namen eines kleinen Fischerdorfes trug. Er kam auf Yoshi zu, und dieser erkannte sofort den wiegenden Gang eines Samurai-Kriegers. »Was tust du zu dieser ungünstigen Stunde allein auf diesem Weg, Mönch?« verlangte der Mann zu wissen.

»Ich reite nach Yashima«, antwortete Yoshi. »Weißt du, wie weit es noch ist?«

»Eine Tagereise zu Fuß, Stunden mit dem Pferd. Hast du es eilig, Mönch?«

»Nein, ich bin nur müde von der Reise.«

»Dann sei so gut, steig von deinem Pferd und laß uns die Plätze tauschen, denn ich habe es eilig, eine wichtige Botschaft nach Yashima zu bringen.«

»Die Plätze tauschen? Das würde ich bereitwillig tun, wenn ich glaubte, daß deine Botschaft wichtig ist – aber du mußt mich überzeugen.«

»Ich bin kein Fischer. Mein Name ist Tadesato. Ich bin ein Gefolgsmann meines Herrn Taira Koremori und überbringe ihm eine Botschaft von seiner Frau. Ich begleitete sie von Yashima...« Tadesato trat näher zu Yoshis Pferd und kniff die

Augen zusammen, um im schlechten Licht deutlicher zu sehen. »Warum trägt dein Pferd Rüstung? Du bist kein echter Mönch...« Er packte mit kräftigen Händen das Zaumzeug, bevor Yoshi es verhindern konnte. »Ich habe genug gesagt, falscher Mönch. Gib mir dein Pferd. Steig ab!« Damit zog Tadesato ein gefährlich aussehendes, ellenlanges Buschmesser unter seinen Lumpen hervor.

Yoshi saß ab und sagte: »Ein falscher Fischer und ein falscher Mönch... Wer wird gewinnen, wenn wir um das Pferd kämpfen?« Er schlug dem Pferd auf die Flanke und riß gleichzeitig seinen Kriegsfächer heraus, klappte ihn auf und schlug auf Tadesatos Messerarm.

Tadesato ließ das Pferdegeschirr los und brachte sich vor der scharfen Schneide des Fächers in Sicherheit. Er hielt sein Messer tief, mit ausgestreckten Arm, blockierte mit der freien Hand Yoshis Gegenangriff und stürzte sich auf ihn.

Yoshi erkannte sofort, daß er gegen das Buschmesser im Nachteil war, denn Tadesato war ein Berufskrieger und handhabte das Messer wie ein Kurzschwert. »Ich habe keinen Streit mit dir«, sagte Yoshi. »Du willst mein Pferd; ich will deine Botschaft. Gib sie mir, nimm mein Pferd und geh unbehelligt deiner Wege.«

»Unbehelligt?« fauchte Tadesato. »Sieh zu, daß du unbehelligt davonkommst!«

»Die Botschaft...«

»Nimm sie meinem Leichnam ab – wenn du kannst.« Wieder griff Tadesato an, zog die Klinge aufwärts und schlug schräg abwärts, daß Yoshi ihr nur um Haaresbreite entkam.

Yoshi klappte den Kriegsfächer zu und schlug mit dem stumpfen Ende nach Tadesatos Arm. Es gab ein unangenehm knirschendes Geräusch brechender Knochen, und Tadesatos Messer fiel aus tauben Fingern. Er zog sich außer Reichweite zurück, dann sprang er plötzlich hoch, warf sich in der Luft herum und stieß in einem kraftvollen *yoko-geri* mit dem Fuß nach Yoshi.

Yoshi duckte sich, kam mit dem stumpfen Ende des Kriegsfächers hoch und stieß ihn unter Tadesatos Kinn.

Der Zweikampf war vorüber. Tadesato lag wie tot auf dem Weg. Yoshi untersuchte seinen Puls; er war schwach. Der falsche Fischer würde noch Stunden bewußtlos liegen. Yoshi band ihm die Hände mit dem *hachimachi*, dann durchsuchte er die Lumpen, bis er ein gefaltetes und versiegeltes Stück weißen Papiers fand. Er saß wieder auf und galoppierte zurück zum Lager.

»Ein Bote für Taira Koremori«, verkündete er, außer Atem. »Ein Trupp reitet hinaus und nimmt ihn in Gewahrsam, während wir seine Botschaft lesen.«

85

Am Morgen zog Churo Dennai an der Spitze seiner Gefolgsleute samt den Körben voller Köpfe zu dem Flügel des Palastes, wo Munemori und Koremori warteten. Nach einer höflichen Begrüßung lispelte Munemori: »Laßt uns Eure kleinen Schätze in Augenschein nehmen.« Er wandte sich zu Koremori. »Was meinst du, Neffe?«

»Selbstverständlich«, sagte Koremori. »General, wir haben gehört, daß die Nii-Dono mit Euren Bemühungen unzufrieden war.«

»Mehr als unzufrieden, General Koremori. Mit Verlaub, ich muß sagen, daß sie sich wie verstört benahm. Ich dachte, wir hätten unsere Sache gut gemacht – hundertfünfzig Köpfe! Es würde mich schrecken, ihr einen wirklichen Grund zur Verärgerung zu geben.«

Koremori machte eine unbestimmte, fahrige Handbewegung, und Dennai bemerkte, daß die Finger des jungen Mannes zitterten.

Munemori entging die Reaktion seines Neffen. Er rieb sich die Hände und sagte aufgeräumt: »Laßt die Köpfe hereinbringen.«

Gewöhnlich wurde ein einzelner Kopf, der als Trophäe übergeben wurde, in Seide gewickelt und in einem lackierten Kasten in Sake eingelegt. Hundertfünfzig Trophäenkästen wären allzu unhandlich gewesen, also hatte Churo Dennai die Köpfe in sakegetränkte Lappen wickeln und jeweils zwölf in einen Flechtkorb legen lassen.

Trotz dieser Bemühungen zur Konservierung stanken die Köpfe nach einer Mischung von schalem Reiswein und Verwesung. Der Geruch verursachte Koremori Übelkeit. Er hatte nach der Schlacht von Hiuchi-jama achthundert Köpfe von Minamoto-Kriegern einsammeln lassen und sich nichts dabei gedacht, aber die Aufreihung der zwölf übelriechenden Körbe und der Anblick seines Onkels Munemori, wie er mit Vergnügen jeden ausgewickelten Kopf betrachtete, war entnervend. »Ach du liebe Zeit, das ist der Soundso«, sagte er fröhlich, wenn ihm der Kopf eines Bekannten gezeigt wurde.

Churo Dennai und seine Helfer legten die Köpfe in Reihen zu zwölf Stück nebeneinander. Koremori hatte das Gefühl, daß die glasigen Augen und blutlosen Züge ihn namenloser Sünden bezichtigten. Ihn schauderte bei dem Gedanken, daß sein Kopf sich diesen bald zugesellen würde, wenn die Nii-Dono entdeckte, daß er Nami zur Flucht verholfen hatte.

In der zehnten Reihe erblickte Munemori einen alten Bekannten. Er zeigte auf den Kopf und sagte: »Der Mann konnte nie ein anständiges Gedicht verfassen; er verdiente, daß...«

Was er verdiente, blieb offen, denn im selben Augenblick ertönte draußen ein lauter Ruf: »Feuer!« In einem Land, wo die Häuser aus Holz und Papier bestanden, war es das am meisten gefürchtete Wort.

»Feuer!«

Der Brief lautete: »General Yoshitsune hat Tausende von Soldaten und Hunderte von Schiffen in Watanabe versammelt. Ich glaube, er wird sich nicht von drohendem Unwetter abhalten lassen und die See Richtung Awa überqueren. Ich schreibe diese Botschaft in aller Eile und mit der Hoffnung, daß es dir gelingen wird, mit ihrer Hilfe deinen Status bei der Nii-Dono zurückzugewinnen. Warne sie sofort. Sei nochmals bedankt für die Rettung meines Kindes und vergib mir den Schmerz, den ich dir bereitete.«

Der Brief war unterzeichnet mit: »Frau Koremori«.

Es war etwas Vertrautes an der Art und Weise, wie die Pinselstriche aufgesetzt waren, aber die Schriftzeichen waren verformt und flossen oft ineinander. Die Nachricht war anscheinend nicht nur in Eile, sondern wahrscheinlich auch bei schlechtem Licht geschrieben worden. Es war nicht eindeutig zu erkennen, wessen Kalligraphie es war. Yoshi studierte die Zeichen eingehend. Frau Koremori. Ihn fröstelte. Unmöglich! Die Art, wie die Schriftzeichen gepinselt waren... Der Name war klar, und damit hätte es sein Bewenden haben können, aber Yoshi war verwirrt. Konnte es sein? Er kannte diese Pinselstriche wie seine eigenen. Sie gehörten zu... Nami? Frau Koremori?

Yoshi schwindelte. Er gab den Brief Yoshitsune und schloß die Augen, um seine Gefühle unter Kontrolle zu bringen und klar zu überlegen. Wenn es sich so verhielt... dann war Nami am Leben! Frau Koremori!

Je mehr er darüber nachdachte, desto klarer wurde das Bild. Es war, als käme er aus einem dunklen Stollen und erblickte Licht. Er erinnerte sich des Grabes in Okitsu. Kurando hatte Nami vorgelogen, es sei Yoshis Grab. Er mußte sie nach Yashima gebracht haben... Kurando und der Ninja hatten im Sold der Taira gestanden! Und Nami war eine der ihren geworden... Frau Koremori. Daher ihre Botschaft an Koremori, die vor den heimlichen Plänen der Minamoto warnte. Yoshi verspürte einen Schmerz, der sein Innerstes durchdrang. Wie konnte sie? Er überdachte die möglichen Gründe und glaubte eine Antwort zu sehen... Sein Kind war am Leben, und Nami würde alles tun, um ihr Kind zu schützen. Er schluckte mühsam. Wenn man sie von seinem Tod überzeugt hatte, mußte sie sich frei gefühlt haben, wieder zu heiraten, um dem Kind Schutz und eine sichere Zukunft zu geben.

Buddha! Das Kind. War es bei seiner Mutter? Wo waren sie? In Yashima? Fragen schossen ihm durch den Kopf. Fragen ohne Antworten.

Er mußte den Gefangenen finden, Tadesato, um zu wissen, was er mit der Auskunft gemeint hatte, er habe Frau Koremori begleitet... von Yashima nach...? Was hatte er gesagt? Wo war sie? In Reichweite?

Yoshi war in seinen Gedanken verloren; er wurde erst herausgerissen, als Yoshitsune mit dem Brief wedelte und sagte: »Dies ist ein Zeichen, daß die Götter uns wohlgesinnt sind.

Wenn Churo Dennai fort ist und die Nii-Dono nichts von unserem Angriff weiß, werden wir siegen. Laßt uns weitermarschieren!«

»Wo ist der Gefangene, Tadesato?« fragte Yoshi.

»Er war ein tapferer Mann«, sagte Yoshitsune. »Er kam zu Bewußtsein und versuchte zu entkommen. Er starb, als er mit bloßen Händen gegen meine Krieger kämpfte.«

Yoshi war entmutigt; Tadesato war sein einziger Hinweis auf die Wahrheit über ›Frau Koremori‹ gewesen.

Yashima! Nur dort konnte Yoshi die Antworten auf seine Fragen finden. Verzehrt von plötzlicher Ungeduld, Yashima zu erreichen, stimmte er in Yoshitsunes Ruf ein: »Laßt uns weitermarschieren!«

Die Kolonne setzte ihren Marsch fort bis vier Uhr früh, der Stunde des Tigers, als sie südlich von Yashima die Küste erreichte.

»Wir werden am Morgen angreifen«, erklärte Yoshitsune. »Dann wird Niedrigwasser sein, und unsere Reiter werden im Vorteil sein.«

Trotz seiner Ungeduld, nach Yashima hineinzukommen und sich auf die Suche nach Nami zu machen, sah Yoshi die Weisheit der Entscheidung ein. Er nickte zustimmend, und so blieb es dabei. Die Krieger banden ihre Pferde an und warfen sich auf den Boden, um eine weitere kurze Ruhepause zu nützen. Bei Niedrigwasser, gegen acht Uhr, zur Stunde des Drachen, gab Yoshitsune den Befehl: »Brennt die Stadt nieder!« Fünfhundert berittene Krieger galoppierten gegen die Stadt, und warfen Feuerbrände in die Häuser am Stadtrand. Dunkler Rauch stieg himmelwärts.

Munemori, Koremori und Churo Dennai eilten hinaus, um die Ursache des Alarms in Erfahrung zu bringen. Der General erkannte augenblicklich die Bedeutung der an mehreren Stellen gleichzeitig aufflammenden Brände. »Wir werden von einer größeren Streitmacht angegriffen!« rief er. »Es ist keine Zeit, meine Truppen zu mobilisieren. Wir haben es mit einer Übermacht zu tun. Gebt den Palast auf. Schützt die Kaiserliche Familie. Geht an Bord der Schiffe, bis wir einen Gegenangriff führen können.«

»Ihr habt dreitausend Mann auf den Schiffen«, erwiderte Koremori. »Können wir sie nicht rechtzeitig anlanden, um eine Abwehr aufzubauen?«

»Ausgeschlossen. Wenn ich den Befehl gestern gegeben hätte...« Churo Dennai klang bitter, schien die Niederlage bereits als unausweichlich zu sehen.

»Dann ist es zu spät. Wir müssen uns vor diesen Barbaren zurückziehen. Schnell!« Munemori hob seine Gewänder und eilte in schwerfälligem Lauf davon.

Koremori rief ihm nach: »Wir müssen den Kaiser und die Nii-Dono beschützen!«

Munemori hörte ihn entweder nicht oder hielt es für richtig, ihn zu ignorieren; so schnell ihn die Füße tragen konnten, watschelte er zum Palasttor.

Die Alarmrufe und Gongschläge hatten die ganze Stadt in Aufregung versetzt. Die Menschen strömten zum Hafen, um Plätze in den dort festgemachten Booten zu finden. Die Kaiserliche Wache bahnte sich rücksichtslos den Weg durch die Menge, um der kaiserlichen Familie den Durchgang zu ermöglichen. Der jugendliche Kaiser, die Nii-Dono, ihr persönliches Gefolge und ihre Hofdamen legten als erste ab, um an Bord des Flaggschiffes Zuflucht zu finden. Munemori und Koremori waren gezwungen, sich der Hofgesellschaft anzuschließen und der Nii-Dono zu folgen.

Als er aus der Sicherheit des Kriegsschiffes zum Ufer zurückblickte, sah Koremori fünf gepanzerte Reiter am Südende des Strandes erscheinen. Sie schienen wie übernatürliche Geister aus dem Morgendunst hervorzukommen. Dann sah er am Nordende fünf weitere... und mehr, immer mehr. Es war unmöglich zu beurteilen, wie viele es waren, da die Trupps aus dem im schräg einfallenden Sonnenlicht leuchtenden Dunst auftauchten und wieder in ihm verschwanden. Waren es jedesmal andere – oder dieselben Männer? Es war unmöglich, Gewißheit zu erlangen.

»Wenn wir nur gewarnt worden wären...« sagte Koremori.

Sein Onkel, der neben ihm auf die Reling gestützt stand, nickte. »Mit Churo Dennais dreitausend Kriegern hätten wir uns verteidigen können. Jetzt ist alles verloren.«

86

Während des langen Tages kam es zu Dutzenden von kleinen Gefechten und verstreuten Scharmützeln. Die Kriegsschiffe der Taira blieben auf ihren Ankerplätzen, die meisten nicht weiter als hundert Schritte vom Ufer entfernt. Von dort beschossen ihre Bogenschützen jeden Angreifer, der sich im Hafen zeigte. Darauf schleppte der Feind annähernd fünfzig Schiffe, die von den Taira zurückgelassen worden waren, im Schutz von eilig improvisierten Deckungen aus Stroh und Rinderhäuten zum Ufer, um den Minamoto dort als Schutzwall für sich und ihre Pferde zu dienen. Wenn Schiffe der Taira sich dem Ufer näherten, um Samurai an Land zu setzen, führte Yoshi seine berittenen Krieger in die bleigraue See und griff die Taira mit Schwertern und Piken an. Wieder und wieder wurden die ausgeschifften Taira zurückgeschlagen, ehe sie das Wasser verlassen und am Ufer Fuß fassen konnten. Yoshi ritt jedesmal an der Spitze der Trupps und wagte sich weiter hinaus als jeder andere. Der verrückte Mönch! mochte manch einer denken, aber seine scheinbare Todesverachtung befeuerte die Minamoto und ließ die Taira verzagen. Er war wie ein übernatürlicher *kami*, unerreichbar für den Tod. Nur er wußte, daß er so fanatisch kämpfte, um den Kampf rasch zu beenden und sich der Suche nach Frau Koremori zuzuwenden. Nami!

Am Nachmittag um sechs Uhr, der Stunde des Vogels, legten die Truppen der Minamoto Feuer an den Hölzernen Palast, der von Angehörigen der Garnison zäh und erfolgreich verteidigt worden war. Bald brannte das alte Bauwerk lichterloh und erstickte seine Verteidiger in bittern schwarzen Rauchwolken. Als der Abend dämmerte, warf die von den dichten Rauchwolken reflektierte Feuersbrunst einen unheilverkündenden gelbroten Widerschein auf die Taira-Flotte.

Der Wind frischte auf, Seegang und Brandung nahmen zu. Die kleinen Ruderboote, mit denen die Taira ihre Landungsversuche unternahmen, mußten sich aus dem Brandungsbereich zurückziehen. Der dichte Rauch über der Stadt wurde vom Wind auseinandergeblasen. Brandungswellen krachten an den Strand und stießen die Pferde und Reiter hin und her, besprühten sie mit Salzwassergischt. Schließlich mußten Yoshis Krieger ihre Pferde wenden und sich auf den Strand zurückziehen, wo sie sich mit den entfernten Schiffen wirkungslose Pfeilattacken lieferten.

Als der Abend über dem Hafen von Yashima dunkelte, ruderten die letzten Landungsboote der Taira zurück zu ihren Kriegsschiffen. Yoshi wußte, daß die Taira vor dem nächsten Morgen keinen Gegenangriff einleiten konnten. Er suchte Yoshitsune auf, und gemeinsam riefen sie die über die Stadt verstreuten, kampfmüden Truppen zusammen und befahlen die Errichtung eines Lagers landeinwärts. In den drei Tagen, seit sie die Inlandsee überquert hatten, waren die Truppen kaum zur Ruhe gekommen. Wenn sie den für den nächsten Tag erwarteten Kampf bestehen sollten, brauchten sie Nahrung und Schlaf. So dauerte es nicht lange, bis die Krieger das Lager aufgeschlagen, die Pferde versorgt, Wachen eingeteilt und sich zur Ruhe gelegt hatten.

Yoshis Nerven waren zu überreizt, als daß er hätte schlafen können. Er suchte sich einen Platz am höchsten Punkt der Anhöhe über dem Lager. Dort setzte er sich unter eine Gruppe hoher Strandkiefern, lehnte den Rücken gegen einen Felsblock und ließ sich vom würzigen Duft der Kiefern und dem Salzgeruch des Meeres einlullen. Vor dem schwarzen Horizont blinkten die Lichter der Taira-Flotte wie Glühwürmchen. Er war erschöpft, aber die Aufregung des Kampfes zitterte noch in ihm nach. Er war den Tag über fast keinen Augenblick zur Ruhe gekommen, und dies war seine erste Gelegenheit, sich auf den letzten Abend und die Nachricht zu besinnen. Er hatte mit Benkei über seine Vermutung gesprochen, daß Nami die Verfasserin sei. Benkei hielt es nicht für möglich, versprach aber, nach dem Ende der Feindseligkeiten an der Durchsuchung der Stadt teilzunehmen. Yoshi mußte sich damit zufriedengeben, doch sein Magen krampfte sich bei dem Gedanken zusammen, daß Nami im brennenden Palast gewesen sein könnte ... oder auf einem der Taira-Schiffe im Hafen.

Er vermied es, über ihre Verbindung mit Taira Koremori nachzudenken. Zuerst kam es darauf an, sie und das Kind zu finden – lebendig.

In seinen Gedanken vermischte sich der Verlauf der Kämpfe dieses Tages mit dem Verlauf seines Lebens. Früher einmal war er ein junger Höfling gewesen, nicht anders als viele der Taira, gegen die er heute gefochten hatte, und sein Gesichtskreis hatte kaum über das Studium des Konfuzianismus, der Dichtkunst und Musik hinausgereicht. Die Götter hatten sich verschworen, ihn aus diesem scheinbaren Paradies in eine rauhe Welt der körperlichen Mühsal und Gefahren hinauszustoßen. Er war nicht daran zerbrochen, sondern stark geworden, ein Schwertmeister, ein *Sensei*. Als Schwertmeister hatte er bisweilen die Geschichte des Hofes beeinflußt, aber der Beruf hatte ihm und seinen Angehörigen auch Schmerz und Kummer gebracht. In einem Augenblick der Offenbarung hatte er dem Weg des Schwertes für immer entsagt, so hatte er gedacht.

Wie überheblich und vermessen war er gewesen zu denken, daß es die Pläne der Götter beeinflussen würde, ob er vom Schwert Gebrauch machte oder nicht.

Er hatte seine Arroganz mit dem Verlust seiner Frau und seines ungeborenen Kindes bezahlt. Seine Familie war verloren, sein Onkel, der an ihm Vaterstelle vertreten hatte, tot. Seine Mutter? Wo mochte sie sein? Verweht wie das Herbstlaub, niemand wußte, wohin.

Der Gedanke an Nami ließ sein Herz höherschlagen, und er kehrte zu der Schlüsselfrage zurück, ob sie am Leben sei. Wie konnte er sie finden? War ihr Kind am Leben? Und wenn es ihm gelänge, sie zu finden, wie könnte er sie zurückgewinnen? Zweifel und Verwirrung quälten ihn, er fühlte sich beraubt, allein – nicht zum erstenmal, seit er Okitsu verlassen hatte, und wahrscheinlich nicht zum letztenmal. Er war in der Hölle. Verschlungene Gedankengänge quälten ihn. Selbst in seiner Verlassenheit hatte er versucht, die Wege der Götter zu beeinflussen, indem er der Welt entsagt hatte. War er so vermessen gewesen zu glauben, es werde sein Geschick ändern, wenn er sich der Religion in die Arme warf? Eingebildeter Narr! Die Götter wiesen sein Opfer zurück und zeigten ihm, wie bedeutungslos er war. Die Zerstörung des friedlichen Lebens, das er in Daibutsu-ji gefunden hatte, war ihm eine Lehre gewesen und hatte ihn von allem Zwang, aller Gebundenheit befreit.

Der verrückte Mönch! Der Kriegermönch! Diese flüchtigen Posen bedeuteten nichts im universalen göttlichen Plan. Er war Yoshi, nicht mehr, nicht weniger. Er hatte seine Fähigkeiten, seine Stärken, seine Schwächen.

Nichts!

Die letzte Aufgabe, die Dosho, der Vorsteher von Daibutsu-ji, ihm gestellt hatte, war gewesen, die Bedeutung von *mu*, nichts, zu finden.

Und hier vielleicht, auf einer Anhöhe hinter Yashima, hatte er sie gefunden. Er fühlte sich befreit und überlegte sogleich, ob auch dies lediglich eine weitere Manifestation von Arroganz sei.

Auf dem unruhigen Wasser außerhalb des Hafens war Bewegung zu sehen. Yoshi vergaß seine Meditation und konzentrierte sich auf die kleinen Lichter, die dort draußen tanzten. Kleine Boote hielten aus verschiedenen Richtungen auf das Flaggschiff zu. Es waren viele Lichter, viele Boote! Sie mußten von jedem Schiff in der Taira-Armada kommen. Sollte er Yoshitsune wecken, ihm die Beobachtung mitzuteilen? Nein, noch nicht.

Er blickte zum Sternhimmel auf. Millionen von diamantenen Punkten, jeder die Provinz eines Gottes, der nicht an Tadamori Yoshi und seine weltlichen Probleme dachte. Wie konnten ein paar Fackeln draußen auf See eine Sorge sein, wenn ihn die Unermeßlichkeit des Himmels überwältigte?

87

Der Kriegsrat trat auf dem Deck des Taira-Flaggschiffes zusammen. Die Nii-Dono hatte entgegen aller Tradition auf ihren Wandschirm verzichtet und war auf einer Plattform vor dem Heckaufbau erschienen. Sie trug eine Vielzahl weißer und grauer Gewänder, um ihren fortdauernden Zustand der Trauer anzudeuten. Neben ihr saß Munemori, der seine bevorzugte glyzinienblaue Kombination trug, deren Farben durch die Nacht und den flackernden Schein der Fackeln gedämpft waren. Der kindliche Kaiser saß hinter ihnen auf einem kunstvoll geschnitzten und vergoldeten chinesischen Thron und beobachtete die Vorgänge mit einem Ausdruck müder Abgestumpftheit.

Taira Koremori, in einen purpurnen Umhang gehüllt, war einer der hundert Feldkommandeure, die sich auf dem Deck drängten. Er kannte viele von ihnen, zögerte aber, das Wort an irgendeinen von ihnen zu richten. Die Niederlage, der Rückzug, das Fiasko – es gab keine anderen Worte, um die Ereignisse zu beschreiben – hatten ihn zutiefst erschüttert. Vor ein paar Tagen hatte er geglaubt, sein Leben habe einen Tiefpunkt erreicht... An diesem Abend sah er sich an einem neuen Tiefpunkt, wie er ihn niemals für möglich gehalten hätte.

Die Minister zur Rechten und Linken nahmen ihre Plätze ein. Der Minister zur Linken forderte die Versammelten zum Stillschweigen auf und übergab die Leitung an Munemori, der den Kriegsrat ohne Vorrede eröffnete. »Wir begingen einen schweren Fehler, als wir Yashima beim ersten Zeichen des Angriffs aufgaben«, sagte er. »Natürlich kannten wir zu dem Zeitpunkt nicht die Größe der Streitmacht der Barbaren.« Er machte eine Pause und ließ seinen Blick über die Versammlung gehen. »Unsere Schätzungen machen deutlich, daß wir ihnen zahlenmäßig weit überlegen waren; es war Eure Panik, die uns den Sieg kostete.«

Moritsugi, ein Hauptmann der Palastwache und einer ihrer wenigen Überlebenden, fragte: »Warum wurden wir nicht gewarnt? Haben wir keine Spione unter den verhaßten Minamoto?«

»Ich... wir hatten Spione«, antwortete Munemori. »Ihre Meldungen waren irreführend. Jetzt ist es zu spät, das Geschehene rückgängig zu machen. Unser schöner Palast liegt in Asche. In Yashima ist nichts für uns geblieben. Wir werden unverzüglich nach Shimonoseki segeln. Dort werden wir unsere Streitkräfte mit denen meines Bruders Tomomori vereinigen und zusammen mit seiner Armee Vergeltung für die Aktionen der Barbaren üben.«

Churo Dennai räusperte sich und hob die Hand.

»Ja?«

Koremori sah Verdrießlichkeit und Abneigung in Munemoris Zügen. Lag es daran, daß Churo Dennai empfohlen hatte, die Stadt zu räumen und dem Feind zu überlassen? Oder verdroß Munemori, daß Churo Dennai Zeuge seiner Flucht aus dem Palast gewesen war? Koremori war von der Handlungsweise seines Onkels abgestoßen. Munemoris Flucht war genauso feige gewesen wie die seinige bei Ichi-notani, aber Munemori saß mit der Nii-Dono auf der Kaiserlichen Plattform, während Koremori sich mit den gewöhnlichen Kommandeuren auf dem Deck drängte. In diesem Lebenszyklus gab es keine Gerechtigkeit.

Churo Dennai sagte mit lauter Stimme: »Wir können unsere Verluste wettmachen. Am Nachmittag verlor ich hundert Mann in unbesonnenen Angriffen. Ich nehme die Verantwortung für ihren Tod auf mich, weil ein guter Kommandeur auf die Wohlfahrt seiner Männer bedacht ist, aber ... ich habe aus meinem Fehler gelernt. Ich habe fünfhundert meiner besten Soldaten ausgewählt und instruiert; sie sind bereit, während der Nacht unbemerkt an Land zu gehen, den Feind überraschend anzugreifen und das Blatt zu wenden.«

Munemori schürzte die vollen Lippen. »Ihr sprecht mutig, und ich bin überzeugt, daß Ihr es gut meint. Ich kann Euch jedoch nicht die Erlaubnis zu einer so überstürzten Aktion geben. Sollte der Feind Euch vor der Landung ausmachen, würden alle fünfhundert Mann Gefahr laufen, vernichtet zu werden. Und es ist sicher, daß die Barbaren den Strand mit Wachen besetzt haben. Wir benötigen aber jeden einzelnen Eurer Männer für die bevorstehende Schlacht.«

»Ich kann meine fünfhundert Mann zum nördlichen Strand führen, ungesehen landen und die Minamoto während der Nacht vernichten.« Churo Dennai nahm sich gefährliche Freiheiten heraus, indem er auf seinem Plan beharrte; es war ungewöhnlich und gefährlich für einen Feldkommandeur, der kaiserlichen Familie in der Öffentlichkeit zu widersprechen.

Sofort griff die Nii-Dono ein. Churo Dennai beleidigte ihren Sohn und suggerierte, daß die Taira nicht mutig gehandelt hätten. »Sollen wir uns dann auf Euer Wort verlassen?«

hielt sie ihm entgegen. »Das Wort eines Mannes, der in unserem Feldzug gegen Konono-Shiro versagte?«

Churo Dennai reagierte, als hätte er einen Schlag ins Gesicht bekommen. Vielleicht war er zu freimütig gewesen, aber vor seinen Kameraden beleidigt zu werden, noch dazu von einer Frau, das war bitter. »Ich werde nicht versagen«, antwortete er hitzig. »Meine Männer sind bereit. Wer sonst ist fähig, die Küste zu erreichen und die Minamoto zu besiegen?« Er warf Munemori einen geringschätzigen Blick zu.

»Ihr habt einmal versagt«, versetzte die Nii-Dono mit böser Miene. »Sollen wir Euch das Leben des Kaisers und die Zukunft unserer Sippe anvertrauen?«

Churo Dennai hielt den Atem an, während die anderen Kommandeure sich unbehaglich regten. Den unbeliebten Munemori zu beleidigen, war eine Sache, aber es war tollkühn, sich der Nii-Dono zu widersetzen.

Die auf dem Deck versammelten Kommandeure verharrten in Stillschweigen; niemand war bereit, sich zu Wort zu melden – bis Taira Koremori sich meldete. »Ich kann den Gegenangriff führen. Gebt mir die Chance.« Er schob sein Kinn vor und bot im flackernden Fackelschein ein Bild der Sicherheit und des Selbstvertrauens. Ein genauer Blick in seine unsteten Augen aber hätte seine innere Unsicherheit enthüllt.

Die Nii-Dono funkelte ihn an. Der Wind pfiff durch die Takelage, und Wellen klatschten gegen den Schiffsrumpf, aber auf dem Deck verharrte alles in angespannter Stille. Als die Nii-Dono endlich sprach, war es, als ob ihre Stimme aus einer anderen Welt käme, als ob Koremori nicht existierte. Sie sagte: »Wir können uns nicht der Führung von Feiglingen und Schwächlingen anvertrauen. Nur mein Sohn Tomomori kann uns jetzt retten. Wir segeln bei Tagesanbruch nach Shimonoseki.«

Koremori war wie betäubt. Er versuchte den Blick seiner Großmutter einzufangen, aber sie ignorierte ihn. Sie hatte Churo Dennai beleidigt, aber dies... dies war unerträglich! Koremori war sich nur unvollkommen der Wut bewußt, die sein Gesicht verzerrte und beinahe so bösartig wie jenes der Nii-Dono war. Wie konnte er dies hinnehmen? Wie konnte er mit dem Gesichtsverlust leben? Vor sämtlichen Befehlshabern!

Koremori erhob sich aus seiner knienden Haltung, wandte sich langsam um und blickte in die Gesichter der Kommandeure. Zweihundert starr blickende Augen durchbohrten sein Herz, seine Seele. Er hatte alles verloren: seine Familie, seine Kraft, seinen Glauben an sich selbst, die Frau, die er lieben gelernt hatte, seinen Ruf. Nichts war übrig. Er zog den purpurnen Umhang um seine Rüstung und verließ die Versammlung.

Er ging zum hochgebauten Heck, wo er alleine stand und zu den unerbittlichen Sternen aufsah. Dies war der Wendepunkt in der Geschichte, wo der Lauf der Welt sich änderte. Hätte er die Erlaubnis erhalten, den Angriff zu führen, so hätte er Namen und Ruf zurückgewonnen und die Minamoto geschlagen. Nun war alles verloren. Die Herrschaft der Taira war am Ende.

Er stieg über die Reling. »*Namu Amida Butsu*«, sagte er, als er einen Schritt hinaus tat.

Das Geräusch seines im Wasser aufschlagenden Körpers blieb im unablässigen Wellenschlag gegen die Bordwand ungehört. Unter dem Gewicht seiner Rüstung versank Koremori rasch in der Tiefe. Lange nachdem er untergegangen war, trieb sein purpurner Umhang noch auf den Wellen. Er wurde zum Ufer getragen, in der Brandung herumgerollt, allmählich mit Sand gefüllt und von der Unterströmung hinausgezogen, bis er dicht unter der Küste von Yashima vom Sand beschwert unterging.

88

Yoshi erwachte zu den Geräuschen des Waldes: Vögel sangen, Blätter raschelten, Insekten summten. Es duftete nach Erde und frischem Grün, und aus dem Unterholz leuchteten die weißen Blütensterne der Felsenbirne. Der Frühling hielt seinen Einzug, und mit ihm ein Gefühl von Wiedergeburt. Er hatte vier Stunden geschlafen und blickte – zum ersten Mal seit einem Jahr – hoffnungsvoll in die Zukunft. Er spürte, daß Nami lebte und nicht weit von ihm war. Heute schon mochte der Tag ihrer Wiedervereinigung sein. Nun kam es darauf an, die Stadt zu durchsuchen und Näheres über Nami und das Kind in Erfahrung zu bringen.

Er sattelte sein Pferd und ritt zum Hafen. Angesichts seiner Umgebung war es schwierig, den Optimismus aufrechtzuerhalten: überall Bilder der Zerstörung. Der Hölzerne Palast und der größte Teil der Nebengebäude des Palastbezirks waren niedergebrannt. Ein bitterer Geruch von Feuchtigkeit und verbranntem Holz lag über der Stadt. Möwen kreisten über den Ruinen und suchten in der Asche nach Eßbarem.

Yoshi hielt am Wasser und überblickte die Inlandsee. Nichts. Der Hafen war leer. Die Flotte der Taira mußte in der Nacht oder am frühen Morgen die Segel gesetzt haben und ausgelaufen sein. Verlassene Schiffe am Strand waren die einzigen Zeichen der gestrigen Kämpfe. Das unruhige graue Meer verbarg die Leichen der Erschlagenen. Ein unerträglicher Gedanke kam ihm in den Sinn: Hatten die Taira Nami mit sich genommen, als sie fortgesegelt waren?

Yoshi ritt weiter zu einem weißen *jinmaku* zwischen dem zerstörten Palast und dem Ufer. Dort hatte Yoshitsune sein Feldhauptquartier eingerichtet. Yoshi war mit der Absicht gekommen, Yoshitsune um Helfer zu bitten, die ihn bei seiner Suche nach Nami unterstützen könnten. Innerhalb des Windschutzes kniete Yoshitsune auf einer Strohmatte, umgeben von einem Dutzend seiner Feldkommandeure. Yoshi überwand seine Ungeduld und verbeugte sich in stillschweigender Begrüßung. Sein persönliches Anliegen mußte auf einen günstigeren Augenblick verschoben werden.

Yoshitsune war energiegeladen und voll Optimismus. »Yoshi«, rief er ihm entgegen, »die Götter des Krieges haben uns wieder begünstigt. Nicht nur haben wir eine überlegene Taira-Streitmacht in die Flucht geschlagen, sondern Hunderte ihrer verbündeten Samurai sind zu uns übergelaufen und haben uns ihre Treue gelobt. Die Taira überließen sie hier ihrem Schicksal, und sie brennen darauf, Vergeltung zu üben. Wenn sich die Nachricht von der Niederlage und Flucht der Taira verbreitet, werden wir in ein paar Tagen den ganzen Adel von Shikoku auf unserer Seite haben.«

»Ein großer Sieg, General Yoshitsune. Dein Name und der Triumph der Minamoto werden in der Erinnerung fortleben, solange es Krieger gibt.«

»Yoshi, du hast großen Anteil und Verdienst an unserem Sieg – aber wir sind noch nicht fertig. Wir werden die Taira verfolgen, bis auch das letzte Mitglied der Sippe vernichtet ist.« Die Samurai-Kommandeure rasselten zustimmend mit den Schwertern.

Yoshi schloß sich der Demonstration nicht an. Er dachte an Nami, die sich irgendwo im Lager der Taira befinden mußte, und sagte: »Zu welchem Zweck verfolgen wir die Taira? Ihre Macht ist zerbrochen. Sie werden in Shimonoseki verfaulen.«

Yoshitsunes Lächeln verblaßte wie die Sonne, wenn Wolken aufziehen. »Wir haben den Auftrag, die Kaiserlichen Throninsignien zu gewinnen. Solange das Schwert, das Juwel und der Spiegel nicht unser sind, müssen wir den Kampf fortsetzen. Die Position der Minamoto wird immer gefährdet sein, wenn die Insignien nicht unter Go-Shirakawas Schutz sind. Wir werden die Taira bis zum Ende der Welt jagen, wenn es sein muß.«

»Gestern wollte auch ich sie töten und zerstören, ihre dekadenten Anführer über die Klinge springen lassen«, sagte Yoshi, »aber letzte Nacht wurde mir klar, daß die Umstände des Lebens gute, wohlmeinende Menschen in das falsche Lager führen können. Meine Frau ...« Er brach ab und holte tief Atem, bevor er fortfuhr: »Ja, letzte Nacht betrachtete ich den Himmel und sah die Taira als verlorene Seelen, losgerissene Blätter, die in einem tobenden Wildbach treiben, flüchtige, vorübergehende Erscheinungen. Sie sind zu bemitleiden.«

Yoshitsune lächelte wieder, doch war es ein zynisches Lächeln. »Yoshi, mein Freund, du denkst zuviel. Du hast eine dichterische Neigung, aber jetzt ist nicht die Zeit, ihr zu frönen. Losgerissene Blätter im Wildbach ... ha! Nein, mein Freund, unser größter Kampf steht uns noch bevor. Wir müssen die ...«

Vom Hafen dröhnte der Klang einer Kriegstrompete herüber und unterbrach seine Rede. Die Kommandeure sprangen auf und folgten Yoshitsune aus dem *jinmaku*. »Die Taira-Flotte ist zurückgekehrt!« rief jemand.

»Wir stellen unsere Truppen entlang dem Ufer auf. Neuzugänge nach vorn. Der Feind darf nicht an Land gelassen werden!« befahl Yoshitsune.

Yoshi lief zu seinem Pferd, schwang sich in den Sattel und ritt zum Hafen. Dort, auf dem grauen, von Sonnenstrahlen gesprenkelten Wasser bot sich ein furchteinflößender Anblick. Schiffe segelten dicht unter der Küste hart am Wind auf den Strand zu. Eine überwältigende Streitmacht. Zehn, zwanzig, vierzig?

Das Flaggschiff segelte heran, bis weniger als hundert Schritte es von den hölzernen Anlegebrücken trennten. Yoshitsunes Bogenschützen standen bereit. Hinter einem Wall von Fußsoldaten mit Schilden legten sie Pfeile auf die Bogensehnen und spannten sie.

»Nicht schießen«, befahl Yoshitsune, als eine untersetzte Gestalt in blauer Rüstung mit roten Verschnürungen auf den hohen Bugaufbau stieg. Der Mann mißachtete die drohenden Bogenschützen, nahm seinen gehörnten Helm ab und verkündete mit einer Stimme, die sich durch das Rauschen der Brandung Gehör verschaffte: »Ich bin Churo Dennai Saemon, Sohn des Awa-no-Mimbu, Befehlshaber von fünfzig Schiffen und dreitausend Mann. Ich komme, dem großen General Yoshitsune meine Gefolgschaft anzubieten.«

An einem Tag schwollen Yoshitsunes Streitkräfte von einer fünfhundert Mann starken Kommandotruppe zu einer Armee von viertausend Kriegern an. Auf Yoshis Ansuchen durchkämmten Krieger die Stadt nach Hinweisen auf Frau Koremori. Sie hatten keinen Erfolg, entdeckten aber bei ihrer Durchsuchungsaktion weitere Soldaten der Garnison, die sich nach der Niederlage verborgen hatten. Die Minamoto-Krieger stellten sie vor die Wahl, zu sterben oder in Yoshitsunes Dienste zu treten. So wuchs die Armee weiter.

Am Nachmittag kam ein Fußsoldat mit einer dringenden Botschaft zu Yoshi: Benkei erwarte ihn vor einer Hofanlage nicht weit vom Palastbezirk. Dringend. Hatte er Nami gefunden? Yoshi galoppierte zu dem angegebenen Ort und band sein Pferd an einen weißgestrichenen Pfosten neben einem eisenbeschlagenen Eichentor.

Im Inneren der Hofanlage marschierte Benkei unruhig auf der Veranda eines der Gebäude hin und her. Er war in äußerster Erregung; sein Gesicht war schweißnaß, Tropfen glänzten in seinem Bart, sein wirres Haar stach in alle Richtungen. Er hatte seinen Umhang geöffnet und die Nackenplatte seiner schwarzen Rüstung gelockert. Kaum hatte er Yoshi erblickt, da stürzte er auf ihn zu und sagte: »Dank sei Buddha, daß meine Nachricht dich erreichte.« Er packte Yoshi am Arm und zog ihn zu einer offenen Tür. »Komm mit. Ich hoffe, wir sind noch nicht zu spät.«

Yoshi hatte ihn noch nie so aufgeregt gesehen. Selbst im Angesicht des Todes auf dem Feld von Omi war er ruhiger als jetzt gewesen. War Nami und dem Kind etwas zugestoßen?

Yoshi folgte dem Freund in das dunkle Innere des Hauses. »Wo sind wir hier?« fragte er. »Und warum bist du so aufgeregt? Hast du meine Frau gefunden?«

»Es wird das Haus der Frauen genannt«, sagte Benkei über die Schulter. »Bereite dich vor...«

»Was in den zehn Höllen ist mit dir, Benkei? Rede vernünftig!«

»Deine Mutter...«

»Meine Mutter?«

»Sie ist hier...«

»Wo? Was sagst du da?« Yoshi erwartete Nachricht von Nami und war verwirrt und verblüfft von Benkeis Mitteilung. Seine Mutter!

»Im *enjudo*, dem Krankenzimmer... sie liegt im Sterben. Ich schickte sofort nach dir. Ich fürchte... Laß uns hoffen, daß sie noch...« Er eilte in schwerfälligem Laufschritt durch den Korridor, und seine Worte verloren sich in Gemurmel.

Vor dem Krankenzimmer angelangt, hielt Benkei in der Türöffnung inne und verkündete: »Frau Masaka, Euer Sohn ist hier.«

Er blieb ohne Antwort.

»Mutter!« Yoshi nahm undeutlich eine Anzahl von Kerzen

wahr, die den abgedunkelten Raum erhellten. Die Fensterläden waren geschlossen. Im Hintergrund des Raumes war das Krankenlager auf einer niedrigen Plattform, und dort lag ein erbarmungswürdig kleiner Körper unter einem Futon. Graues Haar fiel über eine Nackenstütze. Er kniete an ihrer Seite nieder.

Eine kalte Hand drückte ihm das Herz ab. Sie war so winzig, eine geschrumpfte Puppe, kaum als die schöne Hofdame wiederzuerkennen, die er erinnerte. Ihr Gesicht war blaß, durchsichtig und zeigte an Schläfe und Hals bläuliche Adern. Ihre Augen waren geöffnet; sie starrte blicklos zu den Deckenbalken auf.

»Mutter. Ich bin es, Yoshi«, flüsterte er. »Ich bin zu dir gekommen.«

»Yoshi... Bin ich schon im Westlichen Paradies?« Ihre Stimme war zittrig und so schwach, daß er sich zu ihr beugen mußte, sie zu hören. Leichter Fäulnisgeruch ging von ihr aus, der Geruch einer Todkranken.

»Du lebst. Hier in Yashima«, sagte er.

»Yoshi? Du? Du bist tot. Man sagte mir, daß...« Ihre Stimme erstarb, aber ihr Blick richtete sich auf sein Gesicht, und ein Ausdruck wie Schrecken ging über ihre blassen Züge. »Yoshi...« Eine unendliche Müdigkeit war in ihr. Sie seufzte kaum hörbar und schloß die Augen.

Yoshi glaubte, das Herz müsse ihm in der Brust zerspringen. Kalter Schweiß bedeckte seine Stirn. Seine Hände zitterten. Sie war tot! Er war zu spät gekommen.

Aber Masaka stöhnte leise und verschob ihren Körper unter dem Futon. Sie atmete! Yoshi rieb ihr die Hand, nahm den Ärmel seines Gewandes und wischte ihr die Feuchtigkeit von der Stirn. Die Kerzenflammen flackerten, als würde ihre Seele vorbeistreichen, auf dem Weg in eine andere Welt.

»Nein, Mutter. Geh nicht. Sprich zu mir. Sag mir, daß ich nicht zu spät gekommen bin.«

»Nicht zu spät«, flüsterte sie. Sie bog den Rücken durch, und ein Zischen drang zwischen ihren pergamentenen Lippen hervor. Yoshi hielt ihre knochige Hand an seiner Wange, eine Hand, die leicht war wie der Flügel eines Sperlings. Ihre Stimme kräftigte sich ein wenig, und der Hauch eines Lächelns ging über ihr bleiches Gesicht. Die Jahre schienen zu versinken, und einen Augenblick verwandelte sie sich in seinen Augen wieder in die elegante junge Frau, die sie einst gewesen. »Ich bin froh, daß du vor meiner Stunde gekommen bist. Nun, da ich dich gesehen habe, kann ich glücklich sterben. Mein Sohn – ein Mönch. Bleib bei mir, an meiner Seite.«

»Ich werde dich nie wieder verlassen. Zusammen werden wir *Emma-O* und die zehn Könige abwehren.«

Sie seufzte. »Lieber Sohn... ich muß dir sagen... Nami... Sie liebte dich immer, und nur dich.«

»Ich weiß. Wie ich sie liebte.«

»Nein, du verstehst nicht. Komm näher. Es ist schwer, meine Gedanken zu ordnen, schmerzhaft zu sprechen.«

»Dann ruhe dich aus. Vielleicht später.«

»Es gibt kein später. Du mußt verstehen – sie ist am Leben.«

»Am Leben! Ich spürte es.«

»Sie vergaß dich nie. Immer dachte sie an dich... dich und deinen Sohn...«

»Ein Sohn! Wo sind sie? Weißt du es?«

»Es ist schwierig zu sprechen. Hör zu... bitte. Nami ist in –« Masaka hielt den Atem an, und wieder bog sich ihr Rücken durch. Ihre Augen öffneten sich weit, und sie sank zurück. Ein letzter, pfeifender Atemzug entwich ihren Lippen. Ihre Hand festigte einen Moment ihren Griff um die seine und erschlaffte plötzlich. Das Licht in ihren Augen war erloschen, eine Kerze, die plötzlich ausgeblasen war.

Yoshi ächzte. »Hachiman! Buddha! Warum tut ihr dies denen an, die euch lieben?«

Yoshi kniete den ganzen Nachmittag und Abend an Masakas Totenbett. Benkei suchte ihn zu überzeugen, daß er gehen solle; Yoshi saß wie erstarrt. Eine Prozession schwarzgekleideter Damen flüsterte Beileidsworte, aber Yoshi gab durch nichts zu erkennen, daß er sie hörte. Er hatte sich in einer schrecklichen inneren Landschaft verirrt, wo er gegen die Übermacht der zehn schrecklichen Könige kämpfte und nach Gerechtigkeit schrie.

Die arme Masaka, von Yoshis Vater verlassen, hatte sie ein

einsames Leben geführt, abhängig von der Duldung anderer. Wenigstens hatte sie im Sterben seine Hand gehalten.

Sie hatte sich sehr angestrengt, diese letzten Worte zu sprechen. Was hatte sie ihm über Namis Aufenthalt sagen wollen?

Er mußte es herausbringen.

Als die Stunden dahingingen, fand er seinen inneren Frieden wieder; er wußte nun, daß Nami und das Kind wirklich am Leben waren – irgendwo. Und er hatte wie durch eine Fügung der Götter rechtzeitig seine verschollen geglaubte Mutter erreicht, um ihr den Übergang zur nächsten Ebene zu erleichtern. Das war es, worauf es ankam. Seine Mutter hatte sich in einem Leben unaufhörlicher Widrigkeiten tapfer gehalten. Am Ende waren die Götter barmherzig gewesen und hatten ihr die Zeit gewährt, ihn zu sehen, bevor sie die Reise zum Westlichen Paradies antrat.

Der Zyklus des Lebens hatte eine weitere Umdrehung gemacht. Vergangene Nacht hatte er versucht, Arroganz und Selbsttäuschung abzulegen – und erkannt, daß dies ein unerreichbares Ziel war. Er mußte seine eigenen Grenzen akzeptieren. Von nun an: Ehre, Pflicht und Vaterland. Wenn er diesen Geboten treu blieb, würde alles gut sein. Er würde Nami finden. Keine Macht auf oder unter der Erde konnte sie voneinander getrennt halten. Er kniete am Totenbett seiner Mutter und fühlte sich gereinigt von Haß und Leidenschaft.

89

An einem frischen Frühlingsmorgen, drei Tage später, segelte Kajiwara Kagetoki an der Spitze einer Flotte von hundertvierzig großen und kleinen Schiffen in den Hafen von Yashima. Er war verblüfft, als er über den Ruinen des Hölzernen Palastes weiße Minamoto-Banner flattern sah, geschmückt mit Yoshitsunes Feldzeichen. Kagetoki ließ sein Flaggschiff – versehen mit einem neuen Mittelruder und zwei Bugrudern – vor Anker gehen und wurde von einem kleinen Beiboot zum Ufer gerudert.

Dort wurde er von einem schweigsamen Yoshi empfangen, der sein braunes Mönchsgewand gegen einen Trauerumhang aus weißer Seide vertauscht hatte. Yoshi begrüßte ihn mit dem notwendigen Minimum an Höflichkeit, führte Kagetoki und drei seiner Kommandeure zu Yoshitsunes Hauptquartier.

Hunderte von Samurai vertrieben sich die Zeit am Hafen; viele flüsterten und grinsten, als Kagetoki in steifer Haltung vorbeimarschierte. Er konnte die Bemerkungen nicht hören, wußte aber recht gut, daß er mit allgemeinem Spott empfangen wurde. Sein Nacken wurde rot, und seine Augen starrten finster geradeaus.

Seine Empfindlichkeit für Kritik war wohlbegründet. Die Garnison war mittlerweile auf fast fünftausend Mann angewachsen, und es gab kaum einen darunter, der nicht die gleichen Gedanken aussprach: »Yoshitsune hat Shikoku bereits erobert. Kagetoki und seine Schiffe sind wie Blüten, die sich zu spät für die Blumenzeremonie öffnen.«

Yoshitsune empfing Kagetoki mit förmlicher Höflichkeit. Nach der Begrüßung knieten Kagetoki, seine Kommandeure, Yoshitsune, Benkei und Yoshi um eine Schilfmatte mit Schalen voller Früchte, während Yoshitsune die Ereignisse seit seiner Abreise von Watanabe schilderte: die stürmische Überfahrt seiner kleinen Flotte, die Durchquerung der Provinz Awa in Gewaltmärschen und den Kampf um Yashima. Er konnte nicht umhin, seinen persönlichen Triumph herauszustellen, doch war er freigiebig mit Lob und ließ auch seinen Mitkämpfern ihren Anteil am Verdienst. Er sagte: »Wir ritten zusammen, Yoshi, Benkei und meine fünfhundert Mann. Durch Zusammenarbeit errangen wir einen Erfolg, der unsere Erwartungen übertraf. Ihr, Kagetoki, und ich, wir können in gleicher Weise zusammenarbeiten, um die Taira im Namen meines Bruders zu vernichten. Laßt uns die Anstrengung machen.« Dann bot er ihm großmütig an, das Kommando über die vereinigten Armeen der Minamoto mit ihm zu teilen. Kagetoki ging nicht auf das Anerbieten ein; er zeigte ein unbewegtes Gesicht und forderte den Oberbefehl für sich selbst.

Nachdem er einmal Luft geholt hatte, sagte Yoshitsune in

höflichem Ton: »Wie Ihr seht, übe ich bereits den Oberbefehl aus. Mit welchem Recht erhebt Ihr diese Forderung?«

»Ihr habt den Oberbefehl, Yoshitsune, jawohl. Ihr mögt als Oberbefehlshaber wirken, doch obwohl Euch diesmal das Glück hold war, macht Eure Unbesonnenheit Euch ungeeignet, Truppen ins Feld zu führen. Angesichts meiner hundertvierzig Schiffe schlage ich vor, daß Ihr zurücktretet und mir gestattet, in Minamoto Yoritomos Namen die Leitung zu übernehmen.«

Yoshitsune hatte geglaubt, nichts könne ihn in dieser Zeit seines Triumphes aus der Ruhe bringen. Er hatte sich geirrt! »Ich bin Soldat«, erwiderte er knapp. »Vielleicht zuviel für Euren Geschmack, ein Soldat, ein Krieger. Nur mein Bruder Yoritomo kann der Oberkommandierende sein. Ich bot Euch ein geteiltes Kommando an. Wenn das nicht zufriedenstellend ist, werden meine Streitkräfte ohne Euch den Weg zum Ruhm gehen.«

Kagetoki war in einer schwachen Position; es erbitterte ihn, auf Yoshitsunes Bedingungen eingehen zu müssen. Er hatte das Gesicht verloren und mußte es zurückgewinnen. Er legte eine Hand an den Schwertgriff. Seine Absicht war so durchsichtig wie Luft: Wenn er Yoshitsune hier und jetzt tötete, würde niemand zwischen ihm und dem Oberbefehl stehen.

Yoshi, Benkei und Kagetokis Kommandeure sprangen gleichzeitig auf und trennten die beiden Männer, bevor sie aneinandergeraten konnten und der Sache der Minamoto nicht wiedergutzumachenden Schaden zufügten.

»Der Krieg ist noch nicht vorbei«, sagte Yoshi. »Zweihundert Meilen von hier, an der Straße von Shimonoseki, verstärken die Taira ihre Streitkräfte unter dem Befehl Taira Tomomoris. Er ist ein erfahrener, nüchterner Soldat, der etwas von Seekriegsführung versteht. Er übt die Herrschaft aus – mit seiner Mutter, der Nii-Dono. Wir sollten die beiden nicht auf die leichte Schulter nehmen. Wir werden jedes Schiff und jeden Mann brauchen, wenn wir den Sieg erringen wollen.« Er hielt inne und durchbohrte die beiden Befehlshaber mit seinem Blick. »Also ist dies nicht der rechte Zeitpunkt, um uns gegenseitig zu bekämpfen. Ihr seid beide tapfere Männer mit unterschiedlichen Ansichten über die Kampftaktik. Wir werden Euch beide in den harten, vor uns liegenden Tagen und Wochen brauchen. Laßt uns Frieden schließen, bis der Kampf vorüber ist. Verbeugt Euch voreinander.«

Und sie taten es – wenn auch mit steifen Rücken und zusammengebissenen Zähnen.

Spät am selben Tag, in einem buddhistischen Tempel außerhalb von Yashima, wurde ein weihrauchgeschwängerter Raum für eine besondere Zeremonie bereitgemacht. Der Raum hatte zwei Eingänge: das Shugyo-Mon oder asketische Tor auf der Nordseite, und das Nehan-Mon, das Nirwana-Tor auf der Südseite. Zwischen beiden war eine vier Schuh im Quadrat messende Matte über fünf Lagen weißer Baumwolle ausgebreitet; vor ihr stand ein mit weißen Vorhängen und weißen Wimpeln behängter Bambusrahmen. Ein hölzernes Tablett am Boden enthielt eine Schale aus ungebranntem Ton und ein elf Zoll langes Messer, eingehüllt in Gewebe, so daß nur die Spitze sichtbar war. Zu beiden Seiten der Matte brannte eine Kerze auf einem Bambushalter.

Als der Abend dämmerte, trat der Tempelpriester ein und zündete die Kerzen an, sang eine Sutra und zog sich durch das Südtor zurück. Gleich darauf betrat Hori Toji Chikaie, Kajiwara Kagetokis treuer alter Freund, den Raum. Sein weißes Seidengewand glänzte im Kerzenschein und betonte übermäßig sein stark gerötetes Gesicht und sein reinweißes Haar.

Weit über fünfzig Jahre alt, hatte Hori Toji Chikaie viele unerfreuliche und schwierige Erfahrungen durchlebt, aber die heutige sollte die unerfreulichste sein, die ihm je beschieden gewesen war. Er würde tun, was Ehre und Pflicht verlangten, aber das Herz war ihm schwer und drückte auf den Magen. Vor einem Wandschirm, der einen ›Kopfkasten‹ aus geschnitztem Teakholz und einen Eimer mit reinigendem Wasser verbarg, sank er schwerfällig auf die Knie, vier Schuh links von der Matte, legte sein Schwert zur Linken neben sich, senkte den Kopf und wartete.

Als die Glocke sechs Uhr läutete, die Stunde des Vogels, schwirrte eine Bogensehne, und Kajiwara Kagetoki trat durch das asketische Tor ein. Er kniete auf der Matte nieder, schälte sich mit Sorgfalt die langärmeligen Gewänder vom Oberkörper und steckte die Ärmel unter seine Knie, so daß er nicht vornüberfallen und die Ästhetik des Augenblickes verderben konnte.

Der Tempelpriester kam wieder herein und trug einen Teller mit drei Schnitten eingelegten Gemüses, die *mikire* genannt wurden – ein Wortspiel mit der Bedeutung »Fleisch schneiden« – und einer Flasche Sake. Er füllte die Tonschale, wobei er die Flasche einmal absetzte. Kagetoki hob die Schale auf und nahm zwei Schlucke, dann noch einmal zwei, um den Reiswein auszutrinken – ein weiteres Wortspiel, weil *shi*, das Wort für vier, genauso ausgesprochen wurde wie das Wort für Tod.

Der Priester glitt hinaus und ließ Kagetoki, Hori Toji Chikaie und das Schwert zurück. Sie knieten zwei Schritte von einander entfernt, atmeten tief die weihrauchgeschwängerte Luft und hingen ihren Gedanken nach.

Das Kerzenlicht schien auf Kagetokis bloßen, schweißbedeckten Oberkörper. Obwohl er von innerem Aufruhr erfüllt war, blieb sein Gesicht ausdruckslos, blickten seine Augen ins Leere, als konzentrierten sie sich auf die nächste Welt.

Er intonierte: »Ich, Kajiwara Kagetoki, habe kein Bedauern beim Verlassen dieser Übergangswelt, es sei denn, ich wäre das Opfer falscher Wahrnehmung. Ich sprach mich für bedachtsames Handeln aus. Obwohl ich recht hatte, lachten gewisse Leute über meine Bemühungen. Ich kann mit dieser Schande nicht leben. Der *kami* unglücklichen Verhaltens hat mich vernichtet, und ich wähle das Verlassen dieser Welt, um meinen guten Namen zurückzugewinnen.« Er hob den Blick himmelwärts und sang: »*Namu Amida Butsu.*« Dann griff er zum eingewickelten Messer. Gleichzeitig wandte sich sein Freund Hori Toji Chikaie ihm zu, stand auf, zog sein Schwert und hob es ausholend hoch über den Kopf. Ein Tropfen Flüssigkeit rann über seine rote Wange. Schweiß? Eine Träne?

Ohne einen Augenblick zu zögern, preßte Kagetoki die Spitze des Messers tief in seine linke Seite und zog es durch seinen Leib zur rechten Seite und aufwärts. Plötzlich kam der

Geruch des Todes in den weihraucherfüllten Raum, als die Klinge seines Freundes niedersauste und Kagetoki barmherzig den Kopf vom Rumpf schlug.

90

Das tiefe Blaugrau der schwindenden Nacht zog sich vor der dünnen goldenen Linie zurück, die über den Hügeln des fernen Shikoku lag, bis Amaterasu mit einem jähen Aufstrahlen goldener Pracht über den Horizont stieg. Es war sechs Uhr früh, die Stunde des Hasen, der 24. Tag des dritten Monats, vier Wochen nach der Schlacht von Yashima. Die graugrünen Wasser der Inlandsee nehmen gelbe Spiegelungen der steigenden Sonne auf, als die Flotte der Minamoto vor dem Wind durch die Inlandsee segelte.

Yoshi hatte einen Platz nahe dem Ausguck auf dem Dach des Deckhauses seines flachgehenden, zweimastigen Kriegsschiffes eingenommen. Sein weißer Seidenumhang schlug im Wind um seine weiße Rüstung mit taubengrauen Verschnürungen. Unter der Rüstung trug er eine blaßgraue *hakama* und eine weiße Bluse aus Bombassin. Der Wind zauste sein kurzes Haar.

Die Segel trugen vorn und achtern das Feldzeichen Yoshitsunes; zusätzlich markierten blaue und weiße Wimpel das Schiff als Yoshitsunes Flaggschiff. Tatsächlich aber befand Yoshitsune sich an Bord eines kleineren, ungekennzeichneten Schiffes, das im Windschatten des ›Flaggschiffes‹ segelte. Ein Lockvogel! Für Yoshi stand außer Zweifel, daß die Taira sich darauf konzentrieren würden, dieses Schiff in ihre Gewalt zu bringen oder zu versenken. Er hatte sich freiwillig für diesen Platz an der Spitze gemeldet, da er hoffte, so am besten seine Kräfte für den Sturz der Nii-Dono und ihrer Familie einsetzen und seine Wiedervereinigung mit Nami beschleunigen zu können.

Er spähte mit zusammengekniffenen Augen über das Wasser. Zwei Meilen voraus löste sich eine Nebelbank im Sonnenlicht auf. Ein rotes Segel erschien im sonnendurchfunkelten Dunst, dann ein zweites und ein drittes, bis schließlich ein Wall von Schiffen sichtbar wurde, der die Straße von Shimonoseki in ihrer ganzen Breite von drei Meilen sperrte.

An Steuerbord erhoben sich vor dem Strand von Dan-no-Ura zerklüftete Felsen aus dem Wasser. An Backbord markierte eine Landzunge die Nordspitze von Kyushu. Yoshi wußte, daß an der nördlichen Küste Truppen Minamoto Noriyoris standen und sich bereithielten, Schiffe der Taira zurückzuschlagen, die in Reichweite ihrer Waffen kämen.

Ein tiefes, rumpelndes Dröhnen rollte über das Wasser: die Kriegstrommeln der Taira, die zum Angriff auf die Minamoto-Flotte riefen.

Yoshi rief der Besatzung zu, daß sie schneller segeln solle, aber sie fuhren hart am Wind und hatten überdies die Meeresströmung gegen sich, und so kamen die Schiffe langsam voran. Die Taira hingegen segelten vor dem Wind und näherten sich mit beängstigender Geschwindigkeit.

Als die Taira auf ungefähr zehn Schiffslängen herangekommen waren, ließ Yoshi einen summenden Pfeil abschießen, um die Eröffnung der Feindseligkeiten anzukündigen. Er wurde beantwortet von Tausenden von feindlichen Pfeilen, die wie eine Wolke auf die Minamoto-Flotte niedergingen. Für Höflichkeiten war keine Zeit; die Taira waren gekommen, um auf Leben oder Tod zu kämpfen.

Die Krieger an Bord hoben die Schilde, um sich gegen den Pfeilregen zu schützen. Yoshis Kriegsschiff hatte eine Besatzung von tüchtigen Seeleuten und war bemannt mit zweihundert Bogenschützen aus Yoshitsunes Armee. Auf Yoshis Befehl ließen auch sie ihre Pfeile fliegen, aber ihre Geschosse flogen gegen den Wind und waren nicht so wirksam, wie Yoshi gewünscht hätte. Von beiden Seiten kamen trotzige Kriegsschreie. Der Westwind frischte auf; Yoshis Rudergänger und Steuerleute hatten alle Hände voll zu tun, das Schiff am Wind zu halten, der es zusammen mit der Meeresströmung zurückdrängte.

Auf einer großen, aber nicht besonders gekennzeichneten chinesischen Dschunke in der Taira-Formation versammelte Tomomori seine Führer zu einer letzten Besprechung.

»Die Gezeitenströmung wird langsamer«, erklärte er, »aber der Wind steht günstig; ein glückverheißendes Zeichen. Während Yoshitsune seine Pfeile gegen die großen Schiffe in unserer Mitte vergeudet, sind wir hier sicher. Sie können nicht gewinnen, wenn das Schicksal gegen sie ist – und die Strömung wie auch der Wind sind gute Zeichen zu unseren Gunsten. Es ist unsere Pflicht, ohne Rücksicht auf unser Leben zu kämpfen. Seien wir guten Mutes. Die Minamoto-Barbaren sind gute Reiter und Krieger, aber sie haben keine Erfahrung auf der See.«

Die Nii-Dono fügte hinzu: »Ich wünsche, daß Yoshi und Yoshitsune zu besonders wichtigen Zielen unseres Angriffs gemacht werden. Ich wünsche, dem abgedankten Kaiser ihre Köpfe zu präsentieren. Das sollte ihn von unserem Recht überzeugen, wieder über die sechsundsechzig Provinzen zu herrschen.«

»Wie sollen wir diese zwei unter den Tausenden ihrer Krieger erkennen?« fragte ein Kommandeur in grüner Rüstung mit punktierter Seidenbluse und orangefarbenem Umhang.

»Durch ihr Flaggschiff«, antwortete Tomomori. »In der Mitte ihrer Keilformation. Seht genau hin, und ihr könnt den barhäuptigen Mann in dem weißen Gewand auf dem Deckhaus sehen. Das ist Tadamori Yoshi. Er wird der verrückte Mönch genannt; er ist keinesfalls zu unterschätzen. Ich wünsche nicht, daß mit direkter Konfrontation und Zweikämpfen Zeit vergeudet wird; setzt Eure besten Bogenschützen ein und erledigt ihn aus der Distanz. Yoshitsune befindet sich vermutlich auf demselben Schiff. Er hat eine Schwäche für blaue Rüstungen und ist ein schmächtiger Bursche mit vorstehenden Zähnen und herausquellenden Augen.«

»Ist es möglich, daß das Flaggschiff ein Köder ist?« fragte ein älterer, weißbärtiger Mann in Orange und Schwarz. »Wir sollten ihr taktisches Geschick nicht unterschätzen. Wenn wir einen Köder verwenden, könnten sie es auch tun.«

»Awa-no-Mimbu, wo bleibt Euere Loyalität?« fauchte die Nii-Dono. »Fehlt es Euch an Vertrauen in unser Urteil? Hat Euch der Umstand, daß Euer Sohn Churo Dennai zum Verräter geworden ist und sich den Minamoto angeschlossen hat, wankend gemacht?«

»Ihr bezweifelt meine Loyalität, Hoheit? Bin ich nicht Euer standhaftester Anhänger gewesen?« Awa-no-Mimbu sagte es in einem Ton, der für einen jüngeren Mann den Tod bedeutet hätte; er glaubte, daß seine Jahre und sein untadeliger Ruf ihn berechtigten, der Beleidigung kühn entgegenzutreten.

Die Nii-Dono war erbost. Gab es in dieser gesetzlosen Welt keinen Respekt vor hochgestellten Persönlichkeiten mehr? Statt zu antworten, gab sie Tomomori mit ihrem Fächer ein Zeichen und zog ihn und Munemori beiseite. »Er ist ein Verräter wie sein Sohn«, zischte sie. »Nehmt jetzt seinen Kopf, und wir ersparen uns späteren Kummer.«

Munemori stimmte zu, gab aber zu bedenken, daß Awa-no-Mimbu ein erfahrener alter Krieger sei, und wandte sich zu seinem Bruder. »Ich denke, du solltest die Befriedigung haben, ihm den Kopf zu nehmen.«

Tomomoris Lippen verzogen sich in einem geringschätzigen Lächeln. Bruder oder nicht, Munemori war ein verweichlichter, fetter Schlappschwanz, ein Feigling, der es liebte, andere mit seinem gravitätischen und hochfahrenden Wesen einzuschüchtern. Er sagte: »Wenn ich deinem Vorschlag folgte und Awa-no-Mimbu tötete, würden seine Männer rebellieren, und wir würden seine hundert Kriegsschiffe verlieren. Er hat immer tapfer und schicklich gehandelt.« Mit einem kalten Blick zu seinem Bruder setzte er hinzu: »Ich sehe keine Ursache, an seiner Loyalität zu zweifeln.«

Munemori überging die Bemerkung. Er zupfte an seinem fliederfarbenem Gewand und sagte verdrießlich: »Mutter hat recht. Awa-no-Mimbu antwortete ihr in beleidigendem Ton. Ich vertraue ihm nicht.« Auf ein Kopfnicken der Nii-Dono richtete Munemori, ein fades Lächeln im Gesicht, das Wort direkt an Awa-no-Mimbu. »Wir haben Euch immer bewundert und vertraut. Haben wir jetzt Euer Wort, daß Ihr loyal bleiben werdet?«

»Wie wenig Vertrauen habt Ihr in mich. Ich bin den Taira immer treu gewesen. Ich würde mich selbst entwürdigen, wenn ich jetzt Treue schwören müßte.«

Die Nii-Dono flüsterte Tomomori zu: »Töte ihn jetzt!«

Tomomoris Hand umklammerte den Schwertgriff mit weißen Knöcheln. Er vertraute dem weißhaarigen Veteran; doch er begriff, daß er seine eigene Macht verlieren würde, wenn er der Forderung seiner Mutter nachgäbe. Nur einer durfte in dieser Schlacht den Oberbefehl führen – und dieser eine mußte Taira Tomomori sein.

Er nahm die Hand vom Schwertgriff, sah seine Mutter an und sagte: »Nein. Ich vertraue ihm, und wir brauchen seine Schiffe – um so mehr, als sein Sohn abtrünnig geworden ist.«

Die Nii-Dono sah, daß sie verloren hatte. Widerwillig zollte sie ihrem Sohn Achtung, daß er ihr widerstanden hatte. Um die Niederlage zu überspielen und ein gewisses Maß an Kontrolle zurückzugewinnen, winkte sie Awa-no-Mimbu mit dem Fächer und entließ ihn, als wäre er unwichtig, um sich ihren Söhnen zuzuwenden. »Dann laßt uns nicht länger warten. Greifen wir an, solange Wind und Strömung uns begünstigen.«

Tomomori verbeugte sich förmlich, um seiner Mutter die Ehre zu erweisen, bekräftigte aber seine Befehlsgewalt, indem er zu den Kommandeuren trat, die taktischen Anweisungen erteilte und Awa-no-Mimbu beauftragte, mit seinen Schiffen den linken Flügel zu verstärken. Die Kommandeure verbeugten und wandten sich zum Gehen, machten aber halt, als ein Ausguck im Krähennest des Hauptmastes rief: »Ein Schwarm von Delphinen, zwischen uns und der feindlichen Flotte.«

»Was kann es bedeuten?« fragte Munemori. Es konnte kein zufälliges Zusammentreffen sein; Delphine waren ein Zeichen, daß die Götter sich abermals in die Angelegenheiten der Menschen einmischten.

Awa-no-Mimbu antwortete mit ruhiger Würde: »Wenn sie umkehren und auf die Minamoto zuhalten, ist es ein glückverheißendes Zeichen, und wir werden sicherlich triumphieren; schwimmen sie aber vorüber und weiter durch die Meerenge, ist es ein schlechtes Omen... und ich fürchte...« Der Rest blieb ungesagt.

Munemoris Mund öffnete sich zu einem schwarzen O inmitten seines weiß geschminkten Gesichtes. Zornig sah er Awa-no-Mimbu an, machte ihn verantwortlich für das Auftauchen der Delphine. Als der alte Mann ihn nicht beachtete, wandte er sich zu seinem Bruder und raunte: »Du hättest tun sollen, was Mutter wollte. Er bringt uns Unglück. Töte ihn jetzt, bevor es zu spät ist.«

»Wir brauchen seine Schiffe«, sagte Tomomori, aber auch er war unsicher geworden. Konnte er sich geirrt haben? Er verließ sich ungern auf übernatürliche Zeichen, aber man mußte an die Götter glauben, andernfalls hatte die Welt keinen Sinn. Genug! Er würde den Himmel zu seiner eigenen Sicht bekehren. Er zog sein Schwert, hob es über den Kopf und rief: »Wenn ich das Signal gebe, greifen wir an. Sieg oder Tod!«

Als die kleinen Boote abgelegt hatten, sah Tomomori über die Heckreling hinaus auf die See und gewahrte einen seltenen und wundersamen Anblick: Dutzende, nein Hunderte von schlanken grauen Delphinen durchbrachen die Wasseroberfläche und tauchten wieder ein, schwammen durch die Reihen der Kriegsschiffe nach Westen zur Meerenge. Er erbleichte. Die Götter... Nein, er mußte dies Zeichen ignorieren, damit es seine Entschlußkraft nicht schwächte; es war ein Kampf von Menschen gegen Menschen. Er holte tief Atem und rief den davonrudernden Booten nach: »Wir greifen an!«

Yoshis Besatzung – und mit ihr alle Schiffsbesatzungen der gesamten Flotte – legten sich in die Riemen, um zu verhindern, daß die Flotte vom ungünstigen Wind und der Gezeitenströmung zurückgetragen wurde. Aus irgendeinem Grund hatten die Taira ihren Angriff hinausgezögert, doch nun entfalteten sie ihre Schiffe zu einer Attacke, die offenbar darauf abzielte, die Minamoto-Flotte in die Zange zu nehmen. Yoshi rief: »Zielt auf die Steuerleute und Matrosen! Wenn wir ihre erfahrenen Seeleute töten können, werden ihre Schiffe nutzlos sein.«

Der Erfolg blieb nicht aus; einige der Taira-Schiffe liefen aus dem Steuer und drehten sich unter dem Druck des Windes breitseits zur Strömung. »Feuerpfeile«, rief Yoshi, als die Schiffe näher und näher herankamen. Die Bogenschützen versahen sich mit geteerten Pfeilen aus großen Fässern, zündeten sie an Fackeln an und schossen sie auf die feindlichen

Fahrzeuge. Rote Segel flammten auf und zerfielen zu brennenden Fetzen, die der Wind davontrug.

Dann waren sie heran, und eines der größten Schiffe der Taira, eine riesige chinesische Kriegsdschunke, deren rote Segel wie die Flügel eines Drachen ausgebreitet waren, rammte Yoshis Schiff am Vordersteven. Holz splitterte, Kriegsschreie gellten, Verwundete stöhnten, Flammen knisterten, und die Krieger beider Seiten warfen Enterhaken und Laufplanken hinüber und herüber. Die Distanz war jetzt zu kurz für die Bogenschützen. Samurai fochten auf den Bordwänden, sprangen über hölzerne Planken und warfen sich mit gezogenen Schwertern auf den Gegner.

Yoshi war einer der ersten, der die Kriegsdschunke enterte. Seine Stiefel glitten auf der nassen Laufplanke aus; einen Augenblick verlor er das Gleichgewicht und war in Gefahr, in die unruhige See zu stürzen, aber ein nachfolgender Krieger stützte ihn, und er sprang hinüber. An Bord der Dschunke wurde er von einer Traube feindlicher Krieger empfangen. »Der verrückte Mönch! Eine Belohnung für den Mann, der seinen Kopf nimmt!« brüllte der Anführer. Die Aussicht auf Belohnung und Ruhm hatte zur Folge, daß der ganze Trupp auf Yoshi eindrang, und das war ein Fehler.

Niemand konnte ungehindert von seinem Schwert Gebrauch machen, ohne seine Kameraden zu verletzen, während jeder von Yoshis Schwertstreichen ein Ziel fand.

Während Yoshi den Kriegertrupp beschäftigte, wogte der Kampf auf den ineinander verkeilten Schiffen und löste sich bald in zahlreiche Einzelkämpfe auf. Yoshis Krieger waren die besten, die Yoshitsune zu bieten hatte, und so gewannen sie bald die Oberhand.

Yoshi führte einen Achterschlag, um sich gegen die andrängenden Feinde Luft zu verschaffen, und zog dem Mann zu seiner Linken die Klinge über die Rippen. Sie zerschnitt den ledernen Brustharnisch und öffnete den Brustkorb des Mannes. Ein anderer fiel unter einem Wagenradstreich, der ihm den Kopf vom Körper trennte. Der Trupp seiner Gegner lichtete sich allmählich, und als nur noch drei übrig waren, zogen sie sich außer Reichweite zurück, stießen aber auf ein halbes Dutzend Minamoto-Krieger. Wenige Augenblicke später fiel der letzte Taira. Yoshi schwenkte sein blutiges Schwert und brüllte: »Sucht unter Deck. Die Banner verraten uns, daß dies ein Kaiserliches Flaggschiff ist. Sucht nach den Kleinodien; nehmt den Kaiser, die Nii-Dono und ihre Söhne und Verwandten gefangen!«

Er selbst beteiligte sich an der Suche, da er hoffte, Hinweise auf den Aufenthalt Taira Koremoris und seiner Familie zu finden. Aber es waren keine Mitglieder des Hofes an Bord. Die Mannschaft bestand aus Samurai niederen Ranges. Geradeso wie Yoshis Flaggschiff die Aufmerksamkeit der Feinde von Yoshitsune hatte ablenken sollen, war dieses Schiff einer von mehreren Ködern, welche die Minamoto von den Führern der Taira ablenken sollten.

Wo auf diesen tausend Schiffen waren Koremori und seine Frau? Wo war die Taira-Familie mit den Kaiserlichen Insignien?

Die Kriegsdschunke war in Brand geraten, und Yoshi gab Befehl, sie zu verlassen und auf das eigene, stark beschädigte Schiff zurückzugehen, ehe es gleichfalls in Brand geraten würde. Ringsum war die Seeschlacht in vollem Gange. Schiffe lagen längsseits aneinander, festgemacht mit Enterhaken und Laufplanken, während auf den Decks der Kampf hin und her wogte. Aufgegebene Schiffe trieben brennend und steuerlos, und über allem lag ein dichter schwarzgrauer Nebel von beißendem Rauch.

Yoshi versuchte sich einen Überblick zu verschaffen, aber es war schwierig, die Entwicklung der Schlacht zu beurteilen; das Geschehen erstreckte sich über die gesamten sieben Meilen der Meerenge. Steuerlose Schiffe wurden an das felsige Ufer von Honshu getrieben. Minamoto-Schiffe wurden von überlegen taktierenden Kriegsschiffbesatzungen der Taira ausmanövriert, breitseits gerammt und zum Sinken gebracht. Da und dort verbrannten Schiffe, die mit Enterhaken aneinander festgemacht waren, zusammen. Yoshi ließ sein über der Wasserlinie aufgerissenes Schiff aus dem Gefechtsbereich steuern, um Yoshitsune zu suchen. Da war er, in Sicherheit, nachdem er ein gegnerisches Kriegsschiff abgewehrt und in Brand geschossen hatte. Gegen Mittag drehte der Wind, und die Taira-Flotte wurde Richtung Shimonoseki zurückgedrängt. Yoshi, dessen weißer Umhang in Fetzen gerissen und mit Ruß und Blut bedeckt war, rief seinen Leuten zu: »Haltet aus. Der Wind dreht, und die Gezeitenströmung kehrt sich um. Bald werden wir im Vorteil sein.«

91

Die Taira-Armada mußte bald ihre Versuche aufgeben, gegen den umgeschlagenen Wind anzukreuzen; sie wurde unerbittlich zurück in die Meerenge getrieben, zusammen mit zahlreichen aufgegebenen, havarierten und brennenden Schiffen, die noch mehr Unordnung in die vom Kampf aufgelösten Formationen brachten.

Als die beiden Flotten sich voneinander lösten, strichen hundert Schiffe auf dem linken Flügel ihre roten Taira-Banner, ließen die Segel herunter und ruderten gegen den Wind auf das Minamoto-Flaggschiff zu. Ein weißhaariger Krieger in Orange und Schwarz rief, den Helm unter dem Arm, vom hohen Bug des Führungsschiffes: »Ich bin Awa-no-Mimbu Shigeyoshi, Vater von Churo Dennai Noriyoshi. Ich widerrufe meine Gefolgschaftstreue zum Hof der Taira. Nehmt meine Ehrerbietung an und meine hundert guten Kriegsschiffe in Eure Armada auf.«

»Bringt den Mann an Bord«, befahl Yoshi, »und ersucht General Yoshitsune, zu uns zu kommen.«

In der nächsten Stunde, während die Flotten sich von neuem ordneten und Abstand voneinander hielten, befragten Yoshi und Yoshitsune den Taira-Krieger. »Tomomori konzentriert seine Anstrengungen darauf, Euch zu fangen«, sagte er ihnen. »Ich sagte der Nii-Dono und ihren Söhnen, daß Ihr nicht an Bord eines Flaggschiffes sein würdet. Sie zweifelten an meinem Wort, ignorierten meinen Rat und bedrohten mich, weil ich die Wahrheit sprach. Mein Ehrgefühl erlaubt mir nicht, diese Behandlung von jenen hinzunehmen, denen ich stets treu ergeben war. Meine Männer und Schiffe unterstehen Eurem Befehl.«

»Mutig und ehrenhaft gesprochen«, sagte Yoshitsune.

»*Hai.*« Der alte Krieger schwieg eine Weile, dann sagte er: »Und nun kann ich *Euch* verraten, daß die großen Schiffe mit den roten Bannern und den Wimpeln der Befehlshaber Köder sind. Eure Pfeile waren vergeudet. Die Taira-Familie und der Kaiser befinden sich mit den Insignien an Bord eines kleinen, nicht gekennzeichneten Schiffes.«

»Ist Taira Koremori bei ihnen?« fragte Yoshi.

»Taira Koremori ist tot. Er fiel bei seiner Großmutter in Ungnade und ertränkte sich nach der Niederlage bei Yashima.«

»Und Frau Koremori?« fragte Yoshi zögernd, denn er fürchtete die Antwort.

»Ich weiß nichts... Aber ein Gerücht besagte, daß seine kürzliche zweite Eheschließung die Ursache seiner Schwierigkeiten mit der Nii-Dono war.«

»Dann könnte sie an Bord des Schiffes der Taira-Familie sein?«

»Das ist möglich.«

Yoshi bekam Herzklopfen. »Woran können wir das Schiff erkennen?«

»Ich werde es Euch zeigen.«

Ein atemloser Matrose erschien im Eingang des Deckhauses. »Die Gezeitenströmung zieht jetzt westwärts und treibt uns gegen Dan-no-Ura«, verkündete er. »Der Ostwind frischt auf.«

Yoshitsune, Yoshi und Awa-no-Mimbu traten aufs Deck hinaus. »Seht«, sagte Awa-no-Mimbu, »die Schiffe auf dem linken Flügel der Schlachtordnung. Das war der mir zugewiesene Platz.«

Yoshi beobachtete die nordwestliche Küste. »Dankt dem Buddha, daß Ihr und Eure Männer nicht dort seid«, sagte er. Mehrere Schiffe der Taira wurden von Strömung und Gegenwind auf die Felsriffe gedrückt, die sich vom Steilufer in die See hinaus erstreckten. Nicht nur die am linken Flügel stationierten Schiffe gerieten in Gefahr, sondern auch viele aus dem mittleren Abschnitt der Formation wurden vom auffrischenden Wind zur Küste abgedrängt. Selbst das verzweifelte Gegenrudern der Besatzungen konnte in vielen Fällen ein Auflaufen nicht verhindern.

Yoshitsune lächelte in grimmiger Befriedigung. »Sehr gut«, sagte er. »Nun, wo finden wir die Kleinodien?«

»Seht Ihr weit auf der rechten Seite ein Schiff mit zwei Masten? Es führt das Feldzeichen von Taira Moritsugi aus Awa, einem kleineren Landedelmann.«

»Das soll unser Ziel sein.« Yoshitsune schwang sich auf das Dach des Deckhauses. »Wir greifen an!« rief er. »Haltet Euch südlich und kommt der Felsenküste nicht zu nahe. Wir entern sie, fangen den Kaiser und bergen die Insignien. Mögen Hachiman und Buddha uns beschützen.«

Das Angriffssignal wurde von Schiff zu Schiff weitergegeben, und die Minamoto-Flotte segelte vor dem Wind rasch auf den Gegner zu.

Tomomori überblickte voll Bitterkeit sein verwüstetes Schiff. Feuer, zerfetzte und verbrannte Segel, Verwundete – Opfer feindlicher Bogenschützen – hingestreckt auf dem Deck. Ihr Stöhnen verschmolz mit dem Jammern der Damen und dem Schluchzen verängstigter Kinder, die unter Deck kauerten.

Sein Steuermann war als einer der ersten von einem Pfeil getroffen worden. Ein Matrose versuchte an seiner Stelle das Schiff hart am Wind zu halten, aber es gelang ihm nicht; Gegenwind und Strömung drehten es immer wieder breitseits und ließen es westwärts abtreiben.

Die Verteidigungslinie der Taira war zusammengebrochen. Tomomori kostete den bitteren Geschmack der Niederlage. Er verbarg seine Empfindungen und zeigte seinen Kriegern eine mutige und entschlossene Fassade, aber sein Inneres war voll Enttäuschung und Bitterkeit. Soeben war er von seinem Bruder Munemori zurückgekehrt, der unter Deck saß; er wollte sich als Frau verkleiden, aber Tomomoris Versicherung, daß Frauen genauso unbarmherzig getötet würden wie Männer, hatte ihn davon abgehalten. Kaiserliche Familie? Dekadentes Hofgesindel!

Tomomori stieg mit dem Signalgast auf das Dach des Deckhauses und ließ den anderen Schiffen die letzte Botschaft signalisieren: Alles verloren. Wertsachen versenken. Dem Feind nichts überlassen. Tapfer kämpfen bis zum Ende.

Eine Gruppe von Höflingen trat auf Tomomori zu, als er

vom Dach des Deckhauses heruntersprang, und wollte wissen, was die Signale zu bedeuten hätten.

Tomomori rückte seine Rüstung zurecht. »Es bedeutet, daß wir bald ungebetene Besucher haben werden. Wir dürfen im Angesicht des Todes nicht verzagt und mutlos sein«, sagte er und zog den Helmriemen fest. »Wenn Ihr nicht kämpfen könnt, rettet Euch vor den Barbaren, indem ihr in die See springt.«

»Oh Buddha, ist es so weit gekommen?« jammerten sie.

Im Gegensatz zum Rest der Hofgesellschaft war die Nii-Dono ruhig. Trotz der unangenehmen stampfenden und schlingernden Bewegung des Schiffes blieb sie unter Deck in ihrer engen Kabine und erneuerte ihre Gesichtsbemalung, band das Haar auf und zog ein neues grauseidenes Trauergewand an. Sie ordnete ihr Dutzend Untergewänder, trat zu dem Schrank und öffnete die chinesische Truhe, welche die Kaiserlichen Insignien enthielt. Sie steckte das Heilige Schwert in ihren Gürtel und trug die Kästen mit dem Heiligen Juwel und dem Spiegel hinaus zur Kabine des kindlichen Kaisers.

Antoku war ängstlich. Er hatte die Schreie der Verwundeten gehört und den Brandgeruch geschmeckt. Man hatte ihn immer vor den rauhen Realitäten beschützt, und er hatte in seinem kindlichen Alter keine Erfahrung mit Tragödien.

Als die Nii-Dono eintrat, war Frau Shigehira, die Witwe seines Onkels, bei dem Jungen und tröstete ihn. Die Nii-Dono machte eine minimale Verbeugung und sagte: »Du magst die Kaiserliche Gegenwart verlassen, aber bevor du gehst...« Sie übergab ihr den Kasten, der den Spiegel enthielt, und sagte: »Dies darf niemals in die Hände der Barbaren fallen. Ich verlasse mich darauf, daß du es ihrem Zugriff entziehen wirst.«

»Ich verstehe«, sagte die Witwe mit einer Verbeugung. Sie verließ die Kabine, den Spiegelkasten unter dem Arm, sich mit einer Hand an die schwankende Bordwand stützend.

Der kindliche Kaiser war allein mit seiner Großmutter. Sie nahm Antokus Gesicht in ihre krallenartigen Hände. Das weiche, feste Fleisch der Kindheit! Eine Träne rann über ihre runzlige Wange. »Mein liebes Kind«, sagte sie leise, »es ist Zeit, daß wir auf eine lange Reise gehen.«

Antoku sah sie groß an. »Wohin gehen wir?«

Die Nii-Dono strich das lange schwarze Haar aus seiner Stirn und verlor die Fassung; ihre starren Züge lösten sich in einem Ausdruck völliger Verzweiflung. Sie barg ihr Gesicht in seinem Gewand, versuchte ihren Kummer zu verbergen, aber er hatte ihren Ausdruck gesehen und brach in Tränen aus. »Warum muß ich bestraft werden?«

»Du wirst nicht bestraft, liebes Kind. Wir beide werden bald zusammen zum Westlichen Paradies reisen.«

»Ich will nicht gehen. Ich muß nicht gehen. Ich bin der Kaiser.«

»Du mußt, mein lieber Junge. Du wurdest gesegnet und auserwählt, Herrscher der Welt zu werden. Aber dein Schicksal ist zu Asche geworden, wie die Schiffe deiner Flotte. Zusammen werden wir in dem großen Drachen der acht Köpfe und acht Schwänze in unsere neue Hauptstadt unter der See gehen.«

Antoku biß sich auf die Unterlippe, um sein Weinen zu unterdrücken. »Ich werde tapfer sein«, sagte er.

Die Nii-Dono kleidete Antoku in ein Übergewand aus feinster grüner Seide, bürstete sein Haar und band einen schwarzseidenen *koburi* mit roten Bändern unter seinem Kinn fest. Als sie fertig war, zwang sie sich zu einem Lächeln und sagte: »Erinnerst du dich an die Geschichte der Drei Kaiserlichen Throninsignien?«

»Natürlich, Großmutter. Darf ich sie noch einmal hören? Bitte... ein letztes Mal, bevor wir gehen.«

Ihre Stimme brach, und manchmal waren die Worte tränenerstickt und nicht hörbar. Das machte nichts, denn der kindliche Kaiser kannte die Geschichte auswendig. »Die himmlische glänzende Gottheit sandte drei göttliche Schätze zur Erde hinab...«

Wie er es gewohnt war, sprach Antoku die Worte mit. Seine Tränen versiegten, als er sich in die alte Geschichte hineinversetzte. Die Nii-Dono wiederholte die Worte mechanisch, und ihre Gedanken waren weit entfernt. Dieses arme

Kind, vom Schicksal ausersehen, die Bürde der Welt auf seinen schmalen Schultern zu tragen, würde seine Bestimmung niemals erfüllen. Sie hatte alles in ihrer Macht Stehende getan, um ihm den Weg zur Herrschaft zu ebnen... und sie hatte ihn enttäuscht.

Die Geschichte endete: »Und so ist der Spiegel die Sonne, das Juwel ist der Mond, und das Schwert sind die Sterne.« Sie drückte seine weiche Hand an ihr Gesicht und schluchzte. Sie hatte ein langes und hartes Leben hinter sich, und dieses göttliche Kind würde niemals sehen oder fühlen, was sie erfahren hatte. Es war so traurig, daß es nicht zu ertragen war.

»Wir wollen uns nach Osten verbeugen und der Sonnengöttin Lebewohl sagen, dann nach Westen und das Nembutsu sagen, *Namu Amide Butsu*, um uns den Platz im Westlichen Paradies zu sichern.«

Ungeachtet der heftigen Schiffsbewegungen machten sie ihre Verbeugungen nach Osten und Westen. Die Nii-dono nahm Antoku beim Arm und führte ihn über den Niedergang aufs Deck. Sie hatte das Heilige Schwert in ihren *obi* gesteckt und trug den Kasten mit dem Juwel in einer Tasche unter ihrem Gewand.

Es war früher Nachmittag. Ein frischer Wind hatte die Wolken verjagt, und Amaterasu lächelte über den graugrünen Wellen.

Tomomori stand mit düsterer Trauer in seinem breiten Kriegergesicht dem Kaiser gegenüber. Am Kopfende einer Doppelreihe von Samurai und Hofdamen.

Noch immer halb als Frau gekleidet, war Munemori zu seinem Bruder aufs Deck gekommen. Er kauerte nahe der Reling. Als seine Mutter und der kindliche Kaiser näher kamen, ächzte er: »Mutter, vielleicht sollten wir uns der Barmherzigkeit Yoritomos anvertrauen.«

Die Nii-Dono trat vor ihn hin und versuchte ihm ins Auge zu sehen; Munemori starrte auf das Deck und murmelte ein beinahe unhörbares Nembutsu. Sie legte ihm die freie Hand auf die Schulter, streichelte ihn sanft und sagte: »Wie kann ich dir vorwerfen, was du bist, wenn ich es war, die dich dazu machte? Dennoch kann ich nicht zulassen, daß du uns vor unseren Feinden Schande bereitest. Steh auf.« Er tat es, und sie strich mit beiden Händen über sein Brokatgewand, bis sie auf seiner Brust ruhten. Dann stieß sie ihn, so alt und ausgezehrt sie war, mit all ihrer Kraft vor die Brust, daß er rücklings über die Reling in die See fiel. »Du hast die Ehre, diese Welt der Schmerzen zuerst zu verlassen«, sagte sie. Dann nahm sie Antoku in die Arme und sagte: »Wir gehen zu unserer neuen Hauptstadt am Grund des Meeres.« Auf einen Wink von ihr wurde die Pforte in der Reling geöffnet; sie trat mit dem Jungen in den Armen hinaus und folgte ihrem ältesten Sohn nach.

Tomomori pflanzte sich breitbeinig auf das Deck, hob salutierend das Schwert und sagte das Nembutsu für Antoku und seine Mutter. Mit seinem gehörnten Helm und der Rüstung glich er einer aus Granit gehauenen Statue – einem Kriegsgott, massiv und unerschütterlich, scheinbar unempfindlich für menschliche Gefühle. Sechs von seinen persönlichen Gefolgsleuten und sein Stiefsohn Ienaga waren an seiner Seite. Nur Ienaga sah eine Spur von Tränen auf Tomomoris Wangen.

Feindliche Kriegsfahrzeuge hielten auf das Kaiserliche Schiff zu. Bevor die Minamoto nahe genug heran waren, um anzugreifen, folgten viele der Taira-Samurai, die die Schlacht verloren gaben, dem Beispiel ihres Kaisers und stürzten sich ins Meer; ihnen folgten die Hofdamen und Kinder.

Tomomori streckte eine gepanzerte Hand aus, um seine Gefolgsleute zurückzuhalten, als sie zur Reling drängten, um in dieser letzten Geste der Ehrerbietung vor dem Kaiser ihren Gefährten zu folgen.

In wenigen Augenblicken war das Wasser um das Schiff voll von verschiedenfarbigen Umhängen und Gewändern, die sich hartnäckig an der Oberfläche hielten, bevor das Gewicht des Wassers sie hinabzog.

92

Yoshi war an Bord eines der schnellen Kriegsschiffe – ein Mast, kein Deckhaus, zwanzig Ruderer und ebenso viele Krieger. Es wurde von der rauhen See hin und her geworfen, tauchte in Wellentäler und glitt, schwindelerregend emporgehoben, über die Kämme, so daß die Ruder der Besatzung die Luft schlugen.

»Dort ist es.« Yoshi zeigte zum Kaiserlichen Schiff. »Wie Awano-Mimbu es beschrieb.« Die Worte waren kaum heraus, als er Munemori über Bord fallen sah. Die Nii-Dono folgte, mit dem Kaiser in den Armen. »Haltet sie!« rief Yoshi. »Schnell! Rudert näher. Fischt sie heraus!«

Es war zu spät. Die Nii-Dono und der Junge verschwanden unter den Wellen, als Yoshis Boot noch mehr als hundert Schritte entfernt war. Yoshi verfluchte den Wind und die Wellen, als er Samurai zu Dutzenden in die See springen sah. Beschwert von ihren Rüstungen, sanken sie sofort in die Tiefe.

»Rudert, Männer, schneller, schneller!« rief Yoshi.

Rote Banner trieben auf dem Wasser wie Ahornblätter auf einem herbstlichen Teich, markierten die wässerigen Gräber des Taira-Hofes.

Yoshi war beinahe in Reichweite des Schiffes, als der Schrecken des Massenselbstmordes noch eine Steigerung erfuhr. Trauben von Hofdamen mit ihren Kindern an den Händen und Säuglingen auf den Armen kletterten über die Reling und sprangen den Männern nach.

»Nein, Buddha nein! Laß Nami nicht unter ihnen sein!« Yoshi spähte verzweifelt durch die spritzende Gischt, konnte sie aber nicht sehen. Das Deck leerte sich, die letzte Hofdame schickte sich an, ins Meer zu springen. Er erkannte sie – Frau Shigehira, die Witwe des Generals. Sie würde ihm sagen können, was mit Nami geschehen war! Er mußte sie aufhalten, bevor sie springen konnte. Dann sah er, daß sie einen kunstvoll geschnitzten Kasten in den Armen hielt.

Die Throninsignien! In Panik versetzt von dem Gedanken, daß sie mit Namis Geheimnis im Herzen und den Kleinodien in den Armen ertrinken könnte, schrie Yoshi seinen Bogenschützen zu: »Haltet sie auf. Sie darf nicht springen.«

Ein Bogenschütze ließ einen Pfeil fliegen, der das Gewand der jungen Frau in Kniehöhe an die Wand des Deckhauses heftete. Sie zerrte daran, sich zu befreien, das Übergewand riß, aber die zahlreichen Untergewänder hielten sie fest.

Mit letzter Anstrengung erreichten die Ruderer das Schiff, und die Bordwände stießen gegeneinander. Yoshi warf einen Enterhaken über die Reling, ergriff mit beiden Händen die Deckskante, zog sich hinauf und sprang mit der Behendigkeit eines Affen über die Reling. Als er sich aufrichtete, sah er Taira Tomomori und eine Handvoll Krieger zwischen sich und Frau Shigehira. »Ergebt Euch oder sterbt!« rief Yoshi und riß sein Schwert aus dem Gürtel.

Tomomori antwortete mit einem Schnitterstreich nach seinen Beinen. Yoshi übersprang die Klinge und konterte mit einem Schlag auf Tomomoris Kopf, der geschickt pariert wurde. Yoshi griff weiter an, während seine Männer hinter ihm an Bord kletterten. Er rief: »Haltet die Frau! Rettet die Kleinodien!«

Das Deck wurde zum Schauplatz eines halben Dutzends erbitterter Zweikämpfe. Zwei von Yoshis Leuten fielen, aber andere nahmen ihre Plätze ein. Nicht lange, und Tomomori mußte den Kampf verlorengeben. Nur er und sein Stiefsohn Ienaga blieben übrig. Ienaga stürzte sich mit einem heiseren Schrei auf Yoshis Krieger, erschlug zwei von ihnen, bevor er selbst fiel. Nun blockierte nur noch Tomomori das Deck zwischen Reling und Aufbau. »Ich bin allein«, knurrte er zwischen zwei pfeifenden Streichen. »Ich habe alles gesehen, was diese Welt mir zu zeigen hat. Ich fürchte den Tod nicht. Widersteht mir, wenn ihr es wagt.« Aber Yoshis Männer waren von der schieren Macht seiner Erscheinung eingeschüchtert.

Yoshi durfte nicht zulassen, daß Frau Shigehira sich befreite und Namis Geheimnis und die Kleinodien mit sich in die Tiefe nahm. Er griff mit verdoppelter Energie an und focht wie ein Dämon. Er konterte die niedersausende Klinge, und Tomomori starrte erschrocken, als sein Schwert über Bord in die See fiel.

»Nehmt ihn lebendig«, befahl Yoshi. »Schnell!«

Drei Männer ließen die Schwerter sinken und stürmten auf Tomomori zu. Er wich einen Schritt zurück und traf die Mitte des Anführers mit einem Fußstoß, der den Mann über die Reling hob; sein Schrei brach ab, als er klatschend im Wasser aufschlug. Als die zwei anderen Krieger ihn packen wollten, sprang Tomomori zwischen sie. Es entspann sich ein kurzes, heftiges Handgemenge, dann richtete sich Tomomori auf, unter jedem Arm einen zappelnden Gegner. »Feige Dummköpfe!« rief er und zeigte die geschwärzten Zähne in einem Ausdruck, der Todesverachtung und Verzweiflung vereinte. »Folgt mir zum Berg des Todes.« Mit diesen Worten warf er sich über die Reling und zog die Krieger mit sich. Sie versanken sofort unter dem Gewicht ihrer Rüstungen.

Yoshi hatte keine Zeit, Tomomoris Abgang zu bewundern. Er lief zu Frau Shigehira, die wie von Sinnen an ihren Gewändern zerrte. »Laßt mich gehen«, wimmerte sie. »Ich muß dem Kaiser ins Westliche Paradies folgen.«

Yoshi schnitt ihre Gewänder vom tief im Holz steckenden Pfeil los und faßte sie beim Arm. »Wo ist Frau Koremori und ihr Kind?«

»Ich weiß nicht... sie ist fort... wie die anderen.« Ihr wildes Schluchzen machten die Worte kaum verständlich. Yoshi gab sich mit der Antwort nicht zufrieden. »War sie auf diesem Schiff?«

Die junge Frau schüttelte den Kopf und rief gequält: »Ich weiß es nicht. Bitte laßt mich sterben.« Sie wand sich in seinem Griff, suchte sich loszureißen und mit dem geschnitzten Kasten ins Meer zu stürzen.

Yoshi festigte seinen Griff und nahm ihr den Kasten weg. Er war versiegelt, aber Yoshi erkannte das Zeichen des Heiligen Spiegels.

Es war deutlich, daß die Frau nichts von Nami wußte, aber eines mußte sie wissen: »Wo sind das Heilige Juwel und das Schwert?«

»Sie sind mit der Nii-Dono und dem Kaiser zu der Hauptstadt unter dem Meer gegangen«, antwortete Frau Shigehira mit gesenktem Kopf.

Yoshi übergab sie einem seiner Samurai mit der Ermahnung, sie freundlich zu behandeln, und starrte über die kabbelige See. Überall trieben rote Banner an der Oberfläche. Er fühlte sich zerrissen von widerstreitenden Empfindungen; er hatte eines der Kleinodien zurückgewonnen, aber Nami nicht gefunden. Sie war am Leben, das fühlte er in seinem Herzen, aber wo war sie? Sein Blick ging über die Wellen und die treibenden roten Banner, die den Untergang der Taira kennzeichneten. War Nami unter ihnen? Vielleicht würde er es nie erfahren. Die Herrschaft der Taira war zu Ende gegangen, der Weg des Reiches hatte für immer eine neue Wendung genommen. Es war nicht daran zu denken, die Nii-Dono und den kindlichen Kaiser zu finden. Sie waren verschwunden, für alle Zeit. Sein Ziel war erreicht: Die Minamoto würden regieren und das Land würde unter ihrer gerechten Herrschaft aufblühen... ihm aber blieb nichts als mit seiner persönlichen Tragödie zu leben.

Der Taira-Hof war korrupt und gleichgültig gegen das Volk gewesen, zugleich aber hatten die Taira eine Welt der Schönheit, der Dichtkunst, der Musik und des Tanzes geschaffen. Was würde das neue Zeitalter hervorbringen, um den Verlust dieser ästhetischen Qualitäten auszugleichen?

Zum ersten Mal seit einem Jahr fühlte Yoshi sich gedrängt, ein Gedicht zu schaffen:

Rote Banner treiben
Auf der kochenden See des Todes.
Tausend blutige Ermahnungen
Daß das Leben kurz ist
Und flüchtig die weltliche Macht.

Yoshi wischte sich mit dem weißen Ärmel salzige Gischt von der Wange. Er war am Leben und – er sog einen tiefen Atemzug der salzigen Seeluft ein – entschlossen, die Suche nach seiner Frau fortzusetzen, gleichgültig, wie lang es dauern oder wie weit die Suche ihn führen würde.

Anderswo in der Meerenge dauerten die Kämpfe mit Brandpfeilen, Enterhaken und Schwertern noch an. Der Kapitän eines Minamoto-Schiffes legte die Hände an den Mund und rief herüber: »Wir haben das Heilige Juwel!« Die Botschaft wurde von Schiff zu Schiff weitergegeben, begleitet von wilden Freudenrufen.

Ein anderer rief: »Wir haben Taira Munemori gefangen.« Yoshi hörte erneuerte Freudenrufe und blickte vom Deck des bis vor kurzem heimlichen Flaggschiffes der Taira hinunter. Er sah einen kläglichen, halb ertrunkenen Munemori, der schmählich an seinen durchnäßten Gewändern an Bord eines Minamoto-Schiffes gezogen wurde.

Das Heilige Schwert war für immer verloren, verschlungen von der Tiefe, zusammen mit Kaiser Antoku, der Nii-Dono, Taira Tomomori und tausend treuen Gefolgsleuten, Soldaten, Kindern und Hofdamen.

Aber mit dem Besitz des Juwels und des Spiegels war die Herrschaft Yoritomos und Go-Shirakawas gesichert. Der Besitz der Insignien gab ihnen die rechtmäßige Herrschaft über die mächtigen Familien des Ostens und des Westens. Das Land war wieder geeint. Die Mönche von Enryakuji und Onjoji würden sich der Macht der Kaiserlichen Symbole beugen, und die neue, unbegrenzte Macht der Minamoto würde auch Eisei und die neue Lehre des Zen schützen. Dies war der erste Tag eines Zeitalters von Frieden und Glück – für alle bis auf Yoshi. Er stützte die Ellbogen auf die Schiffsreling, barg das Gesicht in den Händen und schluchzte.

93

Kurz vor vierzehn Uhr, der Stunde des Schafes, am dritten Tag des vierten Monats 1185, rief der abgedankte Kaiser Go-Shirakawa Würdenträger und Mitglieder der Hofgesellschaft von Kyoto zu einer besonderen Siegesfeier in den Shinsen En, den Göttlichen Frühlingsgarten.

Für die Teilnehmer des sechsten Ranges und darüber waren Matten ausgelegt, und für die Hofdamen und ihr Gefolge hatte man einen Pavillon mit Jalousieläden errichtet.

Es war ein besonders glückverheißender Tag, strahlend von Sonnenschein und mit der Wärme des Frühlings. Rote, violette, gelbe und weiße Blumen blühten in sorgsam gepflegten Beeten um einen künstlichen See mit einer hölzernen Bogenbrücke. Frösche quakten auf Seerosenblättern, Vögel zwitscherten in den Bäumen, Zikaden zirpten außerhalb der weißen Steinmauern. Die süß duftende laue Brise trug den mehr als hundert Zuschauern den Gesang des Frühlings zu.

Zwischen dem berühmten Kirschbaum zur Rechten und dem Orangenbaum zur Linken hielt der abgedankte Kaiser Hof auf einer hölzernen Plattform. Wohlwollend lächelte er auf die farbenprächtige Gesellschaft herab.

Mit gutem Grund.

Am vergangenen Abend war Yoshitsunes Abgesandter am Palasttor erschienen und hatte den siegreichen Abschluß des Feldzuges gegen die Taira gemeldet. Go-Shirakawa war sehr zufrieden und doppelt erfreut, daß der Abgesandte Yoshi war, ein Mann, der anders als Yoritomo und sogar General Yoshitsune, die eines Tages seine Macht bedrohen mochten, anscheinend keine Ambitionen hatte.

Hai, Yoshi hatte dem Kaiser gut gedient. Heute sollte er belohnt werden.

Eine Bogensehne schwirrte, es war zwei Uhr; die Meister des Yin-Yang und die Palastwächter zupften ihre Bogensehnen, um böse *kami* abzuwehren. Tempelglocken läuteten achtmal, die Stunde zu verkünden, und ihre Glockenklänge wurden erwidert von den tausend Tempeln am Berg Hiei.

Das Südliche Tor wurde geöffnet, und Yoshi schritt vorwärts. Er trug ein neues, weißseidenes Übergewand, eine gemusterte graue Bluse und *hakama*; in einer Hand hielt er einen Amtsstab, in der anderen eine zusammengerollte Botschaft. Die Zuschauer begannen mit Fächern und Stöcken zu klappern, um ihre Anerkennung zu zeigen. Yoshis Botschaft war längst keine Überraschung mehr; die ganze Stadt hatte die freudige Nachricht vernommen. Aber heute sollte sie offiziell verkündet werden.

Yoshi näherte sich der Plattform, kniete nieder und machte seine Ehrenbezeigung, indem er dreimal mit der Stirn die Matte berührte. »Ich bin Tadamori Yoshi«, sagte er, »und bringe eine Botschaft von General Yoshitsune und unserem Oberkommandierenden, Minamoto Yoritomo.«

Go-Shirakawas dicke Lippen dehnten sich in einem Lächeln, sein rasierter Kopf beugte sich aus dem steifen Kragen seines goldbestickten, purpurnen Übergewandes. »*Hai*, berichtet uns alles.«

Als das Südliche Tor sich öffnete und Yoshi den Weg zur Plattform entlangschritt, wäre Nami beinahe ohnmächtig geworden; dann hatte sie nicht glauben können, was ihre Augen sahen. Nun verstand sie, warum Go-Shirakawa Wert darauf gelegt hatte, daß sie an der Feier teilnahm und einen Platz im Pavillon mit den Jalousieläden bekam. Seit sie mit dem Kind in den Armen in Kyoto eingetroffen war, hatte sie als Gast im Kaiserlichen Palast gelebt. Hatte Go-Shirakawa die ganze Zeit gewußt, daß Yoshi am Leben war, und es ihr nicht gesagt?

Namis Bewußtsein wurde in einen Wirbel widerstreitender Gefühle gezogen. Erleichterung und Freude, daß Yoshi am Leben war. Zorn auf Go-Shirakawa, daß er sie nicht unterrichtet hatte. Schuldgefühle wegen ihres mangelnden Glaubens und ihres Fehltritts mit Koremori. Wer sonst wußte noch, daß Yoshi nicht tot war? Sie dachte an Masaka und wünschte ihr, daß sie gesunden möge, um ihren Sohn lebendig zu sehen.

Sie drückte die Hand an die Brust, denn ihr Herz flatterte wie ein Wildvogel, der sich aus seinem Käfig zu befreien sucht.

Was konnte sie tun? Sie wollte vor Freude jauchzen und aus dem Pavillon laufen, aber würde Yoshi sie aufnehmen, nachdem sie Koremoris Nebenfrau geworden war? Nein, sie mußte ihm das Wissen um ihren Betrug ersparen; sie mußte das Kind an sich nehmen und die Stadt verlassen, bevor er sie sah.

Ihre Schultern zuckten, sie drückte die Handballen auf ihre Augen. Eine der anderen Damen blickte sie verwundert an und fragte, ob ihr nicht wohl sei.

Nicht wohl? Sie stöhnte, wandte sich der erschrockenen Frau zu, barg das Gesicht an ihrer Schulter und schluchzte. Sie konnte Yoshi nicht gegenübertreten; sie mußte die Stadt verlassen, in ein Kloster gehen. Ihrer Schande entfliehen.

Wattige Wolken zogen heiter über die Kaiserlichen Gärten dahin. Yoshi beendete seinen Bericht über die Seeschlacht von Danno-Ura und las von der offiziellen Rolle ab: »Am 24. Tag des dritten Monats stieß unsere Flotte auf tausend Kriegsschiffe der Taira. Am Nachmittag endete die Schlacht mit unserem Sieg. Der kindliche Kaiser ertrank in der See, desgleichen die Nii-Dono und...« Er verlas eine Liste mit den Namen der prominentesten Taira-Repräsentanten.

Dann fuhr er fort: »Zu den Gefangenen zählen Taira Munemori und die Witwe des Generals Shigehira, die sich im unrechtmäßigen Besitz des Heiligen Spiegels befand. Wir fanden den Kasten mit dem Heiligen Juwel treibend in der See. Das Schwert jedoch ist verloren und liegt mit der Nii-Dono am Meeresgrund. General Yoshitsune hat Perlentaucherinnen eingesetzt, um seine Bergung zu versuchen. Hoffen wir, daß die Götter unsere Anstrengungen begünstigen.«

Go-Shirakawa nickte, griff in seine Schale mit Süßigkeiten, steckte eine in den Mund und sagte: »Gut gemacht, Tadamori Yoshi. Dies ist nicht das erste Mal, daß Eure Handlungen mich erfreut haben. Es gibt einen wohlwollenden *kami*, der über Eure Angelegenheiten wacht...« Yoshi ließ sich nichts anmerken, aber alle Bitterkeit, die er unterdrückt hatte, kam in ihm hoch. Welche Ironie, vom abgedankten Kaiser zum ersprießlichen Gedeihen seiner Angelegenheiten beglückwünscht zu werden, wenn alles, was er je getan hatte, zur Tragödie geworden war! Was konnte ihm den Onkel, den Vetter, seine Mutter und seine Frau wiederbringen? Wo war sie? Seine Suche hatte keinen Hinweis erbracht. Sie war aus Yashima verschwunden, und niemand, den er befragt hatte, wußte von ihr. Er stand verlassen in einer öden Landschaft persönlichen Unglücks.

Aber der abgedankte Kaiser fuhr fort: »Wir haben Belohnungen zu bieten. Euer Besitz in Suruga ist instand gesetzt worden; er soll auf zehn Jahre von allen Kaiserlichen Abgaben befreit sein. Ihr werdet von diesem Augenblick an den Ehrentitel eines Kaiserlichen Wächters zur Linken erhalten und werdet ein edles Pferd aus den Kaiserlichen Ställen erhalten.« Die kleinen Augen Go-Shirakawas wurden zu fast unsichtbaren Schlitzen, als er sich vorwärts neigte und sagte: »Und wir gewähren Euch eine zusätzliche Belohnung...«

Go-Shirakawa winkte den Offizieren der Palastwache, daß sie zum Pavillon gehen sollten; dann wandte er sich zu Yoshi und fragte: »Nun, da Eure Dienste für uns beendet sind, was werdet Ihr tun?«

Die Wolken segelten über das Antlitz der Sonne; ein dunkler Schatten fiel über die Gärten, aber die Vögel sangen weiter, die Frösche quarrten, die Zikaden schrillten, und Yoshi, der die Frage des abgedankten Kaisers überdachte, erkannte, daß sein Leben weitergehen würde, daß Tragödie, Schmerz und Enttäuschung Teile der menschlichen Befindlichkeit waren. Und er war stark genug, seinen Teil auf sich zu nehmen.

»Mit Eurer Erlaubnis, Majestät, würde ich meine Suche nach meiner vermißten Frau und ihrem Kind fortsetzen. Wenn ich sie finde – und früher oder später werde ich sie finden –, will ich mit ihnen nach Suruga zurückkehren, den Menschen meiner Provinz helfen und mein Leben wieder aufbauen.« Yoshi verbeugte sich, schloß die Augen und legte die Hände vor der Brust zusammen.

Go-Shirakawa erwiderte die Gebärde. »Gut gesprochen, Yoshi, gut gesprochen.« Ein belustigter Glanz kam in seine Augen, als er innehielt und an Yoshi vorbei zum Pavillon der Damen blickte. »Ich habe eine Person zu Gast, die Euch dorthin begleiten wird.«

Yoshi blickte auf und sah sie. Nami! Einen Augenblick war er völlig losgelöst von seinen Gefühlen; er starrte mit offenem Mund, und ihm war, als sei ihm das Herz aus dem Körper gesprungen. Nami? Nami! Überwältigt von seinen Gefühlen, die in einem plötzlichen Schwall auf ihn einstürmten, vergaß er das Protokoll, sprang auf und lief zu ihr, sie in die Arme zu schließen.

Die Wolke zog weiter und befreite Amaterasus Lächeln, Bogensehnen schwirrten in der Ferne, um die neue Stunde anzuzeigen und die bösen *ami* zu vertreiben – für immer.

Am selben Abend hielt Yoshi in einem kleinen Raum unter dem Dach des Ostflügels seinen Sohn im Arm und sagte zu Nami: »Ich glaube, die Götter haben mich mit deiner Rückkehr und mit dem Geschenk meines Sohnes gesegnet.«

Hisayoshi gurgelte zufrieden. Nami lächelte zärtlich und sagte: »Wir sind ebenso gesegnet. Ich habe von dem Augenblick geträumt, da ich deinen Sohn in deinen Armen sehen würde. Aber ich dachte nie, daß es Wirklichkeit werden könnte. Yoshi, du kannst dir nicht denken, wie sehr ich dich vermißt habe.«

»Wie ich dich vermißte. An jenem Abend unter den Kiefern von Awa, als ich deine Pinselstriche sah und vermutete, daß du am Leben seist, war ich außer mir vor Freude – und halb verrückt vor Sorge, daß ich dich niemals finden würde. Die Götter haben mir ein neues Leben gewährt. Kann es einen Menschen geben, der glücklicher ist als ich?« Er hielt den Säugling auf Armeslänge von sich, zog ihn wieder heran. »Ich bin beschämt von dem Geschenk dieses Kindes. Er lehrt mich, was ich weder im Kloster noch auf dem Schlachtfeld zu lernen fähig war. Das Verständnis, daß Leben Kontinuität ist... daß wir Glieder in einer Kette sind, die nicht reißen darf... daß alles Leben gleich wichtig ist. Dieses Kind...« Er rieb seine Wange an der Hisayoshis.« ... Bin ich. Aber besser als ich. Ich werde ihn alles lehren, was ich im Leben gelernt habe, und er wird mich die Bescheidenheit lehren, die mir immer entgangen ist.«

»Yoshi, ich bin so glücklich...« Eine Träne rann über ihre Wange. »Als ich dich zuerst sah, fühlte ich mich schuldig... ängstlich... schämte mich...«

»Ohne Grund. Was immer geschah, als wir getrennt waren, ist jetzt, da wir zusammen sind – du und ich und Hisayoshi –, ohne Bedeutung.«

Später, unter dem Futon, als alles erzählt war, als sie müde in der süßen Lethargie der Liebe lagen, blickten sie hinaus über die mondbeschienenen Gärten, hörten die Tempelglocken die Stunde schlagen, und Yoshi murmelte ein Gedicht:

»Tempelglocken in der Ferne
Künden von der Vergänglichkeit
Allen menschlichen Wirkens.
Einen Augenblick nur schreitet der Stolze
Dann ist er verweht wie Staub im Wind.«

Der Meister des Fernost-Thrillers
MARC OLDEN

01/6864

01/6806

01/6957

01/7997

01/7776

01/8099

Wilhelm Heyne Verlag München

COLIN FORBES

»Colin Forbes läßt dem Leser keine Atempause.«
Daily Telegraph

Target 5
01/5314

Tafak
01/5360

Nullzeit
01/5519

Lawinenexpreß
01/5631

Focus
01/6443

Endspurt
01/6644

Das Double
01/6719

Gehetzt
01/6889

Die Höhen von Zervos
01/6773

Fangjagd
01/7614

Hinterhalt
01/7788

Der Überläufer
01/7862

Der Janus-Mann
01/7935

Der Jupiter-Faktor
01/8197

Cossack
01/8286

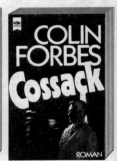

Wilhelm Heyne Verlag München

ERIC VAN LUSTBADERs
Fernost-Thriller

01/6381

01/6527

01/6825

01/7615

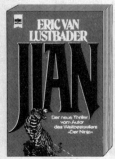
01/7891

01/8169

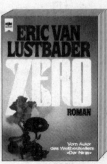
01/8231

Wilhelm Heyne Verlag München

THOMAS HARRIS

Ein Autor, der die Spitze der US-Bestsellerliste erobert hat

01/7779

01/7684

01/8294

Seine Thriller sind von atemberaubender Spannung und unheimlicher Abgründigkeit. Romane, die den Leser völlig in ihren Bann ziehen.

**Wilhelm Heyne Verlag
München**

Frankreichs Bestseller-Autor Nr. 1

Sulitzer

In seinen Finanz-Thrillern dreht sich alles ums Geld: seine Helden sind die Drahtzieher in der Hochfinanz, die mächtigen und erfolgreichen, aber auch intriganten und korrupten Genies, die wissen, wie Geld gemacht wird.

01/6936

01/6937

01/6938

01/7677

01/7907

01/8189

Wilhelm Heyne Verlag München

John le Carré

»Der Meister des Agentenromans«
DIE ZEIT

Perfekt konstruierte Thriller, spannend und mit äußerster Präzision erzählt.

Eine Art Held
Roman, 01/6565

Der wachsame Träumer
Roman, 01/6679

Dame, König, As, Spion
Roman, 01/6785

Ein blendender Spion
Roman, 01/7762

Krieg im Spiegel
Roman, 01/7836

Schatten von gestern
Roman, 01/7921

Ein Mord erster Klasse
Roman, 01/8052

Eine kleine Stadt in Deutschland
Roman, 01/8155

Der Spion, der aus der Kälte kam
Roman, 01/8121

Das Rußlandhaus
Roman, 01/8240

Wilhelm Heyne Verlag München